中國三峡建設年鑒

郭永華

2018

长江三峡集团传媒有限公司

中国三峡建设年鉴（2018）

1994年创刊总第25卷

*

国务院三峡工程建设委员会主管

中国长江三峡集团有限公司、长江三峡集团传媒有限公司主办

长江三峡集团传媒有限公司出版

地址：湖北省宜昌市西坝建设路1号　　邮政编码：443002

联系电话：0717－6762564

北京华联印刷有限公司印刷

*

2019年6月第1版　2019年6月第1次印刷

开本：787×1092毫米　1/16　印张：16.25

插页：6　字数：400千字　印数：1—1000册

*

刊号：ISSN1007—7650 / CN42—1597/TV

定价：150.00元

三峡工程全貌

三峡左岸电站厂房

2017 年 1 月 5 日，三峡升船机灭火疏散应急演练

2017 年 2 月 23 日，质量专家组在三峡工地进行质量检查

2017 年 5 月 11 日，葛洲坝水利枢纽泄洪

2017 年 3 月 1 日，三峡电站累计发电突破 1 万亿千瓦时

2017 年 3 月 30 日，大连庄河海上风电项目开工建设

2017 年 5 月 10 日，江苏大丰海上风电项目开工建设

2017 年 6 月 8 日，乌东德左岸地下电站主厂房首台机组座环吊装施工

2017 年 7 月 14 日，马来西亚自然资源与环境部部长考察三峡工程

2017年8月31日，白鹤滩水电站建设动员大会

2017年12月4日，缅甸民盟高层及媒体代表团参观三峡工程

三峡船闸连续14年实现安全高效运行，截至2017年3月，累计过闸货运量突破10亿吨

三峡升船机过船

三峡双线五级船闸

2017年12月10日，安徽淮南水面光伏项目并网发电

三峡水库175米蓄水

《中国三峡建设年鉴》编纂委员会

中国三峡建设年鉴社

编辑说明

一、《中国三峡建设年鉴》是由国务院三峡工程建设委员会（简称“国务院三峡建委”）主管，中国长江三峡集团有限公司（简称“中国三峡集团”）、长江三峡集团传媒有限公司主办，长江三峡集团传媒有限公司出版的国内外公开发行的年刊。本刊集中反映三峡枢纽工程、移民开发和国务院三峡建委办公室工作、金沙江下游水电开发过程中的重要事件及中国三峡集团的改革与发展进程，部分内容拓展到中国三峡集团国内新能源业务、国际业务等重大节点工作，是具有专业年鉴和综合年鉴特色的大型资料性工具书。

二、《年鉴·2018》采用分类编辑法，按类目、分目、条目三级结构设计。全书按行业、系统横分类目，各类目细分若干分目，分目下设条目。条目为年鉴的基本单位和内容载体。条目的标题用黑体字外加【】表示。

三、《年鉴·2018》共设 11 个篇目，分别为法规文献、年度辑要、枢纽工程、移民开发、生态环境保护、科研成果与应用、光荣榜、统计资料、大事记、金沙江开发、附录等。本卷年鉴以丰富翔实的信息资料，全面系统地反映了 2017 年三峡枢纽工程、移民开发、金沙江下游水电开发及中国三峡集团改革发展进程。

四、为了方便读者查检、携带，《年鉴·2018》同时出版了电子光盘版，将文字、声像、图片集于一体，为读者提供高效快捷的检索途径。

五、《年鉴·2018》采用统一的法定计量单位。数字的用法遵从国家《出版物上数字用法》（GB/T 15835—2011），技术术语、专业名称、符号等用法力求符合规范要求或约定俗成。单位名称首次出现时使用全称，再次出现时使用规范的简称。

六、《中国三峡建设年鉴》自 1994 年创刊以来，得到国务院三峡建委办公室、湖北省政府、重庆市政府、中国三峡集团、国家电网公司、长江水利委员会及三峡工程各参建单位、移民单位、广大撰稿人的大力支持，在此表示谢忱！限于编辑水平和专业知识，疏漏、谬误在所难免，敬请读者批评指正。

中国三峡建设年鉴社

2018 年 6 月

《中国三峡建设年鉴》荣获奖项——

首届、第二届中央级年鉴评比二等奖；

首届美术装帧优秀奖和框架设计优秀奖；

首届中央级年鉴编校质量评比优秀奖；

第三届全国年鉴编纂出版质量评比综合二等奖；

第四届全国年鉴编纂出版质量评比综合二等奖；

第五届全国年鉴编纂出版质量评比综合二等奖。

目录 Contents

法规文献

年度辑要

概述

电力生产管理

中国三峡集团建设

枢纽工程

枢纽建设

白鹤滩工程

移民工作

机电工作

工程审计

2017 年金沙江下游水电开发大事记

附　录

中国三峡集团所属企业

法规文献

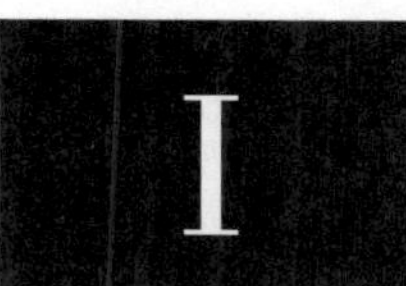

三峡水利枢纽全貌（1993 年）

关于印发《长江流域梯级水库群运行协调专项工作实施方案》的函

水利部办公厅、交通运输部办公厅，气象局办公厅、能源局综合司，四川省经信委，云南省工信委，国家电网公司、南方电网公司办公厅，中国华能集团公司、中国大唐集团公司、中国华电集团公司、中国国电集团公司、国家电力投资集团公司、中国长江三峡集团公司办公厅：

根据3月2日长江流域梯级水库群运行协调专项工作组启动会议各方意见，我们修改完善了《长江流域梯级水库群运行协调专项工作实施方案》（以下简称《方案》，详见附件1）。《方案》已经我委领导同意，现印发各成员单位，请共同遵照执行。按照要求，请各项任务牵头单位制定细化实施方案，提出成果形式和完成时间节点，3月底前报送我委经济运行调节局。从4月份起：每个月15日前，各项任务牵头单位将上月工作进展、下一步工作计划、需要协调的事项报送我委，我委汇总后反馈各成员单位共享，并及时将工作动态报告总牵头单位。感谢支持！

联系人：王海龙　010－68505411　010－68505901（传真）

邮箱：yxjdlc@ndrc.gov.cn

附件：

1. 长江流域梯级水库群运行协调专项工作实施方案

2. 长江流域梯级水库群运行协调专项工作组成员名单

国家发展改革委办公厅

2017年3月27日

附件1

长江流域梯级水库群运行协调专项工作实施方案

为贯彻落实中央领导同志关于三峡集团公司改革发展重要批示精神及国务院《研究三峡集团公司改革发展有关问题的会议纪要》（国阅〔2016〕98号）部署，根据《落实三峡集团公司改革发展任务工作会议纪要》（发改办经体〔2017〕155号）安排及任务分工，进一步完善长江流域梯级水库群运行协调，制定本方案。

一、工作目标

针对长江流域梯级水库群防洪、供水、航运和电力调度存在的协调难、信息共享难、机制不健全等问题，通过梳理现状、健全政策、完善平台、建立机制等一系列措施，加强长江流域梯级水库群运行协调，统筹保障防汛抗旱、航运和发电，提高水能利用效率，提升流域梯级水库群运行的安全性、经济性和协调性。

二、工作原则

坚持水能资源充分利用。在保障防汛抗旱和航运的基础上，通过优化梯级水库群运行，充分利用水能资源，实现水能经济效益的最大化。

坚持依法依规。调度和协调工作要严格在《水法》《防洪法》《电力法》《防汛条例》《电网调度管理条例》等法律法规的框架下执行，做到依法改进、依法协调。

坚持统筹兼顾。协调工作要统筹局部和全局、兼顾当前和长远，充分协调好政府和企业、中央和地方之间的关系，各方形成合力，实现综合效益最大化。

坚持循序渐进。协调工作本着由易到难、由浅到深、由干流流域到全流域的原则，对于协调难度小的立即完善，对于协调难度大、涉及面广的工作可以按照先试点再推广的方式开展。

三、工作任务及分工

成立由国家发展改革委、交通运输部、水利部、气象局、能源局、四川省经信委、云南省工信委、国家电网公司、南方电网公司、三峡集团公司、有关发电企业组成的长江流域梯级水库群联合调度专项工作小组（以下简称工作小组）。工作小组主要完成以下工作：

（一）加强问题调研。充分发挥工作小组成员单位积极性，梳理当前长江水库群防洪、供水、航运、电力调度中存在的具体问题及原因，提出改进措施和政策建议。牵头单位：国家发展改革委。

（二）开展系统研究。在已有工作基础上，加强防洪、供水、航运和电力调度等系统性、基础性研究，借助外脑机构力量，统筹各方利益，提出综合性、战略性思路，完善管理机制。牵头单位：国家发展改革委。

（三）优化联合调度方案。利用已有工作基础，按照兴利服从防洪、电调服从水调、专业服从综合、局部服从整体的原则，统筹考虑防洪、供水、航运、发电、生态等方面需求，研究提出增强防汛抗旱、航运、电力调度之间和不同利益主体之间协调性的联合调度方案。牵头单位：水利部。

（四）加强电力调度协调。充分发挥大数据、云计算的技术优势，运用互联网 + 手段，在保障电网安全运行的前提下，研究健全长江流域水库群电力调度沟通协调机制。牵头单位：国家能源局。

（五）完善信息共享平台。整合现有平台，充分发挥信息化平台在优化水库群运行调度上的优势，深入挖掘数据潜力，及时共享调度运行中的气象、水情、航运、电力等信息，健全信息共享机制，提升监测协调水平。牵头单位：水利部。

（六）统筹协调机制。在完善相关调度方案的基础上，建立促进长江流域梯级水库群调度协调机制，定期共享联合调度运行相关信息，对调度运行中出现的矛盾和问题，共同研究解决。牵头单位：国家发展改革委。

四、相关事项

（一）工作组建立月度工作动态报送制度，从 4 月份起，每个月 15 日前，各项任务牵头单位将上月工作有关情况报送国家发展改革委运行局，运行局汇总后反馈各成员单位共享，并及时将工作动态报告总牵头单位。

（二）水利部、交通运输部、能源局、地方政府部门和电力企业梳理当前调度运行中存在的问题，分析提出问题存在的政策性、制度性原因，4 月 15 日前向国家发展改革委提交报告。

（三）国家发展改革委 2017 年内组织研究机构加强防洪、供水、航运和电力调度等系统性、基础性情况调研，年末提出综合性、战略性报告。

（四）能源局、水利部结合牵头工作，主动与相关成员单位沟通，制定细化实施方案，提出成果形式和完成时间节点，3 月底前报送国家发展改革委。

（五）不定期召开工作协调会，通报相关工作进展，解决工作推进中面临的各种问题。拓展沟通渠道，通过多种方式进行交流。

附件 2

长江流域水库群联合调度专项工作小组成员名单

组　长：赵辰昕　国家发展改革委运行局局长

副组长：鲁俊岭　国家发展改革委运行局副局长

尚全民　水利部国家防办副主任

解曼莹　交通运输部水运局副局长

朱　明　国家能源局新能源司司长

朱承军　三峡集团公司企业管理部主任

成　员：刘　琼　国家发展改革委运行局电力处处长

黄先龙　水利部国家防办处处长

陈桂亚　水利部长江防总办副主任

韦　伟　交通运输部水运局航道处副处长

张　迪　中国气象局应急减灾与公共服务司副处长

刘明阳　国家能源局新能源司处长

卿三红　四川省经信委电力处处长

付　晖　云南省工信委电力保障处副处长

裴哲义　国家电网公司国调中心副总工

马　珂　国家电网公司国调中心副处长

唐红兵　南方电网公司系统运行部水调处处长

王　海　三峡枢纽建设运行管理局运行部副主任

鲍正风　三峡梯级调度通信中心预报部副主任

陶洪才　华能集团公司市场营销部副主任

项建伟　大唐集团公司安全生产部处长

陈志轶　华电集团公司市场营销部处长

李东晖　国电集团公司水电与新能源发展部处长

何学铭　国家电投公司水电新能源部高级经理

关于 2017 年度长江上中游水库群联合调度方案的批复

国汛〔2017〕6 号

长江防汛抗旱总指挥部，四川、重庆、云南、贵州、甘肃、湖北、湖南、安徽、江西、江苏、上海、陕西省（市）防汛抗旱指挥部，长江水利委员会，国家电网公司，中国南方电网公司，有关发电集团公司：

国家防汛抗旱总指挥部同意长江防汛抗旱总指挥部组织制订的《2017 年度长江上中游水库群联合调度方案》。现予印发，请遵照执行。

长江上中游水库群联合调度对长江流域防汛抗旱、发电、航运、供水和水生态保护等意义重大，是推动长江经济带发展的重要举措，请你们认真落实方案中确定的各项任务和措施，科学开展水库群联合调度，统筹协调防洪与兴利关系，充分发挥水库群和工程体系综合效益，确保防洪和供水安全。

附件：2017 年度长江上中游水库群联合调度方案

国家防汛抗旱总指挥部

2017 年 5 月 27 日

附件

2017年度长江上中游水库群联合调度方案

根据《中华人民共和国水法》《中华人民共和国防洪法》《中华人民共和国防汛条例》《中华人民共和国抗旱条例》等相关法律法规和《长江流域综合规划（2012—2030年）》《长江流域防洪规划》《长江防御洪水方案》《长江洪水调度方案》，结合相关水库调度规程，为统筹协调长江上中游水库群防汛抗旱、发电、航运、供水和水生态保护等方面的关系，加强水库群联合调度，充分发挥水库群综合利用效益，促进长江大保护，推动长江经济带发展，编制本方案。

本方案旨在统筹各水库（含水电站、航电枢纽，下同）所在河流防洪、水量调度与长江中下游防洪、水量调度关系，在流域遭遇大洪水时，充分发挥水库群对长江流域的整体防洪作用；汛末或汛后实施有序逐步蓄水，提高水库群整体蓄满率，同时尽量减少集中蓄水对水库下游河段和长江中下游带来的不利影响；有效应对流域特枯水、水污染、水上安全事故、涉水工程事故等突发事件，努力减轻灾害损失。

一、纳入联合调度范围的水库

长江流域已建有长江三峡、金沙江溪洛渡、向家坝等一批库容大、调节能力好的综合利用水利水电枢纽，是长江流域防汛抗旱、水资源管理、水生态保护的重要工程。长江流域已建成大型水库（总库容在1亿立方米以上）285座，总调节库容1800余亿立方米，防洪库容约770亿立方米。其中，长江上游（宜昌以上）大型水库102座，总调节库容800余亿立方米、预留防洪库容396亿立方米；中游（宜昌至湖口）大型水库164座，总调节库容945亿立方米、预留防洪库容330余亿立方米。

原则上，重要大型水库均应纳入水库群防洪和水量统一调度范围，但综合考虑水库的建设规模、防洪能力、调节库容、控制作用、运行情况等因素，纳入2017年度联合调度范围的水库共28座（基本情况详见附图1及附表1），总调节库容575亿立方米，防洪库容415亿立方米，包括：

长江上游：金沙江梨园、阿海、金安桥、龙开口、鲁地拉、观音岩、溪洛渡、向家坝水库，雅砻江锦屏一级、二滩水库，岷江紫坪铺、瀑布沟水库，嘉陵江碧口、宝珠寺、亭子口、草街水库，乌江构皮滩、思林、沙沱、彭水水库，长江干流三峡水库。

长江中游：清江水布垭、隔河岩水库，洞庭湖水系资水柘溪，沅江凤滩、五强溪，澧水江垭、皂市水库。

未纳入联合调度的其他水库，根据属地管理权限，由有调度权限的防汛抗旱指挥机构负责调度。

二、调度原则与目标

（一）调度原则

1. 正确处理水库群防洪与兴利，经济效益与社会、生态效益，局部与整体，汛期与非汛期，单库与多库等重大关系。通过水库群联合调度，实现流域上下游统筹、左右岸协调、干支流兼顾，保障流域防洪安全、供水安全、生态安全，充分发挥水库群综合效益，为推动长江经济带发展提供水安全保障。

2. 坚持兴利服从防洪、电调（航调）服从水调的原则。各水库应按照《长江流域综合规划（2012—2030年）》和《长江流域防洪规划》的要求，汛期留足防洪库容，防洪和水量调度服从有调度权限的防汛抗旱指挥机构的统一调度。

3. 水库群联合调度实行国家防汛抗旱总指挥部（以下简称“国家防总”）、长江防汛抗旱总指挥部（以下简称“长江防总”）、省（市）防汛抗旱指挥部（以下简称“省（市）防指”）、水库管理单位等分级调度管理。

4. 水库群联合防洪调度时，应首先确保各枢纽工程自身安全；对兼有所在河流防洪和承担长江中下游防洪任务的水库，应协调好所在河流防洪与长江中下游防洪的关系，在满足所在河流防洪要求的前提条件下，根据需要承担长江中下游防洪任务；防洪调度应兼顾综合利用要求；结合水文气象预报，在确保防洪安全的前提下，合理利用水资源。

5. 水库蓄水应综合考虑防洪、供水、生态、发电、航运、泥沙、淹没等因素，统筹安排干支流、上下游水库蓄水时序。蓄水期间水库下泄流量按相关规定或要求执行。

6. 枯水期合理运用调节库容，统筹协调发电与供水、航运、生态等方面对水资源的需求，水库下泄流量不小于规定或要求的下限值。

7. 流域内发生特枯水、水污染、咸潮入侵、水上安全事故、涉水工程事故等突发事件时，应服从有调度权限的防汛抗旱指挥机构的调度。

（二）调度目标

1. 确保各枢纽工程自身安全，通过拦蓄洪水，实现各水库防洪目标，并提高流域整体防洪效益。

三峡上游水库通过拦洪、削峰、错峰，提高攀枝花、宜宾、泸州、重庆主城区、乐山、苍溪、阆中、南充、合川、思南、沿河、彭水、武隆等重要城市（镇）及重要基础设施的防洪能力。

三峡水库应保证荆江河段防洪标准达100年一遇，遇1000年一遇洪水或1870年同大洪水时，配合使用蓄滞洪区，保证荆江地区不发生毁灭性洪水灾害，减轻中下游防洪压力。

清江梯级水库通过拦洪错峰，提高长阳县城防洪标准；洞庭湖水系水库配合堤防运用，提高安化、桃江、益阳、桃源、常德、石门、澧县、津市等城市（镇）及下游尾闾地区防洪能力。

上游水库群配合三峡水库拦蓄洪水，减少汇入三峡水库的洪量，进一步减少长江中下游分洪量和蓄滞洪区的使用几率；清江梯级水库配合三峡水库拦洪错峰，对荆江河段进行防洪调度；洞庭湖水系水库群控制进入洞庭湖的洪量，相机配合三峡水库减轻城陵矶附近地区的防洪压力。

2. 兼顾水库蓄水与防洪、航运、供水、发电、泥沙、水生态等方面的需求，统筹上下游、干支流，有序逐步蓄水，提高水库群整体蓄满率，尽量减少集中蓄水对水库下游河段和长江中下游供水、航运、水生态等带来的不利影响。

3. 枯水期水库适时补水，加大下游河道主要控制断面的水量，尽量满足水库下游供水、航运、水生态等方面的需求。

4. 通过水库群联合调度，减轻特枯水、水污染、咸潮入侵、水上安全事故、涉水工程事故等突发事件的影响。

三、联合调度方案

（一）防洪调度

1. 川渝河段

川渝河段的防洪任务为提高宜宾、泸州主城区的防洪标准至50年一遇，减轻重庆主城区的防洪压力，主要由溪洛渡、向家坝水库承担；必要时，梨园、阿海、金安桥、龙开口、鲁地拉、观音岩、锦屏一级、二滩、紫坪铺、瀑布沟、亭子口等水库配合溪洛渡、向家坝水库对川渝河段洪水实施拦洪错峰。

（1）对宜宾、泸州主城区的防洪调度方式。溪洛渡、向家坝水库预留专用防洪库容14.6亿立方米，对宜宾、泸州进行防洪补偿调度。当预报李庄（宜宾防洪控制站）洪峰流量超过51000立方米每秒，或朱沱（泸州防洪控制站）洪峰流量超过52600立方米每秒时，通过补偿调度，控制李庄、朱沱两站洪峰流量分别不超过51000立方米每秒、52600立方米每秒。若遭遇以岷江来水为主的洪水类型时，视水情和防洪形势的需要，瀑布沟、紫坪铺等水库适时配合调度。

（2）对重庆主城区的防洪调度方式。溪洛渡、向家坝水库预留防洪库容29.6亿立方米，对重庆主城区进行防洪补偿调度。当预报寸滩（重庆防洪控制站）洪峰流量大于83100立方米每秒，利用溪洛渡、向家坝水库对重庆进行防洪补偿调度，尽可能控制寸滩洪峰流量不超过83100立方米每秒。当岷江大渡河、嘉陵江上游来水较大时，运用瀑布沟、亭子口、草街水库拦洪错峰，减轻重庆主城区防洪压力。

（3）溪洛渡、向家坝水库联合防洪调度时，先运用溪洛渡水库拦蓄洪水，当溪洛渡水库水位上升573.1米后，若溪洛渡入库流量超过28000立方米每秒并呈上涨趋势，可继续动用溪洛渡水库拦蓄洪水；若溪洛渡入库流量低于28000立方米每秒，溪洛渡水库维持出入库平衡，向家坝水库开始拦蓄洪水；当向家坝水库拦蓄至接近378米，溪洛渡和向家坝水库继续拦蓄；当溪洛渡水库水位达到600米、向家坝水库水位达到380米后，实施保枢纽安全的防洪调度方式。

（4）在溪洛渡、向家坝开始拦蓄洪水时，视水情和防洪形势的需要，雅砻江、金沙江、岷江、嘉陵江等梯级水库适时配合调度。

2. 嘉陵江中下游

嘉陵江中下游防洪主要由亭子口水库承担，碧口、宝珠寺、草街水库适时配合调度。

当嘉陵江中下游发生大洪水时，亭子口水库适时拦洪削峰，提高嘉陵江中下游苍溪、阆中、南充等城市（镇）的防洪标准，减轻合川、重庆主城区的防洪压力；碧口、宝珠寺等水库在保证枢纽安全和本河段防洪安全的前提下，适时减少亭子口水库的入库洪量。

3. 乌江中下游

乌江中下游的防洪任务主要是提高思南县城防洪标准，减轻沿河、彭水、武隆等城市（镇）的防洪压力，由构皮滩、思林、沙沱、彭水水库承担，其他水库配合运用。

（1）对思南的防洪调度方式。构皮滩联合思林水库适时拦洪削峰，遭遇20年一遇洪水（洪峰流量16400立方米每秒）时尽可能控制思南县城河段的洪峰流量不超过13900立方米每秒（10年一遇），与此同时控制沙沱水库坝前水位降低思南县城河段的洪水位；遭遇20年一遇以上洪水时，适当拦洪削峰，尽量减轻思南县城灾害损失。

（2）对沿河的防洪调度方式。构皮滩、思林、沙沱水库联合调度，适时拦洪削峰，减少进入彭水水库的入库洪量，遭遇20年一遇入库洪水时还应控制彭水水库坝前水位不高于288.85米。

（3）对彭水、武隆的防洪调度方式。构皮滩、思林、沙沱、彭水水库联合调度，适时拦洪削峰，彭水水库遭遇20年一遇入库洪水时其下泄流量不超过19900立方米每秒；遭遇20年一遇以上入库洪水时，适当拦洪削峰，尽量减轻彭水、武隆县城灾害损失。

4. 清江

清江的防洪任务是提高长阳县城及下游沿江城镇的防洪标准，主要由隔河岩水库承担，水布垭水库配合运用。

对长阳县城的防洪调度方式。隔河岩联合水布垭水库适时拦洪削峰，遭遇20年一遇洪水时，尽可能控制长阳县城河段的洪峰流量不超过11800立方米每秒。

5. 洞庭湖水系

洞庭湖水系的防洪任务是配合堤防等防洪工程运用，提高各支流下游沿江城市（镇）防洪标准，主要由柘溪、凤滩、五强溪、江垭、皂市等各支流骨干水库承担，一般控制不超过河道安全泄量，以减轻下游尾闾地区防洪压力。

6. 长江中下游干流

当长江中下游发生大洪水时，以沙市、城陵矶等防洪控制站水位为主要控制目标，三峡水库联合上中游水库群实施防洪补偿调度。

梨园、阿海、金安桥、龙开口、鲁地拉、锦屏一级、二滩等有配合三峡水库承担长江中下游防洪任务的水库，实施与三峡水库同步拦蓄洪水的调度方式，适当控制水库下泄。

金沙江下游溪洛渡、向家坝水库在留足川渝河段所需防洪库容前提下，根据长江中下游防洪需要，配合三峡水库承担长江中下游防洪任务，按三峡水库预报入库洪量进行分级控泄，减少进入三峡水库的洪量；当预报三峡水库入库洪峰较大时，削减进入三峡水库的洪峰流量。

观音岩、瀑布沟、亭子口、构皮滩、思林、沙沱、彭水等承担所在河流防洪和配合三峡水库承担中下游防洪双重防洪任务的水库，当所在河流发生较大洪水时，结合所在河流防洪任务，实施防洪调度；当所在河流来水量不大且预报短期内不会发生大洪水时，也需减少水库下泄流量，配合其他水库降低长江干流洪峰流量，减少三峡水库入库洪量。

水布垭、隔河岩等清江梯级水库实施与三峡水库错峰防洪调度方式。

洞庭湖水系水库防洪调度在满足本流域防洪要求的前提下，与干流防洪调度相协调。当三峡水库对长江中下游防洪调度时，若洞庭湖水系来水较大，按所在河流防洪任务拦蓄洪水；若洞庭湖水系来水不大且预报短时期内不会发生大洪水时，水库群相机配合调度，减少入湖洪量；本河流洪峰过后，水库泄水腾库时，应在确保水库上下游安全的前提下，考虑城陵矶附近地区的防洪要求，适当控制泄水过程。

（二）蓄水调度

1. 长江上游配合三峡水库承担长江中下游防洪任务的梨园、阿海、金安桥、龙开口、鲁地拉、锦屏一级、二滩等水库，一般情况下8月初开始有序逐步蓄水。承担所在河流防洪和长江中下游防洪双重任务的溪洛渡、亭子口、草街、构皮滩、思林、沙沱、彭水等水库，9月初在留足所在河流防洪要求库容的前提下可逐步蓄水；观音岩、瀑布沟水库根据防洪库容预留要求分时段逐步蓄水。三峡、向家坝水库9月中旬可逐步蓄水。紫坪铺、碧口、宝珠寺等水库10月初开始蓄水。

长江中游清江及洞庭湖水系水库开始蓄水时间宜先于上游水库，一般可在8月初开始逐步蓄水，蓄水起始时间根据水库承担的防洪任务确定，合理安排蓄水过程。

2. 干支流、上下游水库蓄水应统一协调，以满足长江中下游流量要求。

3. 为协调好水库群蓄水与各方面用水的关系，水库管理单位应编制蓄水实施计划报备，提前蓄水实施计划须按程序报批。

（三）应急调度

1. 当流域发生特枯水、水污染、咸潮入侵、水上安全事故、涉水工程事故等突发事件时，启动应急调度。

2. 实施应急调度方案前，及时向相关部门和单位通报，视情况向社会公告。

四、各水库调度方式

（一）梨园水库

1. 防洪任务为确保枢纽自身防洪安全；与金沙江水库群联合调度配合三峡水库承担长江中下游防洪任务；必要时，与金沙江中游水库群联合调度配合金沙江下游水库减轻川渝河段防洪压力。

2. 7月1日—7月31日的防洪限制水位为1605米。一般情况下水库按1605米水位运行。当长江中下游发生大洪水时，与金沙江水库群联合调度拦蓄金沙江来水，减少汇入三峡水库的洪量；当川渝河段发生大洪水时，与金沙江中游水库群联合调度配合金沙江下游水库拦洪削峰，减轻川渝河段防洪压力；当库水位达到1618米后，按保枢纽安全方式进行调度。

3. 8月1日开始蓄水，逐步蓄至正常蓄水位1618米。

4. 非汛期水库根据兴利需求进行调度。

（二）阿海水库

1. 防洪任务为确保枢纽自身防洪安全；与金沙江水库群联合调度配合三峡水库承担长江中下游防洪任务；必要时，与金沙江中游水库群联合调度配合金沙江下游水库减轻川渝河段防洪压力。

2. 7月1日—7月31日的防洪限制水位为1493.3米。一般情况下水库按1493.3米水位运行。当长江中下游发生大洪水时，与金沙江水库群联合调度拦蓄金沙江来水，减少汇入三峡水库的洪量；当川渝河段发生大洪水时，与金沙江中游水库群联合调度配合金沙江下游水库拦洪削峰，减轻川渝河段防洪压力；当库水位达到1504米后，按保枢纽安全方式进行调度。

3. 8月1日开始蓄水，逐步蓄至正常蓄水位1504米。

4. 非汛期水库根据兴利需求进行调度。

（三）金安桥水库

1. 防洪任务为确保枢纽自身防洪安全；与金沙江水库群联合调度配合三峡水库承担长江中下游防洪任务；必要时，与金沙江中游水库群联合调度配合金沙江下游水库减轻川渝河段防洪压力。

2. 7月1日—7月31日的防洪限制水位为1410米。一般情况下水库按1410米水位运行。当长江中下游发生大洪水时，与金沙江水库群联合调度拦蓄金沙江来水，减少汇入三峡水库的洪量；当川渝河段发生大洪水时，与金沙江中游水库群联合调度配合金沙江下游水库拦洪削峰，减轻川渝河段防洪压力；当库水位达到1418米后，按保枢纽安全方式进行调度。

3. 8月1日开始蓄水，逐步蓄至正常蓄水位1418米。

4. 非汛期水库根据兴利需求进行调度。

（四）龙开口水库

1. 防洪任务为确保枢纽自身防洪安全；与金沙江水库群联合调度配合三峡水库承担长江中下游防洪任务；必要时，与金沙江中游水库群联合调度配合金沙江下游水库减轻川渝河段防洪压力。

2. 7月1日—7月31日的防洪限制水位为1289米。一般情况下水库按1289米水位运行。当长江中下游发生大洪水时，与金沙江水库群联合调度拦蓄金沙江来水，减少汇入三峡水库的洪量；当川渝河段发生大洪水时，与金沙江中游水库群联合调度配合金沙江下游水库拦洪削峰，减轻川渝河段防洪压力；当库水位达到1298米后，按保枢纽安全方式进行调度。

3. 8月1日开始蓄水，逐步蓄至正常蓄水位1298米。

4. 非汛期水库根据兴利需求进行调度。

（五）鲁地拉水库

1. 防洪任务为确保枢纽自身防洪安全；与金沙江水库群联合调度配合三峡水库承担长江中下游防洪任务；必要时，与金沙江中游水库群联合调度配合金沙江下游水库减轻川渝河段防洪压力。

2. 7月1日—7月31日的防洪限制水位为1212米。一般情况下水库按1212米水位运行。当长江中下游发生大洪水时，与金沙江水库群联合调度拦蓄金沙江来水，减少汇入三峡水库的洪量；当川渝河段发生大洪水时，与金沙江中游水库群联合调度配合金沙江下游水库拦洪削峰，减轻川渝河段防洪压力；当库水位达到1223米后，按保枢纽安全方式进行调度。

3. 8月1日开始蓄水，逐步蓄至正常蓄水位1223米。

4. 非汛期水库根据兴利需求进行调度。

（六）观音岩水库

1. 防洪任务为确保枢纽自身防洪安全；提高攀枝花市防洪标准至50年一遇；与金沙江水库群联合调度配合三峡水库承担长江中下游防洪任务；必要时，与金沙江中游水库群联合调度配合金沙江下游水库减轻川渝河段防洪压力。

2. 7月1日—7月31日的防洪限制水位为1122.3米，8月1日—9月30日的防洪限制水位为1128.8米。观音岩水库预留防洪库容2.53亿立方米，对攀枝花市进行防洪补偿调度，当预报攀枝花水文站流量将超过30年一遇（现状防洪能力，相应流量11700立方米每秒）时，适当拦洪削峰，控制攀枝花水文站流量不超过11700立方米每秒；当长江中下游发生大洪水时，与金沙江水库群联合调度拦蓄金沙江来水，减少汇入三峡水库的洪量；当川渝河段发生大洪水时，与金沙江中游水库群联合调度配合金沙江下游水库拦洪削峰，减轻川渝河段防洪压力；当库水位达到1134米后，按保枢纽安全方式进行调度。

3. 10月1日开始蓄水，逐步蓄至正常蓄水位1134米。

4. 非汛期水库根据兴利需求进行调度。

（七）溪洛渡水库

1. 防洪任务为确保枢纽自身防洪安全；与向家坝水库联合调度，提高川渝河段宜宾、泸州主城区的防洪标准50年一遇，减轻重庆主城区的防洪压力；配合三峡水库承担长江中下游防洪任务。

2. 7月1日—9月10日的防洪限制水位为560米。一般情况下水库按560米水位运行。当预报李庄流量小于51000立方米每秒，若库水位低于573.1米，按不超过25000立方米每秒控泄；若库水位高于573.1米，按出入库平衡调度。当预报李庄洪峰流量超过51000立方米每秒，或朱沱洪峰流量超过52600立方米每秒时，联合向家坝水库对李庄、朱沱进行补偿调度，控制李庄、朱沱洪峰流量分别不超过51000立方米每秒、52600立方米每秒。当预报寸滩洪峰流量大于83100立方米每秒，联合向家坝水库对寸滩进行拦洪削峰，尽量使其不超过83100立方米每秒。

根据长江中下游防洪形势，与向家坝水库联合调度，配合三峡水库承担长江中下游防洪任务。

3. 在与向家坝水库联合防洪调度时，先运用溪洛渡水库拦蓄洪水，当溪洛渡水库水位上升至573.1米后，若溪洛渡入库流量超过28000立方米每秒并呈上涨趋势，可继续动用溪洛渡水库拦蓄洪水；若溪洛渡入库流量低于28000立方米每秒，溪洛渡水库维持出入库平衡，向家坝水库开始拦蓄洪水；当向家坝水库拦蓄至接近378米，溪洛渡与向家坝水库继续拦蓄；当库水位达到600米后，按保枢纽安全方式进行调度。

4. 原则上9月上旬开始蓄水，逐步蓄至正常蓄水位600米。

5. 非汛期水库根据发电、航运等兴利需求进行调度。

（八）向家坝水库

1. 防洪任务为确保枢纽自身防洪安全；与溪洛渡水库联合调度，提高川渝河段宜宾、泸州主城区的防洪标准至50年一遇，减轻重庆主城区的防洪压力；配合三峡水库承担长江中下游防洪任务。

2. 7月1日—9月10日的防洪限制水位为370米。一般情况下水库按370米水位运行。当预报李庄流量小于51000立方米每秒，若溪洛渡水库水位低于573.1米，向家坝水库按不超过25000立方米每秒控泄；当溪洛渡水库水位高于573.1米之后，向家坝水库按出入库平衡调度。当预报李庄洪峰流量超过51000立方米每秒，或朱沱洪峰流量超过52600立方米每秒时，联合溪洛渡水库对李庄、朱沱进行补偿调度，控制李庄、朱沱两站洪峰流量分别不超过51000立方米每秒、52600立方米每秒。当预报寸滩洪峰流量大于83100立方米每秒，联合溪洛渡水库对寸滩进行拦洪削峰，尽量使其不超过83100立方米每秒。

根据长江中下游防洪形势，与溪洛渡水库联合调度，配合三峡水库承担长江中下游防洪任务。

3. 在与溪洛渡水库联合防洪调度时，先

运用溪洛渡水库拦蓄洪水，当溪洛渡水库水位上升573.1米后，若溪洛渡入库流量超过28000立方米每秒并呈上涨趋势，可继续动用溪洛渡水库拦蓄洪水；若溪洛渡入库流量低于28000立方米每秒，溪洛渡水库维持出入库平衡，向家坝水库开始拦蓄洪水；当向家坝水库水位蓄至接近378米时，配合溪洛渡水库继续拦蓄；当向家坝水库拦蓄380米后，按保枢纽安全方式进行调度。

4. 原则上9月中旬开始蓄水，逐步蓄至正常蓄水位380米，蓄水期间最小下泄流量为1200立方米每秒。

5. 非汛期水库根据发电、航运等兴利需求进行调度。

（九）锦屏一级水库

1. 防洪任务为确保枢纽自身防洪安全；配合三峡水库承担长江中下游防洪任务；必要时联合二滩等水库减轻雅砻江下游、金沙江下游和川渝河段防洪压力。

2. 7月1日—7月31日的防洪限制水位为1859米。一般情况下水库按1859米水位运行。锦屏一级水库和二滩水库为长江中下游预留总防洪库容不得少于25亿立方米。与二滩水库联合调度，当长江中下游发生大洪水时，适时拦蓄雅砻江来水，减少汇入三峡水库的洪量；当雅砻江、金沙江或川渝河段发生大洪水时，适时进行拦洪、削峰和错峰，减轻雅砻江下游、金沙江下游和川渝河段防洪压力；当库水位达到1880米后，按保枢纽安全方式进行调度。

3. 8月1日开始蓄水，逐步蓄至正常蓄水位1880米。

4. 非汛期水库根据兴利需求进行调度，最小下泄流量不小于122立方米每秒，如下游锦屏二级水电站有发电用水需求则不小于373立方米每秒。

（十）二滩水库

1. 防洪任务为确保枢纽自身防洪安全；配合三峡水库承担长江中下游防洪任务；必要时联合锦屏一级等水库减轻雅砻江下游、金沙江下游和川渝河段防洪压力。

2. 6月1日—7月31日的防洪限制水位为1190米。一般情况下水库按1190米水位运行。二滩水库和锦屏一级水库为长江中下游预留总防洪库容不得少于25亿立方米，且二滩水库预留的防洪库容不小于7亿立方米。与锦屏一级水库联合调度，当长江中下游发生大洪水时，适时拦蓄雅砻江来水，减少汇入三峡水库的洪量；当雅砻江、金沙江或川渝河段发生大洪水时，适时进行拦洪、削峰和错峰，减轻雅砻江下游、金沙江下游和川渝河段防洪压力；当库水位达到1200米后，按保枢纽安全方式进行调度。

3. 8月1日开始蓄水，逐步蓄至正常蓄水位1200米。

4. 非汛期水库根据兴利需求进行调度。

（十一）紫坪铺水库

1. 防洪任务为确保枢纽自身防洪安全；提高水库下游金马河防洪标准至100年一遇；必要时，适度分担川渝河段防洪任务和配合三峡水库分担长江中下游地区防洪任务。

2. 6月1日—9月30日的防洪限制水位为850米。

3. 10月1日开始蓄水，逐步蓄至正常蓄水位877米。

4. 非汛期水库根据兴利需求进行调度。

（十二）瀑布沟水库

1. 防洪任务为确保枢纽自身防洪安全；遇水库上游来水为主的洪水时，提高水库下游成昆铁路沙坪段防洪标准100年一遇；必要时减轻乐山市城区和下游重要城镇防洪压力；承担川渝河段防洪任务和配合三峡水库承担长江中下游防洪任务。

2. 6月1日—7月31日的防洪限制水位为836.2米，8月1日—9月30日的防洪限制水位为841米。对成昆铁路沙坪段实施补偿调度时，控制沙坪水文站水位不高于539.6米（相应流量8780立方米每秒，对应成昆铁路沙坪段铁路路基高程538.25米）；根据实时雨水情和防洪形势，适时控制出库流量减轻乐山市城区和下游重要城镇的防洪压力；当承担川渝河段防洪任务时，一般情况下控制水库水位不高于844米，如预报水库上游短期内无大洪水，可控制水库水位不高于845米；当配合三峡水库承担长江中下游防洪任务时，一般情况下控制水库水位不高于841米，如预报水库上游短期内无大洪水，可控制水库水位不高于844米；当库水位达到850米后，按保枢纽安全方式进行调度。

3. 10月1日开始蓄水，逐步蓄至正常蓄水位850米。9月中下旬当预报岷江及大渡河流域无明显降雨过程，经批准可视防汛形势提前逐步蓄水。

4. 非汛期水库根据兴利需求进行调度。

（十三）碧口水库

1. 防洪任务为确保枢纽自身防洪安全；减轻下游沿岸防洪压力。

2. 5月1日—6月14日的防洪限制水位为697米，期间如遇特殊天气，应根据雨水情及气象水文预报情况，提前将库水位降至主汛期防洪限制水位695米；6月15日—9月30日的防洪限制水位为695米。

3. 10月1日开始蓄水，逐步蓄至正常蓄水位704米。

4. 非汛期水库根据兴利需求进行调度。

（十四）宝珠寺水库

1. 防洪任务为确保枢纽自身防洪安全；遇嘉陵江流域发生较大洪水时，适时进行削峰错峰和拦蓄洪水，减轻下游防洪压力，提高下游城市防洪标准；配合三峡水库分担长江中下游地区防洪任务。

2. 7月1日—9月30日的防洪限制水位为583米。如嘉陵江中下游发生较大洪水，适时适量进行削峰错峰调度。

3. 10月1日开始蓄水，逐步蓄至正常蓄水位588米。

4. 非汛期水库根据兴利需求进行调度。

（十五）亭子口水库

1. 防洪任务为确保枢纽自身安全；在确保枢纽自身安全的前提下，适度承担嘉陵江中下游南充市的防洪任务；必要时，配合三峡水库承担长江中下游防洪任务。

2. 6月21日—8月31日的防洪限制水位为447米。亭子口水库共预留防洪库容14.4亿立方米，正常运用的防洪库容为447米至458米间10.6亿立方米库容，非常运用的防洪库容为458米至461.3米间3.8亿立方米库容。一般情况下水库按库水位不高于防洪限制水位运行，实时调度过程中，视实时水雨情、枢纽状况和防汛形势，经长江防总同意后，可适时调整枢纽运行水位。

当水库来水小于10年一遇且南充市未出现汛情时，水库下泄流量按不大于10000立方米每秒进行控制。当南充出现汛情但洪水不超过50年一遇时，亭子口水库对嘉陵江中下游进行防洪补偿调度，控制南充流量不超过25100立方米每秒，库水位不超过防洪高水位458米。当南充洪水超过50年一遇之后，如亭子口水库水位达到或超过458米，水库利用非常运用库容进行错峰、削峰调度，减轻南充等城市（镇）的洪灾损失，控制库水位不超过461.3米。

当长江中下游发生大洪水时，与长江上游水库群联合运用，减少汇入三峡水库的洪量，配合三峡水库分担长江中下游防洪任务。为长江中下游防洪调度时，一般情况下控制库水位不超过458米；当长江中下游遭遇严重灾情洪水时，可动用水库非常运用库容，控制库水位不超过461.3米。必要时，与嘉陵江水库群联合运用拦蓄嘉陵江来水，减轻重庆市境内嘉陵江干流河段防洪压力。

当库水位超过461.3米时，按保枢纽安全方式调度。

3. 9月1日开始蓄水，逐步蓄至正常蓄水位458米。

4. 非汛期水库根据兴利需求进行调度。

（十六）草街水库

1. 防洪任务为确保枢纽自身防洪安全；配合其他水库减轻重庆市主城区防洪压力。

2. 6月1日—8月31日的防洪限制水位为200米。如嘉陵江中下游发生较大洪水，根据防洪需要适时降低坝前水位，减轻上游合川区的防洪压力。

3. 9月1日开始蓄水，逐步蓄至正常蓄水位203米。

4. 非汛期水库根据兴利需求进行调度。

（十七）构皮滩水库

1. 防洪任务为确保枢纽自身防洪安全；承担乌江中下游防洪任务；配合三峡水库承担长江中下游防洪任务。

2. 6月1日—7月31日的防洪限制水位为626.24米，8月1日—8月31日的防洪限制水位为628.12米。当乌江中下游发生大洪水时，配合思林、沙沱、彭水等水库拦蓄洪水；当长江中下游发生大洪水时，拦蓄乌江来水，减少汇入三峡水库的洪量；当库水位达到630米后，按保枢纽安全方式进行调度。

3. 9月1日开始蓄水，逐步蓄至正常蓄水位630米。

4. 非汛期水库根据兴利需求进行调度。

（十八）思林水库

1. 防洪任务为确保枢纽自身防洪安全；将下游塘头粮产区的防洪标准由2年一遇提高至5年一遇；将20年一遇入库流量16400立方米每秒削减到13900立方米每秒，减轻下游思南县城的防洪压力；与构皮滩、沙沱、彭水等水库联合调度，配合三峡水库承担长江中下游防洪任务。

2. 6月1日—8月31日的防洪限制水位为435米。一般情况下水库按435米水位运行。当入库流量小于等于11500立方米每秒时，最大下泄流量不超过9320立方米每秒，最高调洪水位不高于438.76米；当入库流量大于11500立方米每秒且小于等于13900立方米每秒时，按入库流量下泄；当入库流量大于13900立方米每秒且小于等于16400立方米每秒时，按13900立方米每秒下泄；当库水位达到440米后，按保枢纽安全方式进行调度。

3. 9月1日开始蓄水，逐步蓄至正常蓄水位440米。

4. 非汛期水库根据兴利需求进行调度。

（十九）沙沱水库

1. 防洪任务为确保枢纽自身防洪安全；遇较大洪水时不降低思南县城的防洪标准；与构皮滩、思林、彭水等水库联合调度，配合三峡水库承担长江中下游防洪任务。

2. 6月1日—8月31日的防洪限制水位为357米。一般情况下水库按357米水位运行。当乌江中下游发生大洪水时，配合构皮滩、思林、彭水等水库拦蓄洪水；当长江中下游发生大洪水时，拦蓄乌江来水，减少汇入三峡水库的洪量；当库水位达到365米后，按保枢纽安全方式进行调度。

3. 当彭水水库水位低于290.1米时，沙沱水库最小下泄流量应不小于228立方米每秒；当沙沱水库在死水位以下运行时，如入库流量小于228立方米每秒，下泄流量应不小于入库流量。

4. 9月1日开始蓄水，逐步蓄至正常蓄水位365米。

5. 非汛期水库根据兴利需求进行调度。

（二十）彭水水库

1. 防洪任务为确保枢纽自身防洪安全；遇20年一遇入库洪水时，在满足库区沿河县城防护要求的前提下，不增加下游彭水县城防护负担；配合三峡水库承担长江中下游防洪任务。

2. 5月21日—8月31日的防洪限制水位为287米。一般情况下水库按287米水位运行。当不需要彭水水库配合三峡水库承担长江中下游防洪任务时，若彭水水库入库洪水不大于20年一遇，水库按库水位不高于288.85米、最大泄量不超过19900立方米每秒控制；若入库洪水大于20年一遇或库水位达到

288.85 米，按出入库流量基本平衡调度；当长江中下游防洪需要时，彭水水库配合三峡水库承担长江中下游防洪任务；当库水位达到 293 米后，按保枢纽安全方式进行调度。

3. 9 月 1 日开始蓄水，逐步蓄至正常蓄水位 293 米。

4. 非汛期水库根据兴利需求进行调度。

（二十一）三峡水库

1. 防洪任务是确保三峡和葛洲坝水利枢纽防洪安全；对长江上游洪水进行调控，使荆江河段防洪标准达到 100 年一遇，遇 100 年一遇至 1000 年一遇洪水，包括 1870 年同大洪水时，控制枝城站流量不大于 80000 立方米每秒，配合蓄滞洪区的运用，保证荆江河段行洪安全，避免两岸干堤漫溃发生毁灭性灾害；根据城陵矶附近地区防洪要求，考虑长江上游来水情况和水文气象预报，适度调控洪水，减少城陵矶附近地区分蓄洪量。

2. 防洪调度方式

对荆江河段进行防洪补偿的调度方式，主要适用于长江上游发生大洪水的情况。汛期在实施防洪调度时，如三峡水库水位低于 171 米，则按沙市站水位不高于 44.5 米控制水库下泄流量；当水库水位在 171～175 米之间时，控制枝城站流量不超过 80000 立方米每秒，在配合采取分蓄洪措施条件下控制沙市站水位不高于 45 米；水库水位达 175 米后，按保枢纽安全方式进行调度。

兼顾对城陵矶地区进行防洪补偿的调度方式，主要适用于长江上游洪水不大，三峡水库尚不需为荆江河段防洪大量蓄水，而城陵矶（莲花塘站，下同）水位将超过堤防设计水位，需要三峡水库拦蓄洪水以减轻该地区防洪及分蓄洪压力的情况。汛期在因调控城陵矶地区洪水而需要三峡水库拦蓄洪水时，如水库水位不高于 155 米，则按控制城陵矶水位 34.4 米进行补偿调度；当水库水位高于 155 米之后，一般情况下不再对城陵矶地区进行防洪补偿调度，转为对荆江河段防洪补偿调度；如城陵矶附近地区防汛形势依然严峻，可考虑溪洛渡、向家坝等水库与三峡水库联合调度，进一步减轻城陵矶附近地区防洪压力。

当长江上游发生中小洪水，根据实时水雨情和预测预报，在三峡水库尚不需要实施对荆江河段或城陵矶地区进行防洪补偿调度，且有充分把握保障防洪安全时，三峡水库可以相机进行调洪运用。

3. 汛期运用水位控制

6 月 10 日—9 月 30 日的防洪限制水位为 145 米。

6 月 10 日至 8 月 31 日期间，水库在不需要因防洪要求拦蓄洪水时，原则上应按防洪限制水位 145 米控制运行，实时调度时可在 144.9～146.5 米之间浮动。当预报三峡水库上游或者长江中游河段将发生洪水时，应按规定及时采取预泄措施，保证水库拦蓄洪水时的起调水位不高于 145 米。洪水过后，要在不增加下游防洪压力情况下，尽快降至防洪限制水位。

8 月 31 日后，当预报上游不会发生大洪水，且沙市、城陵矶水位分别低于 40.3 米、30.4 米时，结合蓄水需要，9 月 10 日水库运行水位按上浮 150～155 米控制。

4. 一般情况下，9 月中旬开始蓄水，分段控制 9 月蓄水位上升进程。三峡水库 9 月蓄水期间下泄流量一般不小于 10000 立方米每秒；10 月下泄流量一般不小于 8000 立方米每秒；11—12 月下泄流量按葛洲坝下游庙嘴水位不低于 39 米和三峡电站保证出力对应的流量控制。

5. 枯水期水库根据发电、航运、供水及其他需求逐步消落水位，蓄满年份，1—2 月水库下泄流量按 6000 立方米每秒控制，3—5 月的最小下泄流量应满足葛洲坝下游庙嘴水位不低于 39 米。未蓄满年份，根据水库蓄水和来水情况合理调配下泄流量。汛前，三峡水库水位根据长江来水情况均匀消落，5 月 25 水库水位一般不高于 155 米，至 6 月 10 水库水位消落至防洪限制水位。当长江口咸潮入侵需要应急调度三峡等水利工程时，按照国家防总《关于长江口咸潮应对工作预案的批复》执行。

（二十二）水布垭水库

1. 防洪任务为确保枢纽自身防洪安全；与隔河岩水库联合拦蓄清江洪水，提高下游沿江城乡防洪标准；配合三峡水库承担长江中下游防洪任务。

2. 5月21日—6月20日的防洪限制水位（库区防洪运行控制水位）为397米，当预报清江流域有较大洪水或长江上游可能发生较大洪水时，水库水位应尽快降至391.8米。

3. 6月21日—7月31日的防洪限制水位为391.8米。当入库流量小于等于20年一遇洪水洪峰流量时，最小下泄流量按1110立方米每秒控制，最高库水位按397米控制；当入库流量大于20年一遇洪水洪峰流量后，最大拦蓄流量为5000立方米每秒；当库水位达到400米后，按保枢纽安全方式进行调度。

当长江干流发生洪水需要配合拦蓄清江洪水时，利用库水位391.8米至400米的库容，按有调度权限的防汛抗旱指挥机构的调度指令拦蓄洪水。

4. 8月1日—8月10日按397米控制运用，8月11日—9月30日根据实时水雨情及预报情况，逐步蓄至正常蓄水位400米。若此时长江发生较大洪水，需要清江拦蓄洪水时，应适当推迟充蓄时间，并服从长江防洪调度。

5. 非汛期水库根据兴利需求进行调度。

（二十三）隔河岩水库

1. 防洪任务为确保枢纽自身防洪安全；承担坝址下游长阳县城防洪任务；与水布垭水库联合拦蓄清江洪水，提高下游沿江城乡防洪标准；配合三峡水库承担长江中下游防洪任务。

2. 5月21日—6月20日的防洪限制水位为198米，发生洪水时按以下方式调度：当库水位低于198米时，按发电调度方式调度；当库水位达到或高于198米、但低于200米时，水库最大下泄流量按11000立方米每秒控制；当库水位达到或高于200米但低于203米时，水库最大下泄流量按13000立方米每秒控制；当库水位达到203米、水位继续上升时，按保枢纽安全方式调度。

3. 6月21日—7月31日的防洪限制水位为193.6米，需要配合三峡水库防洪联合调度减轻荆江河段防洪压力时，提前预泄至192.2米。当库水位低于防洪限制水位时，按发电调度方式运行；当库水位达到或高于防洪限制水位、但低于200米时，按长江荆江河段错峰调度要求拦蓄洪水，控制水库最大下泄流量不超过11000立方米每秒；当库水位达到或高于200米、但低于203米时，水库最大下泄流量按13000立方米每秒控制；当库水位达到203米、水位继续上升时，按保枢纽安全方式进行调度。

4. 8月1日开始蓄水，逐步蓄至正常蓄水位200米。8月1日—9月30日，当不需要为长江荆江河段预留防洪库容时，水库按正常蓄水位200米控制运用；当预报清江流域有较大洪水时，水库水位应尽快降至198米。

5. 非汛期水库根据兴利需求进行调度。

（二十四）柘溪水库

1. 防洪任务为确保枢纽自身防洪安全；配合堤防运用，提高下游益阳、桃江等重要城市和沿河乡镇农田及尾闾地区的防洪能力，缓解湖区防洪压力。

2. 4月1日—7月31日的防洪限制水位为162米。经有调度权限的防汛抗旱指挥机构批复，柘溪水库可实行汛期运行水位分期动态控制。

3. 柘溪水库充分利用防洪库容满足下游防洪错峰要求，控制下泄流量与柘桃区间流量组合后，不超过桃江控制站安全泄量。若下游区间遇到超标准洪水，应尽可能减轻下游防洪负担。当库水位达到170米后，按保枢纽安全方式进行调度。

4. 一般情况下8月1日开始蓄水，逐步蓄至正常蓄水位169米。

5. 非汛期水库根据兴利需求进行调度。

（二十五）凤滩水库

1. 防洪任务为确保枢纽自身防洪安全；必要时，用于酉水与沅水干流错峰，与五强溪水库联合调度，提高沅江尾闾桃源、常德等城市防洪标准。

2. 5月1日—7月31日的防洪限制水位为198.5米。经有调度权限的防汛抗旱指挥机构批复，凤滩水库可实行汛期运行水位分期动态控制。

3. 凤滩与五强溪水库联合防洪调度，按常德流量不超过安全泄量进行补偿调度。当库水位达到205米后，按保枢纽安全方式进行调度。

4. 一般情况下8月1日开始蓄水，逐步蓄至正常蓄水位205米。

5. 非汛期水库根据兴利需求进行调度。

（二十六）五强溪水库

1. 防洪任务为确保枢纽自身防洪安全；减轻下游沿岸防洪压力。与上游凤滩水库配合，可将沅江尾闾防洪标准由5年一遇提高至20年一遇。

2. 5月1日—7月31日的防洪限制水位为98米。依据水利部批复文件精神，五强溪水库实行汛期运行水位分期动态控制。

3. 五强溪与凤滩水库联合防洪调度，按常德流量不超过安全泄量进行补偿调度，并根据下游凌津滩水库的实际情况作相机调整。当库水位达到108米后，按保枢纽安全方式进行调度。

4. 一般情况下8月1日开始蓄水，逐步蓄至正常蓄水位108米。

5. 非汛期水库根据发电、供水、航运等兴利需求进行调度。

（二十七）江垭水库

1. 防洪任务为确保枢纽自身防洪安全；减轻下游沿岸防洪压力；与皂市水库联合防洪调度，提高下游及尾闾地区防洪能力，按三江口安全泄量12000立方米每秒进行控制。

2. 5月1日—7月31日的防洪限制水位为210.6米。经有调度权限的防汛抗旱指挥机构批复，江垭水库可实行汛期运行水位分期动态控制。

3. 当三江口洪峰流量大于12000立方米每秒时，江垭水库按1700立方米每秒控泄。当库水位达到236米后，按保枢纽安全方式进行调度。

4. 一般情况下8月1日开始蓄水，逐步蓄至正常蓄水位236米。

5. 非汛期水库根据发电、航运等兴利需求进行调度。

（二十八）皂市水库

1. 防洪任务为确保枢纽自身防洪安全；减轻下游沿岸防洪压力。与江垭水库联合防洪调度，提高下游及尾闾地区防洪能力，按三江口安全泄量12000立方米每秒进行控制。

2. 5月1日—7月31日的防洪限制水位为125米。

3. 三江口洪峰流量大于12000立方米每秒时，水库按三江口流量不大于12000立方米每秒实施补偿调度；当库水位达到防洪高水位143.5米后，按保枢纽安全方式进行调度。水库水位140～143.5米之间（防洪库容1.81亿立方米）为正常蓄水位以上的防洪库容。

4. 一般情况下8月1日开始蓄水，逐步蓄至正常蓄水位140米。若发生洪水，按防洪要求转入防洪调度。

5. 非汛期水库根据兴利需求进行调度。

五、调度权限

（一）长江上中游水库群防汛抗旱、蓄水、消落、应急情况调水等调度实行分级管理。

1. 汛期水库水位不高于防洪限制水位、不需要实施防洪调度，或非汛期水库综合利用相关方对水库下泄流量无特殊要求时，由水库管理单位调度。

2. 水库调度影响范围只涉及水库所在省（市）的调度，由有关省（市）防指负责调度，报长江防总备案。

3. 水库调度可能影响到两个或两个以上省级行政区域，或需要配合三峡水库承担长江中下游防洪任务时，由国家防总、长江防总实施分级调度。

各水库调度管理权限详见附表2。

（二）水库汛期（末）蓄水调度由防汛抗旱指挥机构负责。各水库运行管理单位根据当时的防汛形势、水雨情趋势预测及上述水库群蓄水方案编制年度提前蓄水实施计划，报有调度权限的防汛抗旱指挥机构批准后实施；三峡水库的年度蓄水实施计划由国家防总审批。

（三）有关部门应根据突发事件的影响程度、范围大小，提出应急调度方案，报有调度权限的防汛抗旱指挥机构批准后实施。

六、信息报送及共享

（一）为了加强长江上中游水库群联合调度管理，有效发挥水库群综合效益，应不断完善长江上中游水库群联合调度信息报送及共享机制，为长江上中游水库群联合调度决策提供支撑。

（二）长江上中游纳入联合调度的水库运行管理单位应及时向长江防总和各级防汛抗旱指挥机构报送水库流域内的实时水雨情、水库调度运行等相关信息，其中影响两个或两个以上省级行政区域以及事关长江干流防汛抗旱、航运、供水、水生态等重要信息应同时报送国家防总。

（三）水库运行管理单位应编制2018年水库消落计划并报送长江防总备案。

七、附则

（一）纳入2017年度联合调度的水库应编制年度度汛方案，需提前蓄水的水库应编制汛末提前蓄水实施计划，征求相关部门意见后，报有调度权限的防汛抗旱指挥机构审批。

（二）除纳入2017年度联合调度的28座水库以外，乌东德、白鹤滩等（详见附表3）长江上中游规划建设的和其他已建的重要大型水库，将逐步纳入调度范围，并及时对本方案进行修订。

（三）本方案由长江防总办公室负责解释。

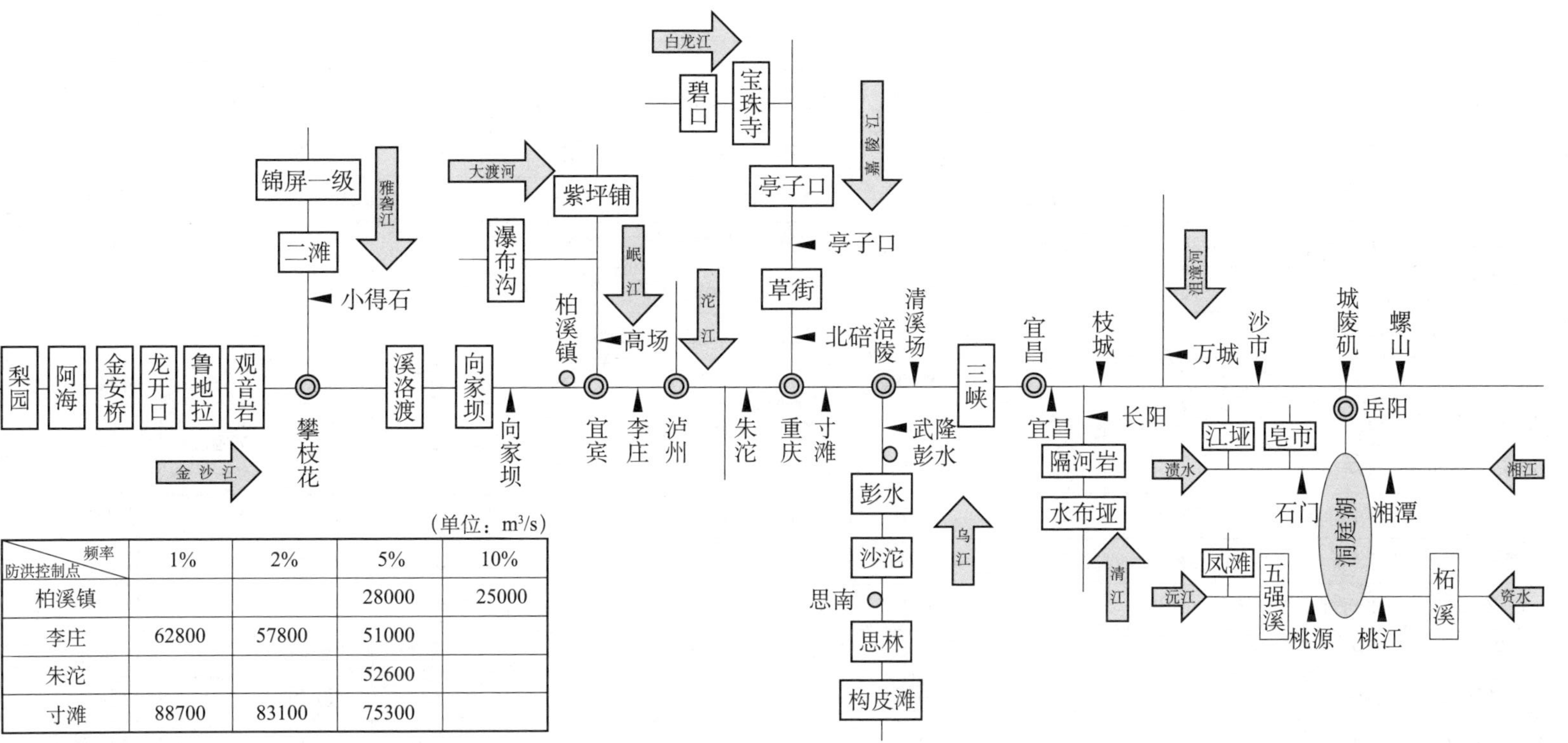

防洪控制点 \ 频率	1%	2%	5%	10%
柏溪镇			28000	25000
李庄	62800	57800	51000	
朱沱			52600	
寸滩	88700	83100	75300	

附图1　纳入2017年度联合调度的长江上中游干支流水库示意图

附表1　纳入2017年度联合调度的长江上中游干支流水库基本情况表

水系名称	水库名称	所在河流	控制流域面积（万 km^2）	正常蓄水位（m）	汛期限制水位（m）	死水位（m）	总库容（亿 m^3）	正常蓄水位以下库容（亿 m^3）	调节库容（亿 m^3）	防洪库容（亿 m^3）	装机容量（MW）	业主单位
长江	三峡	干流	100	175	145	145	450.7	393	165	221.5	22500	三峡集团
金沙江	梨园	干流	22.00	1618	1605	1605	8.05	7.27	1.73	1.73	2400	金中公司
	阿海		23.54	1504	1493.3	1492	8.85	8.06	2.38	2.15	2000	金中公司
	金安桥		23.74	1418	1410	1398	9.13	8.47	3.46	1.58	2400	汉能集团
	龙开口		24.00	1298	1289	1290	5.58	5.07	1.13	1.26	1800	华能集团
	鲁地拉		24.73	1223	1212	1216	17.18	15.48	3.76	5.64	2160	金中公司
	观音岩		25.65	1134	1122.3/1128.8	1122.3	22.50	20.72	5.55	5.42/2.53	3000	大唐公司
	溪洛渡		45.44	600	560	540	126.7	115.74	64.62	46.51	13860	三峡集团
	向家坝		45.88	380	370	370	51.63	49.77	9.03	9.03	6400	三峡集团
雅砻江	锦屏一级	干流	10.26	1880	1859	1800	79.9	77.65	49.11	16	3600	雅砻江公司
	二滩		11.64	1200	1190	1155	58	57.93	33.70	9	3300	雅砻江公司
岷江	紫坪铺	干流	2.27	877	850	817	11.12	9.99	7.74	1.67	760	紫坪铺公司
	瀑布沟	大渡河	6.85	850	836.2/841	790	53.32	50.11	38.94	11/7.3	3600	大渡河公司
乌江	构皮滩	干流	4.33	630	626.24/628.12	590	64.54	55.64	29.02	4/2	3000	乌江公司
	思林		4.86	440	435	431	15.93	12.05	3.17	1.84	1050	乌江公司
	沙沱		5.45	365	357	353.5	9.21	7.70	2.87	2.09	1120	乌江公司
	彭水		6.90	293	287	278	14.65	12.12	5.18	2.32	1750	大唐公司
嘉陵江	碧口	白龙江	2.60	704	697/695	685	2.17	1.53	1.46	0.83/1.03	300	大唐公司
	宝珠寺	白龙江	2.84	588	583	558	25.5	21	13.4	2.8	700	华电集团
	亭子口	干流	6.11	458	447	438	40.67	34.68	17.32	14.4（其中非常运用库容3.8）	1100	大唐公司
	草街	干流	15.61	203	200	202	22.18	7.54	0.65	1.99	500	重庆航建

水系名称	水库名称	所在河流	控制流域面积（万 km^2）	正常蓄水位（m）	汛期限制水位（m）	死水位（m）	总库容（亿 m^3）	正常蓄水位以下库容（亿 m^3）	调节库容（亿 m^3）	防洪库容（亿 m^3）	装机容量（MW）	业主单位
清江	水布垭	干流	1.09	400	391.8	350	45.8	43.12	23.83	5	1840	湖北能源/三峡集团
	隔河岩	干流	1.44	200	193.6	160	34.31	31.20	19.75	5	1200	湖北能源/三峡集团
洞庭湖	柘溪	资水	2.26	169	162	144	38.8	29.4	21.8	10.6	1050	国网湖南电力
	凤滩	沅水	1.75	205	198.5	170	17.3	13.9	10.6	2.77	815	国网湖南电力
	五强溪		8.38	108	98	90	43.5	30.6	20.2	13.6	1200	国家电投五凌电力
	江垭	澧水	0.37	236	210.6	188	17.41	15.84	11.65	7.4	300	澧水公司
	皂市		0.3	140	125	112	14.4	12	8.38	7.83（正常蓄水位以上库容1.8）	120	澧水公司

附表 2　各水库调度管理权限

<table>
<tr><th>水系名称</th><th>水库名称</th><th>调度管理权限</th></tr>
<tr><td>长江</td><td>三峡</td><td>当三峡水库来水流量不超过 30000 立方米每秒，且库水位在规定的汛期运用水位变动范围内，原则上由中国长江三峡集团公司负责调度；三峡水库来水流量超过 30000 立方米每秒，但枝城流量小于 56700 立方米每秒，或相机对中小洪水采取调洪运用时，由长江防总负责调度；枝城流量超过 56700 立方米每秒，或需对城陵矶地区进行补偿调度，由长江防总提出调度方案，报国家防总批准。年度水库蓄水计划报国家防总批准。</td></tr>
<tr><td rowspan="9">金沙江</td><td>梨园</td><td rowspan="5">汛期水库水位不高于防洪限制水位、不需要实施防洪调度或非汛期综合利用相关方对水库下泄流量无特殊要求时，由水库管理单位调度；承担川渝河段防洪任务和配合三峡水库承担长江中下游防洪任务时，由长江防总调度。年度水库度汛方案和蓄水计划报长江防总审批。</td></tr>
<tr><td>阿海</td></tr>
<tr><td>金安桥</td></tr>
<tr><td>龙开口</td></tr>
<tr><td>鲁地拉</td></tr>
<tr><td>观音岩</td><td>汛期水库水位不高于防洪限制水位、不需要实施防洪调度或非汛期综合利用相关方对水库下泄流量无特殊要求时，由水库管理单位调度；承担攀枝花市防洪任务时由四川省防指调度，报长江防总备案；承担川渝河段防洪任务和配合三峡水库承担长江中下游防洪任务时，由长江防总调度。年度水库度汛方案和蓄水计划报长江防总审批。</td></tr>
<tr><td>溪洛渡</td><td rowspan="2">汛期水库水位不高于防洪限制水位、不需要实施防洪调度或非汛期综合利用相关方对水库下泄流量无特殊要求时，由水库管理单位调度；承担川渝河段防洪任务和配合三峡水库承担长江中下游防洪任务时，由长江防总调度。年度水库度汛方案和蓄水计划报长江防总审批。</td></tr>
<tr><td>向家坝</td></tr>
<tr><td colspan="2" style="display:none"></td></tr>
<tr><td rowspan="2">雅砻江</td><td>锦屏一级</td><td rowspan="2">汛期水库水位不高于防洪限制水位、不需要实施防洪调度或非汛期综合利用相关方对水库下泄流量无特殊要求时，由水库管理单位调度；承担所在河段下游防洪任务时由四川省防指调度，报长江防总备案；配合三峡水库承担长江中下游防洪任务或配合金沙江水库群承担川渝河段防洪任务时，由长江防总调度。年度水库度汛方案和蓄水计划报长江防总审批。</td></tr>
<tr><td>二滩</td></tr>
<tr><td rowspan="2">岷江</td><td>紫坪铺</td><td>汛期水库水位不高于防洪限制水位、不需要实施防洪调度或非汛期综合利用相关方对水库下泄流量无特殊要求时，由水库管理单位调度；承担水库下游金马河防洪任务时由四川省防指调度，报长江防总备案；承担川渝河段防洪任务和配合三峡水库承担长江中下游防洪任务时，由长江防总调度。年度水库度汛方案和蓄水计划由四川省防指审批，报长江防总备案。</td></tr>
<tr><td>瀑布沟</td><td>汛期水库水位不高于防洪限制水位、不需要实施防洪调度或非汛期综合利用相关方对水库下泄流量无特殊要求时，由水库管理单位调度；承担成昆铁路、乐山市防洪任务时由四川省防指调度，报长江防总备案；配合三峡水库承担长江中下游防洪任务或配合金沙江水库群承担川渝河段防洪任务时，由长江防总调度。年度水库度汛方案和蓄水计划报长江防总审批。</td></tr>
<tr><td rowspan="2">嘉陵江</td><td>碧口</td><td>设计标准之内的洪水由水库管理单位调度，报甘肃省防指备案；设计标准以上洪水由甘肃省防指调度，报长江防总核备并抄送四川省防指。年度水库度汛方案和蓄水计划由甘肃省防指审查后报长江防总批复。</td></tr>
<tr><td>宝珠寺</td><td>汛期水库水位不高于防洪限制水位、不需要实施防洪调度或非汛期综合利用相关方对水库下泄流量无特殊要求时，由水库管理单位调度；承担水库下游沿岸（四川境内）防洪任务时由四川省防指调度，报长江防总备案；承担水库下游沿岸（重庆境内）防洪任务时由重庆市防指提出调度建议，长江防总商四川省防指调度；配合三峡水库承担长江中下游防洪任务时，由长江防总调度。年度水库度汛方案和蓄水计划由四川省防指审批，报长江防总备案。</td></tr>
</table>

<table>
<tr><td rowspan="2">嘉陵江</td><td>亭子口</td><td>汛期水库水位不高于防洪限制水位、不需要实施防洪调度或非汛期综合利用相关方对水库下泄流量无特殊要求时，由水库管理单位调度；承担水库下游沿岸（四川境内）防洪任务时由四川省防指调度，报长江防总备案；承担水库下游沿岸（重庆境内）防洪任务时由重庆市防指提出调度建议，长江防总商四川省防指调度；配合三峡水库承担长江中下游防洪任务时，由长江防总调度。年度水库度汛方案和蓄水计划报长江防总审批。</td></tr>
<tr><td>草街</td><td>汛期水库水位不高于防洪限制水位、不需要实施防洪调度或非汛期综合利用相关方对水库下泄流量无特殊要求时，由水库管理单位调度；承担水库下游沿岸防洪任务由重庆市防指调度，报长江防总备案。年度水库度汛方案和蓄水计划由重庆市防指审批，报长江防总备案。</td></tr>
<tr><td rowspan="4">乌江</td><td>构皮滩</td><td rowspan="3">汛期水库水位不高于防洪限制水位、不需要实施防洪调度或非汛期综合利用相关方对水库下泄流量无特殊要求时，由水库管理单位调度；承担水库下游防洪任务时由贵州省防指调度，报长江防总备案；配合三峡水库承担长江中下游防洪任务或承担乌江下游重庆境内防洪任务时，由长江防总调度。年度水库度汛方案和蓄水计划报长江防总审批。</td></tr>
<tr><td>思林</td></tr>
<tr><td>沙沱</td></tr>
<tr><td>彭水</td><td>汛期水库水位不高于防洪限制水位、不需要实施防洪调度或非汛期综合利用相关方对水库下泄流量无特殊要求时，由水库管理单位调度；当水库水位高于防洪限制水位且低于288.85米时，由重庆市防指调度，报长江防总备案；当水库水位高于288.85米时，由重庆市防指提出调度建议，报长江防总批准后执行；配合三峡水库承担长江中下游防洪任务时，由长江防总调度。年度水库度汛方案和蓄水计划报长江防总审批。</td></tr>
<tr><td rowspan="2">清江</td><td>水布垭</td><td rowspan="2">汛期水库水位不高于防洪限制水位、不需要实施防洪调度或非汛期综合利用相关方对水库下泄流量无特殊要求时，由水库管理单位调度；承担水库下游防洪任务时由湖北省防指调度，报长江防总备案；配合三峡水库承担荆江防洪任务时，由长江防总调度。年度水库度汛方案和蓄水计划报长江防总审批。</td></tr>
<tr><td>隔河岩</td></tr>
<tr><td rowspan="5">洞庭湖</td><td>柘溪</td><td rowspan="5">汛期水库水位不高于防洪限制水位、不需要实施防洪调度或非汛期综合利用相关方对水库下泄流量无特殊要求时，由水库管理单位调度；承担水库下游防洪任务时由湖南省防指调度，报长江防总备案；配合其他水库减轻城陵矶附近地区防洪压力时，由长江防总调度。年度水库度汛方案和蓄水计划由湖南省防指审批，报长江防总备案。</td></tr>
<tr><td>凤滩</td></tr>
<tr><td>五强溪</td></tr>
<tr><td>江垭</td></tr>
<tr><td>皂市</td></tr>
</table>

附表3　长江上中游规划建设的重要大型水库情况表

序号	水系名称	水库名称	所在河流	控制流域面积（万 km^2）	规划预留最大防洪库容（亿 m^3）	备注
1	金沙江	乌东德	干流	40.61	24.4	在建
2		白鹤滩		43.03	75.0	筹建
3	雅砻江	雅砻江上游梯级	干流		5.0	规划
4		两河口		5.96	20	在建
5	岷江	下尔呷	大渡河	1.55	8.7	规划
6		双江口		3.93	6.63	在建
7		长河坝		5.59	1.2	在建
8	洞庭湖	涔天河	湘江	0.25	3	扩建
9		金塘冲	资水	2.56	1.6	筹建
10		五强溪	沅江	8.38	17.05	扩建
11		宜冲桥	澧水	0.58	2.4	筹建

注：表中规划建设水库的防洪库容按工程最终建成后确定的防洪库容调度运行。

关于三峡水库2017年试验性蓄水实施计划的批复

国汛〔2017〕12号

长江防汛抗旱总指挥部：

你部《关于审批三峡水库2017年蓄水方案的请示》（长防总〔2017〕37号）收悉。经研究，我部基本同意你部初审意见，批复如下：

一、为有效利用汛末洪水资源，最大限度满足三峡水库蓄水期间各方用水需求，充分发挥三峡水库综合利用效益，根据国务院批准的《三峡水库优化调度方案》和国家防总批复的《2017年度长江上中游水库群联合调度方案》，结合2008年以来试验性蓄水调度实际，统筹考虑今年长江上游来水预测、上游水库群蓄水及中下游用水需求，制订三峡水库2017年试验性蓄水计划十分必要。

二、根据当前长江防洪形势、雨水情及其预测情况，三峡水库2017年9月上旬可在承接8月下旬防洪调度运用水位基础上逐渐上浮水位，上浮期间应充分考虑当前长江中下游水位偏低情况，控制下泄流量满足中下游各方用水需求。同意三峡水库起蓄时间为9月10日，起蓄水位按150.0～155.0米控制，9月30日蓄水位按162.0～165.0米控制，10月底或11月份争取蓄至175.0米。各阶段具体水位控制可根据上下游实时雨水情及预测、防汛抗旱形势、上游水库蓄水状况和重庆市主城区河段泥沙淤积情况经批准作适当调整。

三、在蓄水过程中，当预报长江干流沙市、莲花塘站水位将达到警戒水位，或三峡水库入库流量达到35000立方米每秒并预报继续增大时，三峡水库按防洪要求进行调度。

四、三峡水库调度运行中要高度重视下游用水需求。一般情况下，2017年9月10日至9月底，三峡水库下泄流量不小于10000立方米每秒；10月下泄流量不小于8000立方米每秒；11—12月下泄流量按葛洲坝下游（庙嘴）水位不低于39.0米和三峡电站保证出力对应的流量控制；2018年1—4月下泄流量不小于6000立方米每秒（同时要满足葛洲坝下游水位不低于39.0米的要求），至5月25日水库水位逐步降至155.0米，6月10日消落到防洪限制水位。当发生洪水或遇特枯来水，因防洪、下游供水、生态、航运等需要实施应急调度时，不受上述水位、流量限制。

五、蓄水期和消落期要确保工程运用安全，同时应尽量控制三峡水库下泄流量的变动幅度和水库水位日变动幅度，保持平稳过渡，以减轻对库岸和下游河道岸坡稳定、通航安全、电网运行安全的影响。

六、试验性蓄水期间，根据实时雨水情和防汛抗旱工作需要等情况，如需改变三峡水库蓄水计划或实施应急调度、开展以水库减淤和生态改善为目的的综合调度时，请你部及时提出意见并报我部同意后，水库蓄水控制水位和下泄流量等可适当调整。

七、请你部加强三峡水库试验性蓄水期间的调度和监督，督促有关单位加强水情预测预报和水文、泥沙、河道冲淤、库岸稳定等观测。中国长江三峡集团公司要严格按照批复的试验性蓄水实施计划和长江防汛抗旱总指挥部的调度指令组织实施，加强信息报送，落实各项预案，确保防洪、供水安全和试验性蓄水的顺利实施。

国家防汛抗旱总指挥部

2017年8月30日

关于金沙江向家坝等水电站验收有关工作协调会的会议纪要

（2017 年 12 月 21 日）

为推动向家坝水电站升船机验收工作有序开展，统筹协调金沙江下游梯级水电站验收事宜，2017 年 12 月 1 日，国家能源局新能源和可再生能源司在北京召开金沙江向家坝等水电站验收有关工作协调会议，听取四川省能源局、交通运输厅，云南省能源局、航务管理局，中国长江三峡集团公司（以下简称三峡集团公司），水电水利规划设计总院等单位有关情况的汇报和意见，对向家坝等水电站验收事宜进行了研究协调，部署下一步工作。会议经过讨论，议定如下意见。

一、高度重视水电工程验收工作

水电工程验收是加强水电工程建设管理，保障水电工程安全及上下游人民生命财产安全，促进水电建设持续健康发展的一项重要工作。有关各方应高度重视水电工程验收工作的重要作用，通过水电工程验收，梳理审视工程建设中的问题，进一步严把工程质量关，确保工程运行安全和工程效益有效发挥。

二、协同推进向家坝水电站升船机验收工作

向家坝升船机是电站枢纽工程的重要组成部分。根据《水电工程验收管理办法》《水电工程验收规程》，综合考虑向家坝水电站项目注册地在四川、升船机布置在金沙江左岸也位于四川侧，以及交通（航务）主管部门，四川、云南两省和三峡集团公司有关意见，会议研究明确由四川、云南省能源局作为验收委员会主任单位，负责向家坝水电站升船机特殊单项工程验收的统筹组织工作，并由四川省能源局牵头组织，验收工作职责由参与各方共同承担。四川、云南省交通运输厅（航务管理局）作为验收委员会副主任单位，协助组织开展验收工作，负责通航设备验收，发布通航公告等，并全过程参与升船机工程验收。

三、统筹金沙江梯级水电站验收工作

金沙江下游乌东德、白鹤滩、溪洛渡、向家坝水电站是位于四川、云南两省界河的巨型水电站，工程验收工作量大、要求高。为加强金沙江下游梯级水电站验收工作的组织协调，推动验收工作有序推进，会议综合考虑各梯级验收工作任务、水电站项目注册地以及四川、云南省能源局意见，讨论确定四川省能源局作为向家坝水电站竣工验收、白鹤滩水电站有关阶段验收和竣工验收的牵头组织单位；云南省能源局作为溪洛渡水电站竣工验收、乌东德水电站有关阶段验收和竣工验收的牵头组织单位。四川、云南省能源局要按照《水电工程验收管理办法》等有关规定负责金沙江梯级水电站验收工作。

四、发挥各方优势，落实验收责任

四川、云南省能源局按分工，牵头组建有关水电站验收委员会，组织编制水电站验收工作大纲，落实好验收流程、验收要件、时间节点、进度计划等具体安排，并组织按计划实施。三峡集团公司要根据工程验收进度，认真落实验收有关条件，按程序申请开展相关验收工作，并做好验收配合工作。水电水利规划设计总院作为水电行业技术管理单位，要加强对全过程的技术指导，做好统筹协调，及时反馈和处理验收过程中遇到的各种问题，安排好时间进度，确保验收质量。水电站的移民安置、环境保护等专项验收仍按相关法规由相关专业部门具体负责办理。

出席：国家能源局新能源和可再生能源司

梁志鹏、刘明阳，四川省能源局邓超，四川省交通运输厅龚元帅，云南省能源局罗杨，云南省航务管理局廖长庆，中国长江三峡集团公司王毅华、马树清、陈忠贤、黄明、杨桂君，水电水利规划设计总院李昇

长江防总关于2017年溪洛渡、向家坝梯级水库汛期调度运用方案的批复

长防总〔2017〕23号

中国长江三峡集团公司：

你公司《关于报送2017年溪洛渡、向家坝、三峡、葛洲坝及清江梯级水库汛期调度运用方案的函》（三峡枢函〔2017〕137号，以下简称《调度方案》）收悉。经研究，现就溪洛渡、向家坝梯级水库汛期调度运用方案批复如下：

一、防洪任务

2017年溪洛渡、向家坝水库的防洪任务是确保枢纽自身防洪安全；两座水库联合调度，提高川渝河段宜宾、泸州、重庆等城市的防洪标准；配合三峡水库对长江中下游地区防洪。

二、防洪标准

2017年溪洛渡水库挡水、泄水建筑物的设计洪水标准为1000年一遇，校核洪水标准为10000年一遇；厂房设计洪水标准为200年一遇，校核洪水标准为1000年一遇；消能防冲建筑物设计洪水标准为100年一遇，校核洪水标准为1000年一遇。

2017年向家坝水库挡水、泄水建筑物的设计洪水标准为500年一遇，校核洪水标准为5000年一遇；厂房设计洪水标准为200年一遇，校核洪水标准为1000年一遇；消能防冲建筑物设计洪水标准为100年一遇，校核洪水标准为5000年一遇。

三、防洪限制水位

2017年7月1日至9月10日，溪洛渡水库的防洪限制水位为560米，向家坝水库的防洪限制水位为370米。

四、防洪调度方式

（一）川渝河段防洪补偿调度

1. 对宜宾防洪调度。当预报李庄流量小于51000立方米每秒时，若溪洛渡水库水位低于573.1米，则溪洛渡和向家坝水库均按25000立方米每秒控泄；当溪洛渡库水位高于573.1米之后，两库均按出入库平衡调度。当预报李庄流量大于51000立方米每秒时，则按李庄流量不超过51000立方米每秒实施补偿调度。

2. 对泸州防洪调度。当预报朱沱流量大于52600立方米每秒时，两水库拦蓄流量为6000立方米每秒和为宜宾实施补偿调度拦蓄流量两者中较大值。

3. 对重庆防洪调度。当预报寸滩流量将大于83100立方米每秒时，两水库联合对寸滩进行削峰调度，尽量使其不超过83100立方米每秒。

4. 在溪洛渡、向家坝水库防洪调度时，先运用溪洛渡水库拦蓄洪水，当溪洛渡水库水位上升至573.1米后，溪洛渡水库维持出入库平衡，向家坝水库开始拦蓄洪水；当向家坝水库拦蓄至接近378米，溪洛渡和向家坝水库继续拦蓄；当溪洛渡水库水位达到600米、向家坝水库水位达到380米后，实施保枢纽安全的防洪调度方式。

（二）配合三峡水库对长江中下游防洪

根据长江中下游防洪形势，配合三峡水库

承担长江中下游防洪任务。

（三）在溪洛渡、向家坝水库防洪调度时，先运用溪洛渡水库拦蓄洪水，当溪洛渡水库水位上升至573.1米后，溪洛渡水库维持出入库平衡，向家坝水库开始拦蓄洪水；当向家坝水库拦蓄至380米，溪洛渡水库继续拦蓄至600米；之后则实施保枢纽安全的防洪调度方式。

五、调度权限

当水库水位不高于汛限水位且不需要实施防洪调度时，由中国长江三峡集团公司负责调度；需要实施防洪调度时，由长江防汛抗旱总指挥部负责。

六、有关要求

（一）请你公司加强水雨情监测预报及信息通报；落实好各项预案，做好库区和下游安全防范工作；加强枢纽安全监测、泄水设施运行维护，确保枢纽安全和防洪安全。

（二）根据长江水文情势，在保证防洪安全的前提下，你公司可适时开展生态调度试验。

长江防总

2017 年 5 月 2 日

三峡水利枢纽全貌（1994 年）

三峡水利枢纽全貌（1995 年）

三峡水利枢纽全貌（1996 年）

年度辑要

三峡水利枢纽全貌（**1997** 年）

概　述

国务院三峡建委办公室工作

【概况】 2017年，三峡各项工作坚持以习近平新时代中国特色社会主义思想为指导，全面贯彻落实习近平总书记在推动长江经济带发展座谈会上的重要讲话精神，按照党中央、国务院和三峡建委关于三峡工作的一系列决策部署，坚持问题导向，理思路、添措施，以深化“放管服”改革为抓手，以实现“三个清零”为目标，加快推进三峡后续工作规划实施；以生态优先、绿色发展为引领，以污水处理设施建设为重点，加快推进库区生态环境建设与保护；落实以人民为中心的发展思想，以城镇移民小区综合帮扶和农村移民安置区精准帮扶为突破口，有力促进库区决胜全面建成小康社会，全年工作呈现出新亮点，取得了新突破。

【三峡后续工作实施和管理】 一是深入贯彻落实中央“放管服”改革要求，进一步改进后续规划实施管理，制定《国务院三峡办关于加快实施三峡后续工作规划的意见》，明确细化项目法、因素法项目的分类及申报要求，优化项目审核批复程序，加大地方政府对后续项目及资金的综合统筹及自主安排权。二是坚持以重大项目为抓手，组织召开后续项目实施工作推进会，以实现结存两年以上专项资金全部清零、未开工项目全部清零、验收率与完工率差距全部清零的“三个清零”为目标，加强后续规划实施的经常性、常态化监督检查，委托第三方开展后续规划项目实施情况日常监测，确保后续规划项目进度、质量和资金使用安全、规范。积极协调财政部保障后续工作专项资金投入力度，持续帮助库区加快经济社会发展、生态环境建设保护和地质灾害防治等工作。三是全力做好城镇移民小区综合帮扶和农村移民精准帮扶，督促指导地方整合后续规划、对口支援及其他渠道资金，加快小区建设；组织召开农村移民精准帮扶工作现场会，进一步梳理精准帮扶的工作情况与突出问题，督促指导地方细化工作思路和措施，加快帮扶工作进度，为库区同全国一道全面建成小康发挥了重要作用。四是加大对口支援工作力度，积极引导对口支援省市将公益类资金用于小区帮扶，采取多种方式帮助库区改善办学条件，开展技能培训，促进库区移民就业增收；完善渝洽会、支洽会等援受双方合作平台，促进援受双方产业合作，持续推进库区产业发展，加大旅游业和特色农业的扶持力度，为库区经济社会发展注入新动力。五是着力加强事中事后监管，全面推行“双随机一公开”的监管理念和监管方式，编制完成三峡后续工作稽察“一单三库一细则”，明确了后续工作稽察随机抽查事项，组织开展系列项目稽察，加大稽察中发现问题的跟踪督办力度，稽察成果运用机制进一步强化。

【三峡库区生态环境建设与保护】 一是坚持生态优先、绿色发展的理念，认真组织开展三峡水库消落区调查和综合整治，持续加大消落区及岸线综合治理力度，重点部位库岸得到有效整治。二是继续抓好水污染防治，突出安排了一批乡（镇）污水处理设施建设项目，实现了库区生态屏障区乡（镇）污水处理设施建设全覆盖。三是督促地方认真整改生态屏障区造林绿化工程核查发现的问题，全面完成后续规划确定的造林绿化任务。四是会同有关部门，组织开展三峡生态环境监测系统的调整完善，进一步优化监测站点设置、监测指标选择，进一步强化站点管理和监测数据审核、共享、应用。五是启动三峡工程泥沙重大问题研究计划，有序推进三峡库区有关泥沙问题的研究治理工作。

【三峡水库综合管理】 一是积极会同有关部门开展175m试验性蓄水巡库和度汛安全等专项检查，继续开展蓄水安全监测和水库综合管理监测，持续做好水面漂浮物清理、取缔水面网箱养殖等工作。二是进一步加强水库防洪库容监管工作，认真落实中央领导同志重要批示精神，督导地方切实开展违规占用库容项目的整改，努力将影响降到最低。三是进一步规范消落区管理，乱堆乱倒、乱搭乱建、乱挖乱填、乱耕乱种等“八乱”现象得到有效遏制，消落区土地季节性耕种面积大幅减少。四是积极做好三峡库区地质灾害防治和高切坡防护，加强与国土资源部协调配合，研究分析地质安全形势，指导地方全面做好汛期地质安全防范，加快重大地质灾害避险搬迁项目，以及高切坡防护及监测预警项目、试验性蓄水影响处理项目的实施，有效避免因地质灾害造成的人员伤亡和财产损失。

（张雅文）

【地质灾害防治】 2017年，国务院三峡建委办公室继续按照国务院批复的《三峡后续工作规划优化完善意见》，进一步强调加强三峡库区重大地质灾害治理和地质安全防护带建设，坚持突出重点的工作方法，强化地质安全管理，积极推进三峡库区重大地质灾害避险搬迁及高切坡项目组织实施等相关工作，确保了库区地质安全和人民群众生命财产安全。主要开展了以下工作：

一是高度关注三峡库区重大地质灾害避险搬迁等项目实施工作。为了总结重大地质灾害避险搬迁工作经验，督促全面完成避险搬迁任务，赴避险搬迁项目现场调研检查并形成报告。二是指导两省市全面做好汛期三峡库区地质安全防范有关工作，保障人民群众生命财产安全。为贯彻国家防汛抗灾总指挥部、国土资源部关于做好2017年度防汛与地质灾害防御等有关文件精神，推进做好三峡库区地质安全保障相关工作，7月11日至13日，组织在重庆市召开了三峡库区地质安全和三峡后续工作规划类别资金调整工作座谈会，研究讨论做好汛期移民安置区地质安全工作相关事宜。三是加强高切坡项目实施管理工作，进一步明确了工作要求。印发了关于进一步加强三峡后续工作高切坡项目实施管理的通知。从加强高切坡项目管理的工作督导和政策指导、全面完成2011—2015年度高切坡工程防护项目建设任务、高切坡项目资金的拨付和使用、抓好2016年度新批复高切坡项目实施和监测预警工作、落实高切坡后期维护管理责任等方面提出要求，同时，为进一步加强高切坡项目实施的监督管理和工作指导，建立了高切坡项目实施情况报告制度。四是落实领导批示要求，开展专题调研。根据湖北省和重庆市分别报来的三峡后续工作高切坡防护工程和监测预警项目实施进展报告反映的问题，组织专家赴湖北省武汉市和重庆市对高切坡项目及监测预警信息系统的实施情况开展了专项检查；根据重庆市移民局的情况反映以及为落实国务院三峡建委办公室稽查指出问题的整改措施，赴重庆市武隆区和奉节县开展了专题调研，交流讨论了2个重大地质灾害避险搬迁项目执行中的主要问题和拟采取的措施。五是加强管理人员能力建设，提高地灾项目绩效目标管理水平。在湖北武汉举办三峡后续工作规划绩效目标管理（地灾防治方面）培训班，以加强政策指导和强化业务管理为培训重点，通过领导讲话、专家授课、交流讨论等方式，学习财政部关于绩效目标管理有关规定，结合三峡后续工作规划的高切坡和避险搬迁项目目标任务及实施管理实际，研究分析存在的主要问题，明确进一步加强和改进的具体措施。

（王　娟）

中国三峡集团工作

【概况】 2017年是中国长江三峡集团有限公司（以下简称“中国三峡集团”）改革发展史上十分出彩的一年，是值得铭记的一年。一年来，集团全体干部职工紧紧围绕迎接党的十九大胜利召开、学习宣传贯彻党的十九大精神这条主线，认真贯彻落实党中央、国务院各项决策部署，坚持稳中求进工作总基调，坚持新发展理念，努力做好改革发展、生产经营和党的建设等各项工作，取得了辉煌的业绩，干成了一系列大事、难事、要事，为国民经济稳增长、促改革、调结构、惠民生、防风险做出了重要贡献。

2017年，中国三峡集团完成发电量2846亿kW·h，实现营业收入901亿元，实现利润总额420亿元。全员劳动生产率、人均利润、人均上缴利税、成本费用利润率继续在中央企业名列前茅，利润总额排中央企业第10位，连续11年获评经营业绩考核A级企业。截至2017年底，中国三峡集团可控装机规模达到7001.7万kW，总装机规模达到1.24亿kW，资产总额达到6986亿元，信用评级继续保持中国国家主权级评级。

【流域梯级枢纽运行】 2017年，中国三峡集团正式成为长江防总成员单位，流域枢纽运行管理局正式运行，首次编制长江干流及清江流域7库联合调度方案，初步建立流域枢纽运行管理新体制。为应对长江1号洪水，积极实施联合防洪调度，三峡水库两日内5次削减下泄流量，梯级水库拦蓄洪水91.6亿m^3，避免了长江中下游城陵矶地区分洪。三峡水库连续8年实现175m试验性蓄水目标，创造用时最短、完成时间最早的新纪录。三峡船闸安全高效运行，年通过货运量1.3亿t，再创新高；三峡升船机试通航安全有序，专项验收工作基本结束。流域梯级电站持续安全稳定运行，全年发电量首次突破2100亿kW·h，圆满完成党的十九大保电任务。其中，三峡电站年发电量976亿kW·h，历年累计发电突破1万亿kW·h；溪洛渡、葛洲坝电站年发电量再创新高；三峡、向家坝电站实现全年“零非停”。

【国内重点工程建设】 2017年，白鹤滩水电站成功通过国家核准，这是中国三峡集团改革发展史上的重大标志性事件，中国三峡集团正式进入为国家同时建设乌东德、白鹤滩两座千万千瓦级水电站的历史新阶段，成为全世界唯一具备这项能力的企业。以创建精品、创新、绿色、民生、廉洁“五大工程”为引领，高标准推进乌东德、白鹤滩两座电站建设，攻克柱状节理玄武岩坝基处理、全坝使用低热水泥混凝土、地下洞室群开挖稳定等关键技术难题，质量安全进度可控在控；两电站移民搬迁安置协议正式签订，枢纽区林地报批完成，机电设备招标采购、合同执行和设计协调有序展开，全球首台百万千瓦机组座环通过出厂验收。溪洛渡、向家坝水电站枢纽建筑物安全稳定运行，尾工项目收尾有序，溪洛渡枢纽工程完成安全鉴定，向家坝升船机通过试通航前安全鉴定。浙江长龙山抽水蓄能电站主体工程建设全面启动，主要机电设备完成招标采购。西藏易贡湖项目前期工作有序展开。

【共抓长江大保护工作】 2017年，中国三峡集团深入学习贯彻落实习近平总书记重要批示指示精神和党的十九大精神，以高度的政治担当主动承担起共抓长江大保护新的历史使命，成为共抓长江大保护的实施主体，正在实现从“建设三峡，开发长江”到“管理三峡，保护长江”的重大历史性转变。在国家有关部委帮助下，中国三峡集团重新完善了发展战略，将生态环保纳入主营业务，强力打造生态环保业务板块。成立共抓长江大保护工作领导小组，蹄疾步稳推进各项工作，取得积极进展。成立长江生态环保集团有限公司筹备组并制定组建方案，完成湖北、湖南、江西、安徽四省对接调研，提出先行先试推进方案，基本明确首批示范项目。研究制订中国长江绿色发展投资基金设立方案，基本明确设立、运作及管理思路。研究提出长江经济带生态环境国家工程研究中心组建方案，明确工作计划和目标。

【新能源业务】 2017 年，中国三峡集团新能源业务板块全年新增装机 82 万 kW，新增核准（备案）338 万 kW，全年发电量 131 亿 kW・h，实现规模、质量和效益同步提升。海上风电业务取得了一系列新突破，中国三峡集团正式进入以百万千瓦为单位开发海上风电的新阶段，全年新增海上风电资源 330 万 kW，新增核准项目 96 万 kW，投产、在建和拟建项目达到 200 万 kW。中国三峡集团实质性进入山东海上风电市场，实现天津区域海上风电零的突破，初步完成了海上风电沿海连片开发布局。福建兴化湾样机试验风场首批机组并网发电，海上风电产业园建设取得重大进展。福建漳浦、长乐外海两个百万千瓦级海上风电先行工程建设准备工作正式启动，成功推动了中国海上风电开发运营进入百万千瓦级新纪元，中国三峡集团打造“海上风电三峡”迎来重大突破。陆上风电、光伏业务布局不断优化，全球单体最大的采煤沉陷区水面光伏项目——安徽淮南 15 万 kW 项目投产发电。

【国际化经营】 2017 年，中国三峡集团签署了一批重要合作协议，进一步深化了与业务伙伴在第三方市场的战略合作关系，为在海外开拓新业务打下坚实基础。完善国际业务管理体系，完成境外重要区域公司实体化建设，国际化经营管理水平不断提升。进一步深化与葡萄牙电力公司战略合作，股权管理取得新成效，年度分红进一步增加，首次在中国召开葡电董事会，开启双方新一周期合作新征程，打造了中葡合作典范。联合葡电中标英国 Moray 海上风电项目，成功进入全球最大的欧洲海上风电市场，成为首个投资全球百万千瓦级海上风电项目的中国企业。三峡巴西持续深化并购项目业务与管理整合，设立三峡巴西共享服务公司，全面启动巴西朱比亚和伊利亚水电站技改工作。签订秘鲁查格亚水电站、几内亚凯乐塔水电站股权购买合同，正在履行股权交割程序。在建项目进展顺利，巴西圣马诺埃尔水电站首批机组提前并网发电，巴基斯坦卡洛特水电站融资关闭并签署购电协议，巴风二期项目转入风机吊装阶段，秘鲁圣加旺Ⅲ和老挝南公 1 水电站开工建设；乌干达伊辛巴水电站开始机电安装调试，苏丹上阿特巴拉水利枢纽建成投产，厄瓜多尔可尼尔防洪工程竣工移交。

【资本投资和配售电】 2017 年，中国三峡集团实现股权投资收益进一步提升。实施资产轮动计划，及时处置已获利财务性投资，三峡资本完成增资扩股和基金管理平台搭建。长江电力增持一批具有战略协同效益的股权，为整合长江中上游水电资产创造了条件。加强资金集中管理，整合三峡财务与湖北能源财务公司，境内资金归集度达 98%。长江电力市值持续增长，进一步巩固了大蓝筹市场地位和行业地位。深入推进重庆区域“四网融合”，组建新型配售电企业，合作开展重庆两江新区和全市范围内售电业务。成立重庆长电联合能源公司，被列入国家第二批混合所有制改革试点，实现对乌江实业和聚龙电力两个地方电网的股权整合。抢抓配电网、分布式能源等优质资源，摘牌陕西延安电业，实质性获得三个国家级电改示范项目开发权。

【企业管理】 2017 年，中国三峡集团全面加强企业管理，管理效能不断释放。不断加强战略及投资管理，严格执行董事会决议，坚决整改落实监事会监督检查意见，夯实持续健康发展基础。深化与有关省市、企业、科研院所的战略合作，签署一批重要合作协议。优化完善投资管理体系，发布投资负面清单和境外投资负面清单，非主业投资比例控制在国资委核定值以内。持续深化全面风险管理，落实风险防控措施，建立风险管理季度报告机制，各类重大风险可控在控。首次实现内控评价全覆盖，全面落实内控评价缺陷整改措施，促进内控体系不断完善并有效运转。全面推进依法治企，总法律顾问制度全面纳入集团公司及子企业章程，重要子企业基本配备总法律顾问，初步构建事前防范、事中控制、事后补救的法律风险防范体系。扎实推进信息化和网络安全工作扎实有效，完成 OA 系统和生产建设调度指挥中心升级改造，建立网络安全组织、责任和制度标准体系，进一步提升了经营管理信息化水平，提高了网络安全应对能力。

【提质增效】 2017 年，中国三峡集团持续推进瘦身健体、提质增效，发展质量效益不断提升。压减法人户数 22 户，超额完成上报国资委目标任务，境内企业产权层级由 6 级压缩至 4 级，亏损企业户数同比减少 13 户，亏损额同比继续下降，连续两年实现亏损面和亏损额双降。积极盘活存量资产，建立后勤类房产统一管理、有偿使用制度，集中处置一批低效无效资产，进一步夯实了资产质量。调整融资结构，积极提取优惠利率贷款替代部分债券融资，大部分贷款利率较同期央行贷款基准下浮 5% ~10%；落实中国进出口银行杜克能源项目人民币优惠贷款，完成乌东德、白鹤滩水电站政策性银行优惠贷款及下浮贷款（预）审核。全面完成国资委招标采购管理提升任务，10 项指标达到先进水平，促进了流程优化、效率提升和降本增效。坚持厉行节约，公用经费控制效果显著，“三公”经费连续五年下降。全面完成公务用车改革，大幅降低车辆运行成本，挂牌处置车辆溢价效应明显。

【质量安全】 2017 年，中国三峡集团牢固树立安全发展理念，以落实安全生产责任为抓手，推进安全生产领域改革发展，实现生产安全责任事故起数、死亡人数同比持续双下降。优化二级单位安全考核权重，全面推行安全总监制度，充实安全管理力量，层层签订责任书，压实安全生产责任。坚持早谋划、早部署，全面落实防汛减灾措施，实现安全度汛。深入开展安全生产大检查，派出督查组开展督查，对发现的隐患逐一进行整改，有效遏制生产安全事故发生。严格落实重大人身伤亡、水淹厂房、大面积停电和重大设备设施事故等重大风险管控措施，保障了电力生产安全，电力可靠性指标位于行业前列。完成“三标一体”管理体系升级换版第一阶段工作，及时印发新版管理手册，强化体系的集团管控功能。

【社会责任】 2017 年，中国三峡集团深入开展定点扶贫、精准扶贫、移民后扶、对口支援、援疆援藏等工作，全年对外捐赠 14 亿元。拓展云南、四川两省少数民族脱贫攻坚帮扶工作的深度和广度，得到中央领导同志充分肯定以及两省各级党委政府和人民群众高度赞扬。设计履行社会责任品牌项目，加强项目管理和资金监管，积极探索具有三峡特色的社会责任管理模式，荣获第八批中央和国家机关、中央企业援疆工作先进单位，彰显了负责任央企形象。

【党建工作】 2017 年，中国三峡集团党组始终把党的政治建设摆在首位，牢牢抓住深入学习贯彻习近平新时代中国特色社会主义思想和党的十九大精神这条主线，扎实做好党的建设各项工作，推动全面从严治党与改革发展深度融合，取得了积极成效。按照学懂弄通做实的要求，第一时间做出全面部署，迅速掀起学习贯彻热潮。集团公司党组开展多次专题研讨，党组成员深入基层讲党课，发挥了示范带头作用。全面开展学习贯彻党的十九大精神干部轮训，拓展学习培训的广度和深度，增强了理论武装实效。综合运用“三会一课”、网络培训、主题党日等形式，实现基层党组织学习贯彻全覆盖。发挥网站报刊、“两微一端”的舆论主阵地作用，创新宣传方式，全方位宣传报道，营造了浓厚的学习氛围。全面完成党建工作要求进公司章程工作，全面修订所属单位“三重一大”决策制度和党委议事规则，在10家单位推行党委书记、董事长（执行董事）“一肩挑”，促进了党组织发挥全面领导作用的组织化制度化具体化。坚持融入日常、抓在经常，扎实推进“两学一做”学习教育常态化制度化，依托集团公司党校分层分级抓好教育培训，进一步增强了党员干部的“四个意识”和“四个自信”。创新党建工作方式方法，着力打造施工区“大党建”模式，加强和规范境外党建工作。严格执行党建工作例会制度，建立二级单位党委向党组请示汇报机制，推动了党建重点工作落地见效。严格落实党建工作责任制，组织开展党委书记现场述职评议考核和党建工作责任制考核，用考核压实责任，形成了一级抓一级、层层抓落实的党建工作格局。坚持党管干部、党管人才方针，大力实施人才强企战略，选人用人总体满意率再创新高。以“钉钉子”的精神持之以恒强化党风廉政建设，实现了对总部机关职能部门和二级单位党组织巡视全覆盖，强化了不敢腐的震慑，扎牢了不能腐的笼子，增强了不想腐的自觉。中国三峡集团党建工作成果得到中纪委、中组部和国务院国资委的充分肯定和高度评价。

（臧凯波）

电力生产管理

梯级电站电力生产运行调度

【发电情况】 2017年，三峡、葛洲坝、溪洛渡、向家坝梯级电站累计发电量为2108.9295亿kW·h，完成公司全年发电计划（1934亿kW·h）的109.05%，完成公司年分月进度计划（1934亿kW·h）的109.05%，比2016年同期（2060.60亿kW·h）多发约2.35%，梯级电站全年未因设备原因产生弃水电量，发电量创历史新纪录。

溪洛渡－向家坝梯级电站累计发电量为942.3554亿kW·h（溪洛渡左岸电站317.5746亿kW·h，溪洛渡右岸电站296.3358亿kW·h，向家坝电站328.4450亿kW·h），完成全年发电计划（全年878亿kW·h）的107.33%。与2016年同期相比，溪洛渡－向家坝梯级电站多发0.0715亿kW·h，多发约0.01%。

三峡－葛洲坝梯级电站累计发电量为1166.5741亿kW·h（三峡电站976.0510亿kW·h，葛洲坝电站190.5231亿kW·h），完成全年发电计划（全年1056亿kW·h）的110.47%，完成公司年分月进度计划（1056亿kW·h）的110.47%。与2016年同期相比，三峡－葛洲坝梯级电站多发48.2549亿kW·h，多发约4.3%。其中，葛洲坝电站机组平均运行达7142小时，单机运行最高达8342小时。

【变损及厂用电情况】 2017年，三峡电站厂用电率 0.0755%，比 2016 年同期低 0.0026%；变损率 0.4032%，比 2016 年同期高 0.0049%。

葛洲坝电站厂用电率为 0.1351%，比 2016 年同期高 0.0006%；变损率为 0.5960%，比 2016 年同期低 0.0043%。

溪洛渡电站全年厂用电率 0.1381%，与 2016 年同期相比增加 0.0055%；变损率为 0.4200%，比 2016 年同期增加 0.0257%。

向家坝电站全年厂用电率 0.0613%，比 2016 年同期减少 0.0025%；变损率为 0.3984%，比 2016 年同期增加 0.006%。

【调峰情况】 2017 年，梯级电站调峰量及调峰幅度有增加的趋势，其中溪洛渡右岸电站、向家坝电站、三峡电站年平均调峰量创历史新高；溪洛渡左岸电站、三峡电站最大调峰量创历史新高。与 2016 年梯级电站调峰量相比，除葛洲坝电站外，其他电站平均调峰量都高于 2016 年；最大调峰量除溪洛渡右岸电站、葛洲坝电站较 2016 年低外，其他电站均较 2016 年同期高。

【继电保护、自动装置动作情况】 2017 年，三峡、葛洲坝、溪洛渡、向家坝电站继电保护及安全自动装置（不含厂用电系统）共动作 94 次，正确动作率 100%。其中，220kV 系统保护装置共动作 6 次，正确动作率 100%；500kV 系统保护装置共动作 76 次，正确动作率 100%；元件保护装置共动作 4 次，正确动作率 100%；安全稳定装置共动作 8 次，正确动作率 100%；故障录波应评价 35 次，其中完好 35 次，完好率 100%。

【可靠性管理】 2017 年度梯级电站全部考核机组 82 台，等效可用系数 95.22%；等效强迫停运率 0.01%；运行暴露率 63.87%；平均利用小时为 4809.6 小时，同比增加 109 小时；平均运行小时为 5264.4 小时；平均可用小时为 8242.03 小时。

（长江电力）

梯级电站发、输电设备检修情况

【概况】 梯级电站 2016—2017 年度岁修工作自 2016 年 9 月 1 日开始，至 2017 年 5 月 19 日完工，总工期 261 天，较原计划提前 16 天完成。本轮岁修共完成 A 级检修 3 台次、专项检修 2 台次、C/D 级检修 69 台次、输变电设备检修 76 项。

【三峡电站】 三峡电站 2016—2017 年度岁修工作自 2016 年 10 月 9 日开始，至 2017 年 5 月 8 日全部完工，共完成机组 29F 和 30F 推力头镜板专项处理 2 台次、C/D 级检修 24 台次、输变电设备检修 12 项。

【葛洲坝电站】 葛洲坝电站 2016—2017 年度岁修工作自 2016 年 9 月 1 日开始，至 2017 年 5 月 19 日全部完工，共完成机组 A 级检修及更新改造 2 台次、C/D 级检修 19 台次、输变电设备检修 19 项。

【溪洛渡电站】 溪洛渡电站 2016—2017 年度岁修工作自 2016 年 11 月 3 日开始，至 2017 年 5 月 9 日全部完工，共完成机组 C/D 级检修 18 台次、输变电设备检修 29 项。

【向家坝电站】 向家坝电站 2016—2017 年度岁修工作自 2016 年 11 月 28 日开始，至 2017 年 4 月 21 日全部完工，共完成机组 C/D 级检修 8 台次、输变电设备检修 16 项。

（长江电力）

梯级电站水库运行调度

【水情及气象】 2017年，长江上游流域平均降水量1006.4mm，较历年同期965.0mm偏多41.4mm。从时间上看，降水偏多偏少阶段性特征明显：1月偏少近3成，2—4月明显偏多3~5成，5—6月基本正常，7月偏少近2成，8月偏多近2成，9月基本正常，10月偏多4成，11—12月偏少4~6成。从空间上看，总体表现为东部和西南部偏多、中部偏少：万州-宜昌区间偏多近4成，金沙江中下游偏多1成，岷沱江、嘉陵江、乌江、重庆-万州基本正常，宜宾-重庆偏少1成。

2017年，溪洛渡水库来水总量为1390.41亿m^3，平均流量4410m^3/s，较多年均值（1460亿m^3）偏枯4.8%；三峡水库来水总量为4214.00亿m^3，平均流量13400m^3/s，较多年均值（4510亿m^3）偏枯6.6%。溪洛渡年初水位591.75m，年末水位587.43m，平均库水位581.15m；向家坝年初水位376.4m，年末水位375.08m，平均库水位376.34m；三峡水库年初水位172.23m，年末水位173.72m，平均水位162.22m；葛洲坝水库期初水位64.72m，期末水位65.42m，平均水位64.75m。

【水库控制与运用】 2017年，梯级水库累计向下游补水310.6亿m^3，其中溪洛渡-向家坝向下游补水77.66亿m^3，平均增加下游航运水深0.97m；三峡向下游补水232.94亿m^3，平均增加下游航运水深0.8m。三峡船闸全年累计过闸船舶货运量达1.3亿t，创历史新高。

2017年，梯级枢纽在保障自身防洪安全的前提下，通过开展防洪调度，保障了防洪对象的安全度汛。梯级水库共开展了4次防洪调度，其中开展三库联合防洪调度1次，向家坝开展错峰调度1次，三峡单独开展蓄洪调度2次，梯级水库共拦蓄洪量128.72亿m^3。在为长江1号洪峰的联合防洪调度过程中，梯级水库拦蓄洪水91.6亿m^3，降低莲花塘水位约0.8~0.9m，避免了城陵矶地区分洪。溪洛渡最大洪峰流量为12500m^3/s，出现在7月12日2时。三峡出现1次超35000m^3/s洪水，最大洪峰流量38000m^3/s，出现在9月10日8时。

2017年，溪洛渡水库蓄水于9月1日0时启动，起蓄水位580.79m，10月4日9时蓄水到位，终蓄水位599.60m，蓄水历时33天9小时。向家坝水库蓄水于9月5日0时启动，起蓄水位374.81m，9月20日12时蓄水到位，终蓄水位379.58m，蓄水历时15天12小时。三峡水库自9月10日0时开始正式蓄水，起蓄水位为153.50m，9月底水位蓄至166.79m，10月21日7时水位蓄至175m。本次蓄水过程，蓄水历时41天7小时，累计蓄水位21.5m，累计蓄水量174.85亿m^3，为三峡工程试验性蓄水以来用时最短、完成时间最早的一次。按照"早蓄水、蓄弃水"的调度策略，顺利完成三峡工程第八次175m试验性蓄水和溪洛渡第四次600m、向家坝第五次380m蓄水任务。

【发电、生态及航运调度】 2017年，开展了一系列航运调度，如配合向家坝升船机实船试航、春节期间补偿向家坝航运调度、疏散葛洲坝下游积压船舶、配合三峡船闸补水运用等。

2017年，溪洛渡、向家坝、三峡水库均开展了生态调度试验且首次开展了向家坝与三峡水库的联合生态调度试验，溪洛渡电站于4月20日—5月9日开展了生态调度试验，通过落下叠梁门实现水库分层取水以调节出库水温，促进产粘沉性卵鱼类（达氏鲟、胭脂鱼等）产卵繁殖。向家坝开展了两组生态调度试验，第一组试验从5月13日—15日，历时3天，起始出库流量1750m^3/s，每天均匀增加300m^3/s下泄流量；第二组试验从5月20日—

25 日，历时 6 天，起始出库流量 2350m^3/s，逐步增加至 4500m^3/s。三峡水库分别于 5 月 20 日—25 日、6 月 4 日—10 日开展了两组生态调度试验，形成小幅涨水过程，人工创造出促进产漂流性卵鱼类产卵繁殖的持续涨水过程。

2017 年，梯级电站累计发电量为 2108.9295 亿 kW·h，其中溪洛渡电站发电量为 613.9104 亿 kW·h，向家坝电站发电量为 328.4450 亿 kW·h，三峡电站发电量为 976.051 亿 kW·h，葛洲坝电站发电量为 190.5231 亿 kW·h。四电站年度累计发电量创造新纪录，溪洛渡、葛洲坝单站年发电量连续四年创新高。

2017 年，梯级电站水情预报日均准确率 97.81%，出力预报日均准确率 99.77%。全年梯级电站节水增发电量 96.3236 亿 kW·h。其中，三峡－葛洲坝梯级电站节水增发电量 66.4587 亿 kW·h，水能利用提高率为 6.10%。溪洛渡－向家坝梯级电站节水增发电量为 29.8649 亿 kW·h，水能利用提高率为 3.36%。梯级电站全年累计弃水 736.02 亿 m^3，全年累计弃水损失电量为 64.5586 亿 kW·h。梯级枢纽汛期开展中小洪水优化调度，在确保防洪安全的前提下充分利用水资源，中小洪水优化调度梯级电站累计增发电量 32.58 亿 kW·h，其中溪洛渡－向家坝梯级电站增发电量 6.84 亿 kW·h，三峡－葛洲坝梯级电站增发电量 25.74 亿 kW·h。

（长江电力梯调中心）

三峡电厂电力生产情况

【安全生产】 2017 年，三峡电厂安全生产保持良好态势。有效控制重大安全风险，未发生较大及以上生产安全责任事故、承担主要责任的人身死亡安全事故、电力安全事故；未发生社会影响大、影响公司声誉的安全事件；未发生安全事故瞒报、谎报、迟报事件。机组一类非计划停运小时数 0 小时/台·年。《长江电力本质安全型水电站评价标准》的相关要求已固化为长效机制，现场查评得分 94.7 分。

【水库来水】 2017 年，三峡水库来水总量为 4214 亿 m^3，平均流量 13400m^3/s，最大流量 38000m^3/s，出现在 9 月 10 日；最小流量 3900m^3/s，出现在 1 月 28 日。来水与历史同期多年均值（4510 亿 m^3）相比偏枯 6.6%；与 2016 年同期（4085.88 亿 m^3）相比偏多 3.1%。其中汛期（6—9 月）来水 2144.82 亿 m^3，与多年均值（2737.82 亿 m^3）相比偏枯 21.66%，与 2016 年同期（2144.2 亿 m^3）基本持平。

【防洪情况】 2017 年汛期，三峡出现 1 次超 35000m^3/s 洪水，最大洪峰流量 38000m^3/s，出现在 9 月 10 日 8 时；最高蓄洪水位 157.1m。三峡工程拦洪错峰，极大地减轻了中下游的防洪压力。

【发电情况】 三峡电站全年发电量 976.05 亿 kW·h，比年度计划 888 亿 kW·h 多发 88.05 亿 kW·h，与 2016 年同期相比多发 40.73 亿 kW·h。

【设备检修情况】 三峡电站 2016—2017 年度岁修工作自 2016 年 10 月 9 日开始，至 2017 年 5 月 8 日全部完工，共完成机组 29F 和 30F 推力头镜板专项处理 2 台次、C/D 级检修 24 台次、输变电设备检修 12 项。

【科研与标准化】 积极推动年度重点技术研究项目，46 个 I 类自主科研项目落地孵化，获得第六届全国电力行业设备管理创新成果技术类特等奖等多项奖励。大力推动标准输出，《水电站无人值班技术规范》《电力设备预防性试验规程》等 5 项行业标准的新（修）编，以及《水电站机电设备运行事故处理导则》

等16部企业标准的新编工作积极推进，《水电站设备设施运行管理导则》等6部长电标准已发布。

【主要管理举措】 1. 加强安全管理。逐级签订安全目标管理责任书，层层传递安全生产责任，持续发挥安全与设备管理责任体系的巨大作用。梳理修订安全管理制度，规范安全工作记录，进一步明确责任。修订安全生产考核办法，以考核促履责。提出并践行“安全生产十条重点工作要求”，制定并落实《岁修安全管控方案》，点面结合做好安全生产管理。监督、规范“两票”管理，全年12609个操作任务、425727项操作和15432份检修工单的合格率均为100%。组织安全检查149次，有针对性地消除安全隐患。辨识出312项危险源并建立清单，确定了8项不可接受风险，落实责任部门，制订控制计划，确保风险可控在控。制定《三峡电厂设备管理督查工作方案》，明确了督查工作职责、方式及内容，持续提升三峡电站设备与技术监督管理质量。进一步优化巡检路线、周期，突出关键重要风险巡检。截至2017年12月31日，三峡电厂连续安全生产4155天，全电站34台机组全年未发生一类非计划停运事件。

2. 扎实开展精益运行管理。坚持诊断运行与趋势分析，17个专题小组全年形成专题分析报告24篇，为优化电站运行状态提供了重要建议。坚持安全生产质疑决策和经验交流反馈机制，使运行管理体系内的信息传递更加顺畅。坚持大负荷长周期运行控制措施，保证了电站设备在大发电期间的稳定运行。坚持积极运行调度，有效达成了蓄水、发电、检修等多目标的总体最优状态。

3. 积极推行节能降耗措施。加强设备状态分析与评估，及时消除设备缺陷，充分利用水头效益，确保设备始终保持最优工况运行。根据计划出力和电站运行实际，积极与调度部门协调，科学优化机组开机台数和备用机组的管理，合理减少主变倒挂台数和时间。确保机组检修后启动试验一次成功，在机组启停等过程中合理降低水耗。优化辅助设备定值，实现节水增发。截至2017年12月31日，三峡电站本年度厂用电量7372万kW·h，变损电量39358万kW·h，指标良好。

4. 为美丽中国建设美丽电站。进一步健全环保管理制度、环保管理网络、环保档案、污染控制措施或管理方案，积极开展教育宣传，提升全员环保意识与能力，不断强化环保管理水平。辨识出105个环境因素，确定了设备设施维护过程中的固废、污水及油气排放等4个重大环境因素，组织实施控制措施，全年未发生一起环境污染事件。

5. 为长江防洪提供坚强保障。有效应对4次超过30000m^3/s的入库洪水，相继战胜长江1号洪水、入汛最大洪峰和本年度秋汛，赢得长江防洪保卫战的胜利。特别是7月1日12时至3日1时，不到40小时，快速、准确进行24项操作任务、500余项操作，陆续停机19台，将三峡出库流量从28000m^3/s减至8000m^3/s（仅比冬季枯水季节最低出库流量略高），显著减轻了洞庭湖区及长江中下游干流的防洪压力，为战胜长江1号洪水发挥了显著的作用。

6. 为十九大的胜利召开献礼。印发《三峡电站2017年国庆节和十九大期间保电工作方案》，以高度的政治责任感开展保电部署。制定保电工作处置卡，积极做好突发事件的预想、预控，合理安排发变电设备消缺，保证电站留足备用容量，全力做好安全发供电，确保了电力生产安全、电力监控系统和网络信息安全、电站保卫安全。同时密切配合，保证了三峡水库连续8年蓄至175m，三峡工程点亮渲染照明盛装，为党的十九大胜利召开献礼。

7. 坚持实行状态检修方式。持续深入开展设备状态评价评估工作，科学制定检修策略。历时214天完成2016—2017年度岁修，实际执行情况与预期基本吻合。检修后未发生设备强迫停运事件，为2017安全度汛和发电奠定了坚实的基础。自11月1日起展开2017—2018年度岁修，目前各检修面稳步推进中。

8. 稳步建设智能化电站。大力推进Ⅱ区网络平台建设及生产数据整合项目，项目设计、硬件采购、软件开发、现场安装调试进展顺利。积极推进左岸监控系统改造前期准备工作，争取项目早日启动。流道机器人研制项目走向深入，机器人组件设计日趋完善。在全厂梳理出409个重要巡检点，装设二维码并开发系统，实现移动终端巡检与录入。

9. 组织实施新“三定”方案。根据新“三定”方案开展组织机构调整、工作职责划转，并据此系统梳理各部门职责，明确部门、分部（运行值）详细职责分工。对照定员与人员到岗实际情况，分层逐级开展人岗对应工作，进一步优化人力资源结构，提高人力资源使用效率。贯彻《三峡电厂“十三五”人才培养规划》，完善岗位层级管理机制，确保人力资源供应。

10. 全面运用绩效考核平台。平台的利用已走向深入，月绩效奖100%与平台得分挂钩。组织开展绩效管理经验交流及问题整改会，分类梳理考核指标，统一管理岗考核模版。优化绩效考核指标，修订完成绩效考核办法，进一步理顺绩效管理体系。

（三峡电厂）

葛洲坝电厂电力生产情况

【概况】 2017年，长江来水总量偏枯，葛洲坝电厂成功克服诸多不利因素，主动作为、精准发力，全厂机组平均运行时间达7141小时，实现了零责任性弃水；2017年度发电量190.52亿kW·h，连续四年刷新历史最高纪录；实现连续安全生产5392天，枢纽区域内稳定，办公秩序良好，实现全年“无刑事案件、无重大交通事故案件、无群体性治安案件、无火灾案件、无破坏案件”目标；三项制度改革平稳落地；葛洲坝水利枢纽陆域全封闭管理圆满完成；科技创新和管理创新成果丰硕；项目管理水平进一步优化，生产成本得到有效控制；智慧枢纽框架方案完成，220kV GIS开关站建成投运，机组改造增容和二次设备改造等工作稳步推进，电站设备的智能化水平显著提高；精益管理活动全面深入，精细化管理水平进一步增强。

【安全生产】 本质安全型企业建设落在实处。组织开展厂2017年度危险源辨识、环境因素识别及风险评价工作，排查较大安全隐患19项，全部完成整改；通过五大风险管控四轮检查、本质安全企业查评、网络与生产区控制设备安全检查等工作，实现安全防范的关口前移；加强枢纽警戒水域、坝面交通、消防设施、枢纽周边区域的巡查防控，确保区域安全稳定运行；运行部制定“安全生产责任制检查卡”，将安全管理从原来由部门主导条状管理变为班组负责部门监督的网状管理。

安全生产风险防控体系建设扎实推进。定期跟踪公司挂牌督办的6项重要风险管控落实情况；创造性地在项目安全管理中推行“互联网+移动安监”应用；组织修编了多项安全管理制度；开发了“特种设备巡检系统”，特种设备定期检验率、特种设备及特种作业人员持证率达100%；建立标准的作业风险控制卡，控制作业的日常风险；首次制定并布置完成电站55.91m高程检修与运行区域硬隔离措施，保证机组运行安全。

应急管理体系建设取得实效。创新“互联网+应急管理”新模式，开展两次无预先通知的防汛应急演练，提升了员工对突发事件的应急反应速度和处理能力；针对“10.7”数千张高密板堵塞机组拦污栅险情，各部门快速响应、相互配合，圆满完成抢险清漂应急处置工作；与国网华中分部组成联合攻关小组，针对葛洲坝电站发生的三次较大功率及水库水体波动难题进行攻关，找出波动原因，实施控制措施，成功破解安全生产难题。

【检修技改】 2016—2017 年岁修期间，完成了 6 号机、9 号机、18 号机 3 台机组 A 级检修及改造增容，19 台次机组 C/D 级检修，2 台机组导叶轴套专项处理，2 台机组 LCU 改造；完成了 500kV 开关站 6 条出线、4 条进线、2 条母线检修，220kV 葛坡线、葛雁线、葛白Ⅱ回线、Ⅰ至Ⅳ母线、葛 36、葛 37 检修；完成了二江泄水闸第 36 次护坦检修、二江泄水闸 2 扇弧形门大修及防腐、厂房部分机组段牛腿裂缝加固处理。2017—2018 年岁修工作正在按计划进行。

葛洲坝 220kV GIS 开关站转接顺利完成。2017 年 12 月 12 日，通过多方协调、共同努力，葛洲坝 220kV GIS 开关站正式投运。2017 年 12 月 23 日，原 220kV 开关站全部退出运行。220kV GIS 开关站的建成投运，极大地提高了葛洲坝 220kV 系统安全运行的可靠性。

【三项制度改革】 在中国三峡集团和长江电力的领导下，葛洲坝电厂积极稳妥、高效有序地推动三项制度改革。

1. 深化改革试点，实现人员岗位能上能下。公司管理干部队伍结构得到优化，平均年龄从 48.8 岁降至 47.4 岁，初始学历大学以上人员从 26.6% 上升至 37.5%；基础管理人员平均年龄从 46.5 岁降至 45.3 岁；采取“空岗竞聘 + 超编竞聘”的模式，组织公司管理干部以下 21 个岗位的平级调整，实施了职能部门 8 个岗位、生产部门 48 个岗位的竞聘工作。

2. 以岗位技能达标为基础，以考促学激发新活力。组织编制了《岗位技能标准和应知应会内容手册》，组织开发了网上考试系统，收集整理考题 6000 多道、培训课件 351 份。将岗位技能达标考试结果与岗位晋升挂钩，极大地激发了员工自觉加强业务知识学习的动力。

3. 以员工为中心，改革过程确保平稳。尽管改革正式启动时间与岁修工作关键期交叉重叠，保安全生产和人员思想稳定的压力很大，但通过切实可行的方案、扎实有效的思想工作，改革平稳落地，岁修安全进行。

【枢纽封闭管理】 为践行国家安全理念，葛洲坝水利枢纽陆域于 2017 年 11 月 1 日 0 时起正式施行全封闭管理，结束了枢纽 36 年“以坝代路”的局面。在推进枢纽全封闭管理过程中，坚持“规划引领，重点推进，分步实施”的原则，编制了《葛洲坝水利枢纽全封闭管理实施方案》，制定了“三步走”工作目标；成立了枢纽封闭管理工作推进领导小组，建立周协调推进工作机制；开展全方位调研工作，起草枢纽周边自然村基本情况调研，开通 522 路公交线路调研等报告；历时 10 余月，召开会议 60 多次，撰写各类材料 30 万字，形成 3 项管理制度，圆满完成工作任务。

【管理提升与技术创新】 2017 年是葛洲坝电厂的创新发展年，通过“创新发展年”主题活动，全厂管理及科技创新成效显著。

高质量完成智慧枢纽框架方案编制，形成了智慧枢纽建设的纲领性文件。

全年组织各部门开展Ⅰ类自主科研 23 项，重点技术攻关项目 20 项，申报专利 32 项，发表论文 24 篇，获得集团职工创新成果二等奖 2 项、三等奖 5 项、优秀奖 2 项。

项目管理取得历史最好成绩。2017 年，葛洲坝电厂项目管理工作总量大，工程项目共计 177 项，占公司总数的 26.7%；采购计划共 149 项，占公司总数的 17.6%；重点工程项目多，葛洲坝 220kV 开关站改造、葛洲坝枢纽封闭管理工程等均为长江电力、中国三峡集团重点督办项目；职能范围扩大，承担起枢纽区域的管理职能。面对诸多困难，葛洲坝电厂不断提升项目管理能力，保证重点项目、重大设备改造工作有序推进。

人才培训形式多样。厂工会和厂团委联合组织了厂第八届青工技能月活动，并选拔出51人次参加了公司第六届青工技能竞赛，获得电气二次、ePMS应用2个项目第一名，3个项目第二名，共有17人次进入前十名，两名同志被授予“长江电力青年岗位能手”荣誉称号；采用“葛电讲坛”“空中课堂”等培训方式，使培训参与率与培训效果大大提升。

溪洛渡电厂电力生产情况

【概况】 2017年，溪洛渡电厂经受了汛期大发考验，提前35天完成年度发电任务，全年安全发电613.91亿kW·h，无责任性弃水，实现零人身伤害事故、零设备事故的“双零”安全生产目标，应急能力建设和本质安全型水电站评价取得优异成绩，人才培养成绩突出，党的建设进一步加强，改革与创新成果丰硕。

【电力生产】 2017年，电厂克服外部电力市场供大于求、恶劣天气频现、线路故障频发、参与辅助服务要求不断提高等持续弃水弃电的局面；经受电厂开展调控一体化、实施两地工作方式、运用绩效考核系统、推进三项制度改革等多项改革举措对队伍稳定的考验；解决尾工多、家族性缺陷频发、环境整治工作量大、设备连续安全稳定运行的困难，坚持精益运行、精心维护，实现发电效益最大化，提前35天完成年度572亿kW·h发电任务，年度发电量613.91亿kW·h，1260万kW满负荷运行小时数累计达458小时，无责任性弃水电量，刷新年度最高发电量，历年累计发电2382.21亿kW·h，为国家“稳增长、促改革、调结构、惠民生、防风险”做出了积极贡献。主要生产经营指标如下表：

年份	发电量（亿kW·h）	重大设备事故（次/年）	人身伤亡事故（次/年）	等效可利用率（%）	自动开停机成功率（%）	厂用电率（%）	保护装置正确动作率（%）
2017	613.91	0	0	95.59	99.6	0.14	100

【防洪措施】 行洪泄洪是防汛工作的重点，整个泄洪工作体现了“长周期、小洪峰、频启闭、远程控制”的特点。2017年主汛期，金沙江流域水情总体偏枯，水库最大入库流量12500m^3/s，为工程投运以来最低；由于电力市场原因，深孔泄洪过程跨度及持续时间长、间隔短，泄洪时间从6月25日首次泄洪到11月3日，深孔启闭机共操作110台次，表孔和泄洪洞未应用。今年泄洪工作的最大亮点是开展调控一体化工作以后，深孔的运用实现了全部由成都远方控制，自动开启成功率100%，一次开启成功率达95.5%，较2016年提升了8.5个百分点。

【诊断运行】 电厂发挥技术委员会和专业委员会作用，持续开展监控系统报警及事件清理工作，改善并投入监控系统语音报警功能；首创轴承油位等模拟量信号缓变报警功能，实现模拟量信号变化趋势的智能判断，在轴承油位高低报警信号出现之前产生油位缓慢变化报警事件，提高缺陷处理的及时性；优化趋势分析系统，实现了全厂机组顶盖排水系统的高级运行统计，自动生成报表显示水泵启动次数、单次运行时间和启动间隔统计，大幅度减少了手动数据分析的工作量，提高设备自动化诊断水平。通过日常及专项分析及早发现多起隐患，及时将设备障碍清除在萌芽状态，培养了一支机组状态“诊断工程师”队伍，提高了设备障碍的安全预防管控能力。全年执行开停机3368次，办理工作票7967张，执行设备操作682036项，正确率100%；巡检8000余次，发现并及时消除设备缺陷2294条，及时处理了11F快速门下滑故障、左岸电站4F筒形阀压油系统异常、9F推导轴承2号泵出油阀与管路连接处大量漏油等一些隐蔽性、渐变性的设备缺陷。

【设备检修】 充分利用诊断分析和设备状态评估结果，编制年度、月度检修计划和周方式安排，以“提高设备可靠性，杜绝责任性弃水”为着力点，克服2016年11月从直流检修右岸外送能力受阻的影响，加强与电网、长江电力、成都梯调沟通协调，合理安排溪洛渡水库水位消落，优化调整机组和500kV外送线路检修计划。上半年，共完成13台机组C级检修，5台机组D级检修，500kV系统7条出线、4条母线、25台断路器及二次设备定检，8个深孔、7个表孔、4条泄洪洞设备消缺和检修；重点开展了福伊特机组定子线棒电晕检查处理、东电机组推导冷却器改造、东电（福伊特）机组推导油槽防油雾改造等300余项非标和技改工作，为机组“长周期、不间断、满负荷”运行奠定了坚实基础。

精心筹划2017—2018年岁修，电厂以设备诊断运行和设备状态评估结果为依据，紧紧围绕“安全、优质、创新、成长、和谐”岁修理念，以“严肃的态度、严明的纪律、严谨的作风”，不断优化检修流程，科学制定检修项目，积极组织协调岁修项目物资采购，克服因电力外送通道检修右岸外送能力受阻的影响，及时协调并优化检修计划，确保岁修工作顺利进行。2017—2018年岁修计划开展1台机组A修加专项检修、11台机组C修、6台机组D修、7台主变整体检修和7台主变年度检修等。岁修工作于11月12日开始，年底已完成2台机组D修、2台机组C修，各项检修任务按计划开展。

【风险管控】 2017年，电厂始终坚持“隐患就是事故”的理念，扎实开展五大风险管控工作，得到四川能源监管办和长江电力的充分肯定。一是以长江电力五大风险管控措施为基础，积极开展电站安全风险分析辨识、分类梳理工作，下达《溪洛渡电厂关于做好重大安全风险管控的通知》，制定电厂重大安全风险管控措施。二是通过修订制度、规程、作业指导书，将五大风险管控措施要求落实到日常生产管理中，2017年共修订管理制度23部、规程40部、作业指导书216部，促进安全风险管控措施得到有力落实。三是制定《溪洛渡电厂重大安全风险管控责任追究实施细则》，每月开展考核性检查、交流，并通报检查考核情况。2017年，电厂组织开展6次重大风险管控检查，提出改进项42项，整改完成42项；配合长江电力完成4次重大风险管控督查，共有不符合项3项，整改完成3项，共有改进项27项，整改完成23项，未整改问题已在整改中。四是电厂不仅对长江电力正式通报提出的不符合项和改进项进行了整改，而且对专家组口头提出的建议，电厂也同样建立了整改跟踪表；不仅对本厂出现的不符合项进行了整改，对兄弟电厂出现的不符合项也举一反三，进行了深入排查；不仅对不符合项进行考核追责，还对负有责任的改进项进行考核追责（共7人次）；不仅对责任部门进行追责，还对相关管理部门进行追责（如生产管理部、安全监察部）。

【本质安全型企业达标】 电厂多措并举，有序推进，开展本质安全型企业达标活动。通过专题会议、月度安全分析会、周例会，对本质安全型企业建设工作进行培训宣传动员，宣讲标准要求和工作程序，使全厂员工充分认识到自查评工作的重要性、紧迫性。创建《本质安全型企业建设工作方案》，确定自查评工作的指导思想、工作目标、组织机构，部署工作进度计划和要求，编制查评分工表和查评表，明确查评内容；从各专业选派专家参加葛洲坝电厂本质安全型企业预查评，学习查评方法，积累查评建议，并为自查评人员讲课和答疑；利用“安全生产月”活动所营造的良好安全氛围，组织开展并完成了本质安全型企业建设工作自查评工作，并完成了本质安全型企业建设自查评报告。2017 年 10 月，电厂以 95.15 的综合得分通过长江电力组织的电站本质安全评价外部专家现场评审，人员、设备、环境、管理四个单元全部达标，达到本质安全优秀型企业标准。

【应急处置】 电厂组织开展应急能力建设过程辅导，发现问题 37 项，整改完成 27 项；以“预防为主，科学应对，常态管理”的应急工作思路，以加强应急基础为重点，以强化应急准备为关键，以提高突发事件处置能力为核心，扎实开展应急体系建设工作，以 97.74 分通过长江电力和湖北安源公司组织的应急能力评估。电厂在实践中建立健全应急管理体系，制定了《溪洛渡水力发电厂安全生产应急管理规定》，完善《应急能力培训重点岗位要求清单》，优化布置现场应急处置指导手册，扩大应急药品覆盖面，组织完成 7 次专项预案演练和 26 次现场处置方案演练，全面提升应急管理水平。

【大坝安全管理】 2017 年，电厂调整组织机构，充实大坝安全监测人员队伍。按照《大坝安全管理办法》，开展日常巡检、专项检查和年度详查等工作，及时掌握拱坝安全监测、科研、试验数据和分析结论。此外，稳步推进大坝备案和注册工作，认真开展信息报送和信息化建设。2017 年 5 月实现汛期信息自动报送大坝中心；2017 年 7 月完成历史监测数据录入，每月 10 日前人工填写并上报监测数据；工程监测自动化系统建设项目已启动，预计 2018 年底完成大坝工程监测自动化系统。

【生态试验】 电厂首次开展生态调度试验，通过启落机组进水口叠梁门改变取水高度，研究分层取水对溪洛渡水库下游水温的影响。2017 年 4 月 20 日至 28 日，历时 9 天，电厂完成左右岸 18 台机组共计 82 扇叠梁门的落门操作。至 5 月 9 日，成功完成 82 扇叠梁门的提门操作，圆满完成首次生态调度试验任务，形成试验分析结果。

【管理改革】 2017 年，在长江电力的统一部署下，各项管理改革工作有条不紊，均取得了实质性进展。

1 月 1 日，运行部实施调控一体化，管理岗员工开始试行两地工作；7 月 3 日，电厂全面实施“现场 + 成都”两地工作方式，有力促进了员工安居乐业和电站长治久安，受到员工的普遍欢迎。

7 月 1 日，电厂精准绩效考核系统正式上线，到年底，各部门系统取值部分占绩效分数构成的比例已达 75% 以上，基本实现了以工作数量和质量定绩效、以价值创造为导向的精准绩效考核体系。

电厂实施新的“三定”方案，扎实做好电厂组织机构调整和人岗对应工作，完成了 281 人岗位调整工作，完成主机分部与辅机分部、发电分部与配电分部合并，通过借调、轮岗等形式提前熟悉业务工作和岗位职责，适应新的工作角色，确保生产管理工作平稳有序。

根据长江电力统一安排，按照“依法规、守红线、抓共建、促共享”管理原则，成立了坝区管理移交领导小组和工作小组，全面负责电站供水供电、通信、仓储、资产管理、安保物业及资料等各项移交工作，12 月 27 日与向溪建设部进行管理业务移交签字手续，2018 年 1 月 1 日 0 时，电厂全面承接溪洛渡电站坝区管理业务，各项坝区管理工作稳步推进。

【科技创新】 电厂坚持创新驱动，2017 年科技创新成果丰硕。2017 年，溪洛渡电厂共申请I类自主科研项目32项，其中“一种非接触式蠕动探测装置的研发设计及应用申报材料”获长江电力科技创新成果二等奖。鼓励专利申报和理论研究，2017年授权专利共23项（其中发明专利2项、实用新型21项），发表科研技术论文24篇。一批结合岁修产生的专利技术、小改小革得到广泛的应用，取得了事半功倍的效果。如东电推力油冷却器的专用起吊运输工具，大大提高了工作效率，在全厂9台机216只油冷却器更换的过程中发挥了大作用。溪洛渡电厂与检修厂共同完成的GIL检修专用工具荣获长江电力创新一等奖。创新带动管理提升，配电分部获全国电力行业“质量信得过班组”荣誉称号，“基于过程控制和创新驱动的设备年度检修精益管理”获第五次全国精益管理项目发表赛二等奖。2017年，溪洛渡电厂在张承俊创新工作室基础上，又创建了电气维修部“保护”“电气一次”和“‘智’控、高水头机组运行数据处理与应用”等3个创新工作室。以问题为导向成立34个QC小组，13个QC小组已取得了良好成果，解决现场实际问题，“适用多工况的流量开关研制”等项目荣获全国质量创新大赛一、二、三等奖。

【人才培养】 2017年，电厂丰富培养模式，加快“一专多能”型技术与管理人才成长成才。建设线上（网络学习系统）和线下（生产作业现场）两大培训阵地，精心组织开展线上英语培训班、管理骨干素质能力提升培训等综合管理类培训；通过技能竞赛、技术创新、技术攻关与讲座培训相结合的方式，不断提高员工理论知识和实践动手能力，扎实推进专业技术人才培养；深度应用长电网络党校（学院）平台促进员工业务能力提升，全年上传了标准化课件68个、“人人当讲师”线上授课视频140个、开展“聚焦一线”主题网络课堂4期、专业题库试题15179道，充实培训教材库；利用平台开展线上自主学习和业务考试，全年全厂累计在线学习6720小时，开展岗位业务知识考试59次，极大促进了员工学习的主动性，提升了专业技能。借助岗位助理、轮岗借调锻炼的方式，扩大生产管理人才储备，全年参与轮岗或借调人员46人，2017年为乌东德、白鹤滩电站筹建和长江电力海外业务、配售电业务等新业务拓展培养、输送了101名人才，承担着乌白筹备组、昆明调控中心共199名储备人员的培养任务。通过选派、推荐专业技术骨干参与行业技术研讨、标准编制、评比表彰、上讲台等方式，积极创造条件帮助员工成长为行业认可的行家里手。全年共组织培训895次，共20749人次参与。组织开展空缺管理岗位公开竞聘工作1次，26名干部得到了岗位晋升；为长江电力输送干部人才19名，6名员工岗位得到了晋升。刘忠惠荣获“电力行业技能人才培养突出贡献奖”、张承俊被评为“第十三届全国技术能手”。

向家坝电厂电力生产情况

【电力生产】 2017年，向家坝水力发电厂发电量达328.45亿kW·h，机组等效可用系数95.64%，年利用小时数5481.96小时，单机年最大发电量近50亿kW·h，机组各项可靠性指标保持行业领先。

持续深化专业技术组在缺陷闭环管控下的“第三方监管”模式，通过趋势分析、在线监测等系统的整合利用，及时消除设备缺陷1407项，电站发电设备经受住了满负荷、长周期、不间断运行的考验，实现连续满负荷运行时间1358.75小时，再创历史新高。泄洪设施经受住了高水头、长周期运行的考验，累计运行2484小时，其中高水位运行时间长达1200小时；中表孔闸门启闭1341次，泄洪时间、闸门启闭次数均刷新投产以来最高纪录，操作强度和一次操作成功率居国内同类大型水电站之最。

【安全管理】 截至2017年12月31日，向家坝水力发电厂已连续安全生产2135天，实现了全年安全生产“零人身伤亡事故、零设备质量事故、零环保事件”的“三零”目标，本质安全型电站建设、应急能力建设均取得重大进展，并分别以95.42、97.82的高分通过第三方专家现场查评，达到国内领先水平。

持续推进“党政同责、一岗双责、失职追责”责任体系建设，深化安全生产标准化建设，全面提升安全管理水平。结合《长江电力本质安全型水力发电企业评价标准（试行）》开展本质安全型电站自查评及整改工作，制定《自然灾害预警响应实施细则》，规范做好自然灾害预警响应，有针对性地组织开展防汛、反恐防爆等应急演练45余次，形成了应急管理常态化工作机制。

牢固树立“隐患就是事故”的理念，落实风险分级管控机制，重点抓好重大人身事故、水淹厂房、大面积停电、重大设备设施事故、网络信息安全等“五大风险”管控，共识别24项重大风险源；按照“部门自查—厂部检查—集中治理”的工作机制，持续开展拉网式的隐患排查治理活动，安全风险全面受控。

【科技创新】 下大力气抓好科技创新工作，营造鼓励创新的体制机制。以把握设备设施运行规律、深化精益运行、解决困扰电站长期安全稳定运行的问题为重点，有针对性地开展14项I类项自主科研课题、23项QC课题研究等多种形式的科研工作，并运用于生产实践，实现创新创效、提质增效。联合开发“设备智能预警系统”并正式上线运行，实现了“智能监屏”，在“智慧电厂”建设的路上迈出了坚实的步伐。

科研成果成效显著，《高坝混凝土优质高效施工关键技术与应用》获2017大禹水利科学技术奖一等奖；《降低直流母线绝缘报警测试中两点接地的风险率》获得“2017年度全国电力行业QC小组活动优秀成果二等奖”；《800MW机组大轴中心补气管优化研制与应用》获得“中电联2017年（第九届）全国电力职工技术成果三等奖”；油化实验室获得“2017年度电力行业标杆化验室”称号。全年申报知识产权120项，被授权实用新型专利20项、发明专利1项。

向家坝电厂结合生产实际开展了技术攻关和创新，在800MW水轮发电机组计算机监控系统关键技术方面取得了较好的研究成果，该项成果荣获中国电力设备管理协会技术创新成果二等奖。主要创新点体现在以下几个方面：

1. 以大坝结构特点为依托的三网四层分布式网络结构和以域为中心的分区设计有效地提高了监控系统的冗余性和可靠性，为今后大型复杂电站的监控系统建设提供了参考。

（1）向家坝监控系统的三网四层全冗余分层分布开放系统结构冗余度高，提高了系统运行的实时性与可靠性。

（2）以域为中心的分区设计，左右岸可实现设备的集中运行和集中监视，也可独立运行，灵活度和冗余度高，提高了系统的可靠性。

（3）与集控中心的接口设计减少了网络设备数量，降低了投资成本和外部非法接入风险，减少了数据的网络转换次数，提高了数据的传输效率和安全可靠性，权限设计灵活多变，现地优先，可迅速处理突发事故。

2. 集控模式下的AGC设计对大型集控中心的建设进行了积极的探索，为其他电站提供了运行实例。

（1）AGC采用修正等功率算法最大限度地实现水资源的利用，保证经济运行的同时减少机组磨损。

（2）采用电网切机容量与AGC协调机制

后，当切机机组投入 AGC 有功联控时，AGC 就能保证切机机组功率不小于 625MW；当切机机组投入 AVC 联控运行时，AVC 就能保证切机机组无功功率大于 0Mvar，满足金沙江直流输电系统切机容量需求。

（3）采用改变 AGC 死区值的方式，使 AGC 在一次调频动作时，不做任何调节，有效解决了一次调频与 AGC 之间的互斥问题，防止 AGC 认为机组有功调节失败而将机组退出有功联控状态。

（4）应急自动补水功能的引入，可在机组异常停机，尤其是多台机组同时异常停机时，自动计算下游水位变化量，并立即计算泄洪闸门开启方案，经操作员确认后立即开启闸门补水，避免下游水位急剧变化影响航运安全，解决了机组发电下泄流量急剧减少与航运安全之间的协调问题。

【内部管理】 全面推行以价值和贡献为导向的绩效考核评价体系，完成绩效考核平台开发及推广使用，形成差异化薪酬激励长效机制。全面推行“调控一体化”模式优化实施，自主开发故障处理技术支持系统、工作票办理辅助系统等技术配套支持系统，电力生产管理模式不断优化。

2017 年，向家坝电厂承担了 2 部新增行业标准的编制任务和 1 部英文标准翻译任务；申报获得中国三峡集团集团级技术标准编制任务 11 部、长江电力公司级技术标准编制工作任务 13 部；2017 年计划编制厂站级技术标准 333 部，其中技术规程 72 部（含升船机操作规程 22 部）、检修作业指导书 245 部、技术文件 16 部；完成了三体系管理手册和 16 个程序文件的首批体系文件修订工作，将三标管理体系与安全生产标准化达标评级标准和技术监督要求的进一步融合对接。

（向家坝电厂）

检修厂电力设备设施检修情况

【概况】 2017 年，中国长江电力股份有限公司检修厂（以下简称“检修厂”）安全生产形势总体平稳，全年安全生产无事故。三峡电站和葛洲坝电站检修任务安全、高效完成，主设备检修一次合格率 100%，考核期内未发生一类非停、未产生检修原因导致的弃水损失电量。全年预算执行情况良好，生产与管理成本均控制在公司下达的指标范围内。

1. 持续深化精益生产，高效完成检修任务。2017 年，检修厂持续深化精益生产，圆满完成三峡 - 葛洲坝梯级电站 2016—2017 年度检修任务，修后机组各项性能指标达到精品机组要求；克服困难，求真务实，认真完成金沙江流域电站检修任务，并快速反应、顺利完成应急抢修。2017 年共计完成了三峡 2 台机组（29F/30F）推力头镜板专项处理、15B 主变进人检查及备用变更换、3 孔深孔弧门水封更换等；葛洲坝 2 台（9F/18F）水轮发电机组改造增容及 A 修、1 台机组（6F）发电机改造增容及 A 修、805DL 本体大修、二江泄水闸第 36 次护坦检修等；溪洛渡电站 1 台机组（8 号）定子线棒更换专项处理、1 台机组（7 号）定子一点接地故障抢修；向家坝电站消力池检修水下检查任务。顺利完成大坝安全监测定期工作及三峡工程 175m 蓄水加测及分析工作。葛洲坝 220kV GIS 改造工程新站全部投运。“长电工程船 1 号”建造工程完成主设备订货，启动了 7 个分段的建造工作。2016—2017 年岁修实现了“三个首次”。首次进行三峡地电机组检修，首次圆满完成 380t 主变水上转运，首次同时进行葛洲坝大江电站 2 台机组水发同改，充分彰显了检修核心能力，持续安全高效推进 2017—2018 年度岁修工作。

2. 多措并举创新管控，夯实强化安全管理。多次开展五大安全风险管控自查自纠，重点对脚手架施工、起重作业等高风险作业面进行检查，对高风险项目旁站监护，严禁交叉作业，保证施工安全；强化源头控制，严格安全措施费管理，确保专款专用；加强安全生产过程管控，危化品实行“一书一签”管理；创新召开岁修现场安全分析会；大力推进科技兴安，运用视频监控、指纹识别等高科技手段助力工程项目安全管理；针对生产特点和作业全过程，以危险因素为对象，开展 KYT 活动（即伤害预知预警活动）。为有效应对岁修初期与“三项制度改革”过渡期叠加的特殊安全风险，编制了《检修厂改革过渡期间岁修项目组织机构安全生产责任制》，严格落实项目安全责任制，确保了安全风险可控在控和岁修工作安全有序开展。

3. 积极策划专项研究，大力推进技术创新。检修厂紧紧围绕核心能力建设设置研究课题与目标，科技创新成效卓著。“溪洛渡 500kV GIL 检修关键技术研究”项目结题并通过专家组验收。激光技术在水电站的应用研究完成了两个子项的研究，且在葛洲坝岁修现场成功应用。水下机器人系统总体设计方案通过专家评审，主机图纸绘制完成并通过审核。出版专著《葛洲坝电站水轮发电机组改造增容技术》，填补了国内水轮发电机组改造增容相关技术文献的空白。流域检修技术项目、检修厂Ⅰ类自主科研项目研究稳步推进。2017 年检修厂共计获 1 项中国电力企业联合会职工技术成果奖二等奖，1 项三等奖；获 8 项中国三峡集团职工技术创新成果奖，2 项中国三峡集团科技进步奖，18 项长电科技进步奖；新获 10 项授权专利（其中发明专利 2 项），累计获授权专利 148 项；新申报 34 项专利。

4. 深化改革精准施策，全面提升管理工作。检修厂统筹规划合理安排各生产项目，提前 19 天完成葛洲坝电站岁修任务，改造后的 6 号、9 号、18 号机组提前发电可避免弃水损失电量 6722.71 万度；创新性地采用旧开关站母线分段方式配合 GIS 转接线，极大地缩短了葛洲坝 220kV 开关站改造转接线工期，12 月 31 日新 GIS 站全部投运，旧站退出运行，比计划工期提前一个月。完善成本管理体制、机制和体系，制订《检修厂合同变更细则》《成本管理权限指引》等制度，初步建立了以成本管理为主线、以成本主任为中心、以成本管理权限为指引的系统化、立体化、全方位的成本管理体系。2017 年，检修厂项目开工率 100%，完工率 96.31%，归口费用完成率同比 2016 年提高 4 个百分点。高质高效完成 116 项采购计划，提前一个月完成采购任务，实现创收 135 万元。多元化综合性人才培养，首次建立检修工匠评选机制；深化三项制度改革，开展人事管理改革暨“三定”实施工作，实行以价值为导向的绩效工资分配模式，推进绩效考核平台的实施应用。

【检修工作】 三峡区域圆满完成 2016—2017 年度岁修工作，2017—2018 年度岁修工作进展顺利。上半年完成了三峡电站 2 台机组（29 号、30 号）推力头镜板专项处理、2 台机组（28 号、32 号）平压管改造、1 台（8 号）机组转轮叶片出水边修型，1 台（15 号）机组变压器总烃增长检查处理及备用变更换、1 台机组（22 号）空冷器水箱端盖优化加固及定子挡风板更换、3 孔（第 1、18、21 孔）深孔弧门底水封更换、三峡电源电站箱涵及拦污栅前平台水下清淤等项目。下半年完成了三峡电站 1 台机组（16 号）定子线棒电晕试验性处理、活动导叶端面密封更换、1 台机组（21 号）空冷器水箱端盖优化加固及定子挡风板更换、1 台机组（27 号）顶盖平压管更换、1 台备用变（15B）返厂检修、第 15# 深孔弧门水封更换等主要工作。

葛洲坝区域圆满完成 2016—2017 年度岁修工作，2017—2018 年度岁修工作进展顺利。上半年实施了葛洲坝电站 2 台机组（9 号、18 号）水轮机、发电机改造增容及机组 A 修、1 台机组（6 号）发电机改造增容及机组 A 修、

3台机组（5号、14号、17号）水轮机增容改造后专项检查全部完工、15F导水机构缺陷专项处理、805DL本体大修、葛洲坝二江泄水闸第36次护坦岁修等。下半年完成了葛洲坝电站18号机组水轮机改造增容后专项检查、2017—2018年度葛洲坝3台机组（4号、8号、21号）改造增容及机组A修、14号机组2根定子线棒更换、二江泄水闸第37次护坦检修及大江冲沙闸2扇弧门、2扇平板门检修完成部分工作（剩余部分计划在2018年完成）。

金沙江区域检修工作2017年迈出实质性步伐，首次以项目管理的模式开展流域检修工作。上半年完成溪洛渡电站16F尾调室检修门抓梁穿销故障潜水配合、溪洛渡电站分层取水叠梁门操作应急配合。下半年完成溪洛渡电站7号机组定子一点接地抢修、向家坝左消力池水下检查，完成部分溪洛渡电站8号机组定子线棒更换专项处理工作，为后续金沙江流域检修全面深入开展积累了宝贵经验。

【汛期应急管理工作】 2017年，检修厂全方位完善汛期流域应急管理工作，将防汛应急抢险和汛期设备应急抢修作为检修厂防汛工作重点，从管理体系、能力评估、宣传培训、应急演练等多方面努力提升流域检修应急处置能力，切实强化应急能力建设，确保汛期应急积极响应和有效应对。

在管理体系方面，根据人员变动和工作需要调整应急管理领导小组、应急管理办公室及应急救援突击队人员名单，建立了防汛应急联系协调机制和防汛值班制度，把到金沙江电站学习培训人员列入对应电站应急抢险人员，明确各岗位人员的工作职责，加强了应急工作领导和救援队伍建设。水工检修部、监测部结合三峡、葛洲坝电站大坝安全监测和船舶设备设施管理特点，分别制订防汛工作计划，组建了防汛抢险队伍，准备好防汛应急物资，保证了三峡-葛洲坝梯级枢纽安全平稳度过汛期。

在能力评估方面，全面深入开展查评工作，严格评估过程，严守评估指标，对全厂应急能力建设进行了客观细致的评价，最终查评得分864.4分，得分率97.12%。同时，对查评过程中列出的5个整改项积极治理，并全部完成整改。

在宣传培训方面，除常规培训外，积极创新宣传培训形式，通过微信平台定期发布“应急知识每周一问”，编制了检修厂2017应急知识题库、防汛应急工作手册、突发事件信息报送卡以及暴雨洪水情况下检修厂的应急响应措施表，宣传了应急处置必要手段和措施，明确了突发事件及汛期值班信息报送相关要求，有效提升了员工应急处理意识和规范应对程序。

在应急演练方面，认真策划，精心组织，按计划对9个处置方案进行了现场演练，演练效果充分验证了方案的适用性和有效性。同时，组织检修厂员工参与各电站防汛应急演练，演练过程极大地锻炼和提高了员工的应急处置能力，以及兄弟单位应急处置的配合度，确保了全公司防汛应急可靠度和资源利用最大化。

【安全与环保工作】 安全生产形势总体平稳，全年安全生产无事故。未发生一般及以上环境事件。主设备检修一次检修合格率100%，“两措”计划完成率100%。危险固体废弃物规范回收率≥95%，坝前漂浮物处理达到设计标准，透平油及绝缘油的回收率均在目标控制范围之内。

认真落实安全生产达标自查评复查评工作。2017年，检修厂参加自评项总分2375分，自评得分2348分。2017年10月16日至20日，湖北安源安全环保科技有限公司对检修厂开展了本质安全型企业现场复查评。结合安全生产大检查及本质安全型电站评价，检修厂深入排查，全面治理安全隐患，有效管控重大安全风险。对于查评发现的9个整改项，积极落实整改，目前已整改完成7项。

有序推进“电力建设工程施工安全年”活动。紧扣“落实责任，强化管理，防范事故”活动主题，厘清落实企业安全生产主体责任，在三峡枢纽金属结构检修中心（葛洲坝区域）、葛洲坝220kV开关站改造工程土建施工等工程项目中增加安全环保协议的合同内容，严格执行协议规定，全面规范落实监理合同条款和有关法律法规要求；加强风险管控与隐患排查治理，对工程施工中的主要危险源进行辨识并告知风险控制措施，葛洲坝220kV开关站改造工程土建施工因施工区域靠近高压带电设备，在施工区域内设置了高压线路安全距离提示牌；强化电气施工质量管理，葛洲坝220kV开关站改造工程土建施工过程中发现施工方采购的红旗牌电缆存在绝缘层破损现象，质量不符合要求，要求施工方退还已采购的红旗牌电缆，重新采购；严格落实公司《工程项目安全管理办法》，确保安全措施费专款专用。

积极开展“安全生产月”活动。成立了以厂长为组长的“安全生产月”活动领导小组，紧扣“全面落实企业安全生产主体责任”主题，开展了安全生产主题宣传、安全生产教育学习、典型事故警示教育、应急预案演练、隐患排查治理系列宣教等系列活动，为检修厂年度安全生产重点工作和本质安全型企业建设提供了有力思想保证、精神动力和舆论支持。

加强安全教育与培训。2017年，检修厂安排注册安全工程师取证、安全生产法律法规培训等外派培训2批次，培训人员8人次；开展专项培训2次，其中新员工进厂三级安全教育培训9人、员工安全管理专项培训70人；组织特种作业培训117人次，公司技术研究中心实训19人次。7月13日，面向近70名参建单位及各级管理、作业人员，厂长开展了“全面落实企业安全生产主体责任”的专题讲课。

高度重视特种设备管理工作。全厂特种设备维护保养、更新改造和检验检测工作正常开展，特种设备运行稳定，性能可靠。截至2017年年底，检修厂登记在册特种设备21台，其中桥式起重机3台、门式起重机1台、流动式起重机1台、叉车10台、压力容器6台。对10台叉车开展检验检测，取得了合格证。

强化消防安全责任制，定期开展消防检查和演练，落实动火作业管理制度，消防安全形势保持稳定。一是层层签订防火安全责任书，确保消防责任落实到岗到人；二是更新消防档案，健全了重点防火部位管理；三是修订火灾现场应急处置方案，开展应急疏散及救援演练；四是加强防火安全检查，及时消除火灾隐患。

截至2017年12月31日，实现年内安全生产记录365天，连续安全生产记录3265天。

【管理工作】 2017年，检修厂首次对所有检修平台进行检测和力学验证，首次启动机组检修大件吊装、外包工程现场管理等四项安全课题研究并取得初步成果。从2013年至今，连续三次取得安全生产标准化一级达标企业资质，连续两次被评为本质安全优秀企业。修订并发布技术标准72部，编写金沙江区域典型检修技术方案65部，适应了流域化电站检修管理的需要。质量管控关口不断前移，首次自主进行改造增容设备监造，确保设备供货高质高效，坚持检修质量三级验收与专项检查相结合，及时解决葛洲坝电站220kV GIS站电缆质量问题。严谨细致的技术质量管理获得了国内同行的充分肯定，2017年，检修厂荣获“全国电力设备管理协会第六届全国电力设备管理先进单位”，检修厂机械二分部荣获“中国水利电力质量管理协会全国电力行业质量信得过班组”，1人荣获“全国电力设备管理协会全国电力行业设备管理先进工作者”荣誉称号。

【科技创新】 检修厂攻坚克难，以解决问题为导向，齐心协力深入研究。2017年5月24日，500kV GIL 6mm厚铝合金管道2G、5G自动手动焊接及探伤技术研发通过试验检验，焊缝满足西门子标准，各项指标合格，填补了国内行业空白。2017年5月15日，在锦屏一级电站GIL故障检修中，检修厂成功应用GIL检修技术研究成果，历经40多天圆满完成检修任务，为公司创造135万元的经济收益，实现了成果转化高效应用。6月22日，“溪洛渡电站500kV GIL检修关键技术研究”项目结题并通过专家组验收。该项目在公司2017年科技创新大会上斩获所有项目中唯一的一等奖，这不仅是公司对检修厂科技创新实力与成果的肯定，更是检修厂核心检修能力与凝聚力的最佳证明。

检修厂持续推进激光技术和水下机器人在水电站的应用研究等重点项目。其中，激光熔覆技术取得技术性突破，成功修复葛9号机组操作油管、上导瓦表面，修复后个别关键性指标优于原部件；解决了电镀工艺的难题，降低了检修成本。激光清洗设备设计和研制稳步推进，激光熔覆银层试验在实验室取得成功。水下机器人研制进展顺利，项目工作组通过细致讨论，明确了机器人功能与结构的合理组合。目前，系统总体设计方案通过专家评审，机器人主机正在制造中。水下机器人整体制造组装完成后，可实现300m水深环境下的水下摄像、扫描、清洗打磨、清障打捞、剪切、管道检查等多种功能，保障流域电站水下检修工作顺利开展。

自主科研项目覆盖面广，完成率高。2017年完成38项I类自主科研项目，内容涵盖三峡电站液压盘车装置设计研究、大型检修平台人数实时统计报警系统、水电站液压启闭机活塞杆锈蚀检测装置方案研究、电晕研究、流域智慧检修支持系统建设等项目。然奋斗不息，科研不止，流域电站检修技术研究项目、检修厂I类自主科研项目仍在向前推进，挖掘检修员工动脑动手能力的同时，也提升了检修厂流域检修能力，并为世界水电站检修与管理提供了理论和技术支持。

出版专著固化成果，完成编写《葛洲坝电站水轮发电机组改造增容技术》，全书内容近40万字，全面总结了葛洲坝电站检修技术和管理人员的工作经验，填补了国内水轮发电机组改造增容相关技术文献的空白，为国内水电站改造和检修提供了技术蓝本，提升了检修厂在行业内的影响力。

2017年，检修厂新获授权专利10项，其中实用新型专利8项、发明专利2项；新申报专利34项。获得中国三峡集团科学技术进步奖、技术创新成果奖，长江电力科学技术进步奖，中国电力企业联合会职工技术成果奖等各类奖项30项。

【三项制度改革】 2017年8月2日，检修厂正式发布《检修厂2017年人事管理改革暨“三定”工作实施方案》，标志着检修厂三项制度改革先试先行进入正式实施阶段。

改革按照“干部能上能下，收入能增能减，员工能进能出”的总体目标，优化了组织机构，成立生产管理部、三峡－葛洲坝区域检修项目部、溪洛渡－向家坝区域检修项目部，对流域检修业务进一步瘦身，剥离桥门机管理和安全监测工作；168名管理人员参与履职满意度评价，6名正处级干部和14名副处级干部平级调整，106名管理人员竞聘上岗；印发《检修厂流域检修项目部人员管理办法》《检修工匠评选聘用办法》，制定项目部检修工日核算办法，进一步完善了绩效分配、考核、激励机制，建立以价值创造为导向的绩效工资分配模式。

改革后，检修厂构建了“流域＋区域”的流域检修方式，“机械、电气、水工”三大专业更突出，以专业主任为中心的生产技术管理力量进一步增强，形成了“厂部管总，项目部主修，专业部门主建”的新格局，实现了流域检修发展新跨越。

（李栋梁）

中国三峡集团建设

战略规划与发展

【战略发展定位】 国家发改委、国资委立足新时代，从更高格局谋划中国三峡集团长远发展，联合行文明确中国三峡集团的战略发展定位是：主动服务长江经济带和“一带一路”、京津冀协同发展等国家重大战略，在深度融入长江经济带、共抓长江大保护中发挥骨干主力作用，在促进区域可持续发展中承担基础保障功能，在推动清洁能源产业升级和创新发展中承担引领责任，推进企业深化改革，加快建成具有较强创新能力和全球竞争力的世界一流跨国清洁能源集团。

围绕战略定位，中国三峡集团立足新时代新使命，要全力发挥好在促进长江经济带发展中的基础保障作用、在共抓长江大保护中的骨干主力作用、在带领中国水电“走出去”中的引领作用、在促进清洁能源产业升级中的带动作用、在深化国有企业改革中的示范作用、在履行社会责任方面的表率作用等“六大作用”，积极打造“六个平台”，努力实现“三大引领”，加快推进“三大转变”，力争到2020年初步建成世界一流跨国清洁能源集团。

积极打造“六个平台”。打造成长江流域水资源开发和水库群联合运行调度平台、共抓长江大保护项目实施平台、引领中国水电全产业链“走出去”平台、海上风电等新能源规模化开发平台、清洁能源领域产融对接平台、水电工程库区扶贫开发平台。

努力实现“三大引领”。努力成为全球水电行业可持续发展的引领者、中国水电全产业链“走出去”的引领者、海上风电等新能源创新发展的引领者。

加快推进“三大转变”。加快推进由建设重大工程向真正的市场主体转变，由单一的水电企业向世界领先的清洁能源集团转变，由主要面向国内向面向国内国际的跨国公司转变。

【规划实施情况】 中国三峡集团以战略规划为引领，扎实推进各项发展改革重点工作，主要生产经营指标持续快速增长，规划目标和重点任务完成进度良好。截至2017年底，中国三峡集团管理的总装机规模超过1.24亿kW，98%是清洁能源，世界最大水电企业和全国最大清洁能源集团的行业领先地位进一步巩固；2017年发电量突破2800亿kW·h，较2015年增长42%；年营业收入901亿元，较2015年增长42%；利润总额420亿元，较2015年增长22%，连续第三年进入央企前十，继续排名发电企业第一；资产总额近7000亿元，较2015年增长24%；资产负债率继续保持在46.9%的较低水平，信用评级继续保持中国国家主权级评级；集团全员劳动生产率、人均利润、人均上缴利税、成本费用利润率等指标继续在中央企业名列前茅。

水电建设运行再创佳绩。白鹤滩水电站正式通过国家核准，乌东德、白鹤滩水电站全面进入大规模施工阶段，质量安全可控在控，移民工作稳步推进；精心组织流域梯级枢纽联合运行管理，统一编制长江干流及清江流域汛期调度运行方案，防洪度汛成效显著，电力生产再创佳绩，防洪、发电、生态、航运等综合效益进一步发挥。

共抓长江大保护工作加快推进。根据党中

央、国务院赋予中国三峡集团的新使命、新任务，国家发改委、国务院国资委领导中国三峡集团明确了将深度融入长江经济带、在共抓长江大保护中发挥骨干主力作用作为战略发展方向之一，中国三峡集团切实履行“生态优先，绿色发展”理念，围绕发挥好长江生态环保项目实施主体作用，正在抓紧推进组建长江生态环保集团有限公司、与发改委共同发起设立中国长江绿色发展投资基金、组建生态环境国家工程研究中心、在长江沿线省市筛选确定并早日启动试点示范项目等工作。

新能源业务实现优化发展。中国三峡集团新能源业务已覆盖全国30个省区市，并积极参与国际市场新能源投资开发，陆上风电和光伏发电具备一定规模，光伏发电发展较快，光热发电探索取得新进展，到2017年底，中国三峡集团国内新能源在运可控装机超过800万kW。实施海上风电引领战略取得重大突破，至2017年底，在福建、广东、江苏、辽宁等地累计获取海上风电资源超过1300万kW，初步完成沿海集中规模连片开发布局；江苏响水20.2万kW海上风电场建成投产并持续稳定运行，福建兴化湾一期首批机组投产发电，大连庄河首批机组完成吊装，江苏大丰、广东阳江等海上风电项目先后开工建设，福建百万千瓦级海上风电先行工程建设准备工作正式启动；联合葡电共同开发英国Moray 95万kW海上风电项目，进入欧洲海上风电市场。

国际化经营水平和质量持续提高。截至2017年底，中国三峡集团国际业务管理装机1700万kW（含可控装机、参股权益装机、在建装机）。全面接管巴西帕河能源项目，稳步推进巴西朱比亚和伊利亚水电站技改工作；巴基斯坦卡洛特水电站、巴基斯坦风电二期、老挝南公1水电站等项目建设有序推进，科哈拉水电站、秘鲁圣加旺III水电站等项目筹建工作扎实推进；成功发行中国企业首只绿色欧元债券，募集资金6.5亿欧元。

资本金融业务更好服务产业发展。加强参股股权管理，实现了投资结构的优化；加强基金平台建设，发起设立三峡清洁能源产业投资基金、睿源技术创新创业投资基金等；资本公司和新能源公司成功完成引战工作。

稳步拓展配售电等新业务。稳步推进重庆区域地方电网“四网融合”，成立重庆长电联合能源有限公司，被列为全国混合所有制改革第二批试点企业；抢抓配电网、分布式能源等优质资源，摘牌陕西延安电业，实质性获得三个国家级电改示范项目开发权。

（潘宇超）

财务管理

【概况】 2017年，中国三峡集团稳步实施瘦身健体、提质增效工作，强化财务基础管理，提升资源配置、决策支持、价值创造、风险防控能力，财务管理水平不断提升。

【提质增效】 组织实施瘦身健体、提质增效工作，主要经济指标再创新高。根据国资委瘦身健体、提质增效工作方案要求，结合年度生产经营目标及重点工作任务，制定并下发2017年瘦身健体、提质增效工作方案，全年主要经济指标再创新高。五年来，装机容量、发电量、营业收入、利润总额等主要经营指标翻番。中国三峡集团2016年度中央企业负责人经营业绩考核再次获评A级企业，排名第12，这是中国三峡集团连续第10年获得该荣誉称号，创历史最好水平。2017年，中国三峡集团全面超额完成国资委下达的业绩考核目标，具备第11次进入A级企业的基本条件。

法人户数压减工作取得阶段性成果，提前一年完成上报国资委压减任务目标。作为落实供给侧结构性改革的重要举措，切实落实国资委法人户数压减工作要求，一户一策，通过关、停、并、转等多种措施压减企业户数。通过户数压减，切实实现了资源向主业集中和管理成本的节约。第一个工作年度（2016 年 6 月—2017 年 5 月），集团公司累计压减法人户数 14 户，超上报目标 5 户，并将境内企业产权层级由基准日的 6 级压缩至 4 级，境内外企业实际管理层级控制在三级以内。

亏损企业治理工作取得成效，亏损面和亏损额两连降。集团公司持续推进亏损企业治理工作，2017 年亏损企业户数同比减少超过 13 户，亏损额同比继续下降，连续两年实现亏损面和亏损额双降。通过房产置换出资和委托贷款的一揽子方案解决河海科技问题，盘活存量资产。结合挂牌转让所持能事达公司 9.52% 股份，退出能事达经营主导权。积极推进呼蓄公司股权重组，与内蒙古自治区政府及内蒙电力积极协调呼蓄公司后续股权重组事宜，完成呼蓄公司概算调整报告和竣工财务决算报告，夯实呼蓄股权转让基础工作。

【融资及资金管理】 优化融资结构，创新融资方式，融资成本控制成效显著。2017 年金融行业去杠杆和资金面实质收紧，中国三峡集团融资工作攻坚克难，对外融资总额 913 亿元，其中股权融资 77 亿元及债务融资 836 亿元。中国三峡集团克服资金市场利率倒挂、资金成本全面上升的困难，及时调整融资结构，创新融资方式，融资成本控制成效显著。2017 年，中国三峡集团全年融资成本约 106 亿元，较预算节约 16 亿元；综合融资成本率 4.32%，较 2016 年同期上升 4bp，低于 5 年期以上央行贷款基准利率 0.58 个百分点。

积极引入社会资本，股权融资取得新进展。中国三峡集团向云川公司拨付资本金 31.5 亿元，川滇两省股东同比例增资 13.5 亿元，为改善云川公司资本结构，控制乌东德、白鹤滩水电站投资总额发挥了重要作用。三峡资本引进战略投资者工作顺利完成，引入外部战略投资资金 54 亿元，完善公司治理结构，优化决策机制和激励机制，建立市场化体制机制。三峡新能源进战略投资者工作稳步推进，于 2018 年 1 季度完成。

及时启动政策性贷款争取工作，为乌东德、白鹤滩建设期融资成本控制打下良好基础。积极设计乌东德、白鹤滩电站融资方案，争取国家政策性贷款支持。经过大力争取，落实了中国进出口银行对乌东德、白鹤滩电站 450 亿贷款额度支持，利率 PSL + 130bp（目前 4.4%，相当于基准下浮 10.2%）；落实国家开发银行牵头银团对乌东德、白鹤滩电站 200 亿优惠利率贷款，比同期央行基准利率下浮 5%，达到商业贷款最低利率。乌东德、白鹤滩电站优惠利率贷款的落实，为乌东德、白鹤滩建设期融资成本控制打下良好基础。

成功发行中国企业首只绿色欧元债券。为满足海外业务发展资金需求，2017 年 6 月 21 日，中国三峡集团成功发行 6.5 亿欧元 7 年期绿色债券，票面利率 1.30%（MS + 93bp），国际评级机构穆迪和惠誉分别授予债券主权级信用评级（穆迪为 A1，惠誉为 A +）。这是首单中国实体企业绿色欧元债券，也是首单中国发行人气候债券，被国际权威财经媒体《财资》评为 2017 年度最佳绿色债券。本次发行收益率 1.305%（MS + 93bp），实现了约 8 个点的负新发行溢价，与 2015 年同期限欧元债券相比（票面利率 1.7%，收益率 1.777%，MS + 100bp）降低 47bp，巩固了中国三峡集团独特的、高评级的、绿色发展的国际市场信用。

成功发行中国企业首只债券通短期融资券。2017 年 7 月 6 日，中国三峡集团完成市场首单 20 亿元债券通短融发行，保持市场领先地位的积极实践。票面利率 4.38%，认购倍率 3.14 倍，境外投资人中标量 7.9 亿元，占比 39.5%。债券通首批中资企业发行人中，中国三峡集团发行规模最大、利率最低、期限最长、境外投资者占比最高，取得良好效果。

首次在巴西资本市场发行债券。2017 年 9 月 15 日，中国三峡集团所属帕河能源公司 4.20 亿雷亚尔基础设施债券成功发行，这是中国三峡集团首次亮相巴西资本市场发行本地币债券，也是首次以海外项目资产收益为基础的无担保公司债券，发债综合成本达到帕河能源公司有史以来最低值，低于当地知名企业近期发债利率水平。本次发债实现巴西资产收入与负债汇率风险的自然对冲，既降低了利率又对冲了汇率风险。

资金集中管理成效显著。实施资金精细化管理，合理调节中国三峡集团资金池规模，实现资金利用效率最大化。湖北能源财务公司与三峡财务公司业务整合取得了重大进展，三峡财务公司已承接湖北能源财务公司全部业务。境外账户监管和境外资金集中管理进一步加强，境外资金池归集范围进一步扩展至 16 家成员单位的 41 个银行账户，境外资金集中管理账户数量及金额同比大幅增长。加强境外项目分红管理，全年境外项目现金回流总额超过 6 亿美元，其中股权现金分红超过 5 亿美元。

【预算及成本管理】 深入开展提质增效专项工作，助力提质增效目标全面完成。中国三峡集团对主要所属公司进行了专项调研，在充分沟通的基础上提出提质增效工作任务和分解目标；各级子企业积极落实提质增效各项工作部署，将提质增效措施和目标分解到所属部门和单位，实现任务层层分解、压力层层传递、责任层层落实；定期跟踪提质增效各项分解目标的执行进展，定期发布中国三峡集团提质增效月度简报，对工作亮点进行挖掘和报道，对各项卓有成效的措施进行交流和宣贯。2017 年，中国三峡集团实现合并利润总额 420.4 亿元，全面超额完成国资委年度经营业绩考核指标，再创历史新高。

进一步加强标准成本管理，健全成本费用定额体系。三峡新能源在深度挖掘和分析已建成新能源项目实际建造及运营数据基础上，分别构建了建造成本和运维费用指标体系和标准值，形成了风电和光伏成本费用标准体系并在年内正式发布；长江电力完成了溪洛渡及向家坝电站闸坝、金结检修定额和备品备件定额数据收集，明确了 C 修定额编制工作方案，电力生产成本定额编制工作稳步推进；借鉴长江电力、三峡新能源成本定额体系构建经验，湖北能源提出了成本定额体系建设基本方案，第一期初步安排开展中小水电板块的梳理。

加大成本管控力度，推进成本全面压降。成本费用总额占营业收入比重 64.01%，在中央企业继续保持领先。进一步扩大公开招标和竞争性竞价谈判范围，通过招标节约资金 37.43 亿元，节资率 14.42%。加强设备的全生命周期管理，控制设备的修理、维护等管理成本；加强库存物资管理，减少备品备件储备，降低物资管理成本，可控经营成本、非生产性开支同比未增长。认真贯彻中央八项规定要求，在确保重点工作基础上从严控制“三公”经费及一般管理费支出，公用经费同比下降 2.3%，占营业收入比重 0.46%，远低于 2012 年的 1.3%。

【会计核算和财务分析】 高度重视巡视财务问题整改，以从严治党的高度抓财务基础管理。对 2016 年以来内部巡视、内部审计、内部控制评价等监督检查工作中发现的财务基础管理问题进行了“回头看”。首次组织召开了财务基础管理提升工作专题会，分析了财务基础管理工作面临的形势，将规范财务基础管理工作提升到从严治党、依法治企的政治高度，布置了下一阶段提升财务基础管理工作安排。

继续加强和完善公用经费管理。连续第四年审核审批二级单位公用经费预算，增强了对公用经费的刚性约束，在中国三峡集团规模增长、户数增加、管理幅度扩展的情况下，实现了公用经费的有效管控。2017 年制定并印发了《关于调整完善集团公司差旅费和因公临时出国经费管理有关事项的通知》《关于易地交流干部带薪休假探望配偶费用报销有关事项的通知》，进一步明确了部分费用报销事项的条件、程序、开支范围、标准等。

深化财务分析，为决策提供有用信息。不断提升月度生产经营分析与调度例会经营预算执行情况分析质量，着力于提质增效目标的滚动分析、预测，深入挖掘发电量、营业收入、利润总额等关键指标变化的原因和影响，及时预警纠偏，提出稳增长的措施及管理建议，为实现年度经营目标发挥指导作用。全年共完成中国三峡集团政策性让利情况报告、分电站成本报告、境外分红情况报告等40个专题分析，为决策提供有用信息。

启动财务共享服务中心试点建设工作。2017年，为推进财务核算的标准化，中国三峡集团启动了财务共享服务中心试点建设工作。以南亚公司为境外试点，形成了共享中心方案并分步建设；组织召开了财务共享服务中心建设座谈会，对建设境内财务共享服务中心试点进行动员。2018年拟选取成都等部分单位开展国内财务共享服务中心建设试点。

【财务信息化】 预算管理信息系统建设取得第一阶段成果。历经两年建设、试运行的中国三峡集团预算信息系统于2017年下半年顺利通过验收，通过该系统完成了2018年度集团全级次的预算编制、审批、下达等流程的在线管理。基于集团全业务、全组织覆盖的预算信息化平台的搭建，全面提升了预算管理的水平，提高了预算管理效率。财务决算在线填报系统上线运行。中国三峡集团开发建设了久其财务决算在线填报系统，实现了2016年度财务决算的在线填报，进一步提高了决算填报质量和效率。启动资金管理系统建设。在财务公司已有电子服务系统的基础上，启动了资金管理系统建设，2017年完成了该系统的需求分析和开发商招标程序。内部管理报告信息化第一阶段建设完成。利用oracle多维数据库平台和接口技术，在预算管理信息系统中成功实现了内部管理报告第一层（管理决策层）的信息化。

【资产产权管理】 深化专业化板块重组整合。继续秉持市场化、专业化、国际化的改革取向，积极推进中国三峡集团内业务和资产的整合、重组，促进内部资源优化配置。成立三峡机电工程技术公司，实现机电工程技术专业化运营，积极参与市场竞争，培育核心竞争力。扎实推进基地公司股权重组，引入长江电力和建设管理公司两家内部股东，将水电公司及实业公司整合进入基地公司，进一步整合中国三峡集团基地资源，打造基地建设、管理、服务一体化。

盘活存量资产取得积极进展。2017年，中国三峡集团通过产权交易市场转让湖北清江工程公司、华软资本公司等5项股权，累计收回投资1.8亿元。同时加大闲置资产清理力度，完成了三峡区域废旧设备物资、总部办公楼报废资产、武汉房产以及报废退役退库资产等对外处置工作，回收资金2739万元。在2016年完成两户僵尸企业处置的基础上，通过北京产权交易所成功转让阿荣旗9MW余热电站资产，实现了转让收益1809.594万元，真正实现了资产盘活。

【财税管理】 全面落实已有税收优惠政策，积极争取税收返还。2016年共收到各项财政拨款和税收返还合计39.6亿元。面对国家下调国家重大水利工程建设基金征收标准（降低25%）、三峡公益性资产维护费补助资金来源减少的严峻形势，持续关注相关制约因素的进展，经过努力协调，最终实现2017年度三峡公益性资产运行维护费13亿元全额拨付到账；三峡－葛洲坝梯级电站收到增值税返还9.5亿元，溪洛渡－向家坝电站收到增值税返还13.4亿元。2017年还争取到了境外项目前期工作补贴、“三供一业”分离移交工作补贴、僵尸企业处置补贴等政策性补助。溪洛渡－向家坝电站继续享受公共基础设施“三免三减半”和西部大开发所得税优惠叠加政策。

妥善应对税务稽查，降低税务风险。中国三峡集团被国税总局确定为2016年“双随机，一公开”工作40家重点企业集团稽查对象之一。2017年，北京市稽查局等各级稽查机关对中国三峡集团90余户企业进行了现场稽查工作。中国三峡集团积极应对，做好稽查配合和解释说明工作，并就重大分歧事项及时向宜昌市政府、北京市税务局、国家税务总局等主管部门反映，最终取得了理想效果。中国三峡集团及所属企业整体上税务管理规范，未发生大额罚款和大额滞纳金，未过重增加企业税负，仅就部分确定事项补缴了税款。本次稽查对中国三峡集团进行了一次税务体检，通过税务风险事项整改，增强了税法遵从度，降低了税务风险。

金沙江电站增值税进项税抵扣和退税清算工作取得突破。2017年是大型水电增值税退税政策执行的最后一年，长江电力与两省税务管理机关对向家坝水电站投产发电以来增值税进项税抵扣和退税情况进行了还原式清算，实现了建设期留抵进项税全部抵扣，并对陈欠应退未退增值税全部进行了清收，充分维护了公司利益。

强化税务基础管理，税务合规化水平提高。完成三证合一和改制后的税务变更工作。做好所得税汇算清缴工作，首次编报同期资料（主体文档、本地文档和特殊事项文档）和国别报告等。组织开展重大税务问题研究，将中国三峡集团本部员工个税缴纳地迁到北京，解决工作地与纳税地不一致问题；完善税务顾问机制，指导处置日常经营管理中的税务问题，化解税务风险。强化税务管理制度建设，制定印发了《增值税发票管理办法》《关于进一步规范税务登记和申报工作的通知》，提高税务合规化水平。

争取水电行业增值税公平税负。中国三峡集团积极开展水电行业增值税公平税负争取工作，组织研究水电行业建设期和运行期增值税负情况，牵头组织召开了水电行业增值税政策研讨会，国资委、五大发电集团、国投电力、水力发电学会等单位参会，达成继续申请水电行业增值税政策的共识。经过协调，由华能集团牵头，中国三峡集团会同五大发电集团联合向财政部、国家税务总局上报了水电行业增值税优惠政策的申请文件。通过信息专报向国务院报送了水电行业增值税畸高的报告，国务院再次批转相关部门研究，引起了财政部、国税总局的高度重视。目前国税总局正在牵头研究解决方案，为争取水电行业增值税公平税负创造有利条件。

（杨贵芳　江　阳）

人力资源

【概况】 2017年，中国三峡集团全面推进深化改革，紧扣改革发展主题，以改革课题研究和重点工作任务落实为中心，制定和出台一系列重要措施，持续优化管控架构，切实加强干部人才队伍建设，为实现“三大转变”和“三大引领”目标提供坚强的组织和人才保障，为改革发展增添动力。

【专项改革课题研究】 中国三峡集团扎实开展深化人事劳动分配三项制度改革、人才强企战略、生态环保业务实施主体相关工作方案和总部组织机构调整等改革课题的研究工作，形成各项课题专项工作方案并顺利结题，为后续深入落实各项改革措施打下良好基础。

1. 研究制定《集团公司深化人事劳动分配三项制度改革工作方案》。为贯彻落实党中央、国务院关于深化国有企业改革的决策部署，研究制定了《集团公司深化人事劳动分配三项制度改革工作方案》，明确内部三项制度改革的指导思想、基本原则、主要目标、改革措施及实施计划，提出构建企业内部管理人员能上能下、员工能进能出、收入能增能减的市场化机制总体框架，为后续深化内部改革筑牢基础，释放改革创新活力。目前，中国三峡集团三项制度改革正在稳步推进，长江电力出台“动真碰硬”的三项制度改革方案并启动实施，三峡新能源进一步健全完善三级管理体系和“区域+要素”管理模式，三峡资本围绕打造清洁能源投资公司开展一系列市场化改革试点，三峡财务公司启动人力资源三定和薪酬体系优化工作，资产公司和出版传媒公司完成板块重组后的岗位薪酬体系建设，其他子企业也正根据企业实际陆续出台、实施改革方案和举措，公司上下联动、点面结合的改革局面正在逐步形成。

2. 研究制定《集团公司人才强企战略》。在总结人才发展规律和人才队伍特点，客观分析现有人才现状及面临问题的基础上，从人才总量和结构优化、能力建设、体制机制完善、人才引进、人才评价及人才培养等方面研究制定了《集团公司人才强企战略》，明确“十三五”末实现人力资源总量有序增长、能力素质明显提高、整体结构逐步优化的人才队伍建设总体目标，提出重点加强八支人才队伍建设的具体措施，为满足各业务板块发展需要、有效缓解人才制约瓶颈、形成人力资源竞争比较优势，努力实现人才队伍专业化、年轻化、国际化和全产业链化提供了基本遵循。目前，人才强企战略已经党组会批准，相关措施正在逐步落实中。

3. 开展生态环保业务实施主体相关工作方案研究。为推动中国三峡集团在深度融入长江经济带、共抓长江大保护中发挥骨干主力作用，就成立集团公司生态环保业务实施主体筹备工作组研究提出建议，为相关工作的迅速开展和推进设立提供抓手。研究制定生态环保业务实施主体组织机构设置初步方案建议，从培育和发展生态环保业务板块出发，务求实现组织资源的优化配置，形成结构合理、职能优化、权责明晰、精干高效、运转协调、管理规范的企业组织管理体系。同时，研究制定生态环保业务实施主体市场化经营体制机制建设方案，为盘活人才存量、扩大人才增量，建立健全市场化激励约束机制，促进生态环保人才队伍尽快形成提供理论指引。

4. 研究与国有资本投资公司相适应的组织架构。为衔接、配合好国家部委对中国三峡集团改革发展事项研究工作，根据深化改革研究工作总体安排，瞄准清洁能源领域国有资本投资公司改革方向，积极探索以管资本为主的总部组织架构，通过贯彻落实国有资产监管体制机制改革相关要求，总结其他试点央企改革经验，就打造与国有资本投资公司相适应的集团总部组织机构体系提出有关建议，为进一步提高国有资本投资运营能力和配置效率、不断强化核心竞争力探索新的改革路径。

【重点工作】 中国三峡集团在研究人力资源专项改革课题的基础上，紧密结合自身改革发展需要，着眼长远发展，不断加大人才队伍建设和重要改革方案研究，为各项改革举措持续推进保驾护航。

1. 下大力气加大青年人才培养。根据中国三峡集团2017年工作会议精神，以建设一支政治素质高、职业素养好、数量充足、结构合理的优秀年轻干部队伍为目标，出台一系列重要举措加大青年人才培养，优化干部队伍年龄结构，青年人才成长通道日趋宽阔。

一是研究出台《集团公司培养选拔优秀年轻干部实施方案》。为适应中国三峡集团改革发展总体需要，规范和完善优秀年轻干部选拔、培养和管理工作，出台《中国长江三峡集团公司培养选拔优秀年轻干部实施方案》，明确了优秀年轻干部培养目标和措施，鼓励各单位大胆选拔使用优秀年轻干部，把发展潜力大的好苗子放到一线锤炼摔打、墩苗壮骨，把优秀年轻干部充实到各级领导班子中来，为今后一个时期优秀年轻干部的培养选拔提供理论指引。

二是开展优化青年员工定岗工作。为贯彻

落实《集团公司培养选拔优秀年轻干部实施方案》，优化青年员工成长路径，及时出台《关于优化青年员工定岗工作的通知》，对工作表现突出、符合条件的35岁及以下青年员工提前定岗或不受职数限制晋升职级，为青年员工脱颖而出搭建快速成长通道，营造竞相干事、积极进取的工作氛围。目前，第一批优化定岗人员已经集团领导审批，选拔任用工作正在实施。

三是推进一线单位助理级岗位挂职工作。为进一步加强年轻干部培养力度，有效搭建培养锻炼平台，研究发布《关于选拔部分单位助理级岗位挂职人选的通知》，按照“鼓励干部赴艰苦边远地区、重点建设工程和基层一线经受锻炼”的原则，将乌东德工程建设部、白鹤滩工程建设部、福建能投公司、西藏能投公司作为助理级岗位试点单位开展年轻干部挂职锻炼工作。目前第一批轮岗人员均已到位。

四是建立干部转任非领导职务机制。为进一步改善中国三峡集团干部队伍年龄结构，增强干部队伍生机和活力，研究出台《中国长江三峡集团公司干部转任非领导职务管理办法（试行）》，明确了干部到龄转任非领导职务的条件、程序、待遇等内容，为健全完善干部正常退出机制，拓宽年轻干部成长空间提供制度保障。

五是开展第七批青年骨干选拔培养工作。为适应中国三峡集团战略发展需要，进一步加快青年人才的培养，按照《集团公司青年骨干选拔与培养办法》，在全集团范围内选拔出56名优秀青年骨干，构建纵向以轮岗挂职、岗位锻炼为牵引，横向以集中培训、个性化培训和国际化课程开发为突破的人才培养模式，全面提升青年骨干综合素质和管理水平。

2. 加强专业化人才队伍建设。以中国三峡集团改革发展为契机，加快打造一支符合主要业务板块功能定位、战略发展目标和主营业务的专业化人才队伍。

一是加强大水电建设运行人才培养。围绕大型水电工程建设管理、巨型水电机组高效运行与维护管理、流域梯级枢纽联合调度等核心专业技术领域，通过轮岗交流、挂职锻炼和业务培训等多种渠道，整合、锻炼核心专业技术力量，继续保持其国内外领先地位。

二是多措并举开展海上风电人才队伍建设。紧密围绕中国三峡集团发展战略，根据海上风电“十三五”发展规划，研究制定海上风电“千人计划”实施方案，并及时启动“德国稳达海上风电技术培训”和“集团公司第一批海上风电轮岗”等工作，通过专项培训和轮岗交流等方式，不断充实海上风电人才队伍，逐步提升海上风电技术能力和管理水平。

三是加大国际化人才培养。围绕海外投资、并购、建设、运营的全产业链商业布局，进一步细化国际化人才需求，组织开展“党组管理干部提高企业国际竞争力培训”“国际化经营管理（巴西）培训”“EDP短期和长期轮岗挂职”和“集团公司海外项目轮岗”等工作，进一步拓宽员工国际视野，提升国际化经营管理能力。

【其他工作】 1. 紧密结合中国三峡集团改革发展需要，大力加强干部队伍建设。贯彻习近平总书记提出的“对党忠诚，勇于创新，治企有方，兴企有为，清正廉洁”国有企业好干部标准，落实党组要求，坚持用制度管人、按程序办事、按标准选人，规范有序开展干部选拔任用。坚持知事识人、人岗相适原则，选优配强班子，选好用好干部，为改革发展提供组织保障。2017年完成党组管理干部调整90人次、总部及直属特设机构处级干部调整53人次，干部补充调整工作常态化进行。认真贯彻落实国有企业党建工作会议精神，结合中国三峡集团实际，对已经建立董事会或设置执行董事的子企业实施董事长（执行董事）、党委书记“一肩挑”，现阶段具备条件的9家单位已调整到位。

2. 坚持人才强企发展理念，多角度加强

人才引进与储备。牢固树立人才强企和聚才而用的发展理念，以建设一支政治素质高、职业素养好、数量充足、结构合理的人才队伍为目标，努力破解人才瓶颈，不断拓展人才引进渠道，加大高端人才引进力度，通过社会公开招聘方式为上海院和三峡国际区域公司引进 2 名高级经营管理人才，指导并协助上海院引进造价、科技类人才 14 人。同时，三峡国际、三峡新能源、三峡财务公司等相关二级单位通过多种途径引进专业技术类成熟人才 180 余人，为集团当前业务快速发展提供骨干、核心人才支撑。校园招聘工作有序开展，2017 年到岗应届毕业生 490 人，2018 年应届毕业生招聘正在实施，人才储备不断强化。

3. 立足业务板块发展实际，推动中国三峡集团管控架构逐步优化完善。紧密围绕改革发展大局，以服务战略为先导，扎实做好组织机构优化管理工作。按照“功能明确、职责合理、机构精简、边界清晰”的原则，研究制定新能源科创中心、三峡发展研究院、审计中心、机电公司等机构的三定方案或组建方案，理清了相关单位功能定位和职责权限，较好保证了集团机构设置的科学合理，服务集团各项业务快速发展。加强组织机构动态调整工作，及时分析总结组织机构实际运作中面临的不足和短板，完成海上风电业务管理机制优化调整等涉及组织机构调整工作 12 项，较好推动相关部门、单位实现经营管理运作高效、公司治理科学规范。

4. 完善创新薪酬和激励机制，集聚发展正能量。持续完善中国三峡集团内部工资总额决定和正常增长机制，坚持效益决定分配和价值创造导向，根据子企业功能定位分类设置工资效益联动指标，继续实施“限高、扩中、提低”的收入分配调控政策，加大向一线员工和低收入群体倾斜力度，基本构建起科学合理、规范有序、富有活力的内部收入分配格局，收入分配工作得到子企业和职工的广泛认可。积极探索多元化激励方式，上海院科技型企业岗位分红激励方案和中华鲟研究所科研人员激励机制经党组会审议通过，以增加知识价值为导向分配政策将进一步调动核心科研技术人员的积极性和创造力，为实施创新驱动发展战略夯实基础。开展市场化激励机制探索实践，长江电力对市场化程度较高的部门（单位）实行超额利润分享计划，三峡资本公司实施符合行业特点、与国企背景相融合、前中后台有区别的差异化市场化机制，三峡财务公司业务部门绩效薪酬逐步与市场对标接轨。紧密围绕中国三峡集团引领中国水电“走出去”重要使命，完善海外激励保障体系，精心组织研究制定《集团公司关于加强和改进驻外员工薪酬福利管理的指导意见》，搭建起集团化的海外薪酬福利体系框架，鼓励和引导更多员工到海外建功立业。

5. 丰富福利保障体系，切实解决职工后顾之忧。在积极稳妥推进基本医疗保险移交社会统筹的同时，建立商业补充医疗保险制度，建立起“基本医疗保险 + 补充医疗保险 + 大病救助”多层次、多维度医疗保障体系，实现补充医疗保险全员覆盖，惠及包含劳务派遣人员在内的全体员工和退休人员 2.44 万人，目前已受理参保人员理赔 2000 多人次，理赔支付金额 800 多万元，切实减轻员工医疗负担。为促进制度有效实施，提升服务水平，组织多场培训并设置 16 个现场理赔工作室，由专业人员提供咨询服务，最大化为职工提供医疗便利。在中央严控北京人员规模、落户政策趋严的大环境下，加强与中组部、人社部和北京市人社局等部门的沟通汇报，积极争取落户政策支持，较好地完成应届毕业生落户、京外调干、配偶随调（迁）和工作居住证办理等工作，一定程度上缓解了中国三峡集团在京员工实际困难。

6. 坚持从严监督干部，建立健全干部监督制度体系。贯彻落实全面从严管理干部要求，以选人用人监督和领导干部监督管理为主线，抓早抓小、精准监督，持续提升监督工作实效。加强选人用人监督管理，扎实开展子企业“一报告两评议”，结合内部巡视实现选人用人专项检查全覆盖，促进中国三峡集团选人用人水平稳步提升；强化领导干部监督管理，抓好个人有关事项报告“两项法规”贯彻落实，扎实开展随机抽查和重点核查，如实报告率稳步提升；加大提醒、函询、诫勉力度，建立健全制度，明确工作措施，让“咬耳扯袖、红脸出汗”成为常态；巩固和拓展专项整治成果，将档案造假、违规出国境、违规兼职等专项治理工作转入常态化管理，领导干部纪律意识和规矩意识不断提升。

7. 持续加大干部教育培训力度，凝聚推动教育培训整体合力。持续加大干部教育培训力度，以提高干部综合素质和履职能力为出发点，有针对性地组织开展了一系列行之有效的培训项目，如选派 63 名领导干部参加中组部“一校五院”、中央党校国资委分校和全国组织干部学院的调训，举办各类脱产培训班 40 余个，干部调训力度和脱产培训力度创历年最高水平，干部培训质量和培训效果稳步提升，切实提高干部队伍整体素质，为中国三峡集团各项业务发展提供人才保证和智力支持。强化培训资源获取和储备，成立中国三峡集团企业大学，与国内外重要培训机构和培训组织建立战略合作关系，不断凝聚教育培训整体合力。

（刘大鹏）

企业管理

【绩效考核】 2017 年，中国三峡集团通过优化考核制度体系、强化考核目标值管理、加强考核评价过程监控与动态分析、客观公正开展考核评价等工作，充分发挥了绩效考核的正向激励作用，调动了各方积极性、主动性和创造性。

1. 持续优化年度绩效考核办法。一是深入贯彻落实党的十九大精神和习近平新时代中国特色社会主义思想，贯彻新思想新理念新战略，更加突出生态环保、质量安全、深化改革、依法治企、创新驱动、从严治党等方面的考核。二是持续深化分类考核，根据各二级单位的功能定位、经营性质、业务特点和发展阶段，进一步优化考核分类，实施差异化分类考核评价，提高考核的针对性、有效性。三是优化考核指标体系，围绕战略规划，突出考核重点，持续优化二级单位考核指标体系及计分规则，考核的战略导向更加清晰，考核的指挥棒作用有效发挥。

2. 加强考核目标值管理，引导提升价值创造能力。2017 年，中国三峡集团与 26 家二级单位签订了年度绩效考核责任书，下达了 18 个总部部门的关键绩效指标，实现了考核全覆盖。确定考核目标值时，确定了具有一定挑战性的目标，要求与自身纵向比要实现逐年增长，与行业横向比要向先进标准看齐。一是符合中国三峡集团战略目标及中长期发展规划，目标值不得低于综合计划、财务预算和其分解值；二是满足国有资本保值增值、经营绩效持续改善要求；三是重点专项工作目标不得低于上级主管部门、集团重要会议明确的任务及要求；四是确定与行业对标的考核指标，其目标值与行业先进值看齐。

3. 加强考核评价的过程监控和动态分析。每月对各部门、各单位的 240 余项考核指标跟踪监控，深入分析影响考核指标完成情况的关键驱动因素，针对存在问题和偏差，共提出 83 条措施建议，及时提醒纠偏，提高了考核工作时效性。

4. 客观公正开展考核评价，确保考核评价结果公平合理。对各部门、各单位的 240 项考核指标逐一核实，充分听取被考核单位的意见，严格按照计分规则计分，提高考核的精准性和客观性。全面准确了解考核评价事项完成情况，实事求是区分主客观因素，对属受不可抗力、不可控因素等影响未完成考核目标的事项，提出酌情扣分建议。考核评价中坚持原则、规范程序、加强沟通，确保过程公开、程序公正、结果公平；注重做好考核结果的反馈，提出今后改进工作的建议。

【制度建设】 2017 年，中国三峡集团积极适应改革发展新变化，加强从计划、修编、审核、审批、发布到宣贯、执行、监督、评估全过程闭环管理，加快推进管理制度立改废工作，持续优化分层分类的制度体系。在年初、年中和党的十九大召开后三个时期共 3 次组织对现行所有管理制度进行全面梳理评估，共查找出存在问题或不足制度 145 个、条款 1100 多项。在梳理评估、找准问题的基础上，制订并动态完善全年计划，有序推进。特别是在党的十九大召开后，认真学习梳理十九大报告对生态文明建设、依法治国、创新驱动、党的建设等方面的要求，落实到制度建设中。经评估后，年内修订环境保护、业绩考核、风险内控、党建工作、纪检监察等方面管理制度 30 多个。

全年共完成制度修编 166 个（修订 130 个，新编 36 个，废止 31 个），在制度建设中贯彻党和国家及上级法规文件 36 项，落实集团公司部署和管理要求 68 项，完成内外部检查整改事项 42 项。制度评估问题在修订中全部整改，缺失制度全部补全补齐，制度体系更加系统完备，制度内容更加科学规范，制度运行更加顺畅有效，管理基础更加夯实，依法治企水平不断提高，为中国三峡集团经营管理和改革发展提供了坚强制度保障。

【风险管理与内部控制】 2017 年，中国三峡集团组织总部各职能部门、二级单位开展覆盖全业务领域的年度风险评估，结合业务特点和内外部风险因素，辨识出中国三峡集团面临的 30 项主要风险，经党组、董事会研究确定，集团层面评估出 10 项重大风险和 2 项重点关注风险。持续狠抓重大风险防控工作，按照不发生系统性、颠覆性风险事件的底线要求，以"风险管理融入日常生产经营活动"为原则，制定风险防控措施，针对集团层面 10 项重大风险和 2 项重点关注风险，层层分解风险成因，细化管控措施，研究制定了覆盖事前、事中、事后全过程的 353 项风险管控措施，编制了重大风险管控清单，逐项明确风险管控责任；通过修订完善中国三峡集团风险事项库，推进风险管理信息化建设，进一步提高风险管理水平；通过建立风险管理季度报告机制，监控重大风险变化，督促重大风险管控措施落实。各部门、各单位在日常经营活动中认真落实各项风险防控措施，2017 年未发生重大风险事件，风险可控、在控，风险防控工作在稳增长中的作用逐步显现。

2017 年，制定《全面风险管理制度》《内部控制制度》《业务流程管理办法》三个制度，进一步完善了以风险为导向的内部控制体系。建立制度与流程同步修编和发布机制，全年修编制度和业务流程 166 个，同时针对中国三峡集团内部控制评价指出的 33 项缺陷，制订了 342 项细化整改措施，以内控整改为契机，进一步提高了内部控制的有效性。

【改革发展研究】 2017 年，中国三峡集团根据国家赋予的新使命新任务，组织对改革发展的 23 个重大关键问题进行全面系统深入研究，形成了改革发展重大阶段性研究成果，明确了新的历史起点上改革发展的目标、思路和路径。认真落实中央关于公司制改制工作部署，准确把握有关政策要求，在深入研究、科学论证的基础上，推进中国三峡集团及所属全民所有制公司制改制，标志着中国三峡集团深化改革、健全现代企业制度进入新的阶段。对中国三峡集团 312 户子企业实施功能界定和分类，强化功能分类结果运用，推动各子企业分类改革发展、分类实施管理、分类绩效考核、分类激励约束，提高改革发展的针对性、管控的有效性和考核评价的科学性。按照中国三峡集团发展的要求，统筹做好深化改革的组织、协调、指导、督促等工作，以供给侧改革为主线推进瘦身健体、提质增效，推进完善市场化经营机制，推进所属子企业混合所有制改革，不断提高中国三峡集团改革的整体性、协同性和系统性，为中国三峡集团发展创造良好的体制机制环境。

（高 强 李 平）

法治建设

【概况】 2017 年，党中央、国务院赋予中国三峡集团一系列新使命、新任务、新要求，企业改革发展进入全新阶段，也面临着新压力、新挑战、新考验。在党组坚强领导下，中国三峡集团积极贯彻中央和国务院国资委法治建设的要求和部署，进一步提升法律管理与服务履职能力，扎实推进企业法律管理体制机制建设、法律工作体系建设、重点领域法律风险防范能力建设、重大法律纠纷案件应对能力建设，为中国三峡集团全面改革发展提供了重要支撑保障。

【法治工作体系】 为贯彻落实党中央“四个全面”战略布局，推进依法治企工作进一步深入，2017 年 9 月，中国三峡集团党组在北京总部召开党组中心组学习（扩大）会议暨 2017 年法治工作会。党组书记、董事长卢纯主持会议并讲话，要求集团各级领导干部进一步提升法治思维和依法治企能力，增强规则思维、契约思维和底线思维，各二级单位主要负责同志要切实履行法治建设第一责任人的责任，并强调要进一步完善总法律顾问制度，健全法律机构，充实法治队伍，培育法治文化；党组副书记、总经理王琳就推进依法治企、法律工作管理体系建设、法治文化建设、法治工作与企业经营管理中心任务的融合等方面提出重要意见，做出工作部署；党组成员、副总经理、总法律顾问沙先华传达学习了习近平总书记关于依法治国的系统重要论述，并围绕“推进依法治企，建设法治三峡”作专题发言。其他党组成员围绕法治三峡建设主题，结合分管工作与企业法治建设实际进行了深入讨论，并提出意见和建议。2017 年法治工作会的召开为进一步健全完善中国三峡集团法律工作体系提供了重要指导。

法律组织机构建设取得长足进步。截至 2017 年底，中国三峡集团及所属重要子企业三峡新能源、中水电公司、湖北能源均已成立了独立的法律事务部，长江电力、三峡建设、三峡国际等 8 家子企业成立了合署办公的法律机构，其他子企业在相应组织机构三定方案中也明确了法律事务管理职能。境外子企业法律组织机构建设进展迅速，三峡国际除在本部设立法律事务机构外，还在总部各部门设立法律事务和合同管理专员，实现总部法律合同事务立体化管理体系，并在南亚公司、巴西公司等重要区域子公司设立专门的法律事务机构。

企业法律顾问队伍配备大幅提升。截至 2017 年底，中国三峡集团法律工作人员已达 70 人以上。集团本部配备了 7 名专职企业法律顾问；子企业方面，三峡国际本部及所属区域公司法律工作人员已达 16 人，其中三峡国际巴西公司全面聘用原巴西企业的法律管理团队，为法律风险防范提供了专业力量；中水电公司本部已配备了 8 名专职法律人员；三峡新能源建立健全了以总法律顾问全面领导、总部法律事务机构和区域管理机构法律工作人员分工配合、外聘律师辅助服务的法律工作体系，法律顾问队伍全面覆盖总部及各所属区域。

总法律顾问制度建设进一步强化完善。2017 年，按照国务院国资委的部署和指导，中国三峡集团对本部及所属子企业章程修订提出了统一要求，党建工作、总法律顾问制度等在本轮修订中均纳入章程重要条款。依法治企、施行总法律顾问制度的要求明确到集团章程，法治建设相关内容在章程总则中独立成一条，经集团党组审议、董事会决策通过后报国务院国资委审批同意。这些成果标志着法治建设纳入了中国三峡集团改革发展的最高层次，总法律顾问制度在顶层设计领域进一步强化。子企业方面，长江电力、建设公司、湖北能源、三峡新能源、三峡国际、中水电公司、招标公司等10家子企业配备了总法律顾问，所有二级子企业章程均明确了总法律顾问配备要求。集团及所属重要子企业总法律顾问全部配备到位。

【法律审核】 2017年，中国三峡集团围绕大水电工程建设、电力生产运营、新能源业务、海上风电开发、资本运作、境外投融资、新业务拓展等战略领域，充分发挥法律专业支持和服务保障作用。集团法律部门组织和参与境内外重点投资项目服务与审核41项；审核招标文件和其他各类经济合同300余份；参与招标采购委员会及各专委会53次，处理招标疑难异议23项；就集团经营业务和改革发展相关事项提出书面法律审核和会签意见236份；向国务院国资委及集团领导报送重要事项专项报告20余份；向集团各有关部门和单位提供了各类法律咨询意见300余件。法律事务工作的有效履行，推动了法律业务与中国三峡集团改革发展中心工作和经营管理的深度融合，切实充分发挥了法律管理的服务保障、规范管理和价值创造作用。

中国三峡集团各子企业主动发挥法律专业保障职责和功能，努力推动法律工作与本企业改革发展中心工作深度融合，与本企业经营管理深度融合，确保实现经济合同法律审核率100%、规章制度法律审核率100%、重要决策法律审核率100%，为企业改革发展保驾护航。

【法律纠纷案件】 2017年，中国三峡集团本部共处理法律纠纷案件17起，涉案标的金额约3.23亿元。其中，结案14起，标的金额约2.75亿元；胜诉11起，避免直接经济损失2.71亿元；在与移民、合同相关的重大法律纠纷案件中，中国三峡集团全部胜诉。中国三峡集团有关子企业妥善应对法律诉讼或纠纷隐患，总体取得较好成效。中国三峡集团法律纠纷案件风险总体可控。

【法治宣传教育】 中国三峡集团集中开展法治培训，提升企业法律顾问履职能力。中国三峡集团积极开展与推动总部业务部门、所属单位的法律培训工作，努力提升法务人员专业工作水平。2017年共组织集团12个职能部门、所属19家子企业、500余人次，参加了国务院国资委5期法治讲堂、1期企业法律顾问履职能力相关培训和湖北省国资委2期法律培训与交流活动、湖北省企业法律顾问协会1期研讨活动；组织了首期中国三峡集团法务人员履职系统培训，推进了依法治企、合规管理理念在中国三峡集团及所属单位的宣贯和扎根，推动了中国三峡集团广大法律工作人员进一步提升履职专业素养和能力。

紧跟中国三峡集团国际化发展战略，围绕“走出去”开展一系列法治宣传培训。中国三峡集团把涉外业务法律培训与交流作为法治宣传教育重点，通过与涉外知名律所交流，参加各类境外投资研讨会、邀请专家讲课、内部研讨交流等方式，强化各级法律部门和相关职能部门对境外法律风险防范重要性和紧迫性的认识，统一管理思路。中国三峡集团积极参加中国国际贸易仲裁委员会组织的相关境外区域投资法律风险防范和争议解决问题研讨会，充分调研了解国际项目投资风险问题；邀请国际商会仲裁院相关负责人，就国际仲裁相关法律问题做专题讲座和交流；围绕“一带一路”国家和区域投资法律风险、境外合规管理、PPP项目法律风险防范等热点问题，与国内外知名律师事务所开展了系列研讨活动。

（魏　超）

市场营销

【概况】 2017年，中国三峡集团的市场营销工作面临的外部环境依然严峻，电力供大于求的局面没有明显改观，电改进入新阶段，大水电原有消纳模式岌岌可危，市场化交易不断扩大，长江来水极不均衡，导致阶段性欠发和超发电量规模巨大。集团统筹协调，各部门、各单位通力协作，创造性地开展营销工作；超前谋划，顶层营销，争取电改过渡期有利电能消纳的新机制；精心策划，科学组织，发挥营销体系的整体合力；强化意识，提升水平，加快培育面向未来的营销核心能力；实现集团各类电能良好消纳，初步构建了过渡期大水电消纳的新机制，全面完成2017年度工作任务。

【电力销售】 推动国家主管部门发文明确转移消纳方案及责任，协调国家电网公司落实方案，避免溪洛渡电站枯期弃水损失。超额完成电能消纳任务，2017年，中国三峡集团总销售电量2822亿kW·h，其中，长江电力2097亿kW·h，完成全年计划电量的110%；三峡新能源127亿kW·h，完成全年计划电量的108.5%；湖北能源211亿kW·h，完成全年计划电量的114.1%。

【电价新机制】 在前瞻性研究的基础上，与国家政府主管部门反复汇报沟通，积极建言献策。经过不懈努力，国家主管部门发布了一系列电改实操文件，明确了优先发电权、跨省跨区大水电电价机制等一系列较为科学合理的政策安排，初步构成了电改过渡期大水电消纳的新机制，为过渡期大水电良好消纳奠定了基础。并积极推动相关电改政策落实，努力将政策争取的成果转化为效益红利。

【乌东德、白鹤滩电能消纳】 组织开展现场调研，加深国家主管部门和业内专家对新建大水电消纳问题重要性和紧迫性的感性和理性认识；分别组织开展乌东德、白鹤滩电能消纳和电价机制的专题研究启动会，全力推动研究进展。对接京津冀区域、江苏省、浙江省能源主管部门，推介乌东德、白鹤滩电能外送，争取更大选择范围，精选最优落点，为未来消纳打好基础。

【行业研究】 中国三峡集团在长江大保护中发挥主力作用，开展长江经济带城镇污水综合治理降低电费支出的可行性研究，提出研究报告。参与20多个国际、国内项目的市场尽调和经济性评价工作，提交市场尽调报告或评审意见，充分揭示投资项目的市场风险。

【核心能力建设】 深化市场意识，组织开展2017年电力市场及电改系列专题讲座，开展“就市论事”征文活动和专栏宣传。提出营销体系优化建议，在研究分析国内外大型电力企业业务链结构及电能管理和交易部门设置的基础上，提出电能管理中心组建建议方案。建设营销信息化平台，委托咨询机构开展营销体系优化和信息系统建设专项咨询，与国际电力市场咨询机构商洽建立集团电力市场分析及预测模型，为建设市场化交易决策支持系统做好准备；开展营销业务管理信息子系统开发。加大培训力度，组织开展电改分析、国际电力市场、电力现货交易实战演习等业务讲座和技能培训活动。

（唐晋力）

审计工作

【概况】 2017年，中国三峡集团深入贯彻落实国资委《关于进一步加强中央企业内部审计工作的通知》（国资发评价〔2016〕48号）要求，在内部审计工作发展规划研究及对标央企工作基础上，结合集团化管控顶层设计和内部审计工作实践，研究制定了优化完善内部审计管理体制机制的系统性建设方案，明确了内部审计工作由董事长直接主管，设立了总审计师，增设了总部审计中心，增加了审计人员编制，并对完善集团化管控下的内部审计管理体系提出了明确要求。9 月 5 日，中国三峡集团召开了内部审计工作会议，董事长和总经理分别做了重要讲话，对进一步做好内部审计工作提出了明确的部署和要求。随着加强组织领导、完善组织机构、增强审计力量配备、优化体制机制等各项措施执行落地，推动内部审计管理体制机制优化完善，建立健全总部统领、分级负责、统筹调配、全面覆盖的内部审计管控体系的建设工作取得了重要进展。

2017 年，中国三峡集团按照分级管理、广度覆盖、突出重点的原则，统筹编制并组织实施年度审计工作计划。各级内部审计机构以重大投资建设项目审计、经济责任审计、内部控制评价等为抓手，认真落实国资委有关文件要求，持续加强对生产经营重点领域和高风险领域、内部控制关键环节的审计监督，全年累计组织实施审计项目 143 项，重点组织实施了向家坝工程、溪洛渡工程等重点投资建设项目审计，子企业负责人任期经济责任审计，年度内部控制评价，境外业务和投资项目专项审计等。通过审计揭示生产经营管理中存在的问题和风险，有效发挥了内部审计在改善公司运行、规范企业管理和促进公司战略目标实现过程中的保障性作用。

同时，对 2016 年实施的重点审计项目整改情况进行检查，对指出问题整改落实情况进行逐项检查，对未按要求进行整改的单位进行了敦促和提示。同时，对个别子企业整改不力、审计问题长期不能落实整改的情况给予年度绩效考核扣分处理，强化审计监督的严肃，促进了审计整改的全面落实。

统筹内部资源、多方协调、认真谋划，圆满完成了审计署涉企收费现场审计调查、国资委监事会境外资产监管现场检查、三峡建委升船机项目现场整改检查等 3 项外部监管配合工作，以及其他上级监管部门移交的专项工作。

（李世英）

党建工作

【概况】 2017 年，中国三峡集团党组切实增强“四个意识”，认真贯彻落实党中央和国资委党委决策部署，以迎接党的十九大胜利召开、学习贯彻党的十九大精神为主线，以严肃党内政治生活和强化党内监督为重点，认真贯彻落实全国国有企业党的建设工作会议 30 项重点任务，不断夯实基层基础，扎实推进“两学一做”学习教育常态化制度化，坚定不移推动全面从严治党向纵深发展，为建设世界一流清洁能源集团提供坚强保证。

【深入学习宣传贯彻党的十九大精神】 认真落实习近平总书记要在“学懂弄通做实”上下功夫的要求，坚持把学习贯彻十九大精神作为首要任务紧抓不放。一是对学习宣传早部署。组织全体干部职工集中收听收看十九大开幕盛况，主持召开动员部署大会，印发《关于学习宣传贯彻党的十九大精神的意见》，制定《党组中心组党的十九大精神专题学习计划》，对学习宣贯活动进行全面部署。二是带头开展学习宣讲。制定了《党组中心组党的十九大精神专题学习计划》，分五个专题进行学习研讨；党组成员带头深入车间班组、工程一线、风电（光伏）场站开展学习宣讲。三是抓好干部集中轮训。制订学习贯彻十九大精神干部轮训计划，采取分层分级培训方式对处级以上干部进行轮训。四是在对标落实上下功夫。与党的十九大精神对标对表，用十九大精神指导中国三峡集团改革发展，修订完善

"十三五"发展战略，确立了中国三峡集团战略发展定位，研究提出改革发展总体思路，特别是深入研究融入长江经济带建设，在共抓长江大保护中发挥骨干主力作用的措施和途径。

【狠抓国企党建工作会议重点任务落实】 将全国国企党建会议30项重点任务纳入2017年党组工作要点，定期督办，抓好落实。一是将加强党的领导和完善公司治理结构统一起来。修订了中国三峡集团章程，制定了《党组工作规则》，进一步完善了加强党的领导与公司治理有机融合的"三重一大"决策机制，建立起以党组为核心，党组、董事会、监事会、经理层各负其责、协调运转的领导体制。二是把国企党建会议精神转化为公司规范性制度文件。制定印发了《关于在深化改革中坚持党的领导加强党的建设的实施意见》《关于规范所属单位党委议事决策的指导意见》《所属单位"三重一大"决策制度制定及审批办法》等一批顶层设计性质的制度文件，把加强党的全面领导，落实党建工作责任落到实处。指导21家二级单位党委修改完善了党委议事规则，立起"四梁八柱"，更好地发挥党委"把方向、管大局、保落实"的领导作用。三是积极推动党建工作总体要求进章程。集团公司、19家二级子企业、168家三级公司全部按要求完成公司章程修订工作。积极推进落实"双向进入，交叉任职"的领导体制。已在中水电、福建能投等10家子企业推行党委书记、董事长（执行董事）"一肩挑"体制。

【层层压实党建工作责任】 党组建立了年初制订计划、季度督办落实、年底进行考核的党建工作落实机制，确保党建工作重点任务层层抓落实。一是年初制订党建工作要点。每年年初，党组贯彻落实中央和国资委党委的年度工作要点，结合实际制订党组党建工作要点。2017年安排的27项重点工作任务全部完成。二是党建例会督办落实。召开了4次党建工作例会，督办落实48项重点工作任务，建立了从集团党组到二级党委、基层支部层层抓落实的党建工作机制。三是年底开展述职评议和党建考核。制定《所属单位党建工作责任制实施办法》《党建工作考核评价办法（试行）》，首次对所属单位进行党建工作考核，考核结果纳入领导班子和班子成员综合考核评价。组织7家二级单位、3家三级单位党委书记现场述职评议，推动全面从严治党要求落实到基层。

【加强基层党组织建设】 一是扎实推进"两学一做"学习教育常态化制度化。召开党员干部大会，印发实施方案，持续深入推进"两学一做"学习教育常态化制度化。在基层支部推行主题党日活动，每月固定时间开展"三会一课"、党内学习教育，增强基层党组织活力，涌现了一大批先进基层党组织和优秀共产党员。长江电力溪洛渡电厂保护分部党支部被国资委评为中央企业基层示范党支部。二是持之以恒加强基层党组织建设。印发《党支部工作规范（试行）》《基层党支部工作手册》《关于进一步规范发展党员工作程序的通知》《关于党费收缴、使用和管理的规定》等一系列制度文件，规范基层党组织建设。基层党组织实现应换尽换，全年发展党员128名，全年共举办49个脱产培训班，培训党员干部3850人次。高质量开好2016年度民主生活会、组织生活会，501个党支部均按要求召开组织生活会，对党员进行了民主评议。三是加强对宣传思想工作的领导。制订《2017年党组中心组学习计划》，组织集体学习13次，围绕学习贯彻十九大精神组织集中学习研讨5次。印发《党组意识形态工作责任制实施细则》，建立意识形态领域工作报告制度。制定《加强和改进共青团工作的实施意见》，组织第二届"最美三峡人"评选、金沙江流域劳动竞赛等活动，有效发挥了桥梁纽带作用。四是积极开展党建工作创新。乌东德、白鹤滩水电工程积极开展施工区大党建探索创新，向中组部、国资委报送了在国家重点水电工程开展施工区大党建工作的情况报告，受到好评。结合中国三峡集团境外事业飞速发展实际，制定《加强境外单位党建工作的实施意见》，全面加强境外单位党建工作，确保海外资产安全、干部廉洁安全。国资委郝鹏书记在三峡巴西调研海外党建工作时，对中国三峡集团给予高度评价。推动党建信息系统建设，搭建起党建信息化工作平台，实现了党组织和党员信息实时在线管理。

（曹　丽）

工会工作

【概况】 2017 年，中国三峡集团工会在集团党组的坚强领导下，高举习近平新时代中国特色社会主义思想伟大旗帜，深入学习贯彻党的十九大精神，始终坚持工会工作的政治性、先进性和群众性，努力调动广大职工的积极性创造性，团结动员广大职工支持参与改革，为构建和谐的企业环境，促进集团又好又快发展做出了积极贡献。

【深入学习十九大精神】 根据中国三峡集团党组整体工作要求，工会及时下发组织全体职工深入学习贯彻党的十九大精神的通知文件，紧紧围绕习近平新时代中国特色社会主义思想这条主线，多形式多途径做好十九大精神宣传，各级负责人深入基层一线面对面宣讲党的十九大精神，指导基层组织和广大职工在学懂弄通做实十九大精神和习近平新时代中国特色社会主义思想上下功夫，让党的十九大精神在基层职工群众中落地生根。

【健全民主管理】 分别组织召开中国三峡集团二届三次、四次职代会，二届四次职代会第一次联席会以及集团总部职工代表会议，审议通过集团公司补充医疗保险调整方案、集团公司违纪违规职工惩戒办法、集团公司本部公司制改制方案和集团公司本部改制职工安置方案，增选兼职监事。集团工会及各基层工会立足大局，坚持源头参与、源头维护，积极支持企业改革发展，全年参与研究和审议涉及职工切身利益事项 130 多项，受理职工代表提案 160 多件，职工关心的难点、热点问题通过工会组织和职代会民主形式给予了及时回应或妥善处理，充分保障了职工的知情权、表达权、参与权、监督权。

【开展劳动竞赛】 在白鹤滩水电站正式通过核准全面开工建设之际，中国三峡集团及时协调全国总工会和云南、四川两省总工会，在金沙江流域水电工程建设中全面开展“践行新理念，建功‘十三五’”主题劳动竞赛活动。围绕精品工程、创新工程、绿色工程、民生工程、廉洁工程的总体目标，按照组织落实、领导到位、措施得力的要求，组织金沙江水电工程劳动竞赛“三先一优”考评活动，积极营造“劳动光荣，知识崇高，人才宝贵，创造伟大”的良好氛围。2017 年，金沙江水电工程建设劳动竞赛命名表彰 7 个先进单位、16 个先进集体、35 个先进班组和 38 名优秀建设者，2 个单位推荐荣获省级五一劳动奖状、4 个集体荣获省级工人先锋号、4 名同志荣获省级五一劳动奖章、1 名同志荣获省级劳动模范。

【职工技术创新】 组织修订《集团公司职工技术创新成果评选管理办法》，建立以鼓励广大职工立足岗位开展技术革新和发明创造的激励机制，2017 年组织征集职工技术创新成果 235 项，其中有 50 项受中国三峡集团表彰奖励，6 项获中国电力联合会表彰奖励，13 项获中国能源化学地质工会表彰奖励。创建职工（劳模）技术创新工作室 40 家，其中命名挂牌 31 家。

【基层班组管理能力建设】 继续举办班组长管理能力提升专项培训班，选派湖北能源清江公司检修厂发电机班班长赴德国参加班组建设学习培训，13 个基层单位共 358 名一线班组长和项目管理人员获中央企业班组长岗位管理能力资格远程考试认证。湖北能源代表中国三峡集团参加国务院国资委举办的“一线故事”系列活动，选送的以反映库区清漂抢险打捞工作团队故事的《28 天的苦战》被评为年度“中国建设者”十大故事奖。三峡建设管理公司白鹤滩工程建设部合同管理部等 10 个班组被评为中国三峡集团 2017 年度“红旗班组”。

【职工关爱工作】 组织开展困难职工摸底调查工作，通过数据分析和入户走访等方式，对 600 多名申报困难的职工及其家庭情况进行调查核实，建立绝对困难、相对困难、特殊困难三类困难职工数据档案，组织对 80 名特困职工发放慰问金 50 多万元。各基层工会组织结合实际，广泛开展困难职工救助、职工生病看望和夏送清凉、金秋助学等送温暖活动，全年组织困难职工帮扶救助及慰问送温暖共 1000 多人次，列支工会经费 90 多万元，形成了送温暖活动常态化、困难帮扶精准化、会员服务普惠化的工作格局。

【职工文体活动】 坚持职工文化活动立足于基层、面向广大职工，组织举办中国三峡集团第四届职工歌手演唱暨“K 歌达人 · 唱响三峡”总决赛，以及职工乒乓球、羽毛球、篮球、棋牌赛等文体活动，多形式、多层次为职工创建文体活动平台。

为展示中国三峡集团金沙江水电开发成果，宣传我国水电建设取得的巨大成就，特别是十八大以后我国在清洁能源领域取得的重大突破，积极联系协调中央电视台，在白鹤滩工地成功举办《我和我的祖国——舞动金沙 · 白鹤滩水电站》国庆特别文艺演出，拍摄音乐剧《为祖国点赞——鹤舞金沙江》，通过中央电视台新闻频道、综合频道和文艺频道在国庆期间向全国电视观众播出，引起社会积极反响，进一步增进大众对水电开发和中国三峡集团的认知了解，也极大提升了广大建设者的荣誉感、使命感和责任感。

【女职工工作】 开展“巾帼建功在岗位，服务中心做贡献”主题活动，引导广大女职工积极投身于各项经营生产工作，立足岗位成长成才，年内授予中水电国际投资部等 6 个集体为中国三峡集团“巾帼文明示范岗”，授予长江电力葛洲坝电厂 14 位同志为中国三峡集团“巾帼建功立业标兵”。结合女职工特点及活动特色，女工委组织举办的“秀出你的美丽，展示三峡风采”活动，受到了集团各基层单位及广大女职工的积极响应，女职工们自编自演，通过优美的舞姿秀出三峡女工自尊、自信、自立、自强的良好形象。

【工会组织建设】 中国三峡集团根据业务发展和机构调整变化，适时对基层单位工会组织关系进行调整，年内新组建三峡建设管理公司、三峡基地发展公司、福建能源投资公司等 3 家基层工会组织，归并划转二级基层工会 8 家。截至 2017 年底，集团公司工会所属二级基层工会共 22 家，会员人数 21757 人。

着力加强工会组织建设和能力提升，全年选送 10 名基层工会负责人参加国资委工会干部履职培训学习；组织开展 2015—2016 年度基层工会工作规范达标考核，对 15 家达标先进单位、6 家模范职工之家和 50 家模范职工小家及优秀个人进行命名表彰。

认真贯彻落实中央第六次西藏工作座谈会和全国总工会全国企业工会对口援藏工作座谈会精神，多渠道多形式支持西藏经济社会发展，在三峡坝区成功举办第一期对口支援西藏自治区工会干部培训班，由西藏自治区总工会党组书记、常务副主席刘建敏带队，拉萨、日喀则、昌都、林芝、那曲、阿里6地（市）及有关产业系统的40名工会干部参加了培训。

（谢成树）

档案管理

【概况】 中国三峡集团办公厅归口管理集团档案工作，负责集团总部档案收集与管理，并以资产与产权关系为纽带，监督指导集团所属单位开展档案工作，同时组织协调重大建设项目档案验收。

2017年12月1日，中国三峡集团党组书记、董事长卢纯批示："档案是重要资源，档案工作是重要事业。各单位和部门要高度重视档案工作，做到以档核文，以档存史，以档资政，加强档案数字化信息化建设，扩大档案管理覆盖面，不断提升档案管理能力及服务水平。"为档案工作发展指明了方向。

【档案基础业务】 强化业务交底与归档审核，全年收集入库总部各部门形成的各类档案2978卷，保障档案完整、准确、系统和安全；累计提供档案利用5540件次，服务中国三峡集团中心工作和各项业务有序开展。

【集团档案管理】 2017年3月和11月，办公厅先后两次组织赴三峡工程、金沙江梯级电站以及建管公司、长江电力、上海院等单位开展档案工作实地调研，研究推动中国三峡集团档案工作整体发展；6—8月，办公厅组织开展档案资源开发利用案例申报与评选工作，共评出一等奖案例3个、二等奖案例7个、三等奖案例15个，以及3家所属单位优秀组织奖，推荐上报的《移民档案跨区域集中共享利用助推移民搬迁安置与后扶发展》案例，荣获国家档案局全国企业档案资源开发利用案例一等奖；积极响应国家要求，于6月9日"国际档案日"前后组织开展以"档案——我们共同的记忆"为主题的宣传活动，增强全员档案意识。

【重大项目档案验收】 2017年10月14日—17日，国家档案局组织有关专家组成验收组，对长江三峡水利枢纽升船机工程档案进行了验收。验收组认为："长江三峡水利枢纽升船机工程档案收集较齐全，分类合理、整理规范，项目档案记录了项目建设过程，符合国家重大建设项目档案验收要求。验收组同意长江三峡水利枢纽升船机工程档案通过验收。"三峡升船机工程档案通过国家验收，为工程竣工验收、正式通航和今后长期安全高效运行奠定了坚实基础。2017年3月，办公厅在向家坝工地组织召开向家坝、溪洛渡电站竣工档案验收专题会议，明确验收准备职责分工，指导两电站启动档案验收准备工作。11月，办公厅调研指导乌东德、白鹤滩电站档案工作，指导提升两电站档案管理水平。

（胡祥科）

纪检监察

【概况】 2017年，中国三峡集团党组、党组纪检组及各级党组织、纪检组织深入学习贯彻党的十九大精神，深入贯彻落实十八届中央纪委七次全会、全国国有企业党的建设工作会议和2017年中央企业党风廉政建设和反腐败工作会议精神，坚持把政治建设摆在首位，坚持用习近平新时代中国特色社会主义思想武装头脑，牢固树立"四个意识"，持之以恒正风肃纪，深入推进全面从严治党、风清气正的干事创业环境形成，为改革发展提供了坚强的政治保证。

【统筹推进各项工作】 中国三峡集团党组、党组纪检组把政治建设摆在首位，牢固树立

"四个意识"，深入贯彻党的十九大精神及中央会议精神。2017 年 11 月 6 日，党组纪检组召开集中学习党的十九大精神扩大会议，并就纪检监察系统学习贯彻党的十九大精神进行了动员部署。2017 年 11 月 14 日，印发《关于纪检监察系统认真学习贯彻党的十九大精神的通知》，要求多措并举、迅速掀起学习宣贯的热潮。高度重视党的十八届六中全会、十八届中央纪委七次全会、全国国有企业党的建设工作会议、中央企业党风廉政建设和反腐败工作会议精神的贯彻落实，均第一时间在党组会或者专题会议上进行学习传达，研究制定贯彻落实的具体方案和措施，上报贯彻落实情况报告。召开 2017 年度反腐倡廉建设工作会议，对全年工作进行安排部署，明确 6 个方面 48 项工作任务，与 42 个部门、单位签订党风廉政建设责任书。根据中央纪委副书记李书磊、驻国资委纪检组组长江金权调研讲话精神，以及中央纪委五室联系单位纪检组长、副组长会议精神和上级各项工作部署，新增工作任务 15 项。全年，63 项工作任务全部完成，向上级机关汇报工作落实情况 18 次。

【严肃党内政治生活】 中国三峡集团党组认真贯彻民主集中制。2017 年，共召开党组会议 47 次，审议决策事项 348 项，听取报告事项 122 项。二级单位共修订班子议事规则和"三重一大"决策制度 21 项，规范权力运行。中国三峡集团党组成员及各级领导干部坚持过好双重组织生活，带头讲党课；31 名受函询、诫勉及纪律处分党员领导干部在民主生活会上进行了说明或检查，纪检组长及相关单位纪委书记按要求进行监督并上报落实情况。党组纪检组长对主要领导及其他党组成员进行了"画像"；所属单位 25 名纪委书记对 133 名同级班子成员进行了"画像"，党组纪检组评审"画像"报告 149 份，并将"画像"质量作为纪委书记专项考核的重要指标，强化同级监督。共有 323 名党组管理干部完成了个人有关事项申报，所有副处级及以上干部完成特定关系人申报及廉洁从业承诺，各级党员领导干部接受监督的自觉性进一步增强。利用自动办公系统建立出差、休假报告审核制度，并要求所属单位纪委对涉及金额较大、党组管理干部、影响较大的问题线索及时上报，加强监督管理。

【纠治"四风"问题】 紧盯重要节假日，在元旦春节、五一端午、十一中秋等重要节假日前后，做到节前提醒、期间检查、节后统计报告。共印发关于落实中央八项规定精神通知 174 个，发送提醒短信、微信 21000 多条，提醒邮件 2100 多封，开展各类警示教育 390 余场次。先后开展白酒问题专项整治、办公用房专项清理和中央八项规定精神落实、纠正"四风"调研等专项治理，强化对招待费、会议费、公务用车、因公出国（境）、差旅费、培训费、福利费以及领导干部履职待遇的监督检查。重新修订印发《中共中国长江三峡集团公司党组关于进一步改进工作作风密切联系群众的具体措施》，完成《中国长江三峡集团公司差旅费管理办法》等配套制度的修编工作，形成作风建设的长效机制。2017 年，共计发现违反中央八项规定精神的问题 14 个，立案调查 5 件，给予党纪政纪处分 5 人，给予诫勉（警示）谈话处理 11 人，按照"一案双查"的要求深挖细查，追究相关领导人员责任 8 人。受到党纪政纪处分的一律公开通报曝光，保持作风建设的高压态势。

【落实"两个责任"】 制定出台《中共中国长江三峡集团公司党组关于在深化改革中坚持党的领导加强党的建设的实施意见》，坚持将全面从严治党与业务工作同部署，同落实，同检查，同考核。2017 年，共召开有关党建和反腐倡廉工作的会议 10 次，有 40 项涉及党建和反腐倡廉工作的事项列入党组会议议程。坚持每季度召开党建工作例会，加强对党建重点工作的监督检查和指导协调。党组成员共参与实施对16名二级单位班子成员或总部部门负责人的相关追责工作。通过开展落实二级单位党风廉政建设责任制检查考核和纪委书记专项考核，不断强化“两个责任”和第一责任人意识。党组纪检组各位成员先后开展联系点工作25人次，约谈党员干部300余人次，促进了全面从严治党向基层延伸。组织全集团25家基层单位的120余名党委委员、100余名纪委委员、50余名纪检监察干部开展信息填报工作，填报各类基础信息550余条、履职信息3000余条，实现了基层单位纪检监察工作动态实时掌握，进一步压实了“两个责任”。

【推进巡视监督全覆盖】 2017年，按照巡视内容“三个再”、检查方式“四对照”、检查成效“五标准”的“345”工作思路对枢纽管理局等3家单位开展巡视“回头看”；对三峡资本等3家单位开展常规巡视，圆满实现了对二级单位巡视全覆盖；开展并完成对总部18个职能部门和2个直属机构的现场巡视。共形成6个巡视报告，发现问题57个，提出整改建议38条，发现问题线索7个；督促被巡视单位制订或修订制度77项，追责113名相关责任人，其中党组管理干部31人。按照“条条要整改，件件有着落”的要求，分三次开展了对被巡视单位整改落实情况的检查；根据国资委党委部署要求，全面组织开展巡视整改再检查。2017年9月，中国三峡集团党组专门召开巡视全覆盖总结大会，对全覆盖工作成效和经验进行了全面总结和充分肯定。国资委巡视办副主任张贞民认为，中国三峡集团巡视工作政治站位高、有担当、真巡视、真整改，成效明显。中国三峡集团党组书记、董事长卢纯高度评价巡视工作“为集团公司规范公司治理、遏制腐败发生、防范重要风险、维护廉洁品牌、不断创造良好经营业绩做出了重要贡献”。

【加强和改进监督工作】 2017年，党组纪检组长参与了所有106名党组管理干部选拔任用从酝酿提名到任职谈话的全过程监督。加强对“两委”换届、选人用人、评先评优情况的监督，纪检监察部共出具廉洁证明114件，涉及1219人次。其中暂缓提拔11人，否决提拔或重用2人，纠正违规评先评优等13人。印发《关于深化“三转”加强和改进集团公司招标及采购监督管理工作的通知》，指导、督促各级纪检监察机构分层分阶段逐步退出现场监督，同时以退为进，对重要招标采购项目事前、事中、事后全过程进行审查式监督。查处招投标问题线索1件，对有关人员进行处理。开展扶贫领域腐败和作风问题专项治理，重点检查17个扶贫项目，发现问题10个，提出建议5条。建立廉政档案，包括党组管理干部、总部处级干部、纪检监察部干部及各单位纪检监察机构负责人共500余人，为干部选拔、任用、交流、考核及评先评优等工作提供参考意见。深化对境外业务的监督，制定出台《海外业务廉洁风险防控工作指导意见》，明确工作任务、措施和要求。对4个境外子公司16个项目开展党建和党风廉政建设调研，共发现21个问题，提出整改建议15条。落实中国三峡集团规范海外经营专题会议精神，组织境外业务单位对照江金权组长到集团调研及3次境外调研指出的问题，分两次开展自查自纠并落实整改。120余名境外单位领导班子成员、外派参股企业高管定期报告个人履行“两个责任”和廉洁从业情况。开展腐败风险国别研究，完成老挝、巴西、巴基斯坦等三国国别研究报告，牵头完成中央企业老挝腐败风险国别研究报告。加大境外业务信访举报查办力度，牵头组织核查涉及境外业务的信访举报，提出6条监察建议。

【严肃执纪问责】 坚持信访“零存查”，对所有信访及问题线索都安排谈话函询或初核。2017年，共收到信访266件，受理165件问题线索，全部安排处置，实现处置率100%。立案调查17件，办结16件。全年向中央纪委五室、驻国资委纪检组报告案件情况13件，共审核基层纪委上报的初核报告、调查报告70余件，要求补充调查或纠正调查处理意见140余次，切实保证纪律审查工作质量。制定出台《监督执纪工作运用“四种形态”实施办法》，为运用“四种形态”“三个区分开来”提供制度依据。全年给予诫勉（警示）谈话、通报批评、批评教育、提醒等374人次，给予警告、严重警告等党纪政纪轻处分的共12人，给予撤销党内职务、行政降岗降级及以上重处分或做出重大职务调整的共5人。上述391人中运用“四种形态”前两种的追责人员占到了总数的99%，“咬耳扯袖、红脸出汗”成为常态，党纪轻处分和组织处理成为大多数。制定出台《关于受处理处分人员影响期满鉴定工作的指导意见》，指导、督促完成160余名受处理处分人员的期满鉴定工作。中央纪委案管室《案件监督管理情况（国有企业监督执纪专刊）》刊登《坚持审理同口径，严把纪律审查质量关》一文。中央纪委副书记李书磊来集团调研时，充分肯定了受处理处分人员期满鉴定工作，并亲自指导将中国三峡集团《员工惩处办法（试行）》改名为《违纪违规员工惩戒办法（试行）》。

【夯实基础管理】 坚持对现有的制度进行动态梳理、修正和完善，全年计划修编制度8项，实际修编、参与修订完善20项。编写《以案说纪　警钟长鸣（三）》，开展廉洁从业申报和承诺工作，深入推进2017年反腐倡廉宣传教育月活动。按照“两为主”要求调整配备纪委书记、副书记13人次，纪检监察部门负责人9人次，审核纪委委员候选人选30人次，向中央纪委驻国资委纪检组推荐中央企业纪委书记、副书记备用人选5人。委托中国纪检监察学院举办纪检监察业务培训班1期，21名基层单位纪委书记参训，选派16名同志参加上级机关的调训，借调3名同志到纪检监察部轮岗锻炼，组织20名纪检监察干部参加“砥砺奋进的五年”杨晓渡副书记报告会。组织开展5项课题调研工作，参加中宣部马工程课题研究，牵头落实“三峡工程的监督体系”研究。为二级单位授课13次。对三峡盾微信群组里150余名纪检监察骨干人员，随时结合集团实际案例进行剖析、讲解，共享纪律审查工作业务理论基础知识和实际技能、经验。纪检监察网刊发工作动态、学习体会、警示教育等各类文章295篇，三峡盾TGDS小微推送信息36期126条，“三峡盾”微信群发送工作提醒、经验分享等消息150余次，编制《纪检监察部周工作小结及计划》50期。纪检监察部党支部制定印发全年工作计划，将“两学一做”常态化制度化；支部全年开展学习党的十九大精神、“两学一做”学习教育活动25次。1人获得全国纪检监察系统嘉奖表彰，纪检监察部党支部连续两年被评为优秀，年度绩效考核成绩不断提升。2017年，上报中央纪委和中央纪委驻国资委纪检组各类稿件21篇，被中央纪委监察部网站采用6篇，国资委纪检组工作交流采用3篇，中央纪委案管室《案件监督管理情况（国有企业监督执纪专刊）》刊发1篇。

（赵建林）

新闻宣传

【概况】 2017年，中国三峡集团紧紧围绕“讲好三峡故事，提升三峡形象，打造三峡品牌”，聚焦国家重大战略，服务改革发展，圆满完成服务党的十九大及集团改革发展系列重大宣传任务，推出一批有声有色有气势的三峡新闻宣传作品，推动三峡品牌形象建设出新出彩出成效。在完成重大宣传报道、推动品牌形象建设的同时，创新宣传理念、拓展传播手段，进一步提升新闻宣传的策划、组织、传播全生命周期的专业化程度，各部门、各单位协同参与的新闻宣传和品牌建设“大格局”初步形成，集团外部健康、正面、积极的社会舆论场日趋构建，中国三峡集团新闻舆论传播力、引导力、影响力、公信力迈上新台阶。

【主题宣传】 展示改革发展历史成就。围绕党的十九大，精心谋划组织，加强媒体沟通，通过《人民日报》和《经济日报》等媒体刊登展示中国三峡集团改革发展成就的重点文章；积极协调12家中央、行业、网络和境外媒体，完成对集团出席党的十九大代表采访；组织“砥砺奋进的五年”展览和创新展，社会各界参观人士近300万。以“砥砺奋进，喜迎十九大”为主题组织开展“六个一”全媒体宣传报道，聚焦“十九大精神进三峡”宣传主题，生动展示了中国三峡集团深入学习宣传贯彻党的十九大精神和习近平新时代中国特色社会主义思想，在集团内外部营造了良好的外部舆论环境。

【主题策划】 做好主题策划和议题设置。统筹内外部资源，着力宣传中国三峡集团服务国家“六大战略”的作用与作为，着力宣传发挥行业“三大引领”的做法与成效，着力宣传实现自身“三大转变”的路径与实践，着力宣传改革发展中的先进人物和典型，扩大和深化社会认知、认同。2017年，围绕集团改革发展事业，策划、组织20项重大专题宣传，其中组织实施了乌东德工程建设、白鹤滩全面建设、溪洛渡电站荣获菲迪克奖、三峡工程防洪、三峡电站1万亿度电、三峡船闸10亿吨、中华鲟放流、福建海上风电、德国海上风电运营和文化融合、集团港澳业务、社会责任、全国两会、“一带一路”峰会、金砖峰会、十九大、精准扶贫、水库大坝公众认知等18个专题，“百万机组创精品”专题已完成策划和前期组稿，“长江大保护”专题已完成方案策划和前期准备工作。

开发三峡“新闻富矿”。2017年3月，三峡电站运营13年累计发电量首次突破1万亿千瓦时。围绕“1万亿”和“三峡绿电”的主题，以财经式的专业解读和一图式的亲民解读，形象地展示三峡工程巨大的综合效益。集团自办媒体首次运用全媒体方式第一时间进行了立体式报道，对“1万亿”进行直播，广大公众得以第一时间见证这一时刻。同时，将“1万亿千瓦时”这个枯燥的数字进行通俗解读，以一张图的方式解读“1万亿千瓦时”的社会价值、节能减排效应、经济拉动效应，收效良好。突破1万亿当天，新华社、中央电视台、人民网等中央主流媒体及社会媒体进行报道，《经济日报》等15家媒体记者赶赴三峡电站进行实地采访，形成了“1万亿千瓦时”报道热潮。在三峡船闸过闸货运量突破10亿t、百万机组“无人区”、中华鲟放流等重大宣传中采用深挖“新闻富矿”的方式，将中国三峡集团的实践成果与广大群众对美好生活的向往建立起了直接的情感与利益联系，推进了社会认知度和认同感。

【媒体联络】 多渠道展示“三峡形象”。2017年，共协调组织境内外媒体40多家、计720多人次（其中三峡工地38批次，共396人次）来中国三峡集团和国内外各大项目工地采访。全年在《人民日报》刊发新闻、文章及形象推介11篇，中央电视台播发新闻、专题45条次，新华社发布消息、通讯、内参稿10余条。央视新年特别节目《苟日新·日日新》中，特别呈现了国家重大工程中的典型——三峡升船机，央视精心策划同期声“提升将到位，新高度开启新征程”，并以三峡升船机寓意“立柱架梁，开创改革新格局”和“中国正在穿越‘历史的三峡’”。组织参加国资委主办的“中央企业创新成就展”，以“创新驱动发展”为主题，综合运用画册、视频、模型及VR体验等形式，诠释“双创”成效，展示创新成就。组织参加“砥砺奋进的五年”大型成就展，提供三峡升船机仿真模型参展，完成三峡升船机模型累计演示运行5000余次，接待参观人数超过300万人次。积极参与国家相关部委有关央企宣传和品牌建设的研讨与交流。应邀在“首届中国品牌发展论坛”上做主题发言；应邀在“2017·中国企业海外形象高峰论坛”上做主旨发言，并获评“中国企业海外形象联盟最佳贡献奖”；应邀在国资委公共传播研究沙龙上做央企海外传播的交流发言。

【平台建设】 围绕主营业务和重大工程，搭建多元平台。在白鹤滩工程全面建设宣传中，实现中央、行业及川滇两省40多家主流媒体全覆盖。特别是在8月4日建设动员会当天，形成了舆论最高峰，47家平面媒体报道了白鹤滩消息，《人民日报》、新华社、《解放军报》、《光明日报》、《经济日报》、中央人民广播电台、中央国际广播电台、中央电视台、《中国日报》及各大行业报均给予充分报道，大多平面媒体以头版头条或头版显要位置予以报道，网络媒体上实现主流门户网站报道全覆盖。集团自办媒体报道形成良好的宣传声势。《中国三峡工程报》40个版《白鹤滩水电站主体工程开工》专刊从多个不同角度解读白鹤滩工程，引起全行业乃至全社会反响。三峡官方微博话题“白鹤滩日记”点击量突破1.5亿，实现了“现象级”传播和阅读量的跨越式增长。著名经济学家樊纲教授和陆佑楣、沈国舫、陈厚群、陈祖煜、梁维燕、张楚汉、郑守仁、王浩、张超然、钮新强十位院士，从行业和国家战略的高度对白鹤滩工程进行权威解读，形成了广泛的社会影响力。

【舆论引导】 挖掘重大战略、工程的公共传播价值，引导行业和社会舆论。以金砖国家峰会为契机，加强福建区域海上风电宣传，打造海上风电引领者，广泛凝聚社会共识，形成推动海上风电发展和实现“六个引领”的强大合力。组织《经济日报》、《经济参考报》、《科技日报》、《中国能源报》、《北京周报》、《中国报道》、人民网、中国网等多家中央和行业媒体进行现场采访，集中报道中国三峡集团福建区域海上风电，形成了强大的宣传声势；协调《人民日报》刊登了中国三峡集团海上风电项目形象展示广告，集中展示“开发海上风电，奉献清洁能源，服务国家战略，发展海洋经济”的战略定位和发展理念；协调新华社进行内参报道，坚持问题导向，为海上风电行业鼓与呼；协调央视纪录频道《超级工程Ⅲ》在黄金时段播出中国三峡集团江苏响水海上风电项目，凸显中国三峡集团作为中国海上风电的实践者和推动者的行业引领作用；协调国家发改委、中国可再生能源学会、水电水利规划设计总院等业内知名专家围绕中国三峡集团福建海上风电项目全方位进行深入解读，借助中国科学院权威科普期刊《科学世界》这一高端平台，分51个页码专题报道“海上风电”，加强科学普及，促进公众认知，在行业和社会上引发广泛关注。

【海外宣传】 将“三峡故事”融入“中国故事”和“全球故事”。策划的海外儿童画入选“一带一路”峰会开幕视频片《共同命运》，该视频时长10分钟，儿童画占55秒。立足跨文化传播，突破意识形态障碍，协调新华社对三峡工程和中华鲟放流活动做直播，取得了良好的效果。新华社利用推特（Twitter）和脸书（Facebook）国际平台，直播中华鲟放流37分钟内点击量达到49万人次，放流24小时后的点击量达106万，脸书上1000多条留言无负面和质疑；在推特和脸书同步直播90分钟三峡工程的过程中，有35万外国网友在脸书上收看，全程843条留言中，几乎没有负面评论。组织缅甸、巴基斯坦以及周边国家媒体面对面沟通，增进对中国三峡集团清洁能源开发理念和实践的认知与认同。金砖峰会期间，借助《中国日报》《环球时报》《参考消息》

《中国报道》《中国东盟报道》《北京周报》《中国与非洲》（英语版、法语版）等国家级外宣平台，宣传展示中国三峡集团国际化经营的举措和成果；与巴西、乌干达、巴基斯坦等项目所在国媒体联动，挖掘中国三峡集团服务本地、推动可持续发展的生动故事。中央电视台聚焦中国三峡集团国际化成果和海外三峡人，《记录中国》《远方的家》《大道共赢》《丝路，我们的故事》《我和我的中国老板》等栏目组对巴基斯坦、马来西亚、哈萨克斯坦、几内亚、巴西等项目进行报道，产生了良好的社会反响。

【专业与智库研究】 加强专业研究与智库研究。2017 年 1 月，中国三峡集团《十八大以来三峡集团改革发展实践经验研究》被列为中宣部 2016 年度“马工程”重大项目，并入选国家社科基金重大项目，在全国 30 个省市区和 20 余个中央部委 56 个入选课题中，中央企业仅中国三峡集团一家。在集团党组领导下，建立由集团领导担纲的组织机构，聘请《人民日报》、中央政策研究室、中国人民大学等专家学者担任顾问；根据中国三峡集团改革发展实际特点，确定围绕 11 个方面开展归纳、提炼和提升。借助“马工程”平台，系统梳理、提炼了十八大以来中国三峡集团改革发展的实践经验，进一步为中国三峡集团夯实发展基础、优化发展环境、增添发展动力。

为深度解读白鹤滩水电站的行业价值和社会意义，由中国三峡集团领导牵头，宣传与品牌部协调组织 11 个部门和单位，围绕世界水电开发形势、中国三峡集团水电核心能力、白鹤滩的行业地位、百万机组国产化等 10 个专题，三易其稿，形成 4. 2 万字的专业材料；对 10 位中科院、工程院院士进行专访，形成 3. 1 万字的访谈文字。在中国三峡集团提供的专业口径基础上，中央媒体、行业媒体、地方媒体对白鹤滩工程进行全方位、全媒体报道，社会知名学者站在行业和国家战略的高度做深入解读，提升了中国三峡集团的公共传播价值。中国十大智库之一的中国（深圳）综合开发研究院院长樊纲在《瞭望》杂志上表示：白鹤滩水电站是一项符合国家基本利益和发展目标的战略安排，以中国三峡集团为代表的中国水电力量可以组成中国“走出去”战略的一张名片。

【品牌建设】 加强品牌形象建设的力度、广度和深度。切实做好中国三峡集团商标注册工作，委托全国首家知识产权上市公司全方位开展商标咨询、注册，确保中国三峡集团的品牌和商誉这一核心利益受到保护。积极搭建跨界意见领袖发声平台，影响有影响力的人。依托国家一级学会“中国大坝工程学会”，成立“水库大坝公众认知与公众关系委员会”，举办“水库大坝公众认知论坛”，汇聚来自政府部门、水利水电行业、科研教育机构、公共传播领域等多个领域有重要影响力的专家学者，围绕我国水库大坝建设和水利水电发展的新形势，结合行业普遍关注的大坝安全、绿色发展、智能发展、公众认知等热点问题进行研讨。组织“知名学者看水库大坝”活动，邀请中国作协、北京大学、福建省文联和知名作家舒婷等赴三峡工程实地考察和学术研讨。深度上，加强系统化理论研究，为品牌形象建设实践提供有力支撑。完成《伊辛巴海外品牌建设调研报告》《海上风电品牌形象建设调研报告》，启动中国三峡集团品牌课题研究，启动《培育具有全球竞争力的世界一流企业软实力》和《三峡工程的媒体形象建构》专题研究。

【舆情应对管理】 组织好突发舆情的应急管理工作。在国家重大工程核准前夕的关键时期，某都市报接到举报，拟对该工程做调查报道。宣传与品牌部会同质量安全部等部门，积极应对、科学研判、充分沟通、协同合作，及时化解可能发生的舆情危机，避免不利舆情对工程核准开工造成的影响。事后，该报社专门致函，表示要正确发挥好新闻媒体作用，为工程建设营造良好的舆论环境。该事件历时一年，贯穿工程全面建设和宣传的关键时期，在集团党组的领导和各相关部门的共同努力下得以圆满解决，检验了中国三峡集团面对突发舆情的研判、处理能力，为改革发展提供了舆论保障。

（潘红艳）

对外交流与合作

【概况】 2017 年，中国三峡集团继续围绕建设国际一流清洁能源集团的战略发展目标和主营业务，广泛深入地开展与联合国及政府间机构、国际行业协会、同业机构与 NGO 的交流合作，取得一系列重要成果，积极打造国际交流合作平台，深化国际技术交流与合作，推进国际化经营与国际规则接轨。

【来访、出访与来华邀请】 2017 年，中国三峡集团共接待国际来访团组 185 批、1998 人次，涉及多场与国（境）外政府官员、知名公司、机构高管等（部长以上来宾 18 批次）交流活动。通过与英国商业、能源与产业大臣、英国外交大臣气候变化特别代表、尼泊尔能源部长、马来西亚水电部长、GE 全球总裁、Voith 集团总裁、LM 公司总裁、Lazard 集团总裁、Mott 集团总裁、ITAIPU 总经理等重要来宾深度交流，进一步加深了相互了解，推动了集团海外业务发展，巩固了与相关政府、单位、机构合作共赢的伙伴关系。

2017 年，中国三峡集团因公出访团组共 419 批次、1111 人次，与 2016 年相比，总体出国量呈现下降趋势，团组数下降 5.2%，人次数下降 14.7%。

在邀请外国人来华方面，2017 年，中国三峡集团按照外交部的授权规定，根据各单位和部门的业务需求办理“被授权单位邀请函” 61 份，共邀请外国政府官员、企业高管、海外员工、国际组织人员等共 133 人，来自葡萄牙、巴基斯坦、巴西、英国、刚果（金）、澳大利亚、美国、德国、芬兰、几内亚、西班牙、意大利、瑞士、阿尔及利亚、阿联酋、尼泊尔、挪威、瑞典、法国等 19 个国家，保障了海外业务商谈、项目技术研讨、工程实地调研、文化交流等在华活动的顺利开展。

【葡电中国周】 受中国三峡集团邀请，葡萄牙电力公司董事会董事、股东代表、高管团队及葡萄牙驻华大使共 33 人于 2017 年 10 月 22 日至 27 日来华召开董事会，并赴重庆市、万州区、奉节县及三峡坝区等地开展“葡电中国周”这一“了解三峡之旅”。中国三峡集团多个单位和部门共同努力，周密策划、精心准备、热情接待、确保安全，各项会议和交流活动安排有序，充分展现了中国三峡集团作为全球最大水电公司的专业水平和国际化形象。通过中国之行，葡方欣赏了中国文化之美、中国山河之美、中国长江之美、中国三峡之美，真切感受了三峡人真诚、友好、热情的待客之道，进一步了解了中国，了解了三峡，了解了三峡集团作为全球大型跨国清洁能源集团在工程建设与咨询、电力生产与配售电、流域调度与运行管理、国际能源投资与承包、新能源开发与运营等方面的强大实力。增进了双方的文化认知和彼此信任，为双方在更深层次、更宽领域、更长远的合作打下坚实的基础。

【参与国际平台】 2017 年，中国三峡集团深度参与中德经济顾问委员会、国际水电协会（IHA）、国际大坝委员会（ICOLD）、国际能源署（IEA）、国际电工委员会（IEC）、国际水利与环境工程学会（IAHR）等机构重点工作，提升了集团及国内业界的国际话语权。

为中德经贸合作做出积极贡献。中国三峡集团 2017 年正式成为中德经济顾问委员会

（经顾委）的理事单位，卢纯董事长参加两国总理参与的座谈会，为中德经贸合作献计献策。2017 年在习主席、李克强总理访问德国期间，中国三峡集团与德国福伊特集团就深化第三方市场合作、在长龙山抽蓄电站与非洲市场合作分别两次在中德两国领导人的见证下签署合作协议，双方共同致力于推动在第三方市场开展实质性合作，在企业管理、行业技术进步方面促进交流。

深度参与国际行业协会工作，发挥行业引领作用。2017 年 9 月，林初学副总经理连续第三届当选为国际水电协会（IHA）副主席，代表中国参与协会的战略制定和重点工作实施，推进水电在世界范围内的可持续发展。2017 年 7 月，在国际大坝委员会（ICOLD）第 85 届执行会议上表决通过了由中国三峡集团牵头成立 ICOLD“水库移民专委会”的决议；中国三峡集团自 2012 年开始，牵头成立并担任 ICOLD“水电站与水库联合调度专委会”主席单位，主持编写的第一期水电站与水库联合运行技术公报在 2017 年执委会上经全体表决一致通过，标志着专委会第一任期工作圆满结束。如上两个专委会是 ICOLD 仅有的由中国牵头成立的两个专委会。

积极参与国际标准与规则制定，推出三峡标准、中国标准。中国三峡集团积极参与国际电工委员会水轮机技术委员会（IEC TC4）相关国际标准的编写工作，2017 年机电局承办了“水轮发电机基本技术条件”（IEC TC2 WG33）国际标准工作组讨论会议。2017 年，中国三峡集团作为国际能源署水领域（IEA Hydro）“梯级水库管理模式”课题的牵头方出席工作会议，推进课题的研究。通过参与相关工作推出三峡标准、中国标准，为中国水电“走出去”创造条件。

【国际机构合作】 2017 年，中国三峡集团与联合国环境署（UNEP）、全球能源互联网合作组织、国际水利与环境工程学会（IAHR）、大自然保护协会（TNC）、世界自然基金会（WWF）、美国 GE 公司、法国 EDF 公司等开展了丰富多彩的交流合作，如：中国三峡集团积极参加 UNEP“绿色一带一路国际联盟磋商会”、世界环境日活动、WWF“地球一小时”活动；邀请各单位共同参与“中华鲟放流”活动等，加强认同，收获友谊。2017 年 10 月，三峡工程生态调度作为全球八个优秀案例之一纳入 WWF《Listen to River》成果报告，并在澳大利亚布里斯班世界河流论坛发布。

中国三峡集团与各国际机构、组织的合作，提升了集团重视环境保护、关注社会福祉的国际形象。

【参加国际会议】 2017 年，中国三峡集团积极参与 2017 HydroVision、国际水利学大会（IAHR）、ICOLD 会议、AfriRock、第二届全球大型水电站运行研讨会等重量级国际会议，共提交摘要 56 篇，其中入选 20 篇（含口头发言和张贴展示）。10 位作者受邀赴会做口头发言，分享在电站运行实践、工程实践中的设备与技术、水资源管理、应对气候变化及环境保护等方面的经验，为推进行业技术进步贡献中国智慧。

【推进国际交流】 围绕打造中国海上风电引领者的战略目标，2017 年，中国三峡集团继续推进与丹麦、德国、英国、挪威大使馆以及海上风电相关先进国际企业等开展广泛的技术交流，探讨合作、引入设备，为不断培育和提升中国三峡集团海上风电的引领能力、促进我国海上风电产业持续健康发展奠定基础。

【海外业务发展】 协助海外项目管理提升。国际河流组织 2016 年选择中水电乌干达伊辛巴项目并开展现场调研评估，2017 年进行评估报告编写。中国三峡集团配合中水电与国际河流组织召开多次澄清会，以事实为依据、坦诚面对，就对方提出的疑问积极回应。此外，配合中水电总结与国际组织打交道的经验，梳理项目优势，同时寻找与国际最佳实践的差距，从集团、中水电与项目层面提出在政策制定、国际承诺和程序等方面的提升建议。

利用第六届世界水电大会（埃塞俄比亚）机会积极展示海外业务。中国三峡集团积极参与大会，王琳总受邀在开幕式上发言；分管国际业务领导及管理人员亮相发声，推介三峡品牌，展示国际化经营理念与优秀实践；与政府高层代表、利益相关方及国际组织密集展开了多层次交流活动；中国三峡集团乌干达伊辛巴项目被列入会后技术考察路线。

【开展国际培训】 2017 年，中国三峡集团开展了 15 批次共计 412 人次涉外培训交流，组织了亚洲农业灌溉规划和管理技术培训班、河海大学与印度大学高级研修班等赴三峡工地进行国际培训。在培训中着力向受训人员介绍中国三峡集团品牌、技术和管理优势，传播三峡标准和三峡价值观，努力配合打造中国三峡集团国际水电业务全球知名品牌。

重点支持清华大学与巴黎矿校（Mines ParisTech）、里昂国立应用科学学院（INSA de Lyon）三校合作开展能源和环境领域的高级硕士学位培养项目。十多年来，为中法合作办学项目在三峡和金沙江溪洛渡工地等地组织了10 多次工程技术培训和交流活动，中法学生参与总人数达到247 人，使中法学生更加了解中国水电可持续发展理念和成就。2017 年 7 月，中国三峡集团代表受邀在法国参加了中法合作办学的十周年合作签字仪式和学位授予等活动，并就下一步继续合作开展交流。

此外，组织 Mott 集团高层和 VTT 专家在来访期间就工程咨询、管理、企业文化、工程智能化建设等主题与中国三峡集团工程技术人员进行专场交流。

（涂　茶）

信息管理

【概况】 2017 年，中国三峡集团信息化工作成效显著。

1. 实现水电工程建设运行智能化。乌东德、白鹤滩大坝智能建造信息管理平台为全面打造精品工程提供了可靠的技术支撑。工程管理系统在水电工程建设管理中创新并深化应用，结合二维码助力机电设备管理，在白鹤滩试点应用承包商物资管理“四级台账”功能，完成水电工程造价管理系统一期建设并试点应用。移民管理系统提高了乌东德、白鹤滩移民管理工作效率，为两大工程顺利开工奠定了基础。电力生产管理系统实现流域检修和设备故障诊断远程技术支持，满足了跨区域大型电站生产管理需要。

2. 建成新能源业务多地域、多项目集群管理信息化平台。

3. 海外信息化建设持续推进。在三峡南亚建成中国三峡集团第一个海外财务共享服务中心和海外投资项目管理系统。在卡洛特建成“一带一路”上第一个大型水电工程局域网。完成香港网络接入中心建设。

4. 高质量完成中国三峡集团管控系统建设。生产建设指挥调度中心不断完善，实现应急指挥、宣传展示、视频会议等多项功能。办公自动化、邮件系统升级改造完成，党建管理系统、科技管理系统初步建成，预算管理系统、“三峡微视”APP 上线运行，财务、人力资源、计划与统计管理等各类信息系统稳定运行，为集团管控和高效运转提供信息化支撑。

5. 网络安全情况良好，全年未发生重大网络安全事故。高效完成三峡升船机网络安全验收，完成中国三峡集团网络安全管理体系顶层设计，初步形成网络安全管理体系。

（罗霄凌）

招标采购及合同管理

【概况】 2017年，中国三峡集团围绕建设“规范、公正、阳光、节资”的招标采购管理体制机制，持续推动招标采购集中化、规范化、制度化、标准化、信息化等基础性工作不断迈上新台阶。

【制度建设】 发布了中国三峡集团《国际项目招标采购管理办法》《竞争性谈判和询价实施细则》《合同管理制度》《供应商信用评价管理办法》等制度。优化、规范招标采购相关流程，发布了《关于调整招标及采购有关事项的通知》《关于进一步规范招标项目评标委员会组建工作的通知》《评标委员会成员评标须知》《关于规范招标文件投标人资格要求的通知》《关于明确过渡期招标采购评标（评审）现场监督有关事项的通知》《招标采购现场监督工作手册》等规范性文件。

【管理提升】 对标一流企业，招标采购管理水平不断提高。对照中国三峡集团党组确定的“采购管理指标8项达到先进水平，8项达到良好水平”的采购管理提升目标和32项改进措施，扎实推进各项工作。截至2017年底，32项改进措施全部完成，采购管理指标10项达到先进水平，6项达到良好水平。

【标准化建设】 中国三峡集团已发布144项标准采购文件。针对国家、集团关于安全生产、廉洁从业、审计管理等方面的最新规定，对已发布的标准采购文件进行全面评估和动态修编，通过优化评标办法，吸纳最新规定，使标准采购文件更加适用。同时，新编水电工程GIL、抽水蓄能机组等5项标准采购文件。编制海上风电全过程（预可研、可研、施工图）勘测设计标准采购文件。为保护中国三峡集团标准采购文件知识产权，推广三峡经验，精选15项水电类、新能源类及管理咨询类标准采购文件出版发行。

【供应商管理】 深入开展供应商管理工作，为中国三峡集团合理选取优秀供应商提供支持保障。对《供应商信用评价管理办法》进行了修订，实现评价对象及评价标准的全覆盖，全年共评价各类供应商7137家。组织召开中国三峡集团2017年供应商网络会议，约2300家供应商参加会议。

【招标项目后评价】 中国三峡集团组织对所属5家单位、7个项目开展了2017年度招标采购、合同管理体系评估和项目后评价工作，引导各部门、各单位积极主动地把招标采购打造成降本增效、促进技术创新和防范腐败的重要平台。

【招标采购及合同信息化管理】 电子采购平台、合同管理信息系统已成为中国三峡集团招标采购、合同管理业务的重要信息平台。针对信息系统运行中发现的问题，结合制度体系的不断完善，招标采购管理中心继续优化完善信息系统的各项应用功能，将管理规定固化在系统中。开发国际项目招标采购计划、立项申报模块并上线运行，合同管理信息系统实现全集团覆盖应用。

【物资编码体系建设】 组织对物资主数据模板数据进行专业审查以及标准化清理，完成物资编码管理制度及流程初稿，初步具备在主数据管理平台（物资）试运行的条件。

【招标成果】 2017年共完成招标项目543项，立项金额259.51亿元，中标金额222.08亿元，通过招标节约资金37.43亿元，节资率14.42%。

【合同签订】 2017年，中国三峡集团共签订合同5920份，合同总金额1037.48亿元。

（张　宁）

履行社会责任

【概况】 2017年，中国三峡集团深入学习贯彻党的十九大精神，认真贯彻落实党中央、国务院和国资委的一系列决策部署，坚定践行新发展理念，始终恪守“奉献，担当，创新，和谐”核心价值观，积极履行央企政治责任、经济责任和社会责任，以树立“责任央企”形象，实现经济、社会和环境的综合价值最大化为目标，在助力国家能源供给侧改革、服务长江经济带战略、响应“一带一路”倡议、落实长江大保护战略、贯彻国家精准扶贫政策等方面勇担央企使命。中国三峡集团荣获第八批中央和国家机关、中央企业援疆工作先进集体以及精准扶贫社会效应奖。

【履责规划】 研究编制中国三峡集团“十三五”社会责任规划、基金会“十三五”发展规划及金沙江水电基金项目“十三五”规划。三个规划层层递进、逐步深化，形成具有三峡特色的社会责任推进模式。中国三峡集团“十三五”社会责任规划作为子规划列入集团“十三五”发展规划，进行持续滚动修编。

【工作机制】 系统修订《集团公司履行社会责任项目管理办法》，新编《金沙江水电基金项目管理办法》《三峡集团公益基金会项目管理办法》，完善对外捐赠合同协议，明确了履行社会责任工作的程序和职责，提升了履行社会责任工作制度化、规范化、科学化管理水平。

【履责情况】 1. 全面完成保增长任务。“保增长”既是中央企业的重大经济责任，也是中央企业的重大政治责任，中国三峡集团深刻认识中央企业为“保增长”做贡献的重要意义，千方百计增发电量、增收节支，努力完成保增长任务。2017年，全年实现发电量2846亿kW·h，利润总额在央企中位列第十、发电企业中名列前茅。

2. 发挥枢纽综合效益。坚持把电站社会效益放在首位，统筹做好防洪、发电、航运、补水等多功能目标，努力实现长江流域梯级电站群的综合效益最大化，为长江经济带发展发挥保障作用。2017年，汛期拦蓄洪水129亿m^3，流域梯级电站电力年发电量首次突破2100亿kW·h，三峡升船机具备转入正式通航条件，三峡船闸过闸货运量达1.3亿t，枯水期为长江中下游补水232.9亿m^3，三峡水库连续8年实现175m试验性蓄水目标。2017年，白鹤滩水电站通过国家核准，入选2017年度央企十大创新工程；中国三峡集团同时建设乌东德水电站和白鹤滩水电站两座千万千瓦级巨型电站。

3. 共抓长江大保护。认真落实党中央提出的“共抓大保护，不搞大开发”长江经济带发展新理念，积极推动建立健全共抓长江大保护的企地合作和协同机制，努力在长江流域构建节约资源和保护环境的空间格局，在共抓长江大保护中发挥主力骨干作用。成立共抓长江大保护工作领导小组和生态环保业务实施主体筹备组，研究制定长江绿色发展投资基金设立方案，组建长江生态环保集团有限公司，筹建生态环境国家工程研究中心，坚定不移承担好国家赋予的共抓长江大保护的历史使命。秉持“全流域、全生命周期、开放和以科研为导向”的环保理念，大力发展清洁能源，加大生态环境保护力度，加强节能减排。加强长江流域珍稀特有动植物研究与保护，累计放流2520尾大规格中华鲟，完成三峡珍稀特有植物引种436种1.8万余株，首次实现国家一级保护动物达氏鲟人工繁殖，首次实施流域梯级水库联合生态调度促进长江四大家鱼繁殖

10.8亿粒。据不完全统计，2017年全年环境保护投入资金8.5亿元。

4. 开发海上风电新能源。坚持将新能源作为第二主业，集中连片规模化开发海上风电，以创新驱动新能源发展，推动协同创新，带动并培育具有中国特色的海洋战略性新兴产业。福建漳浦、长乐外海两个百万千瓦风场的建设实现了我国百万千瓦海上风电场开发零的突破，打造了我国综合能力最强的海上风电一体化作业平台——福船三峡号。全球首个国际化大功率海上风电试验场——福建福清兴化湾一期投产发电，全球单体最大的水面光伏项目——安徽淮南15万kW水面漂浮光伏项目投产发电。深化与德国梅尔海上风电项目对标交流，成功收购德国梅尔海上风电项目80%的股权。

5. 推进清洁能源产融结合。以金融服务实体经济为原则，形成集财务投资和战略投资、产业资本和金融资本、国有资本和社会资本于一体的产融结合新模式，走出一条以产业为支撑、以金融为保障、产融结合的良性互动、协同发展道路，推动我国清洁能源产业转型升级和全球化发展。发起设立新业务培育类、财务性投资类、企地合作类基金9只，完成基金平台搭建，管理基金330亿元。成功发行中国实体企业首单绿色欧元债券6.5亿元、中国企业首只债券通短期融资券20亿元、三峡巴西首只债券4.2亿雷亚尔。

6. 深耕细作海外三峡。紧跟"一带一路"倡议，在党和国家领导人见证下签署一批重要合作协议。境外可控、在建、权益总装机规模近1800万kW，境外资产总额超过1100亿元，全年实现发电量超过380亿kW·h。在建国际投资和国际工程承包项目70多个，业务覆盖全球47个国家和地区。三峡巴基斯坦第一风电项目及巴西运营水电站特许权竞拍项目荣获2017年度"国家优质投资项目"奖，中国三峡集团杜克巴西并购荣膺"年度最佳跨境并购交易奖"。

7. 促进移民可持续发展。在移民工作中，中国三峡集团深入开展库区精准扶贫和移民后续帮扶，积极促进库区基础设施建设、产业发展、文化建设、教育发展和就业培训。2017年，中国三峡集团投入三峡库区帮扶资金约4200万元，用于基础设施建设、教育事业发展、特色产业培育、民居危房改造等项目；投入金沙江库区移民帮扶资金约8174万元，用于省级定点扶贫、精准帮扶、产业扶持、教育帮扶、民生保障、智力提升等移民帮扶项目。

8. 助力国家脱贫攻坚。认真贯彻习近平总书记关于扶贫开发系列重要讲话精神，充分发挥水电工程建设对地方经济发展的辐射带动作用，充分发挥中国三峡集团公益基金会的平台作用，建立水电开发利益共享机制和移民后续帮扶长效机制，全力以赴做好移民搬迁安置和后续帮扶工作，认真做好帮扶川滇少数民族脱贫攻坚，积极做好定点扶贫、对口支援、援疆援藏、公益慈善等工作，为打赢脱贫攻坚战、决胜全面建成小康社会做出积极贡献。2017年，中国三峡集团累计对外捐赠资金13.83亿元。

9. 构筑和谐劳动关系。坚持以人为本、尊重人才、尊重劳动，充分发挥职代会作用，加强民主管理、保障员工权益、重视员工职业健康、强化培训发展、关心员工生活，努力构建和谐稳定的劳动关系和健康的劳动环境，为员工发展搭建广阔的成长成才平台。

【加强社会责任沟通】 编制2017年度可持续发展报告、集团公司脱贫攻坚白皮书、集团公司社会责任管理工作月简报、集团公司公益宣传手册、集团公司环境年报，摄制集团公司公益宣传片，全方位多形式回应利益相关方关注的社会责任议题。建设集团公益基金会官网，启用"三峡公益"官方微信，打造统一的社会责任沟通平台，形成中国三峡集团与利益相关方良性互动机制。

（黄晓天）

发展研究工作

【概况】 2017年，中国三峡集团认真开展改革发展研究、电力及相关行业和产业的政策研究、市场研究、体制机制研究，开展投资项目技术经济评审研究、投资项目后评价等工作。研究院2017年共编制《专题研究报告》8期、《决策参考》6期、《行业动态》24期、《内部交流》3期。具体研究内容如下：

【改革发展研究】 根据中国三峡集团统一部署，2017年研究院共承担改革发展相关专项课题研究工作四项：编制完成《集团公司发展中存在的问题和不足》，于2017年5月向党组会汇报通过；牵头完成《生态环保行业宏观研究》，分析了中国三峡集团相关业务领域的情况，提出了9条发展策略和工作建议；编制完成《集团公司关联交易问题研究》，首次对中国三峡集团关联交易进行摸底，识别存在的问题，提出8条对策建议；会同战略规划部等编制完成《长江三峡设备物资有限公司改革转型研究报告》和《设备物资公司经营情况和发展形势分析》《集团公司采购与物资管理模式和现状》《大唐等三家电力央企物资采购管理调研情况》三个专题共4万余字。

【战略和政策研究】 密切关注政策动向，编制完成《部分国有资本投资、运营公司试点情况》《国资委以管资本为主推进职能转变方案简析》《发展生物质能燃煤耦合发电助力长江大保护》《国家"十三五"规划专题汇编》《新一轮电力体制改革汇编》；积极开展企业对标，编制完成《国际一流清洁能源资本投资运营公司内涵和指标体系研究》《2017年〈财富〉世界500强排行榜简析》，滚动修编《集团公司与国内外领先电力企业绩效指标对比年度分析报告（2017）》；持续关注市场研究，编制完成《我国配售电业务未来发展方向》《我国电力市场交易规则研究》《云电外送电力预测缺口分析报告》《保山电力与中缅电力互联互通分析》；继续开展海外投资环境研究，编制完成《印度中长期投资环境研究》《巴基斯坦中长期投资环境研究》；跟踪行业发展状况，编制完成《西北区域新能源发展规划及运行监管报告》《丹麦海上风电产业发展简介及启示》，参与完成《金沙江下游风光水互补清洁能源示范基地规划研究》。

【国内外投资项目评审】 中国三峡集团以科学务实、求真高效的工作态度积极组织开展或参与相关投资项目评审工作。研究院组织或参与开展集团国内外投资项目评审51个，主要包括秘鲁圣加旺III水电站、老挝南公1水电站、福建福清兴化湾海上风电场二期（280MW）、三峡广东阳江市阳西沙扒300MW海上风电、山东昌邑300MW海上风电、缅甸孟东水电预可行性研究立项变更、福建三峡海上风电产业园分布式屋顶光伏、福建兴化湾海上试验风场扩机等。参与技术经济专题工作，包括赴智利进行拟收购项目现场考察并编制考察报告、雅江下游5条公路可研评审、秘鲁圣加旺III项目施工方案审查、尼泊尔上马蒂事故技术分析与处理方案讨论、甘肃金塔熔盐塔式100MW光热发电项目可行性研究报告评审、英加三项目投标专题会、雄安供水考察与方案讨论、与国网新源公司交流抽蓄项目、高效异质结电池考察等。组织参加海上风电复合筒型基础科研、一步式安装出运前检查、设计施工规程及科研项目试验工程小结评审、批量试验可行性研究评审等工作；以及建设投资与运维费用编制、定额测定等工作。参与中国三峡集团投资项目技术经济评审制度建设，起草完成《水电新建投资项目技术经济评审工作实施办法》《水电并购投资项目技术经济评审工作实施办法》。

【投资项目后评价】 2017 年是中国三峡集团第二次正式开展投资项目后评价工作，编制完成《云南永善水电站后评价报告》《吉林双辽光伏电站项目后评价报告》《民生加银基金项目后评价报告》《建银医疗基金项目后评价报告》《北京航天基金项目后评价报告》《巴基斯坦风电一期项目后评价报告》，实现了投资项目全链条闭环管理，在指导后续项目的项目评估、论证决策、开发建设、运行管理等方面意义重大。结合本次后评价工作，进一步完善了后评价制度化的工作体系，并推进了国家风电场后评价报告规程的编制，培养和锻炼了一批后评价工作人才，形成了一套成熟的后评价工作方法和模板，为后评价业务的开展和行业地位的奠定贡献了突出成绩。

受国家能源局委托，中国三峡集团安排研究院负责《风电场工程后评价报告编制规程》的编制工作，《风电场工程后评价报告编制规程（征求意见稿）》2017 年底已报至水规总院。

【其他工作】 开展怒江州电力扶贫工作，编制完成《怒江电力扶贫规划》初稿，编制完成《世界水电开发与中国水电走出去》专题报告，参与编写《打造中国水电走出去升级版》等。

（孟　佳）

三峡水利枢纽全貌（1998 年）

三峡水利枢纽全貌（1999 年）

三峡水利枢纽全貌（2000 年）

枢纽工程

三峡水利枢纽全貌（2001 年）

枢纽建设

升船机建设

【概况】 2017年，三峡升船机顺利通过试通航全面考验，完成了试通航前验收鉴定书意见整改，试通航期间发现问题处理以及优化完善改造项目科研、设计和施工，按计划于10月15日恢复通航，受到国务院专家组高度评价；完成合同项目完工验收以及劳动安全与工业卫生、工程档案、网络安全等专项验收和意见整改，以及竣工财务决算资料准备和升船机安全鉴定工作，安全鉴定结论："三峡升船机工程具备投入通航运行条件"。三峡升船机模型参加国家发改委主办的"砥砺奋进的五年"大型成就展和国资委主办的中央企业创新成就展，受到社会各界高度关注。

【工程建设】 针对三峡升船机试通航前验收鉴定意见和建议、试通航期间发现的问题、交通部门有关意见以及优化完善改造项目等，开展三峡升船机调整检修。2017年3月完成科研试验，5月完成施工图和施工方案审定，6月开始工厂制造，7月20日至10月14日顺利完成全部优化完善改造项目施工，10月15日8时恢复通航。主要优化完善和整改共计14项：船厢间隙充泄水系统管道及附属结构优化完善；上下闸首卧倒门启闭方式优化；船厢系缆桩与护舷结构优化改造；上下闸首卧倒门止水座防碰擦优化；船厢与平衡重配平；上下闸首卧倒门支铰改造；船厢间隙密封C形水封压板优化及拦污栅安装；船厢迎水区面漆涂装施工；船厢机械室隔音降噪施工；中控室装修改造施工；图像监控大屏改造安装调试；集控操作员工作站恢复和画面调整；单机、分系统验证测试；运行流程测试。

2017年10月13日—15日，国务院三峡枢纽工程质量检查专家组对三峡升船机工程进行了现场调研，结论意见为："综上所述，专家组认为今年7月以来两个月的集中优化、完善、改造工作是卓有成效的，《长江三峡水利枢纽升船机工程试通航前验收鉴定书》意见及试通航期间新发现的问题均已处理完成。在上游水位162m、下游水位64m工况下，升船机上行耗时21分43秒，下行耗时19分34秒。按此推算设计工况升船机上、下行耗时，满足设计要求。"

【竣工验收】 根据三峡升船机通航暨竣工验收大纲要求，顺利完成升船机通航竣工验收各项准备工作。

2017年5月，完成三峡升船机（复建工程）合同项目完工验收；7月，完成劳动安全与工业卫生验收；10月底完成验收意见整改；10月，完成工程档案专项验收；10月，完成网络安全验收自查整改项目施工，配合技术组验收和现场检查，12月完成正式验收；11月，完成三峡升船机工程通航暨竣工验收安全鉴定；12月5日，完成《长江三峡水利枢纽升船机工程通航暨竣工验收工程建设报告》编写。

2017年12月2日，安全鉴定专家组正式向中国三峡集团提交了《长江三峡水利枢纽升船机工程通航暨竣工安全鉴定报告》，综合结论如下：

长江三峡枢纽升船机工程已按国务院三峡

建设委员会审定的齿轮齿条爬升式升船机方案全部建成，并于2016年5月通过国务院长江三峡工程整体竣工验收委员会枢纽工程竣工验收组的试通航前验收，进行为期近一年的试通航运行。

三峡升船机工程设计通过国务院三峡建设委员会的审查，符合国家和行业有关法律、法规及技术标准的规定；土建及安全监测工程施工质量满足设计要求或合同文件规定；设计计算及试通航运行期监测成果分析表明，升船机船厢室塔柱等主要建筑物结构稳定、变形等满足设计要求，主要建筑物工作性态正常。

升船机上下闸首闸门及启闭机、承船厢结构与设备、齿轮齿条爬升系统、螺杆螺母柱保安系统、平衡重系统、船厢室设备、各机电设备系统的制造、安装、调试质量合格。近一年的试通航运行表明，主要设备及各系统运行指标总体满足运行要求。试通航期间发现的设备问题，在集中停机改造中均已进行了处理，经调试满足运行和设计要求。

【合同及综合管理】 完成国务院三峡办2016年三峡升船机工程专项稽查问题整改工作。三峡升船机专项审计意见整改正认真落实中。同时，完成了三峡升船机模型制作单位联系、评标、过程技术支持及验收等工作，三峡升船机模型参加国家发改委主办的“砥砺奋进的五年”大型成就展和国资委主办的中央企业创新成就展，受到社会各界关注。

（俞　歌）

质量管理

【概况】 2017年，通过认真组织贯彻落实国务院质量专家组的检查意见和建议，聘请相关专家开展质量督查、加强工地现场质量检查力度，精心组织开展参建单位质量管理体系检查、质量月活动等一系列卓有成效的质量管理工作，圆满实现年初既定的质量管理目标：枢纽管理区内未发生较大及以上质量事故和质量缺陷事件。

【质量管理措施】 2017年，按照“慎终如始，收尾有序”要求，三峡工程质量管理始终贯彻“质量第一”原则，继续坚持“全面，全员，全过程”质量管理理念，立足事前预防与技术超前研究，强化施工过程控制和细节管理，不断总结经验并持续改进质量管理措施，全力推动工程高质量高标准建设。认真组织贯彻落实国务院质量专家组的建议和意见，继续聘请专业质量总监开展质量监督检查，严格施工过程质量控制，重点项目制定专项措施，精心组织开展参建单位质量体系检查、质量技术培训、质量月等系列活动，有力保障了工程质量。

1. 高度重视质量专家组意见和建议的贯彻及落实。2017年2月22日—24日，国务院质量检查专家组对三峡北线船闸检修情况进行了现场调研；4月10日—13日，质量检查专家组对三峡枢纽工程升船机工程建设情况，枢纽工程各建筑物运行情况，枢纽工程各建筑物安全监测资料分析，三峡水库2016年调度运用和2017年度汛及汛末蓄水安排，2016年三峡工程库区地震、地质灾害、泥沙、水环境等情况进行检查；10月13日—15日，专家组对三峡升船机完善改造情况进行调研，并提出检查意见和建议。

为做好配合工作，在每次专家现场检查或调研之前均编制了涵盖各项工作内容的工作指南，提前对整个接待工作进行了梳理，对各个工作环节进行细化，确保了配合工作的顺利开展。在专家现场检查或调研过程中，根据事先制定的工作计划协调各单位（部门）做好汇报材料准备、现场考察、专题座谈等各项工作，并根据专家要求及时调整工作方式、补充相关资料，保证工作任务圆满完成。专家现场工作结束后，及时对专家提出的意见和建议进行分类汇总，并组织参建各方贯彻落实。

2. 聘请相关专家开展质量督查。2017 年，针对升船机工程进入试通航和调整检修阶段、长江珍稀鱼类保育中心工程收尾阶段、三峡工程博物馆工程全面施工等特点，为有效监督工程施工质量，针对不同施工节点及关键环节聘请相关土建及金结方面的专家开展质量督查、提供技术支持。2017 年，每周不定期对鱼类保育中心、博物馆等在建项目进行质量巡视检查，对现场发现的问题及时提出整改要求；同时在施工技术方案审查、工艺标准修订中充分发挥专业把关作用，对于保证施工质量起到了积极作用。

3. 加强对主要参建单位质量管理体系运行情况的检查。2017 年 5 月 16 日—17 日、9 月 20 日—21 日，质量总监办组织有关部门组成检查组，对三峡工程博物馆、长江珍稀鱼类保育中心、三峡工程大酒店消防改造等项目的参建单位进行了两次质量体系建设情况检查。各次检查后均及时将检查结果向各单位进行了通报，并督促责任单位按期进行了整改。通过检查，提高了参建单位的质量意识，加强了规范和制度的执行力度和检查力度，促进了各参建单位质量管理体系的改进完善，特别是进一步规范了三峡枢纽管理区内项目工程参建单位的质量行为。

4. 不断强化质量意识，坚持定期分析总结。由于坝区规划项目各自进入到不同施工阶段，施工单位轮换频繁，新进单位技术及管理力量水平参差不齐，对三峡工程质量要求与管理模式并不十分熟悉，同时规划项目点多面广、涉及专业多，质量控制难度日益增大。针对上述情况，技术管理部高度重视质量意识教育，通过质量体系检查、质量月系列活动并结合日常质量巡视检查及各种协调例会等一系列行之有效的质量管理办法，加强对参建人员的质量意识教育，有效改善了管理松懈的局面，基本做到了骨干队伍稳定、人员交替有序、工程质量稳定、工作衔接井然、体系完善和运行有效。

坚持定期分析总结，在日常质量巡查的基础上，通过积极参加各类施工管理会议和专题会议，定期收集各主要施工项目质量数据、信息，及时进行检查总结、问题分析，把握各阶段质量控制重点与难点。2017 年共编制完成 12 份三峡工程质量简报。

【质量管理成果】 2017 年，长江珍稀鱼类保育中心科研养殖区建筑工程共评定完成 116 个检验批；三峡工程博物馆建筑结构工程共评定完成 234 个检验批，合格率均为 100%，未发生质量事故。

（韩吉禄）

安全生产

【概况】 2017 年，三峡枢纽安全生产工作按照“安全第一，预防为主，综合治理”的方针，认真落实国家能源局华中监管局和中国三峡集团质量安全部相关文件精神，全面落实企业安全管理主体责任。以开展施工安全组织方案审批、安全检查、危险源辨识及落实隐患排查治理为抓手，认真做好三峡枢纽北线船闸 2017 年计划性停航检修及坝区规划建设项目的安全管理工作，组织开展防汛减灾、安全生产月、电力建设工程施工安全年、电力安全生产大检查等安全管理活动，做好应急预案修编、事故应急演练等应急管理工作，保证了枢纽管理局各运行、施工项目安全形势持续平稳。全年未发生重伤及以上人身事故和经济损失 10 万元以上事故，安全生产保持平稳态势，顺利实现全年安全零重伤、零死亡的“双零”管理目标。

【主要工作】 1. 枢纽管理局分别和枢纽管理局各部门以及水电公司三峡公路管理所、葛洲坝集团三峡工程指挥部、三峡发展监理、宜昌平湖监理等主要在峡委托运行、施工、监理单位签订安全责任书，分级分层落实安全责任。

2. 完成了三峡船闸北线2017年计划性停航检修安全管理工作。包括审批各参建单位施工安全组织方案，督查枢纽运行部、三峡发展监理项目管理人员、安全管理人员配备及到位履职情况，检查现场安全管理情况：每日班前会、重点设备设施验收程序、作业人员安全防护措施等。并参加每日监理协调会，传达国家及中国三峡集团关于做好安全生产工作的相关文件精神，听取现场安全督查小组当日安全检查情况，对当日安全管理工作提出要求及建议。

3. 完成了枢纽管理局内部危险源辨识及法律、法规的辨识评价，督促运行、施工、监理单位对辨识出来的重大风险制定管控措施，配合完成中国三峡集团质量、环境、职业健康“三标一体”外审工作，配合开展“三标一体”体系标准更新换版工作。

4. 完成了三峡枢纽2016年度防雷隐患整改落实工作，包括游客换乘中心防雷隐患整改工作；完成了2017年枢纽区域主要建筑物的防雷检测工作。

5. 按照国家能源局及中国三峡集团要求，组织开展防洪度汛安全检查，对三峡枢纽防洪度汛的组织体系运行情况、应急设备物资的准备情况、应急预案修编和演练情况、隐患排查治理和风险预控情况等进行了专项检查，并针对检查发现的安全隐患进行了督促整改闭合。

6. 组织开展“安全生产月”活动，围绕“全面落实安全生产主体责任”的活动主题，编制印发活动方案，督促三峡枢纽各单位通过悬挂宣传条幅、张贴安全壁报、发放安全管理书籍和手册等多种形式开展安全活动，营造安全月活动氛围；通过开展各类安全学习、安全知识讲座、观看安全警示教育片等教育培训活动，提升全员安全素质和安全意识；通过开展各类突发事件应急救援演练，达到检验预案的适宜性和提高事故处置及应急救援能力的效果；通过开展各专项安全检查，及时发现安全隐患并落实整改，建设安全和谐三峡坝区；通过安全文明施工样板工作面创建活动，树立典型，以点带面，全面提升三峡枢纽安全管理水平。

7. 按照《中国长江三峡集团公司关于开展“电力建设工程施工安全年”活动的通知》要求，结合三峡枢纽安全管理工作实际，组织开展“三峡枢纽电力建设工程施工安全年”活动，编制发布了活动方案，明确活动主题、内容、责任清单等，通过开展安全管理制度修编、安全知识培训、安全文化竞赛、电力建设班组建设等一系列安全活动，使“安全年”活动的开展产生明显实效，努力营造“关爱生命，关注安全”的安全文化氛围。

8. 落实在建重点项目和新开工项目的监管和安全审批。完成三峡工程博物馆主体结构工程钢构吊装、焊接工作，完成长江珍稀鱼类保育中心第一标段科研养殖区建设、第二标段前水处理区建设，完成第三标段试验工作区主体结构工程建设，完成苗圃科研楼改扩建项目主体建设，完成84拌和楼拆除及资产处置，完成三峡工程大酒店消防改造，完成三峡大坝渲染照明。期间授予湖北冶金建设工程有限公司三峡工程博物馆主体结构工程作业面以及湖北独山建筑有限公司试验工作区建设项目工作面为“三峡枢纽安全文明施工样板工作面”称号。全年按要求对新开工项目进行三级安全审批65项。

9. 完成枢纽主汛期防洪度汛工作，完成削减洪峰、库岸巡查、坝前清漂、水毁工程治理等。其中6月10日至9月30日，三峡水库累计拦蓄洪水103.57亿m^3，避免了城陵矶地区分洪，为长江中下游防洪做出重要贡献；三峡大坝到秭归庙河段，库岸整体稳定；坝前累计清理漂浮物3.2万m^3，没有对枢纽运行造成较大影响；2016—2017年，三峡专用公路水毁治理全部完成。

10. 完成三峡枢纽电力行业安全生产大检查工作。结合三峡枢纽安全管理工作实际，全面落实企业安全管理主体责任，制定并实施一系列措施，通过专题会议动员、安全巡视检查、安全专项检查以及安全督查等多种形式确保安全生产大检查工作落到实处。

11. 配合完成三峡水利枢纽第二次大坝安全注册换证登记工作；完成三峡升船机工程劳动安全与工业卫生专项竣工验收工作。

12. 完成三峡枢纽岁末年初安全生产大检查工作，要求针对安全大检查提出的整改意见及时整改闭合，要求各单位及时完成本年度的安全工作总结。

【隐患排查治理】 2017 年，枢纽管理局累计审批各类施工安全组织方案 65 项，目前仍在组织施工的工程项目有 10 余项。全年共计开展日常安全巡视检查 100 余次，开展各类安全联合检查 44 次，其中节假日及防汛、危化品、防暑降温等安全专项检查 8 次，出具检查报告 60 份，发现各类安全隐患 195 项，所有现场隐患均已按要求在规定时间内督促整改闭合到位。每月的隐患统计及分析情况均形成安全生产工作月报上报中国三峡集团安全生产信息管理系统。根据各阶段安全检查和隐患的统计分析结果，有针对性地制定安全管理措施，从源头上杜绝隐患发生。

【“安全生产月”活动】 1. 高度重视，精心组织。枢纽管理局成立了“安全生产月”活动领导小组，领导小组下设办公室，全面指导协调三峡枢纽“安全生产月”活动的开展工作，编制印发了《三峡枢纽 2017 年“安全生产月”活动方案》，并在安全生产月度例会上进行专题动员，认真组织实施，按期完成“安全生产月”活动总结。

2. 大力宣传、营造安全月活动氛围。三峡枢纽各单位围绕“全面落实安全生产主体责任”的活动主题，通过悬挂宣传条幅、制作展板、张贴安全壁报、发放安全管理书籍和手册等多种形式开展安全活动，营造安全月活动氛围。

3. 积极开展各类安全活动。各施工、监理单位积极开展各类安全学习、安全咨询、安全知识讲座、观看安全警示教育片等教育培训活动，提升全员安全素质和安全意识，共计教育培训了 350 余人次。

4. 开展应急预案演练活动。“安全生产月”活动期间，枢纽管理局及各施工单位按照本年度应急演练计划，积极开展各类突发事件应急救援演练，共计开展各类演练 6 次，达到检验预案的适宜性和提高事故处置及应急救援能力的效果。

5. 组织开展安全生产专项检查。“安全生产月”期间，三峡枢纽安委会办公室组织枢纽管理局项目管理部门和监理单位对枢纽范围内的重点区域和防控目标开展了多次专项安全检查。检查内容涵盖防洪度汛、危化品“三防一严”、水毁项目修复、交通、消防等多个方面。

6. 开展安全文明施工样板工作面创建活动。“安全生产月”期间，枢纽管理局授予长江珍稀鱼类保育中心试验工作区建筑工程作业面“三峡枢纽安全文明施工样板工作面”，以表彰湖北独山建筑工程有限责任公司在工程中积极主动开展“样板工作面”创建活动，在安全文明施工和施工现场管理方面保证安全投入，做到了“设施标准，行为规范，施工有序，环境整洁”，现场管理成效显著。

【防汛减灾工作】 1. 定期组织长江三峡勘测研究院开展近坝段库岸地质巡查。巡查表明，近坝段各干支流的岸坡均未发现有较大规模的滑塌等变形现象，岸坡整体稳定性较好；近坝段库岸所分布的不利地质体与上月相比无明显变化，但局部略有调整。杉木溪新滑塌体边界向两侧延伸，但坡体后缘裂缝未见明显扩张，后期将持续关注。年内近坝区域 2 次 4 级以上地震前后主要观测数据无明显变化，均未对枢纽造成不利影响。

2. 为落实防灾减灾工作，对下岸溪区域渣场的安全管理和防洪度汛进行了多次重点督查。一是完成了 2016 年河岸、道路的水毁修复；二是协调地方政府对下岸溪区域的防汛安全管理进行综合治理，明确水利局、国土资源局和夷陵区等相关单位安全监管责任，清理该区域违法占地采砂行为，消除安全隐患。枢纽管理局将持续跟进该项工作，主动联系协调，直至该区域所有违法侵占行为结束。

3. 重点做好三峡专用公路防灾减灾工作。一是汛期加密道路安全巡查，及时发现落石及局部垮塌安全隐患，及时采取清除及道改措施，确保交通安全；二是建立设计、监理及应急抢险单位 24 小时汛期值班制度及水毁项目的治理协调工作机制；三是建立应急抢险工作机制，通过简易程序确保水毁项目以最短时间完成项目审批，确保水毁治理尽快实施完成。

【应急管理工作】 1. 按照国家对《生产安全事故应急预案管理办法》的最新要求和枢纽运行实际，对三峡枢纽应急预案进行了全面修订，增加了升船机紧急停电事故、过机船舶撞击事故、运行事故、火灾事故应急预案，删除了部分撤场单位的现场处置方案，修编发布了《三峡枢纽突发事件应急预案》（第四版修订版）。

2. 积极开展应急演练，按照中国三峡集团 2017 年应急管理工作安排，枢纽管理局全年组织开展升船机火灾事故、升船机传动控制系统故障、承船厢内过机船舶失控、引航道内船舶失控应急救援演练 4 次，组织安全保卫和反恐应急演练 2 次，组织地震应急演练 1 次。三峡枢纽各相关单位兼职应急救援队伍共组织开展防汛、消防、防暑降温等应急演练、应急处置演练 27 次，达到了锻炼队伍、提高现场应急处置能力的效果。

【安全生产大检查工作】 1. 积极落实安全大检查前期准备工作。枢纽管理局按照相关文件要求，结合三峡枢纽安全管理工作实际，编制印发了《关于在三峡枢纽区域全面开展安全生产大检查的通知》，成立了安全生产大检查领导小组和工作组，确立了组织体系，明确了大检查工作内容，并在安全生产月度例会上进行组织动员。

2. 开展全方位专项安全检查。大检查期间，枢纽管理局共计组织三峡枢纽各运行、施工、监理单位开展专项检查 10 次，涵盖防暑降温、防洪度汛、危化品、渣场边坡、应急管理、交通、消防等多个方面。下发专项安全检查报告 7 份、督查报告 3 份，督促各相关单位（部门）针对检查发现的安全隐患进行整改落实，并按要求进行回复闭合。截至目前，各项整改工作已落实到位。

3. 积极配合中国三峡集团、国家能源局开展安全督查。大检查期间，中国三峡集团领导多次到三峡区域开展安全生产工作督查，安全生产大检查第 7 督查小组和第 5 督查小组分别开展了对三峡枢纽大坝安全管理、地灾应急管理工作调研及安全生产大检查督查工作，国家能源局督查组一行对三峡枢纽电力生产安全工作开展了督查，均对三峡枢纽安全管理工作提出了相应的意见和建议。枢纽管理局根据意见和建议开展针对性的整改落实工作，进一步梳理安全管理上的薄弱环节，提高安全管理水平。

4. 认真总结，做好信息报送工作。大检查期间，枢纽管理局根据相关文件要求，向国家能源局华中监管局及中国三峡集团质量安全部及时总结报送现阶段的安全生产大检查工作开展情况。共计报送安全生产大检查一周工作总结 10 份、阶段性工作总结 2 份、突出问题及整改措施总结 1 份。

【“安全年”活动】 枢纽管理局按照中国三峡集团质量安全部《关于开展“电力建设工程

施工安全年”活动的通知》的要求，结合三峡枢纽安全管理工作实际，编写发布了《三峡枢纽开展“电力建设工程施工安全年”活动方案》，明确了活动的组织机构、活动主题和目标、内容及要求等，同时制定了明确的活动计划责任清单，将各项活动的开展分解到各部门和相关单位，确保各项计划有人抓、有人管，避免活动流于形式。

截至目前，已按照活动方案要求开展了多种形式的“安全年”活动，包括开展专项安全检查、开展应急演练活动、开展安全生产主题讲座以及开展安全文化竞赛、安全文明施工样板工作面创建活动等，累计上报电力施工安全年活动月总结6份。

后续工作中，枢纽管理局将紧扣坝区规划项目施工和枢纽运行安全管理工作实际，按照“一岗双责”“谁主管，谁负责”的管理理念，分级分层落实安全责任，做好隐患整改、阶段总结和持续改进工作，做好“安全年”活动的持续推进，以“大检查”和“安全年”活动为抓手推进安全管理水平的持续提升。

【交通安全工作】 2017年，枢纽管理局持续加强对三峡专用公路的日常管理，坚持开展各种专项整治行动，整顿道路交通秩序，防范交通事故；开展多次道路交通安全大检查，严抓大客车管理；强化路政管理，科学管养道路设施，积极进行旅游秩序整治，构建安全、有序、畅通的交通环境。圆满完成2017年北线船闸检修期间翻坝转运、大客车通行资格审验以及国庆、中秋双节及十九大期间交通管理工作。交通事故四项指数（事故数、死亡人数、受伤人数、经济损失）全面下降，预防工作卓有成效，交通安全形势创造历史上最好时期，顺利实现了三峡枢纽安全保卫区道路交通安全、有序、畅通的总体目标，完成了“确保不发生特大交通事故，争取不发生重大交通事故，将交通事故起数控制在82起以内”的工作目标。

【消防安全工作】 2017年，三峡坝区消防工作在宜昌市消防安全委员会和中国三峡集团的领导下，紧紧围绕“确保三峡水利枢纽不发生火灾、三峡坝区不发生较大以上火灾”的年度工作目标，按照“党政同责，一岗双责，失职追责”的总要求，全面强化安全生产的“红线意识”，狠抓消防安全主体责任的落实。一是强化“隐患就是事故”的理念，组织开展坝区年度消防安全检查，冬春防火检查，夏季消防安全检查，中秋、国庆及十九大期间消防安全检查，电气火灾综合治理专项等各项检查行动，不断加大整改力度；二是加强消防业务经费保障和装备建设，提高消防部队战斗力；三是扎实推进重点单位微型消防站建设和消防控制室达标创建工作；四是广泛开展消防演练，提升各单位自防自救能力；五是加大岗位实操培训和普及日常培训，全面提升单位员工的消防安全意识，夯实了坝区重点单位消防安全“四个能力”建设基础。2017年实现三峡枢纽和整个坝区的零火灾，消防安全形势保持高度稳定。

（章　明）

运行管理

水库调度

【概述】 2017年，三峡枢纽实现了安全度汛，连续第八年圆满完成175m试验性蓄水任务。汛前，积极开展生态调度试验，促进了“四大家鱼”的繁殖，三峡船闸年通过货运量突破1.3亿t，充分发挥了三峡工程的综合效益。

【水库调度】 1. 防洪度汛。2017年4月初，编制了《2017年溪洛渡、向家坝、三峡、葛洲坝及清江梯级水库汛期调度运用方案》（以下简称“方案”），并报送长江防总审批。长江防总于4月25日组织对方案进行了审查。5月27日，国家防总批复《2017年度长江上中游水库群联合调度方案》，作为三峡水库2017年防洪调度的依据。2017年，中国三峡集团成为长江防汛抗旱指挥部成员单位。在2017年的防洪调度中，对外，进一步加强与国家防总、长江防总及相关部委、地方政府的沟通协调；对内，统筹资源、加强协作，依据建立起的流域梯级水库调度协调会商机制，继续开展中国三峡集团所属水库群调度方案的统一编制、报批和组织实施。

2. 补水调度。2016—2017年消落期间，三峡水库从2017年11月11日开始为下游实施补水，库水位逐步下降，至2018年6月10日，三峡水库累计为下游补水177天，补水总量232.9亿m^3，平均增加下泄流量1520m^3/s。三峡水库枯水期补水调度有效改善了中下游地区的通航条件，同时也为沿江生产、生活和生态用水提供了重要保障。

3. 生态调度。为了促进宜昌下游河段“四大家鱼”自然繁殖，5月20日—25日、6月4日—10日，三峡水库联合向家坝或单独，共实施了2次生态调度试验。生态调度期间，宜都断面监测到四大家鱼繁殖总规模约为10.8亿粒，为历年最高。

4. 汛末蓄水。2017年7月，提前编制《溪洛渡、向家坝、三峡水库2017年联合蓄水方案》（以下简称“蓄水方案”），并于8月11日报长江防总审批。8月21日，长江防总组织对蓄水方案进行审查。8月30日，国家防总正式批复了修改后的蓄水方案，作为三峡水库2017年蓄水调度的依据。汛期7—8月份，长江上游来水偏枯，为与蓄水衔接，三峡水库逐步抬升水位，8月底水位抬升至150.25m。9月10日0时正式蓄水时，起蓄水位153.5m。9月上旬末，金沙江下游、三峡区间发生一次大到暴雨强降水过程，三峡水库9月10日8时迎来洪峰流量38000m^3/s的今年最大入库洪水。针对此次洪水过程，通过合理控制下泄，三峡蓄水初期保证了防洪与蓄水的平稳衔接，水位稳步抬升。9月下旬至10月上旬，三峡又出现3次超30000m^3/s的涨水过程，根据长江防总调度令，三峡水库防洪－蓄水调度相互转换，及时调整出库控制蓄水进程，9月底蓄至166.79m。截至10月21日7时，历时42天水库蓄至175m，连续第八年顺利完成蓄水目标，为2018年汛前消落期充分发挥三峡工程抗旱、供水、航运、生态等综合效益奠定了基础。

蓄水期间加强了与国家有关部门、各地方政府等各方联系，及时向相关部委、湖北重庆两省市相关部门及三峡－葛洲坝梯级调度协调领导小组成员单位传递蓄水信息，整个蓄水过程安全、平稳。

（李　帅）

【水库运行】　三峡工程水文泥沙原型观测工作有序开展。除基础性观测外，针对三峡水库汛期来沙集中的特点，在汛期利用入库悬移质泥沙的实时监测和预测预报技术，开展了含沙量实时信息采集及预报工作，充分掌握了沙峰在库区的输移特性，为水库科学调度决策提供依据。通过系统水文泥沙观测，全面掌握了水库及坝下游水文情势变化和泥沙冲淤演变规律，为三峡水库全年有序调度提供了重要技术支撑，促进了三峡工程综合效益的全面发挥。建立了三峡水库泥沙冲淤变化三维动态演示系统，可更加及时、形象、逼真地反映三峡水库泥沙冲淤变化，亦可进行泥沙冲淤模拟计算，为系统地分析总结三峡工程泥沙冲淤规律提供了极大的便利。

（任　实）

【航运管理】　1. 船闸运行。2017 年，三峡船闸共运行 10425 闸次，通过船舶 42662 艘次，通过旅客 38.9 万人次；过闸船舶实载货物达到 1.3 亿 t，与 2016 年同期相比增加 8.27%。上行船舶实载货物 7316 万 t，超过设计规划运量的 46%；下行船舶实载货物 5656 万 t。2017 年，通过三峡船闸船舶的总额定吨为 17862 万 t，过闸货船平均单船额定吨位达到 4200t，平均载重系数为 0.73，总额定吨、平均单船额定吨、平均载重系数较 2016 年略有增加。

2. 升船机试通航。2017 年，三峡升船机安全、有序运行，累计运行 3647 厢次，其中有载运行 2288 厢次，通过各类船舶 2302 艘次，旅客 54954 人次，通过船舶实载货物 55 万 t。2017 年 6 月 10 日—13 日，圆满完成三峡升船机 145m 水位实船试航。

3. 三峡北线船闸 2017 年计划性停航检修。2017 年 2 月 2 日—3 月 11 日，利用船舶过闸需求相对较低的春节期间开展三峡北线船闸停航检修。期间，完成 8 扇人字闸门的专项检修。精心组织，参修单位通力协作，计划性停航检修实现“双零”目标的同时，提前 2 天多恢复通航。

2017 年，船闸、升船机设备设施工作性态正常，各项运行技术指标满足设计要求，船闸、升船机（含待闸锚地）运行保持平稳。船闸、升船机保持安全、高效运行，无火灾事故，无人身伤亡事故，未发生两线船闸同时停航的情况。

（程　航）

监理工作

【概况】　2017 年，三峡枢纽监理管理督促相关监理单位严格执行《建设工程监理规范》和国家相关规定的最新要求，在工程施工项目质量、安全、进度、造价控制方面认真履职，各施工项目进展实施顺利，全年没有发生造成影响的质量、安全、环境事件，再次实现零质量事故、零安全事故的“双零”管理目标。

【监理考核】　2017 年，监理管理根据枢纽管理局制度建设需要，制定印发了《三峡枢纽管理局工程项目监理管理办法》，进一步规范了监理管理组织与职责、监理管理要求及工作流程、监理工作考核等，进一步明确相关归口管理部门和项目管理部门在监理管理中的履责要求。并根据《三峡枢纽管理局工程项目监理管理办法》规定，完成鱼类保育中心、三峡工程博物馆、酒店消防改造等重点项目的监理履职考核，其中宜昌平湖、三峡发展监理考核结果为优，四川长江监理考核为良，湖北华雷监理主要对零星工程打包项目服务，没有进行考核。

【督促检查】 枢纽管理局将安全检查和监理履职检查结合起来，每次安全检查都顺带按照《建设监理规范》的要求检查监理单位的安全履职和内业台账建立情况，检查监理机构的组成和人员配备到位情况，检查监理规划、监理实施细则的制定情况及监理周报、月报的报送等情况，向项目管理人员了解项目进度控制和总造价控制及监理工作存在的问题、改进要求，督促监理单位人员加强履职，及时纠偏，促进项目的顺利实施，确保监理服务满足项目和中国三峡集团项目管理的要求。

【合同管理】 全年计划完成率100%，预算完成率达到95%以上。其中西陵花园配套工程、酒店消防改造、枢纽区房屋水电、伍相庙码头趸船监造4个公开招标项目，除西陵花园配套工程项目因进度调整外，其他3个项目都顺利实施，其中酒店消防改造按要求年内完成竣工验收。常年委托项目三峡船闸零星工程监理项目，按要求在上半年完成合同签订，其他6个年度委托项目均按要求在年内顺利组织实施。

【监理管理】 督促监理规范作业。目前监理工作中存在的几项共性问题，主要表现在公开招标项目实际到位人员和投标人员变化较大，总监兼任过多，不满足在同一区域经业主许可最多兼任3项的管理要求，导致总监到岗天数不足；部分监理单位不适应中国三峡集团的监理管理要求，在宜昌建筑市场监理单位的检查考核重点是机构、程序到位情况和质量安全控制情况，对进度和造价控制的要求较少，进峡的监理单位在进度控制、造价控制及交档内业资料整理方面与中国三峡集团要求有差距；监理取费市场化后，单一来源采购已无有效的取费参考文件，经双方协商继续参考670号文，但在500万以下项目因无明确标准，取费方面双方较难达成一致。需进一步强化监理单位按建设监理规范履职并加强考核，确保人员到岗情况满足合同和项目要求。

（潘丽霞）

质量专家组检查及其结论

【概况】 2017年度（2017年1月至2017年12月），三峡枢纽工程质量检查专家组（以下简称“专家组”）及其工作组对三峡枢纽工程开展了2次质量检查和调研活动。

【专家组现场调研】 2017年10月13日—10月15日，专家组成员陈厚群、高安泽、郑守仁、杨定原、刘颖、田泳源、王光纶及工作组成员曹征齐、傅华、闫蜜果共10人到三峡工地对三峡升船机工程质量进行了现场调研。本次调研内容为：2017年7月以来中国三峡集团对三峡升船机部分设备进行的优化、完善和改造情况。

专家组到升船机现场重点查看了船厢机房、船厢两侧系船柱和下部间隙泄水系统的改造情况，听取了中国三峡集团机电工程局升船机部的情况汇报，查阅了提供的资料，与参建单位人员进行了座谈、讨论。调研结束后，专家组对调研情况进行总结，并就升船机工程优化、完善和改造提出了改进意见和建议。

【年度三峡枢纽工程质量检查】 2017年4月10日—4月14日，由陈厚群院士、高安泽设计大师、郑守仁院士带领的国务院三峡枢纽工程质量检查专家组（以下简称“专家组”）17名专家，在三峡工程现场进行了三峡枢纽工程

2016年度（2016年4月—2017年3月）质量检查。中国三峡集团党组成员、副总经理张诚，总经理助理、三峡枢纽管理局局长张曙光陪同。三峡工程设计、施工、监理、运行及管理单位相关负责人参加了调研检查。

专家组一行实地查勘了三峡工程建设运行情况，听取了中国三峡集团及有关单位关于三峡升船机调试及试通航情况、三峡枢纽工程质量及枢纽运行情况汇报，并就枢纽运行、调度和监测、升船机和船闸等方面与相关单位进行分组座谈。

13日下午，专家组与中国三峡集团等参建单位负责人交换了检查意见。专家组对三峡枢纽、水库运行及升船机的建设和试运行情况给予了充分的肯定。2016年，三峡工程连续第七次成功实现了175m试验性蓄水目标，在防洪、发电、航运、补水等方面都取得了显著效益。三峡枢纽工程保持了安全、高效、稳定运行。

专家组希望，中国三峡集团和各有关单位要按照“慎终如始，收尾有序”的要求，在升船机试通航运行期间，尽量发现问题，认真处理，不留下任何隐患，使之不仅能顺利通过竣工验收，而且要经得起历史的检验。

【专家组意见和建议】 1. 升船机工程试运行情况。（1）应认真、精准分析“试通航”期间的安全监测资料，注意升船机塔柱变形、应力等测值的趋势性变化，尤其是Y方向（坝轴向）变形。必要时应对已取得的塔柱水平位移X、Y方向累计位移情况进行设计复核。达到升船机工程验收大纲的要求：监测资料及试通航运行表明工程满足正常运行要求（验收大纲6.2）。（2）鉴于上下闸首卧倒门启闭运用频繁，应认真研究修改底支铰上下支铰座结构，以改善联结螺栓受力分布、降低螺栓工作载荷的实施方案，确保卧倒门安全运行。（3）升船机工程验收大纲中关于通航暨竣工验收应具备的条件明确规定：“升船机工程已经过一年以上的试通航检验，试通航期间的观测、调整、检修工作全部完成，出现的问题已处理完毕。”据此，专家组建议：参建各方团结协作，贯彻“质量第一”的方针，认真研究处理所有验收遗留问题和试通航中新发现的问题。（4）在处理完毕后继续进行试通航，按每天22小时运行的方式进行（有无船舶进入船厢均可），连续安全运行一个月以上，使升船机满足设计规定的各项要求，达到“能用、好用、耐用”的目标。（5）关于升船机下游航道水位变率问题，建议系统整理近期水位测量资料，并与发电、泄洪运行情况进行对照分析，力求找到联系及规律。

2. 枢纽工程各建筑物运行情况。三峡船闸水头高、运用频次高，是超大型的水工建筑物，定期进行检修是必要的。尤其是人字门底枢密封圈是有使用年限要求的，供货厂方估计的使用年限为10～15年，船闸自2003年运行以来已达14年之久。鉴此，中国三峡集团应按照自行编制的《三峡船闸中长期检修规划（2017—2026年）专题研究报告》要求，尽量争取在2018年内完成对剩余8扇人字门的专项检修。

3. 枢纽工程各建筑物安全监测资料分析。（1）三峡枢纽工程大坝电站、通航建筑物埋设了各类变形、渗流、应力应变等安全监测仪器及设施，以分析判断建筑物结构性态，保障建筑物施工和运行安全。目前各建筑物各类监测数据均在设计允许范围内，表明各建筑物处于安全运行状态。建议实施“个性化”监测，重点对拦河大坝左厂1～5号坝段、大坝纵缝开度、坝体及坝基廊道渗水部位、船闸高边坡及输水系统、地下电站主厂房、引水洞及尾水洞，以及施工过程中各建筑物存在质量缺陷部位进行监测，加强建筑物实测值较大部位的监测，并分析其原因，以保障建筑物运行安全。（2）双线五级船闸主体段长1621m，航槽开挖形成高度170m高陡边坡和40～70m的直立坡，开挖施工中发现块体790个，其中大于

100m³的块体317个，大于1000m³的块体52个，对于不稳定块体均采用锚杆和预应力锚索进行加固处理。对大于1000m³的块体布设了变形监测标点、锚杆应力计、锚索测力计、多点位移计、钻孔测斜仪以监测块体变形和应力变化状况。目前各种监测数据均在设计允许范围内，表明块体处于稳定状态。但3000kN级锚索测力计最大测值达3337kN，锚杆应力计实测拉应力超过100MPa的有6支。建议对锚索测力计及锚杆应力计实测值较大的块体加强监测，并与变形测值进行对照分析；对1000m³以下块体应加密巡视检查，如发现异常，及时采取处理措施，以防患于未然。(3) 地下电站主厂房最大跨度32.6m，最大高度87.30m，27号机组段顶拱上覆岩体厚度突破现行规范规定，仅为主厂房跨度的1.4~1.8倍；加之地下电站大型洞室群围岩存在多种不利的地质条件，围岩失稳直接危及电站安全运行。因此，建议对主厂房和上覆岩体单薄及围岩存在地质缺陷的大型洞室加强监测，创造条件进行巡视检查，发现异常及时处理，以保证地下电站安全运行。

4. 关于2016年度三峡工程库区地震、地质灾害、泥沙、水环境等情况。(1) 关于2016年度三峡工程库区地质灾害。尽快完善水库调度日均变幅综合控制指标。建议采用单日、五日和十日综合考虑变幅控制指标（见下表）。

	单日		五日累计		十日累计	
	上升	下降	上升	下降	上升	下降
总幅度	1.2~1.4m	0.8~1.0m	5.5~6.5m	3.5~4.5m	10.0~12.0m	6.0~8.0m
平均幅度	1.2~1.4m	0.8~1.0m	1.1~1.3m/d	0.7~0.9m/d	1.0~1.2m/d	0.6~0.8m/d

(2) 关于2016年三峡工程泥沙冲淤情况之一。2016年，三峡水库坝下游河道冲刷异常强烈，应深入分析冲刷原因，特别是强烈冲刷与三峡水库运用的关系。(3) 关于2016年三峡工程泥沙冲淤情况之二。三峡水库自2003年开始蓄水逾14年。为了防止中下游河道萎缩，检验荆江河段防洪体系的可靠性，校验中下游特别是荆江河段局部河势调整后的水位流量关系，建议在2017年或以后的汛期在具备水条件和充分准备的条件下，报经防汛指挥部门批准，开展三峡水库下泄55000m³/s左右（相应枝城流量不超过56700m³/s，沙市水位不超过44.5m）的防汛调度试验。(4) 关于2016年三峡工程泥沙冲淤情况之三。三峡工程十分重视水文泥沙情况的监测，目前已积累了大量实测资料，应组织有关权威单位对三峡工程已有的水文泥沙资料进行深入系统的分析，并实现资料共享。

（韩吉禄）

移民开发 Ⅳ

三峡水利枢纽全貌（2002 年）

移民工作综述

三峡工程后续工作

【概况】 2017年，三峡后续工作紧紧围绕简政放权、放管结合、优化服务的改革要求，坚持问题导向、创新方法，按照稳中求进的工作总基调，有序开展了各项工作。

积极推进年度项目合规性审核及资金预算下达工作。顺利完成了年度项目合规性审核，通过项目553个，涉及专项补助资金135.2亿元。同时确定了第二批15个重大项目。印发了《国务院三峡办关于加快实施三峡后续工作规划的意见》，进一步明确了项目法、因素法项目范围及合规性审核责任，进一步规范优化了项目申报审核程序，进一步强化了项目实施监管和绩效评价，同时对项目调整、预算安排、信息公开等事项做了详细规定和说明。积极沟通协调财政部，下达了2017年度第二批预算资金，并提前下达了2018年度第一批预算资金，保障了年度三峡后续项目专项补助资金的供给，促进了年度规划任务的顺利开展。

加大监管力度，强力推进项目实施。根据国务院印发的《国务院关于开展第四次大督查的通知》要求，于3月初至4月中旬，分四个调研组，对湖北省、重庆市、江西省、湖南省三峡后续工作项目实施情况进行了专题调研，摸清情况，发现存在问题。5月初召开了后续项目实施工作推进会，提出“三个清零”工作目标。随后全面开展了三峡后续项目实施情况日常监测工作，建立了三峡后续项目实施进度报告制度，为确保“三个清零”目标实现奠定基础，为领导决策提供参考依据。启动三峡后续重点项目绩效评价工作，首批选取12个重点项目开展了全面的评价分析工作，并已形成专题报告。

（李静云）

【规划编制】 三峡后续工作规划及相关规划设计的主要内容与工作进展。

2017年是“十三五”规划实施的关键之年，是供给侧结构性改革的深化之年，也是三峡后续工作规划实施推动库区经济社会高质量发展的一年。国务院三峡建委办公室深入贯彻党的十八大和十九大精神，以习近平新时代中国特色社会主义思想为指导，全面贯彻落实习近平总书记在推动长江经济带发展座谈会上的重要讲话精神，按照党中央、国务院和三峡建委关于三峡工作的一系列决策部署，坚持问题导向，理思路、添措施，以深化“放管服”改革为抓手，以实现“三个清零”为目标，加快推进三峡后续工作规划实施；以生态优先、绿色发展为引领，以污水处理设施建设为重点，加快推进库区生态环境建设与保护；落实以人民为中心的发展思想，以城镇移民小区综合帮扶和农村移民安置区精准帮扶为突破口，有力促进库区决胜全面建成小康社会。

为了支持地方进一步加强“三带一区”建设，更好地完成三峡后续工作规划目标任务，国务院三峡建委办公室组织开展了三峡后续工作规划部分类别资金的余缺调剂工作。在组织开展专题调研，与湖北省、重庆市及部分县（区）移民局等单位进行座谈讨论，听取对部分二级及以下规划类别资金调整和统筹安排使用的具体建议基础上，提出了调整工作的总原则，调整规划资金规模、范围、内容、工作组织和进度安排的实施工作方案。7月中旬，在重庆市组织召开“三峡后续工作规划类别资金调整工作座谈会”，会上对规划类别资金调整工作提出了“四个有利于”的工作要求，并交流了工作情况和意见建议。7月和8月，两次组织两省（市）移民局、长江工程监理咨询有限公司的同志，对库区各县（区）提出的拟调整初步方案进行了研究，取得了基本一致的认识，形成了分省（市）的规划类别资金余缺调剂方案初步成果。

（郭　磊）

【项目管理】 1. 三峡后续工作项目资金管理。党的十八大以来，三峡办围绕中央提出的“简政放权、放管结合、优化服务”这一中心任务，在后续项目及资金管理过程中，实施了一系列改革措施。围绕着力扩大地方项目实施自主权，进一步下放了项目安排决策权、专项资金补助标准制定权、项目审核及资金分配权、已批复项目及资金调整权等，目前每年项目申报量由平均1000多个减少到不超过50个，自主调整项目200多个，盘活资金20多亿元，极大地激发了地方主体活力和积极性，大幅提高了资金使用效益；围绕加强事中事后监管，进一步构建协同监管机制，强化稽察及监督检查效果，全面实施项目绩效管理，基本实现监管对象全覆盖，湖北省、重庆市2016年度后续专项资金绩效管理评价均在88分以上，达到优良等级；围绕不断提升服务水平，进一步优化完善了后续规划，开展了“两个帮扶”和重大项目扶持，通过简化项目申报程序提高了项目开工率，目前规划类别已由原来的130多项减少至不到50项，体现了整合小资金、集中办大事、助推库区发展的改革理念。随着三峡后续各项工作扎实有序推进，库区社会总体和谐稳定，生态环境持续向好，人民生活水平逐年提高，小区综合帮扶初见成效，地质灾害得到有效治理，社会事业全面发展，主要发展指标增速超过同期湖北省、重庆市和全国平均水平，正在逐步赶上全国人民全面建成小康社会的步伐。

2. 科研管理工作。一是加强项目申报指导，促进项目合规申报。为了依据规划和相关政策规定，提高项目申报的合规性和实效性，积极做好2018年度有关项目申报准备工作，4月在湖北武汉市召开了三峡后续工作能力建设与科研项目申报实施工作交流会。有关单位按照强化三峡后续工作规划实施管理、完善库区地质灾害防治长效机制、加强综合管理能力建设和充分发挥三峡工程的综合效益等方向进行了项目申报。委托第三方中介机构对申报的8个2018年中央本级项目开展了咨询评估，并纳入到三峡办2018年度中央部门预算之中。

二是强化项目监督管理，推进项目顺利实施。对三峡办直接组织实施的2013年度和2015年度批复的7个项目，以召开科研工作座谈会、开展现场调研检查、听取工作汇报等形式，适时掌握项目实施动态。并将对科研项目的工作要求和验收时间安排以会议纪要的形式印发项目承担单位执行，督促承担单位按合同约定开展科研项目结题验收。同时，根据财政部批复的2017年度中央本级预算，对4个综合效益类项目积极开展招投标等各项前期工作，按照相关规定推进实施。

三是开展项目现场检查，确保项目取得实效。为了加强由地方组织实施的三峡后续工作实用技术应用示范科研项目管理，保证项目实施效果，赴重庆库区对2015年度批复重庆市移民局组织实施的4个实用技术应用示范研究项目进行了现场调研检查。并通过查阅项目资料、听取汇报、与县（区）政府和移民局有关负责同志座谈等方式，基本掌握了2015年度的4个实用技术应用示范研究项目实施和资金拨付使用情况。

（李静云　王　娟）

对口支援

【概况】 2017年，全国对口支援三峡库区省（市）和库区政府，以新发展理念为引领，紧紧围绕《全国对口支援三峡库区合作规划（2014—2020年）》《三峡后续工作规划》及优化完善意见，以促进移民安稳致富为中心，继续在城（集）镇移民小区帮扶和农村精准帮扶、产业合作、人力资源培育、基本公共服务能力建设等领域解放思想、开拓创新、齐心协力，推进对口支援工作深入开展。

2017年全年，全国对口支援为三峡库区引进资金241.73亿元，其中经济建设类项目资金235.11亿元，社会公益类项目资金到位6.62亿元。在移民小区帮扶、库区产业转型升级、教育培训等方面，各对口支援省市为库区又做出了新的贡献。1992—2017年底，全国对口支援为三峡库区引进资金合计2320.34亿元，其中经济建设类项目引进资金合计2246.94亿元，社会公益类项目引进资金合计73.4亿元，为库区稳定和经济社会发展做出了重要贡献。

【对口支援工作成果】 一是对口支援库区城镇移民小区建设取得新成绩。各对口支援省市高度重视城镇移民小区综合帮扶工作，特别是2016年7月在湖北宜昌召开移民小区综合帮扶建设推进会以来，资金投入力度进一步加大，在完善小区公共服务设施、改善小区环境、提高社区管理水平等方面做了大量卓有成效的工作，取得了可喜成绩。

二是对口支援库区产业转型升级取得新进展。各对口支援省市深入贯彻落实习近平总书记在推动长江经济带发展座谈会上的讲话精神，按照库区发展功能定位，突出地方特色产业，开展互利合作，大力支持库区发展特色农业，帮助库区打造旅游产业，助力库区发展现代工业，在推动库区产业转型升级上取得了新进展。

三是对口支援库区教育培训取得新突破。各对口支援省市结合自身的优势和特点，采取多种方式，帮助库区移民开展不同类型的培训，在提高库区基础教育水平、提升干部素质及移民就业创业能力方面取得了良好效果。

（袁　烨）

移民综合监测

【概况】 一是为了加强实施管理，保证监测质量和工作成效，对三峡库区移民安置社区精准帮扶2016年度综合监测工作执行情况进行了专项检查，同时就年度成果报告编制进行了指导。5月，向两省市移民局印发了《关于印送〈三峡库区移民安置社区精准帮扶2016年度综合监测报告〉的函》，要求两省市移民局高度重视综合监测成果运用，督促有关县（区）采取有力措施加强整改，认真做好三峡后续各项工作并取得实效。

二是委托长江工程监理公司和办移民管理咨询中心开展2017年度三峡库区移民安置社区帮扶及绩效目标综合监测工作，并组织有关司和两省市移民局对《三峡库区移民安置社区帮扶及绩效目标综合监测2017年度实施方案》进行了审查。10月在北京组织召开会议，对《三峡库区移民安置社区帮扶及绩效目标综合监测报告（2017年1—8月）》进行了分析讨论。通过加强政策指导和经常性的监督检查，使综合监测工作更加符合改革和加强三峡后续工作项目及资金绩效目标管理的要求，更加全面地反映三峡后续工作项目实施成效。

（王　娟）

区域移民

湖北省三峡工程移民

【贫困移民脱贫】 2017年全省移民系统继续把贫困移民的精准脱贫摆在全年工作之首，全力以赴加快贫困移民脱贫步伐，完成贫困移民脱贫4.8万人，超全年3.5万目标任务1.3万人。扶持政策精准落实。加大力度落实省移民局、财政厅等四部门《关于切实做好大中型水库贫困移民脱贫工作指导意见》，中央下拨大中型水库移民基金按照30%的比例向建档立卡贫困移民人口倾斜，落实帮扶资金1.3亿元。扶持项目精准落实。投入3000万元，支持清江流域水库移民帮扶解困；安排资金5917万元，扶助全省小型水库移民脱贫解困；集中投资7200万元，推进三峡库区39个农村移民精准帮扶项目。扶持力量精准落实。省、市、县移民部门组织选派200多名移民干部常驻一线，扎实开展驻点村移民精准脱贫工作，为移民脱贫致富提供坚实的力量支撑。驻点帮扶精准落实。省移民局筹措资金725万元，建设光伏电站、扶持发展香菇产业等，扎实推进竹溪县县河镇丰香坝村脱贫攻坚，较好地解决了该村集体收入和贫困群众增收问题。两年来共脱贫120户、327人，村集体经济增收16万元，人均可支配收入达6800元。

【移民重点项目实施】 把2017年作为“移民重大项目推进年”，借力点题督查，强化现场督办，突破关键制约，推进了项目建设全面提速。三峡后续工作实现既定目标。2017年三峡后续项目完成投入20.1亿元。2011—2017年国家批复607个项目，开工率、竣工验收率、资金拨付率分别达到96%、87%、79%，年初确定的“三率”和“三清零”目标基本实现。认真落实长江大保护行动计划，投入专项资金3.7亿元，大力实施秭归、巴东县城库岸整治等29个项目，库区经济社会发展和移民生产生活环境不断改善。南水北调移民重点工作实现预定目标。突出抓好南水北调中线移民搬迁安置遗留问题整改，省级初验发现的243个问题已整改销号234个，销号率96%；认真贯彻省政府移民灾后重建专题会议纪要（2016第38号）精神，移民安置区灾后重建项目全部启动，完成投资1.5亿元，大部分项目完工投入运行。大中型水库移民避险解困试点实现国定目标。第一批试点项目基本完成，完成投资10.2亿元，入驻移民15000人，开展了省级验收；第二批试点项目加快推进，完成投资18.88亿元，占计划的63.8%，入住移民18742人，实现了水利部移民局确定的年度目标。

【移民资金争取】 2017年共争取国家资金35.81亿元，为库区安置区后续发展加大了资金支撑。三峡后续项目资金争取实现突破。狠抓三峡后续项目绩效管理，各项工作后来居上，得到国务院三峡办高度肯定，在财政部三峡后续专项资金绩效评价中，湖北省得91分，获评优等，2018年后续项目资金安排给予提升5%的奖励，打破了三峡后续规划资金分配湖北重庆15%∶85%的比例规定。申报落实2018年度三峡后续项目61个、15.21亿元。积极争取三峡集团支持，成立了三峡旅游产业发展基金和三峡现代物流产业基金，一期规模

10亿元。大中型水库移民后扶基金争取实现突破。认真开展大中型水库移民后期扶持资金绩效评价工作，在水利部组织的专家评定中给予了优秀评级，水利部、财政部在2017年安排湖北省大中型水库移民后期扶持基金8.6亿元，比2016年翻了一番，位居全国第三。南水北调地灾防治资金争取实现突破。会同省国土部门争取地灾紧急治理资金近2亿元，启动库区地灾防治规划编制，为丹江口库区地灾治理工作建立了长效机制。

【移民后续综合帮扶】 2017年，省级安排各市县大中型水库移民后期扶持资金20.63亿元，深入推进移民后续帮扶工作。南调移民后续帮扶规划立项继续推进。国家发改委、国务院南水北调办根据国务院办公厅批转意见，派员到湖北省库区调研后一致认为适时开展后扶十分必要。常务副省长黄楚平专程带队赴国家有关部委汇报争取并在国务院南建委第八次全会上提出加快立项请求。张高丽和汪洋副总理在南建委第八次全会上要求高度关注移民生产生活困难，切实做好后续帮扶工作。移民美丽家园建设重点推进。组织开展移民美丽家园建设情况摸底调查，安排库区基金2亿多元，围绕规划引领、移民安全、基础设施、收入增长、环境治理、文明乡风建设以及移民群众参与等全面发力。三年来，全省建成移民美丽家园示范点820个，受益移民达25万人。移民就业培训工作创新推进。坚持集中培训与自主培训相结合，重点突出二、三产业技能，生态农业实用技术和农村电商营运技能培训，移民自我发展能力不断增强。全年安排培训资金5000万元，完成各类移民培训53474人，建成并运行电商平台451个。移民特色产业发展强劲推进。各地依托优势资源，重点培育茶叶、柑橘、食用菌、中药材等特色产业，大力发展休闲农业、观光旅游等服务产业，部分县市“一村一品”产业格局逐步形成。2017年，全省共流转移民土地5万多亩、扶持移民龙头企业25个、移民专业合作社53个、移民致富带头人112人、“一村一品”移民支柱产业52个，重点移民村经济实力和移民群众收入水平得到较大提升。移民帮扶政策研究有效推进。先后实施“移民去向调查”和“天门市移民特色小镇发展模式”课题研究，组织开展“我为移民安稳发展建言献策”征文评选活动，完成南水北调移民工作总结性研究，为移民后续帮扶发展工作提供了有益的借鉴。

【移民工作监管】 移民补偿安置管理进一步规范。严格开展赤壁黄盖湖防洪治理工程等8个移民安置规划及大纲审批，督导加快汉江碾盘山电站移民安置前期工作，协调推进利川峡口塘、大悟三塔寺等一批水电项目移民安置问题整改，组织完成付家河水库下闸蓄水阶段移民安置省级验收，移民政策得到认真落实，权益得到有力维护，水电工程建设顺利推进。移民项目资金监督进一步加强。修订《湖北省大中型水库移民后扶资金管理实施办法》和《湖北省大中型水库移民后扶项目管理实施办法》，认真落实全面、全员、全程稽察制度，组织开展2017年度大中型水库移民后扶稽察，督导落实2016年103个单位审计和17个单位后扶稽察问题整改，配合完成南水北调移民资金内审和三峡后续工作稽察，按期落实2016年度大中型水库移民后期扶持政策实施情况监测评估工作，较好地确保了移民项目、资金和干部安全。移民工作绩效评价进一步科学。制订《全省移民工作绩效评价管理办法》，严格对照市县移民工作任务清单，按照县级全面自查、市州整体核查、省级重点抽查的方式，开展移民工作履职绩效综合评价，强化评价结果运用，促进了移民工作提质增效。

【移民系统履职尽责点题督查】 将点题督查作为全省移民系统履职尽责的直接动力，作为转变作风的有力抓手，认真组织，强力推进，全面整改，圆满完成履职尽责点题督查工作，在湖北省纠风办组织的考评中获得了点题督查第一名。责任落实到位。坚持主职主抓，以上带下，责任明确，压力传导，形成了上下同频同振、齐抓共管的工作格局。问题查摆到位。通过自身查找、群众举报、督查员督查、媒体暗访等方式，查摆问题1006个，全面摸清了移民资金、项目管理及效益发挥中存在的问题，并建立问题责任清单。督办检查到位。组织9个督导组，“三下三上”，对全省75个重点县市进行督办。凡媒体曝光、省级政风督查员指出的问题，局主要负责人带队深入一线督办。召开美丽家园和避险解困试点现场推进会，对一批重点项目现场督办；组织市州移民干部，由局处室负责人带队，对全省重点县交叉检查督办。问题整改到位。截至目前，收集的1006个问题，已经全部得到整改。同时，举一反三，组织开展南水北调移民生产安置、新建水库移民安置政策落实、移民培训等5个专项整治。执纪问责到位。先后3次对88个活动组织不力、查摆问题不深、整改不到位的市（州）县进行通报批评，对68名移民干部给予了党纪政纪处分或组织处理。

【移民群体稳定】 紧紧咬住“两个不发生”（不发生大规模进京上访，不发生突发群体性事件）目标，全面开展矛盾纠纷排查，大力化解信访积案，积极督办重点个案，稳妥处置集访事件，为党的十九大和省十一次党代会的胜利召开、为全省移民工作营造了稳定的环境。2017年，省本级共处理信访件263件，其中来信42件，来访99批、381人次，集访16批、253人次。信访责任全面压实。把信访工作放在突出位置，全年召开6次局长办公会、2次全省移民信访维稳工作会议，专题研究安排移民信访稳定工作，将信访工作作为全省移民工作绩效考核重要内容，严格落实领导干部阅信、接访、包案等制度。信访机制不断健全。有序推进“阳光信访”系统建设，基本实现全覆盖；稳步推进“法治信访”，严格落实《湖北省移民局关于通过法定途径分类处理信访投诉请求的实施办法》；建立健全全省移民系统维稳上下联动机制、赴京移民信访联络机制和兄弟省份协同机制。重点问题有效化解。坚持重心下沉，关口前移，治防结合，把强化政策宣传解释与解决实际困难相结合，注重初访初办环节落实，成功处置了7月19日重庆库区自主外迁移民集访等一批上访事件，确保了全省移民总体稳定。

（刘尤刚）

重庆市三峡工程移民

【三峡后续工作概况】 2017年，在市委、市政府的坚强领导下，在国务院三峡办的精心指导下，市移民局认真贯彻落实习近平总书记视察重庆和在推动长江经济带发展座谈会上的重要讲话精神，坚持“生态优先、绿色发展”，坚持“把修复长江生态环境摆在压倒性位置，共抓大保护、不搞大开发”，紧紧围绕促进库区经济社会发展和移民安稳致富、生态环境建设与保护、地质灾害防治“三大任务”，突出“三带一区”建设，真抓实干，圆满完成年度工作目标任务。

【三峡后续工作规划管理】 一是做好项目前期审批工作。组织农村移民安置区精准帮扶、城镇移民小区综合帮扶、文物保护、能力建设、175m试验性蓄退水影响和地质灾害防治滑坡避险搬迁等类别项目的实施方案审查审批工作。截至2017年12月底，审批项目实施方案共计248个，申报三峡后续专项补助资金46亿元。

二是出台项目调整指导意见。根据区县项目实施的具体情况，及时提出了项目调整的具体程序和办法，形成了项目调整指导意见（即渝三峡后续发〔2017〕21号文件），集中组织审核区县调整项目，并及时分批下达调整文件23个。2017年，共调整项目216个，涉及专项补助资金54亿元。其中，取消项目75个，核减专项补助资金7.44亿元。有效地解决了项目进度滞后和资金结存量大的“瓶颈”问题，促进“三个清零”目标的实现。

三是积极争取三峡办解决奉节安坪、武隆羊角“两镇”避险搬迁资金缺口问题。按照三峡办不重复申报项目的要求，配合三峡办规划司深入奉节和武隆两县，现场指导、督促两县和专业技术单位编制“两镇”避险搬迁实施有关问题处理方案，力争有效解决“两镇”避险搬迁资金缺口问题。

四是加快实用技术研究。按照三峡办的要求，组织云阳、涪陵、奉节、石柱4个区县分别加强《蚯蚓粪水溶有机肥料开发与示范推广项目》《三峡库区榨菜轻简高效栽培关键技术研究与应用》《三峡库区大鲵生态养殖标准化生产技术规程研究与示范》《早熟脱毒马铃薯种薯繁育技术研究与应用示范》4个实用技术应用示范研究项目的实施工作，并指导、督促4个区县及时开展验收及整改工作。

五是启动2019年规划项目库编制工作。根据《重庆市三峡后续工作领导小组办公室关于认真做好三峡后续工作规划分年实施项目库编制工作的通知》（渝三峡后续发〔2016〕19号）精神，及时启动了2019年规划项目库的编制工作。

【三峡后续工作项目申报】 一是常态化开展三峡后续项目合规性审查批复工作，保证了年度申报的需要。2017年度全年分8批次批复下达了项目合规性审查结果，涉及项目186个，总投资191.2亿元，同意申报三峡后续工作专项资金98.8亿元，为区县申报2018年度项目提供了保障。

二是完成2018年度项目申报工作。2017年初，及时召开会议安排部署2018年度项目申报工作，加强对项目申报工作的调研和指导。7月底，完成了重庆市2018年度三峡后续工作项目申报方案的编制，重庆市申报项目463个，总投资280.7亿元，申报三峡后续工作专项补助资金164.3亿元。

在国务院三峡办对年度项目审核期间，市移民局及时将相关审核情况通报相关部门和区县，指导区县做好资料补充完善、解释和现场查勘工作，最终，国务院三峡办审核同意安排2018年度项目416个，项目通过率达到90%，圆满完成了年度工作目标。

三是及时对2017年度项目分解下达。在国务院三峡办下达重庆市2017年度项目合规性审核通过情况后，及时对2017年度申报项目进行梳理，分4批次批复下达684个项目纳入三峡后续工作项目预算库，总投资521.6亿元，三峡后续工作专项补助资金限额118.8亿元，为项目申请年度资金预算提供了条件，保证了三峡后续工作项目的顺利实施。

四是及时分解下达年度项目实施方案。全年分解下达分解项目实施方案15批次，项目476个三峡后续专项资金72.83亿元。其中下达2016年底国家安排项目实施计划6批次，项目48个三峡后续专项资金2.03亿元；分解下达2017年项目实施方案9批次，项目428个三峡后续专项资金70.80亿元。

五是推动专项资金绩效管理工作。探索研究制定了分类别区域绩效目标指标体系，对区县相关人员实施专题培训；科学设定了重庆市2017年整体绩效目标，在对607个入库因素法项目的绩效目标和392个因素法资金安排项目的年度绩效目标设定进行逐个审核的基础上，对区县区域绩效目标审核修正，汇总后科学编制设定了重庆市年度整体绩效目标；圆满完成绩效评价工作，在严格按照国家对2016年度项目绩效评价要求，组织对2016年度467个项目开展绩效自评上，积极配合财政部重庆监察专员办的至区县及市级部门的评价抽查，自评工作受到充分肯定，评价结果客观公正；有效运用评价结果，在分配2018年专项资金预算指标时，与绩效评价结果进行了挂钩，对实施进度快、专项资金使用较好的区县给予增加一定预算指标额度的奖励。

六是调整项目结转结余盘活存量资金。在2016年有效探索的基础上，2017年初联合市财政局出台《关于加强三峡后续工作专项资金预算项目库管理的通知》，创新项目专项资金预算安排机制，实现项目合规性审核与专项资金预算安排步骤分离，通过储备一批能随时安排专项资金的项目，做实预算项目库，为项目结转结余资金调整安排使用畅通渠道，2017年调整以前年度结转结余资金16批次，涉及130个项目调减专项资金14.59亿元（取消项目57个调减专项资金5.31亿元，结转资金调整项目39个调减专项资金9.19亿元，实施结余项目34个调减专项资金0.09亿元），调出资金用于新安排的81个项目建设。

七是开展三峡后续工作项目实施情况检查。重庆市移民局分别于5月、8月和12月对三峡后续项目实施和资金使用情况进行检查，对检查中存在的问题进行梳理研究，提出对策，促进了项目实施和资金的加快使用。配合国务院三峡办组织的对重庆库区项目实施和资金使用情况专项检查，并结合重庆库区三峡后续工作实际情况提出合理化建议和意见，对存在的问题及时整改。

【三峡后续项目实施管理】 一是进一步理顺工作机制。建立了部门协作机制，重庆市移民局主要负责综合管理，重庆市发展改革委主要负责工程类项目的可研和概算审批，重庆市财政局主要负责补助资金的使用管理，市级其他相关部门按职能负责工程类项目的初步设计审批。

二是进一步充实领导力量。库区各区县建立了三峡后续工作的“一个项目、一名区县负责人、一个主管部门、一套工作班子、一抓到底”的“五个一”工作机制，做到了分工明确、责任落实、保障有力。

三是解决了补助标准偏低的问题。国务院三峡办协调财政部废除了原补助标准，并指导重庆市制定了新标准，解决了因为缺资金影响项目实施的问题。

四是解决了项目调整的问题。三峡办在2016年对重庆市上报的152个取消和中止的项目进行了集中批复，并出台了《关于加快实施三峡后续工作规划的意见》，授权重庆市调整了一批项目。同时，针对资金结存率普遍较高的问题，重庆市移民局与财政局协商后联合行文，同意区县将结存的补助资金提前用于已进入预算项目库中的项目，专项资金沉淀问题从机制上得到有效解决，2017年底补助资金拨付率达到85%以上。

五是建立定期分析制度和通报制度。市移民局每季度召开一次进度分析会，与区县一起研究项目推进中的困难和问题。对项目建设和资金拨付情况，每季度向区县党委政府通报，对进度明显滞后的区县进行通报批评。

六是建立联合督查制度。市移民局会同市级相关部门组成联合督查组，定期赴库区督查项目进度，督促区县抓好稽察审计问题的整改落实。

七是加强建设质量管理。严格执行项目法人制、招投标制、工程监理制、项目合同制，严格按照项目批复的建设工期，制订“倒计时”工作方案，明确时间表、路线图、任务书。已竣工项目建设质量合格率达100%。

【库区产业发展及移民安稳致富】 一是创新思路，助推深度贫困乡镇打赢脱贫攻坚战。认真落实习近平总书记扶贫开发重要战略思想，把脱贫攻坚帮扶作为第一民生工程来抓。把能与三峡库区挂钩、与外迁移民安置区挂钩、与大中型水库移民挂钩的14个深度贫困乡镇纳入帮扶范围。同时，认真落实集团定点帮扶，筹集1670万元用于定点扶贫万州区、云阳县、城口县，主要解决贫困村的村级道路整治、公路硬化、蓄水池建设和居民点环境整治等问题。大力实施农村移民安置区精准帮扶，实施帮扶项目120个、补助资金11.1亿元，覆盖库区138个移民贫困村。

二是坚持绿色发展，促进库区经济社会又好又快发展。认真落实习近平总书记“推动长江经济带发展必须从中华民族长远利益考虑，走生态优先、绿色发展之路，使绿水青山产生巨大生态效益、经济效益、社会效益”的重要指示，大力支持库区绿色发展、特色发展，推动库区更好地融入长江经济带发展。2017年前三季度，库区15个区县地区生产总值达5686.09亿元，比2016年同期增长10.3%，较全市高0.3个百分点。库区产业发展效果明显。积极支持库区18个生态农业园、9个生态工业园建设，启动实施产业结构调整与发展扶持类项目76个，支持库区发展柑橘、榨菜、中药材等具有传统优势的特色生态农业，支持奉节、巫山等区县开发打造三峡旅游纵深腹地和休闲度假目的地，加快发展生态旅游产业。库区生态资源优势正逐步转为产业发展优势。库区基础设施建设推进快速。启动实施万开周家坝-浦里快速通道、开县渠口镇临港园、云阳南溪至黄石快速通道等牵动性强的重大项目51个，万州牌楼长江大桥、涪陵龙头港一期工程等重大基础设施项目建设加快，库区交通基础设施承载能力和服务能力明显提升。库区公共服务设施建设加快，支持117个村的文化、卫生服务中心等配套项目建设，提升了公共服务水平。

三是切实改善和保障民生，移民安稳致富步伐加快。认真落实习近平总书记“坚持以人民为中心的发展思想”，把促进库区移民群众安稳致富作为民生工作的头等大事来抓。常态推进移民扶持扶助，发放城乡移民扶持扶助资金4.5亿元，惠及移民74万人。下达三峡水库库区基金计划5.8亿元，大力支持库区基础设施建设和经济社会发展。加强库区就业培训。创新培训模式，整合培训资金，发挥行业优势，完成就业技能、岗位技能提升、创业、新型农民科技、农村实用技术培训3.1万人。大力实施城镇移民小区综合帮扶。实施城镇移民小区帮扶项目85个，居住品质大幅提升，商业环境大幅改善，移民幸福感、获得感进一步增强。通过综合施策，移民安稳致富步伐加快，2017年，库区城镇常住居民人均可支配收入32609元，农村常住居民人均可支配收入12745元。

【对口支援三峡重庆库区】 2017年重庆市14个受援区县已到位无偿支援资金2.62亿元，引进对口支援经济合作项目33个、合作投资金额119.5亿元，利用对口支援合作平台招商引资合作项目30个、协议资金715亿元，全面完成了年度目标任务。

一是加强与对口支援省市的沟通交流，在原有良好工作基础上，努力推动对口支援省市间高层领导互访，不断推进对口支援合作工作向更宽领域和更深层次发展。全年共接待对口支援省市来访23批次、135人次。

二是加强人才培养。配合三峡办开展了移民小区综合管理、乡村旅游和民俗产业发展、特色小城镇建设等培训3批次、136人次。全库区共开展各类培训23批次、1150人次。

三是举办了第十一届“支洽会”。2017年11月23日至24日，在重庆市万州区成功举办了全国对口支援三峡重庆库区第11届经贸洽谈会（简称“支洽会”）。本届支洽会，重庆市共集中签约28个项目，协议资金达715亿元。

四是大力宣传推介三峡重庆库区旅游产品。协助有关区县在对口支援省市开展旅游推介会13批次。

【三峡水库综合管理】 三峡水库综合管理工作按照习总书记“把修复长江生态环境摆在压倒性位置，坚持共抓大保护，不搞大开发”的要求，持续推进生态环保项目建设，突出把好年度项目申报关，三峡库区生态环境持续向好。

一是切实抓好消落区管理。开展消落区管理专项督查，消落区日常监管力度进一步加大，采取联合执法形式，有效遏制了违法违规利用消落区行为。消落区季节性耕种面积大幅减少，已由2016年的8100亩减至2465亩。

二是严格库容管理。加大三峡水库库容管理力度，严格项目审批程序。全年共对5个三峡后续岸线环境综合整治涉水项目进行了库容占用审核。同时，狠抓违规占用库容问题整改，对未批侵占、少批多占、乱堆乱倒三种类型，督促相关区县把违规占用库容问题整改工作落到实处。

三是狠抓水面养殖清理。加大了对长江干支流水面养殖等情况的清理及整治工作，对围栏养鱼、鱼类暂养寄存点、筑坝养鱼、拦网养鱼等进行了集中清理，取得了良好效果。

四是切实做好蓄水安全管理。始终秉持“安全无小事”思想，督促库区区县加强三峡水库蓄水安全日常管理。特别是在“蓄水、汛期、退水”等关键时期，组织开展安全隐患大排查，做好防洪抗旱值班工作，确保不留安全隐患、不掉安全死角。全年库区未因蓄退水引发安全事故，连续10年实现水库蓄水安全运行“三无一稳一畅”目标。

五是扎实开展漂浮物清理。督促指导库区有关区县加快实施“船舶废弃物接收处置暨清漂码头工程”建设，三峡水库漂浮物“收集、打捞、转运”一体化系统基本形成，水库清漂能力显著提升。全年共清理打捞漂浮垃圾23万t，清理消落区垃圾5.5万t，三峡水库重庆段基本实现“江清岸洁”。

六是认真做好三峡后续植被恢复项目调整。按照《国务院三峡办关于加快实施三峡后续工作规划的意见》（国三峡办函计字〔2017〕57号）文件规定，在经过相关区县完成项目业主申请，区县林业、移民部门核查认定，区县政府审查同意，市林业局核准等逐级论证、审核、把关等程序基础上，批复了万州区等11个区县上报的48个植被恢复项目的调整。

七是积极申报主城区“两江四岸”消落区治理项目。申报“两江四岸”消落区综合整治项目4个，概算总投资164900万元，核定三峡后续补助资金134200万元。

【移民就业培训】 一是较好地完成了2017年度培训计划任务。截至2017年12月20日，累计完成培训31256人，其中：就业技能培训14335人，岗位技能提升培训2971人，创业培训4386人，新型农民科技培训621人，农村实用技术培训8943人次，完成投资3000万元，资助移民高职学生4061人完成投资406.1万。2017年改革了项目申报方式，变“自上而下”（即根据规划任务向区县下达指令）为“自下而上”（即由各区县按自己的实际培训需求，确定培训任务量，再向市局按需申报）。2018年又改革了方案编制方式，由以前市移民局统一委托中介单位编制实施方案，改为由区县自主委托编制单位编制，申报方式更加自主，避免区县为完成任务量而重复培训。

二是加大了市级部门联合开展培训力度，培训效果初步显现。2017年，为有效整合市级相关部门培训资金，发挥行业优势，与市卫计委联合开展“基层卫生人员远程培训”、与市文化委联合开展“三峡重庆库区文化人才培训”、与市微企服务中心联合开展“创业人才培训”工作。继续开展与市交委下属的航交所“双万工程”（万名库区航运人才技能提升，万名库区群众转移就业），通过“先招聘，后培训，培训结业即在企业就业”和在“工作岗位上提升技能”等模式，有效地解决了培训和就业结合不紧密的问题，为库区产业发展和公益事业建设提供了人才支撑，累计培训10430人，完成投资1000万元。

三是做好移民干部培训工作。按照库区移民干部培训全覆盖的目标要求，重庆市移民局会同市委组织部启动了全市移民系统干部培训工作，2017 年 6 月把区县政府分管区县长、移民局长集中到市委党校培训，把乡镇分管领导、移民办主任、移民办干部等分批集中到市里培训，全年共培训移民干部 600 名，这是自三峡移民工作开始以来首次系统培训移民干部，收到了较好的效果。

【三峡库区地质灾害防治安全及项目招标投标监管】 一是提高项目公开招投标率。2017 年，由市移民局直接监督备案的招标合同 78 个，招标规模约 71.85 亿元，应公开招标的项目公开招投标率 100%。

二是简化程序，规范监督环节。将原来要求的 15 项备案要件简化到 8 项要件，精简了备案手续，提高了办件效率。实行“三个分离，一个保密”制度。全面强化备案和监督阶段“三个分离，一个保密”的招投标监管制度，在全市率先实行代理公司人员不得进入评标区域，评标中的数据录入和统计工作全部由评标委员会独立完成的制度，减少了对评标过程的投诉。

三是全面运用诚信体系信息和信用体系信息。重庆市移民局根据市工程建设领域项目信息公开目录和信用信息目录，已将建设、交通、水利等各行业工程建设领域企业诚信综合评价信息全面运用于由市移民局直接监督备案的全部项目招投标工作中；充分利用“信用中国”“信用重庆”和企业注册所在地省级政府信用平台，将失信被执行人和受惩黑名单信息全面运用于市移民局监督的全部项目招标投标工作中。

【移民法制工作】 一是认真实施《重庆市法治政府建设实施方案》，为法治机关建设提供了保障。重庆市移民局按照《重庆市法治政府建设实施方案（2016—2020 年）》的要求，细化了贯彻落实实施方案。印发了《重庆市移民局关于印发贯彻落实重庆市法治政府建设实施方案（2016—2020 年）涉及任务职责分工的通知》。在 38 项任务中，要求完成时限在 2017 年底的共 19 项，已全部完成。

二是认真开展行政复议，积极维护移民合法权益。2017 年，重庆市移民局按照《重庆市人民政府法制办公室关于印发关于进一步加强行政复议工作规范化建设的意见的通知》（渝府法制发〔2016〕22 号）、《重庆市人民政府法制办公室关于印发重庆市行政复议法律文书格式文本（试行）的通知》（渝府法制发〔2016〕21 号）的要求，认真办理行政复议案 4 件。力求经过行政复议化解或缓解行政争议，让行政复议发挥有效的监督作用，有效维护当事人的合法权益，维护库区社会稳定。

三是认真开展行政应诉，引导移民合理诉求。2017 年，重庆市移民局共办理行政诉讼案件 12 件。市移民局内设法制机构负责人参加诉讼。目前，除 1 件行政案件人民法院尚未审结外，其余 11 件已经审结。对涉及市移民局与云阳县三峡风大酒店的民事纠纷案件申请了强制执行。

四是认真落实法律顾问制度，严格文件审查程序。重庆市移民局积极推行法律顾问制度，充分发挥法律顾问作用。2017 年，法律顾问为市移民局审查、修改或拟定法律文书 30 多份，参加案件研究 9 次，参加专题工作会议 5 次，出具法律意见书 2 份。为重庆市移民局代理参与的行政诉讼和复议案件共 16 件。

五是认真开展党内法规清理，合力推进党内法制制度建设。为实现党内法规制度体系健全、党内法规制度实施到位、党内法规制度建设保障有力的总体目标，重庆市移民局高度重视党内法规工作，切实将党内法规工作同依法行政工作紧密结合，同推进三峡后续工作紧密结合，同全面从严治党紧密结合，进一步明确了责任。2017 年 9 月，重庆市移民局对 2012 年至 2017 年 9 月 10 日期间的以党组名义下发的 195 件文件进行了认真清理。其中，《关于印发〈中共重庆市移民局党组及行政工作规则〉的通知》（渝移民党组〔2015〕10 号）属党内规范性文件，市移民局为坚持党的民主集中制原则，完善本局党政领导班子集体领导制度，促进各项工作制度化、规范化，对党组会议议事规则等做出了明确规定。

（高显强）

三峡水利枢纽全貌（2003 年）

生态环境保护

三峡水利枢纽全貌（2004 年）

生态环境保护

三峡工程生态环境保护基本情况

【概况】 三峡工程是中华民族的百年梦想，经过50余年的研究论证、17年的施工建设、10年175m试验性蓄水运行，三峡工程发挥了巨大的防洪、发电、航运和供水等功能。三峡工程的论证、决策、建设和运行过程，恰逢中国改革开放和经济社会快速发展、生态环境认识逐步加深和保护事业起步发展的时期，生态与环境一直是备受各方关注的重点。

为切实落实三峡工程环境影响评价及其批复意见，三峡工程建设各方在工程建设初期分别制定相应的生态与环境保护设计及规划，并得到国家相关主管部门审批。根据环境保护设计及规划，三峡工程自建设以来，开展了一系列生态环境保护措施。水环境保护措施主要包括库区产业结构调整、库底清理、农村和城镇污水防治、生活垃圾处理、漂浮物清理、水华防治等；水生生物保护措施主要包括白鲟豚、中华鲟、江豚、圆口铜鱼等珍稀特有物种保护，促进四大家鱼自然繁殖的生态调度等渔业资源保护等；陆生生态保护措施主要包括实施天然林保护、退耕还林、植物多样性保护工程，疏花水柏枝、荷叶铁线蕨等珍稀特有植物采取了就地保护和迁地保护，库区古大树就地保护和移栽保护等；组建跨地区、跨部门、多学科、多层次的三峡工程生态与环境监测系统，自1996年起，每年对三峡工程的生态与环境进行全过程跟踪监测，并向国内外发布《长江三峡工程生态与环境监测公报》。

基于三峡工程生态环境影响长期监测数据与研究成果，以及中国工程院编制的第三方独立评估报告结论，目前三峡库区及相关区域生态环境状况总体良好，生态环境变化总体上在论证和可行性研究阶段预测的范围之内。三峡工程生态环境保护将伴随工程运行长期存在。作为共抓长江大保护的重要组成部分，管理好三峡工程，持续、系统地开展生态与环境保护工作，是中国三峡集团的长期使命。

【环境保护科研工作】 2017年，环境保护部积极组织生态环境重大专项或敏感问题的研究工作，配合宣品部完成中宣部委托的三峡工程马克思主义理论重大研究课题《三峡工程与生态文明》专题，系统阐释三峡工程在设计、建设、运行阶段均是践行绿色发展的生态工程；组织开展水电绿色开发及中国三峡集团绿色发展对策研究、长江上游和金沙江下游流域环境影响回顾性分析研究等项目；围绕中国三峡集团需求，组织有关单位积极参与国家重大科技研发计划生态环境类项目的申报和实施，参与项目团队1项（未获批），继续执行基于河流健康的梯级电站规划设计理论与关键技术示范、三峡库区水生生物多样性调查及图鉴编撰等两项重大科技基础专项课题研究。

环境保护部大力推进三峡环境基金项目实施，综合考虑中国三峡集团改革方案研究进展和三峡工程环境保护工作需求，组织开展三峡环境保护敏感问题研究工作，提出项目清单，形成了《三峡工程生态环境影响主要结论及近期敏感问题研究报告》，并据此编写完成6个项目立项建议书。

【长江上游珍稀特有鱼类国家级自然保护区保护工作】 “长江上游珍稀特有鱼类国家级自然保护区”（以下简称“保护区”）范围长江干流由向家坝开始，下游延伸至重庆地维长江大桥，同时包含赤水河干流和部分支流、岷江下游和越溪河支流，以及南广河、长宁河、沱江和永宁河河口区河段。保护区主要保护对象包括3种珍稀鱼类（白鲟、达氏鲟、胭脂鱼）以及其他67种特有鱼类。

2017年，中国三峡集团会同农业部长江流域渔政监督管理办公室（以下简称“长江办”），按照《长江上游珍稀特有鱼类国家级自然保护区总体规划报告》及《长江上游珍稀特有鱼类国家级自然保护区生态补偿项目总体协议》要求，以“共抓大保护，不搞大开发”为主线，紧紧围绕长江流域水生生物资源养护工作全局，扎实推进保护区生态补偿项目各项工作，组织开展保护区管理、人工增殖放流、鱼类保护研究项目等工作。

1. 保护区管理。2017年，长江办组织协调云南、四川、贵州及重庆“三省一市”和有关单位开展了保护区建设及管理工作。一是加强保护区常态化巡护执法工作，有效扼制保护区内非法开发建设，非法捕捞；二是加强保护区项目监管和生态补偿，主动维护保护区权益；三是加强对保护区沿江地区群众科普宣传教育，提高生态保护意识；四是夯实管理工作基础，强化制度建设、人才队伍、管理考核等。

2. 人工增殖放流。鱼类增殖放流任务由金沙江溪洛渡向家坝水电站珍稀特有鱼类增殖放流站（以下简称“向家坝增殖放流站”）和长江上游珍稀特有鱼类国家级自然保护区管理机构共同实施。

向家坝增殖放流站每年可生产30万尾全长5～10cm特有鱼类苗种和总数约1万尾达氏鲟、胭脂鱼大规格苗种，按照总体规划要求承担着年度增殖放流任务。向家坝增殖放流站2017年放流珍稀特有鱼类13.24万尾，2008—2017年累计放流珍稀特有鱼类137.50万尾。

2017年，云南、四川、贵州及重庆“三省一市”保护区管理机构共放流达氏鲟、胭脂鱼、岩原鲤、中华倒刺鲃、厚颌鲂、昆明裂腹鱼等珍稀特有鱼类75.25万尾，2009—2017年累计放流珍稀特有鱼类444.82万尾，其中放流数量最多的为中华倒刺鲃和岩原鲤。

3. 鱼类保护研究项目。中国三峡集团组织开展的鱼类保护研究项目取得了诸多成果，为保护区鱼类的保护以及整个水生态系统的健康维持提供了理论支撑。截至2017年底，中国三峡集团已组织开展了28个保护区相关研究项目，其中已结题项目20项，在研项目8项。2017年完成4个项目验收。

2017年开展的鱼类保护研究项目主要包括：受金沙江下游水电开发影响的特有鱼类在赤水河栖息和繁殖的可能性研究，胭脂鱼遗传特性和生物学特征研究，长江上游保护区河道过饱和气体监测专题研究，保护区河道水文情势变化对鱼类影响研究，长江上游珍稀特有鱼类增殖放流效果评价，圆口铜鱼种群动态与遗传结构，保护区管理体系及效能评估研究，气体过饱和、有机污染物和重金属等关键环境因子的鱼类生物学效应研究，溪洛渡－向家坝库区及下游保护区的水温影响专题研究，保护区河道水质变化及其对鱼类影响研究，岩原鲤等二十四种长江上游特有鱼类生物学、种群动态及遗传多样性变化研究（II期），圆口铜鱼人工驯养繁殖技术研究。

（李　媛　吴兴华）

科研成果与应用

三峡水利枢纽全貌（2005 年）

科技创新与实践

科技工作概况

【科技管理制度宣贯及实施】 中国三峡集团构建“分类分级、分层分步”的集团化科技管控模式，并建立了相应的制度体系和管理流程，2016年底颁布实施15项科技管理类制度，其中，二级制度1项，三级制度9项，三级以下制度4项，制度性补充文件1项，形成比较完善的科技管理制度体系，全面覆盖集团科技管理工作。为进一步加强和贯彻制度实施，2017年度在中国三峡集团内组织开展相关科技制度宣贯活动，通过集中宣贯、现场宣贯与调研、日常普及和专项宣贯等多种方式，全年开展制度宣贯14场，取得良好效果。新颁布和修编科技管理制度经过一年试运行，较好地支撑了科技管理体系运行，后续将对各项制度进行动态评估，适时进行滚动修编。

【“双创”活动开展情况】 中国三峡集团积极推动开展双创工作，系统梳理双创工作和取得的成绩，并被国资委《国资工作交流》第69期全文刊登；积极参与“中央企业贯彻落实新发展理念、深入实施创新驱动发展战略、大力推动双创工作成就展”活动，取得显著成效，并获国资委通报表扬；组织开展职工创新活动，发布首批中国三峡集团员工科研项目指南，鼓励员工结合本职工作自主开展科研攻关，极大调动了员工自主创新的积极性；依托建立员工科技创新工作室和劳模工作室，使员工可结合生产任务开展创新活动，不仅可以有效地解决生产技术问题，降本增效，同时还可提高员工创新能力。

【科技创新激励情况】 为鼓励员工科技创新积极性，中国三峡集团不断加大科技成果奖励力度，增加奖项设置和奖励范围。2017年，中国三峡集团进一步扩大了科技成果的奖励范围和力度，奖励获奖科技成果、知识产权、技术标准、论文专著、职工技术成果等900项，奖励金额约390万元；开展中国三峡集团首届科技进步和技术发明奖评审活动，共评选出24个奖项，包括特等奖2项、一等奖5项、二等奖6项、三等奖11项，形成一批优秀科技创新成果。同时，积极探索建立多层次、多类型的激励机制，开展科技型企业股权和分红激励工作研究，选择在中国三峡集团所属科技型子企业——上海勘测设计研究院有限公司进行岗位分红试点，强调在效益不下降的前提下，开展岗位分红激励，重点激励核心科研、技术人员，营造了良好的创新氛围。

【科技创新平台建设情况】 为服务发展战略，做好科技支撑，进一步提升自主创新能力，中国三峡集团积极推进科技创新平台建设，截至2017年底，共有各类创新平台19个，涵盖大型水电工程建设、生产运行、新能源等专业领域。各科技平台积极发挥自身优势，取得较为丰硕的成果，为中国三峡集团发展提供有效的技术支撑。

2017年，中国三峡集团大力推进以海上风电为核心的新能源业务发展，成立中国三峡集团新能源科技创新中心，完成了首批研发人员的公开招聘；积极筹备建立院士工作站，按照“统筹规划、突出重点、逐步推进”的原则推进院士工作站建设，完善以高层次人才为核心，带动创新团队建设和创新能力培育；依托中国三峡集团新能源科技创新中心、下属公司上海勘测设计研究院申报组建2017年“上海海上风能资源开发利用工程技术研究中心”，并积极组织申报国家级企业技术中心；作为主要单位之一，上海勘测设计研究院发起成立太湖流域水科学研究院，致力于围绕太湖流域防洪、水资源、水生态环境、综合管理、水利信息化、工程技术等领域的科技问题，以及重大前瞻性、基础性科学问题等开展联合攻关；为提高博士后培养的自主性，中国三峡集团博士后科研工作站向全国博管办提交工作站独立招收博士后的申请，并被批准成为全国首批独立招收博士后的工作站。

【协同创新情况】 中国三峡集团本着“优势互补、资源共享、互惠双赢、共同发展”的原则，在水利水电工程建设、新能源开发、水资源高效利用、重大设备国产化和技术改造、国际业务等领域与有关科研机构、大专院校、中央企业、行业学会等单位开展协同创新，充分发挥各自技术优势，研究解决行业重大技术难题。

中国三峡集团致力成为海上风电产业的引领者，与福建、广东、山东等省政府，中国气象局等开展战略合作，联合风电设备制造厂家、设计单位、科研机构、相关投资企业等单位，共同开展海上风电关键技术攻关。在福建省福清市建设海上风电工业产业园，引进风电设备生产制造厂家等，与中船重工、中铁股份、金风科技、华东勘测设计研究院、中南勘测设计研究院、广东省电力设计院等海上风电产业链上下游企业建立合作关系，实现从海上风电设计、施工、科研、产品的全产业链合作。

中国三峡集团开展产学研用一体化的合作模式，与高校、研究机构、其他企业等深入合作，进一步促进协同创新发展。2017年，与清华大学签署战略合作协议，在共建学生实习、实践基地，人才培养，深度参与长江大保护，金沙江水电工程建设，风电新能源开发等科技研发，以及创新校企合作等方面深化合作；与天津大学研究共建清洁能源发展研究院，以及在国家重大科技基础设施建设项目等方面开展合作；与南网公司、中国电建集团、招商局等中央企业签署战略合作协议，开展新能源、国际业务、金融资本等方面合作。

中国三峡集团还积极牵头在大水电、海上风电领域筹建成立产业技术创新战略联盟，与国家能源投资集团有限责任公司等18家单位共同发起建立“中国氢能源及燃料电池产业创新战略联盟”，并参与中国岩石力学与工程学会发起的“中国深部工程创新联盟”。

重点科研项目

【国家科技项目】 2017年，中国三峡集团申报国家重点研发计划项目5项，新获批国家“十三五”重点研发计划项目2项，其中，负责课题1项，负责专题1项。获批中央财政资金约464万元，至此中国三峡集团承担国家“十三五”科技计划项目27项，累计获得国家财政资金约1.25亿元，研究内容覆盖水电工程建设、梯级电站调度运行、新能源（潮流能）开发、生态环境保护、重点基础材料研发等领域，各项目均按任务书进度计划开展研究工作，满足国家主管部门要求，部分项目已经超额完成年度计划。

【集团重点科研项目】 2017年，中国三峡集团加强自主创新和协同创新，加大大坝智能建造、高水头大容量发电机组、海上风电等科研项目攻关力度。其中，“乌东德、白鹤滩工程智能建造关键技术”项目22个标段均已完成招标并签订合同，各项研究工作有序进展；“三峡水库科学调度关键技术第二阶段研究”

项目下设49个专题，已启动36项，已签订合同24项，完成项目验收10项；海上风电专项科研项目，围绕机组国产化及环境影响开展研究，项目均按计划稳步推进。

获奖成果简介

【概况】 中国三峡集团积极组织开展重大成果研发，2017年，共获国家、省（部）、行业学会科技奖励20项，其中，国家技术发明奖1项，省（部）、行业学会科技奖励19项。截至2017年底，中国三峡集团累计获得科技奖励180项，其中，国家科技奖励29项，省（部）级和行业学会奖励151项。

序号	项目名称	奖励名称	等级
1	电渣熔铸大型变曲面异形件关键技术	2017年度国家技术发明奖	二等奖
2	白鹤滩特高拱坝复杂坝基开挖保护与处理关键技术	2017年中国岩石力学与工程学会科学技术奖（科技进步奖）	一等奖
3	特大型水电站施工用缆索起重机关键技术及工程应用	2017年中国电力科学技术奖（科技进步奖）	二等奖
4	长江上游大型水库群生态环境效应与调控	2017年中国电力科学技术奖（技术发明奖）	二等奖
5	300m级特高拱坝安全控制关键技术及工程应用	2017年中国电力科学技术奖（科技进步奖）	一等奖
6	严寒地区沥青混凝土面板研究与应用	2017年中国电力科学技术奖（科技进步奖）	三等奖
7	三峡水库和下游河道泥沙模拟与调控技术	2017年大禹水利科学技术奖（科技进步奖）	特等奖
8	高坝混凝土优质高效施工关键技术与应用	2017年大禹水利科学技术奖（科技进步奖）	一等奖
9	大型水利水电工程施工水力控制及灾害减免关键技术	2017年大禹水利科学技术奖（科技进步奖）	二等奖
10	面向库区支流水华及重要水生生物生境的水利水电工程多维调控成套技术及应用	2017年中国大坝工程学会技术发明奖	二等奖
11	长江水库群防洪兴利综合调度关键技术研究及应用	2017年湖北省科学技术奖（科技进步奖）	特等奖
12	金沙江下游梯级水库地震监测分析系统研究与应用	2017年云南省科学技术奖（科技进步奖）	二等奖
13	大型水电工程建设全过程数字化动态管控关键技术	2017年水力发电科学技术奖（科技进步奖）	一等奖
14	300m级特高拱坝安全控制关键技术及工程应用	2017年水力发电科学技术奖（科技进步奖）	一等奖
15	海上风电场关键技术及其工程应用	2017年水力发电科学技术奖（科技进步奖）	一等奖
16	葛洲坝电站水轮发电机组更新改造增容	2017年水力发电科学技术奖（科技进步奖）	二等奖
17	大体积水工混凝土高性能化关键技术研究与工程应用	2017年水力发电科学技术奖（科技进步奖）	二等奖
18	溪洛渡右岸电站直流孤岛研究、仿真及现场试验	2017年水力发电科学技术奖（科技进步奖）	三等奖
19	三峡电站调速器冗余结构建模及故障反演仿真研究	2017年水力发电科学技术奖（科技进步奖）	三等奖
20	大型水电工程用600～750MPa级高精度磁轭钢制造技术创新	2017年冶金科学技术奖（科技进步奖）	二等奖

【电渣熔铸大型变曲面异形件关键技术获国家技术发明二等奖】 中国三峡集团联合沈阳铸造研究所等单位，针对中国高端装备对高品质大型铸锻件的急需和技术瓶颈问题，研发电渣

熔铸大型变曲面异形件制造成套技术，替代传统砂型铸造工艺，解决纯净化冶金和异形件精密成形等关键技术难点，具有内部组织致密(接近锻件)、表面质量好、尺寸精度高、无废砂等固废排放等特点，是一种优质、高效的绿色制造技术。项目主导产品电渣熔铸水轮机铸件已在天生桥、向家坝和长江三峡等国内外60余个电站、约220台机组获得大量应用，提升了大型高水头电站装备的可靠性和耐磨蚀寿命。通过推广应用研究成果，可满足我国水电、风电、核电和矿山机械等领域对优质铸件的急需，为中国装备制造行业提供一些共性技术。

【特高拱坝复杂坝基开挖保护与处理关键技术获中国岩石力学与工程学会科技进步奖一等奖】 中国三峡集团牵头，依托白鹤滩水电站工程，围绕特高拱坝复杂坝基的柱状节理玄武岩松弛、错动带回弹剪切变形控制、角砾熔岩开挖保护等重大技术难题，揭示了柱状节理玄武岩松弛机理，研究一套限制松弛、控制变形的综合处理方案，创新一系列专项施工技术，研发首个多专业集成的开挖全过程数字化平台(iSlope)，确保坝基的稳定和变形可控，保障白鹤滩特高拱坝的安全建设与运行。研究成果已在白鹤滩水电站坝基开挖保护与处理中成功应用，解决利用柱状节理玄武岩作为特高拱坝建基岩体的世界难题，产生显著经济效益，为中国特高拱坝高效设计、精益建设和安全运行提供关键技术支撑，在保证大坝长期稳定安全方面，具有巨大的社会效益。

【大型水电工程建设全过程数字化动态管控关键技术获水力发电科学技术奖一等奖】 中国三峡集团牵头，围绕大型水电工程建设全过程数字化动态管控，针对定位与轨迹跟踪、一体化标准化流程管理与实物量成本快速精确管理，集成研发应用建筑市场信息系统、人员设备定位跟踪系统、基于标准业务和工艺流程的质量管控移动应用系统、计量签证系统、物资核销系统、造价信息系统，以实现资源投入、业务过程、真实成本的实时、实地、实物、实人、实据管理，解决资源要素与业务流程管理的不确定性与不可靠性问题，提高管理效率与精细化程度。项目成果现已应用于金沙江下游河段四座世界级巨型水电站、长龙山抽水蓄能电站及“一带一路”巴基斯坦卡洛特水电站的建设，社会、经济与环境效益显著，具有广阔的推广应用前景。

【金沙江下游梯级水库地震监测分析系统研究与应用获云南省科技进步奖二等奖】 中国三峡集团子企业中国三峡建设管理有限公司牵头，依托金沙江下游向家坝、溪洛渡、乌东德和白鹤滩4座巨型梯级水库地震监测工作，针对梯级水电站流域化、多学科综合水库地震监测技术、通信和组网技术、水库群地震综合分析与应急技术等进行了系统研究，建立覆盖金沙江下游区域4.46万km^2的超大型水库地震综合监测系统，研究高烈度区梯级水库地震规律及物理成因，取得一系列研究成果。项目成果在金沙江下游4个梯级水库地震监测中得到应用，节省建设及运行成本，相关成果对解答水库诱发地震问题、防震减灾等发挥极为重要的作用，保障水电工程按时蓄水发电及库区周边社会稳定。

【长江上游大型水库群生态环境效应与调控获中国电力技术发明奖二等奖】 中国三峡集团牵头，面向国家重大需求，经过十余年的应用基础研究与技术攻关，自主研发了水库群生态环境效应与调控技术，创建了多属性、分层、分布的水利水电工程生态环境效应监控体系，实现了多时空尺度、多层次、多目标的多维调控，为水利水电工程管理和流域水生态环境安全保障提供了系统解决方案。本项目取得具有自主知识产权的原创成果，相关研究成果总体达到国际领先水平，并已成功应用于长江、金沙江、清江、黑河等流域，以及三峡、向家坝、溪洛渡、南水北调等60多项重大工程中，经济效益、社会效益及生态效益显著。

【特大型水电站施工用缆索起重机关键技术及工程应用获中国电力科学技术奖二等奖】 中国三峡集团子企业中国三峡建设管理有限公司牵头，依托溪洛渡水电站，针对国内外各个水电工程国产和进口缆索起重机在设计、制造、运行等环节的重点和难点问题，围绕装备国产化和技术创新等开展持续12年的系统研究，取得了多项创新成果和技术突破，形成了特大型水电站施工用缆索起重机成套关键技术。项目已在向家坝、乌东德、白鹤滩、大岗山、阿海、亭子口、加查等多个工程推广应用，并将在国内外需要使用30t缆机施工的水电工程全面推广应用。通过本项目成果的成功应用，使中国30t缆机设计制造能力走在了世界前列，产品性能和质量达到了国际领先水平，成功实现了依托重大工程建设推动重大施工装备国产化，是中国在水电施工设备领域的重大技术突破。

【大体积水工混凝土高性能化关键技术研究与工程应用获水力发电科学技术奖二等奖】 中国三峡集团牵头，依托三峡工程，针对大体积水工混凝土高抗裂、高耐久和优质高效施工等技术难点，围绕技术路线、设计理念、材料优选、混凝土性能和工程应用等方面开展了持续20余年的系统研究，提出大体积水工混凝土高性能化设计理念和配制技术，形成满足200m级及以上高坝混凝土耐久性保障技术与控制措施，研制出满足三峡工程耐久性和安全性要求的高性能混凝土，形成大体积水工混凝土高性能化技术体系。项目成果在三峡工程得到全面成功应用，还推广应用到构皮滩、溪洛渡、向家坝、乌东德、白鹤滩等工程。依据本项目研究，出版专著8部，发表论文111篇，相关成果已纳入3项国家标准、10项电力及水利行业标准，为实现中国大体积水工混凝土高性能化提供技术途径，引领行业技术进步。

【葛洲坝电站水轮发电机组更新改造增容获水力发电科学技术奖二等奖】 中国三峡集团子企业长江电力牵头，对葛洲坝电站水轮机进行增容改造，研制具有国际领先水平的轴流转桨式水轮机转轮，采用新型转轮叶片密封、定转子绕组、线棒等多项创新技术和新型材料，优化机组结构设计，降低检修维护强度，提高环保水平；创新安装工艺，研制21项具有自主知识产权的专用工装，采用轴流转桨式机组转轮安装多维度调整方法、优化发电机中心返点测量方式等机组安装工艺，提高了安装效率和质量。通过该项目的实施，提高了葛洲坝电站的水能利用率，提高了机组运行效率及电站发电量，延长了机组使用寿命，保障了葛洲坝电站长期安全稳定运行，产生了显著的经济效益和社会效益，成果可为国内外其他同类型机组的改造提供借鉴。

（张　丽）

三峡水利枢纽全貌（2006 年）

三峡水利枢纽全貌（2007 年）

光荣榜

三峡水利枢纽全貌（2008 年）

先进集体

湖北省五一劳动奖状

湖北能源集团溇水水电有限公司

湖北能源集团溇水水电有限公司（以下简称“公司”）是江坪河水电站和淋溪河水电站的建设管理和运营单位。江坪河水电站工程位于湖北省恩施土家族苗族自治州鹤峰县走马镇的溇水上游河段，是溇水干流规划建设5个梯级电站的龙头电站。江坪河水电站为湖北省级重点工程，坝址控制流域面积2140km²，多年平均流量81.1m³/s，总库容13.66亿m³，装机容量2×225MW，多年平均发电量9.64亿kW·h。淋溪河水电站位于湖北省鹤峰县与湖南省桑植县交界的溇水界河上，为溇水干流上游河段水电开发的第二个梯级，距上游梯级江坪河水电站22.6km，坝址控制流域面积2286km²，多年平均流量84.4m³/s，总库容7607万m³，装机容量2×90MW，生态输水小机组，装机容量5.2MW，多年平均年发电量3.942亿kW·h。

近年来，公司紧紧围绕工程建设目标，在两个工区推行“大党建”文化，开展“十九大精神进工区”和党支部“互促互帮”活动，突出强化对基层党员的教育培训，凝聚强大正能量。公司始终把政治建设摆在第一位，不忘初心、牢记使命，把牢政治方向，站稳政治立场，努力提高政治敏锐性和鉴别力。坚持以制度宣贯为“抓手”，凝聚力量促创新；以素质提升为“推手”，凝聚智慧增亮点；以青年培养为“援手”，凝聚人才助建设；以企业党建为“鼓手”，凝聚共识谋发展。“四手”齐抓，克难攻坚，勇往直前，高质量同筑“放心工程与廉洁工程”。坚持抓班子、带队伍、谋发展、保稳定，以身作则牢固树立正确的人生观、价值观、权力观，并自觉接受广大职工的监督，用“廉洁班子”打造“廉洁团队”，努力使每一名班子成员成为政治上的明白人、工作中的领路人、职工中的贴心人。

公司紧紧依托中国三峡集团、湖北能源管控优势，始终坚持“安全第一，质量至上”的理念，充分发挥业主主导作用，抓好施工组织协调管理，引领参建各方切实履行质量安全主体责任，助力工程建设稳步推进。组织对主标施工单位的施工质量、安全文明生产进行了综合考核评比，每季度授予安全文明施工流动红旗，把考评活动转变为强化安全生产工作的有力抓手，做到以安全保质量、以质量促进度。全年未发生较大及以上生产安全事故和环境事件，未发生人身伤亡和重伤事件，未发生对社会和行业造成重大影响事件，未发生负主要责任的道路交通事故和火灾事故。始终坚持“千年大计，质量第一”的方针，以高度的社会责任感狠抓工程质量管理，认真落实水规总院关于质量问题的咨询意见和质量监督总站整改意见、扎实开展“严慎细实抓质量，精益求精创精品”为主题的“质量月”活动、设立“质量样板仓”工程、强化质量法律法规的宣贯与培训等，工程质量总体可控、在控，未发生一般及以上质量事故。

在充分发挥业主主导作用的同时，公司实施素质提升工程，服务职工成长成才。按照集团公司工会关于创新工作室开展课题攻关的要求，着力提升“模范导师（创新）工作室”的带头作用，推动团队创新创效。其中徐建华“模范导师（创新）工作室”针对江坪河水电站大坝施工期反向排水恢复措施开展专题技术攻关，有效解决了大坝工程施工中的工程难题，切实发挥先进典型的引领示范作用，进一步推动“导师带徒”活动良性发展。

四川省工人先锋号

三峡发展公司乌东德监理部泄洪洞项目部

泄洪洞项目部前身为导流项目部，于2011年12月组建，根据工程进展，2014年重命名为泄洪洞项目部，现有人员10人，全部为大专以上学历，其中高、中级职称6人，注册监理工程师6人，注册安全工程师1人，造价工程师1人，主要技术骨干均从事类似泄洪洞工程监理工作，具有丰富的监理经验。项目部坚持“以服务为中心，以质量为根本”的宗旨，已成为一支技术过硬、管理有效、内部团结、朝气蓬勃的监理队伍。

一、管理规范，实现“质量、安全、进度”三丰收

泄洪洞项目部在监理部正确领导下，积极走标准化道路，规范内部管理，建立了质量、安全、进度、投资和技术五个小组，并明确组长和跟进人，分工明确，达到“职责清、程序明”。工程开工之初，项目部领导组织查阅规程、搜索资料、深入领悟设计意图，全体成员广泛参与各类与工程相关的施工培训、讲座。经过一系列的强化学习和培训，项目部成员系统掌握了泄洪洞施工监理的工作流程和工作要点。

在平凡的监理岗位上，项目部全体人员本着“守法、诚信、公正、科学”的职业准则，从清晨到黄昏，从华灯初上到夜色深沉，年复一年地协同其他参建者将一处处荒芜变为繁华。过去的一年，是项目部收获颇丰的一年。质量方面，项目部监理人员通过“严格监理、热情服务”的管理理念细致开展工作，开挖支护工程总体优良率达到94%以上，申报“超规范、超设计质量标准”的样板工程8个，使泄洪洞申报的总体样板工程数量达到12个；安全文明施工方面，通过全体成员的“五到”（眼到、心到、言到、笔到、落实到）管理，继续保持零伤、零亡、零机械设备及火灾事故，在2015年6月，通过监理人员的细心观察和经验判断，及时督促人员设备撤离，成功避险1起边坡垮塌伤人砸物事件。项目部所监理部位安全样板工作面达到3个，是乌东德水电站工程最多的部位；进度方面，因泄洪洞工作闸室围岩类别较差，开挖结构与裂隙带呈小夹角，开挖难度大、安全风险高，故进度缓慢。为保证2016年3月开挖支护向混凝土按期转序，在监理部领导下，项目部与左岸泄洪洞施工单位一起对中闸室开挖支护方案进行调整，计划重新进行梳理，倒排工期，根据目标工期，每天组织此部位的日碰头会，每天跟

踪检查施工情况，检查其对计划的落实情况，及时组织业主、设计、地质、施工单位处理需协调问题。从开始日碰头会以来，效果非常明显。2015 年 12 月底，左岸泄洪洞 3#闸门井全部开挖完成，1#、2#闸门井剩余不到 12m，且剩余开挖只剩边墙扩挖，对上部闸室稳定影响不大，圆满地完成了全年计划，泄洪洞其他工作面也遵照此执行，泄洪洞项目部所监理部位全部完成了年度计划。

二、建设学习型部门，良好的监理团队是高效完成任务的保证

泄洪洞项目部十分注重培养职工综合素质，优化知识结构，把青年职工的岗位成才放在重要位置。部门积极配合监理部开展培训工作，组织和推荐青年职工积极参加各类岗位技能培训，把青年职工的技能培训作为创建先进班组的重要工作内容。积极采取内培和外培并举、理论培训和技能培训相结合的方式，增强培训的针对性和实效性。项目部成员严格以合同为准绳、以事实为依据开展监理工作。为提高工作成效，展示监理人员素质，全体成员精诚协作、锐意进取。2015 年为泄洪洞开挖施工的高峰期，为了工程需要，项目部涌现了一批带病坚持上岗、主动放弃休假、帮助新同事提高专业技能水平的员工，工作中，无论是老同志，还是新分配来的大学生，均日复一日、月复一月地经受着洞内高温与粉尘的考验。为营造团队学习环境，项目部促使每个成员在德、能、勤、绩方面尽力表现和发挥，正确选择个人价值取向，自觉维护集体利益和荣誉。全体人员进行“一专多能”的技能训练，形成了人人能够独当一面的能力特点。

三、辛勤耕耘终究换来收获

荣誉和成绩是勤劳和汗水换来的。2014 年至今，项目部 1 名成员发展为预备党员，并按期转正；3 人通过水利部监理工程师、造价工程师考试；泄洪洞项目部 2014、2015 年连续两年获得乌东德建设部和乌东德监理部先进集体，其中泄洪洞 II 标组 2015 年获得乌东德建设部“质量管理先进集体”；每年平均 5 人次分别获得中国三峡集团乌东德建设部与监理部“先进个人”。监理工作得到乌东德建设部和其他单位的肯定，所监理的泄洪洞工程在国家能源局专家组检查中得到一致好评，专家组检查意见中评价泄洪洞工程为优良工程。

四、结束语

乌东德水电站能否按期发挥投资效益和社会效益，展现巨型水利工程对地方经济和社会发展的拉动作用，泄洪洞工程作为主体工程之一，对于电站能否按期安全运行起着至关重要的作用。项目部监理成员深感责任重大，但他们表示，将继续注重监理的事前、主动控制，在管理上加强交流、总结，努力创建文明和谐班组，大力推行新技术、新工艺的运用，在科学、高效的工程建设中发挥监理作用。

云南省工人先锋号

三峡发展公司白鹤滩监理部泄洪洞项目部

泄洪洞项目部于 2014 年 4 月成立，现有成员 12 人，是一支以 80 后为主的青年团队，具有高级职称 3 人、中级职称 5 人，班组设置组长 1 名、副组长 2 名、组员 9 名。这支队伍一直恪尽职守、务实严谨、精诚协作、敢于挑战，既有敢打敢拼的创新精神，也有谦虚谨慎的团队意识。团队始终保持实事求是、科学管理的工作作风，坚持“守法、公正、科学、廉洁、诚信”的监理职业道德。积极开拓创

新，以“管理有创新，工程有亮点，工作有收获”为管理理念，经过5年多的不懈努力，攻克了一个又一个难关，创造了泄洪洞工程一个又一个辉煌。该团队已成长为“团结协作、志创精品”的坚强队伍。

白鹤滩水电站泄洪洞工程为国内洞室断面最大、流速最高，体型复杂，工程规模居国内之最。开挖阶段，采取了针对柱状节理段、错动带等不良地质段应对措施，开展爆破试验，形成标准化工艺手册，实现了开挖半孔率达90%以上、平均不平整度在8cm以下、平均超挖在15cm以内的优质目标。混凝土阶段，在进水塔钢衬底板混凝土施工中发明了一种新型装置，采用微压法置换混凝土钢衬下部空气和浮浆，保证了混凝土浇筑密实度，有效地防止了钢衬抬动发生；上平段在国内已有的边墙钢模台车基础上，精心设计了皮带机上料系统，成功解决了平板车运输常态低坍落度混凝土入仓的难题，打破了国内纪录，填补了行业技术空白。龙落尾研制大坡度变断面液压自行式混凝土衬砌台车和大坡度重载快速自动供料系统，实现衬砌宽度可调节的功能，解决了大坡度常态混凝土运输难题；上料系统采用PLC系统联动控制，实现了设备精准就位和安全运行的目标。内部管理上，积极推广“三联单”、现场周碰头会等制度，做到首仓建标、细节达标，积极推进标准化施工工艺。面对地质条件复杂、工期紧、技术标准高等诸多困难，泄洪洞进口组采取了优化施工方案、精心组织生产、加强技术创新等强有力的措施，实现了质量精品目标，得到了各方的高度评价，并在2016年获得中国长江三峡建设管理有限公司“质量先进集体”荣誉称号。

先进个人

上海市五一劳动奖章

吴彩娥

吴彩娥，女，1963年5月出生，上海勘测设计研究院有限公司（以下简称“上海院”）河口海岸工程设计部主任、高级工程师（教授级）、建设部注册监理工程师、上海市注册咨询专家、上海市建设工程评标专家。曾获2003—2004年度上海市“三八”红旗手称号、2007年度上海市重点工程立功竞赛记功个人、2013年上海市巾帼建功标兵暨优秀女设计师、2017年上海市五一劳动奖章等荣誉称号。

地处河海交汇之滨的上海，为求一汪清泉，上下求索数十载。2016年12月29日，伴随黄浦江上游水源地工程通水，陈行、青草沙、东风西沙、黄浦江上游四大水源地终于构建完毕。吴彩娥用了20多年，一一亲历上海四大水源地的建设，为使上海市民饮用清洁水的梦想逐步从蓝图变为现实呕心沥血，终于得偿夙愿。“我赶上了一个美好的时代！”这是吴彩娥的肺腑之言。从1984年进入上海院到六年后参与陈行水库建设，从懵懂的“愣头青”蜕变为业内资深“老法师”，她感慨，四大水源地带着她成长，她也见证了上海水源地设计理念的更新换代：以前是求质保量，现在要求更高，要追求绿色生态，即水源地的建设尽量就地取材、因地制宜、节能降耗，减少对周边区域的人为干预。

21世纪，随着城市发展和生活水平的提高，上海市原水供应缺口日益突显，吴彩娥和她的团队瞄准极具挑战意义的长江口江心水库——青草沙水库，这是全球规模最大的避咸蓄淡水库，库容相当于10个杭州西湖。建设过程中遇到的第一只“拦路虎”就是龙口合龙。像三峡水库等国内大型水库的龙口截流，一般都采用传统的“立堵式”截流施工工艺，也就是从龙口的两侧往中间“缩小包围圈”，最后高强度抛石封堵截流。可青草沙水库龙口规模较大、流速较高，难以按传统工艺施工。吴彩娥这个出了名的“拼命三娘”废寝忘食，在专家委员会指导下，对水库工程进行深入研究和技术创新，最终确定型钢框笼抛石“平堵式”截流施工工艺，这在中国水利工程施工中还是首次采用。为确保截流施工万无一失，她无数个日日夜夜冒着钻心刺骨的寒风在水库取证和试验，在平堵合龙方面的科学论证就不下50次，还做了大量的模型试验论证，专题论证费用就达几千万元。这个科学方案为全国大型水利龙口合龙工程开创了新的捷径。2008年1月2日夜里，经过三天连续奋战，随着最后一斗巨石将江水稳稳挡住，青草沙水库800m超大龙口一次性成功合龙！刷新了国内围垦史上的合龙纪录，时任上海市市长的韩正发来贺信。同年6月8日，历经15年论证、

5年建设的上海青草沙水源地原水工程胜利实现通水，供水受益人口约1300万，占全市原水供应总规模的50%以上。不仅改善了上海市民的饮用水质，更为上海发展的百年大计奠定了水源基础。项目成功的背后，她也有无奈和辛酸，儿子高考前未能尽一个母亲的职责；母亲病重直至病故时未能多尽一个女儿的孝道，对母亲的思念和愧疚之情常让她从梦中醒来，情不能已。

以往，崇明岛域各水厂分散于内河取水，无集中水源地，每年长江枯水期咸潮入侵，严重影响供水质量。为解决崇明集约化供水，将东风西沙水库建设为新水源地，上海院为设计施工总承包单位，水库总库容976万 m^3。吴彩娥作为项目设计经理，经过科学论证，和她的团队成员设计采用泵闸联动、江心取水方式，通过库型优化和库盆塑造加快库内水体的置换周期，减少缓流区，避免水体富营养。2014年1月17日，东风西沙水库正式通水，彻底改写了崇明“守着长江口，喝不到长江水”的历史局面。水库像是一条“长江刀鱼”游弋在崇明岛身畔，水清岸绿，惠及全岛70万居民。

众所周知，像青草沙水库这样的边滩浅型水库，水体富营养化导致的藻类问题是个难题。为建设生态水库，吴彩娥和项目团队在黄浦江上游金泽水库建设中开展水源湖生态系统构建、水质安全和监测预警等关键技术研究，通过库区水动力条件优化、水生态系统构建、强化整合水库水质维持及改善措施等，为原水水质稳定和提升奠定了基础。建设生态水库的“接力棒”从青草沙水库顺利移交到金泽水库。

作为河口海岸工程设计部主任，吴彩娥始终注意带团队，育新人。她带领的5位项目经理、6位副经理，精诚合作，注重人才培养和锻炼，形成了专业技术精干、组织能力突出、责任心强的项目经理团队，两次获得上海院突出贡献集体奖。

四川省五一劳动奖章

王克祥

王克祥，男，汉族，1968年出生，中共党员，高级工程师，时任中国三峡集团白鹤滩工程建设部大坝项目部灌浆组组长。曾获中国三峡集团“优秀党员”“十大杰出员工”等荣誉称号。

王克祥1991年毕业于中国地质大学（武汉），参加工作后一直在施工单位一线工作，十几年的技术人员和项目经理的工作经历为他处理现场技术问题打下坚实的基础，积累了丰富的现场管理经验。2009年进入公司后，即参加溪洛渡水电站坝基处理工作，通过积极探索、大胆创新，提出通过细化地质条件，分区采用无盖重灌浆、岩体盖重加混凝土盖重灌浆、无盖重加引管灌浆等方式，解决高拱坝复杂岩体坝基灌浆与混凝土浇筑干扰的难题。通过溪洛渡水电站项目管理中的历练和不断自我学习提高，他的管理经验不断充实。

2016年，因工作需要，王克祥被调到白鹤滩工程建设部大坝项目部，负责大坝围堰工程防渗项目管理工作。大坝围堰防渗是大坝基坑旱地开挖和正常混凝土浇筑的重要保障，围堰项目按期完成是保证大坝基坑按时开挖的关键。通过精心组织、严格管理，保证了围堰工程按期完工，工程质量优良，为大坝基坑按时开挖、开挖干地作业提供了保证。

建章立制，规范过程管理程序，努力做到

隐蔽工程阳光作业。隐蔽工程质量需要规范的施工过程保证。针对隐蔽工程的特点和施工过程中容易出现问题的环节，他有针对性地制定了多项管理制度，组织编写了灌浆监理管理细则，规定了检查验收程序、检查方法、检查标准，使作业人员在工作中能够掌握重点，各级质检人员掌握检查标准，管理过程做到了有章可循。细则内容在集团编制的灌浆管理规程中得到大量引用。

超前研究，精细管理，白鹤滩大坝围堰滴水不漏。大坝围堰防渗项目主要包括围堰防渗墙、墙下帷幕灌浆和土工膜等。白鹤滩大坝围堰地质条件复杂，漂孤石含量高，基覆界线起伏大，两岸基岩面陡峻甚至反倾，这些都是防渗墙施工的难点。针对这些特点，他组织成立了围堰防渗项目工作组，提前分析坝基地质情况和防渗墙施工特点，研究制定针对性技术措施，如对漏失地层预灌浓浆、对孤石漂石集中部位的预爆措施等，大大减少成槽过程中塌孔的概率，提高成槽工效。为准确摸清基覆界线，除先导孔外，对Ⅰ、Ⅱ序槽孔钻渣也全程跟踪，逐孔鉴别，确保所有槽孔入岩，对防渗墙的嵌岩深度、接头刷洗、浇筑等环节亲自把关，保证防渗墙施工过程全面受控。围堰防渗效果经汛期挡水检验做到“滴水不漏”，保证了基坑开挖干地作业，减少了基坑施工期渗水抽排量。

精心组织，强力协调，保证围堰按期挡水。围堰施工工期紧，施工强度大，各种作业需协调进行。围堰地层主要为玄武岩地层，岩石强度高、破碎难、工效低，为此他深入施工人员之间，与他们共同探讨改进钻头型式，提高钻孔效率。春节期间，他带领工作小组坚守在工地，节日现场防渗项目施工未出现中断。由于帷幕灌浆孔深加深，工程量增加，为保证按期完成，他积极组织施工单位及时增加设备资源，协调各方保证供水供电。由于组织得力，协调有效，在工程量增加的情况下，仍按原计划工期完成任务。

云南省五一劳动奖章

刘祖雄

刘祖雄，男，汉族，1972年1月出生，中共党员，研究生学历，高级工程师。历任中国三峡总公司计划合同部金沙江前期工作处副主任科员、主任科员；计划发展部水电前期办公室主任科员、项目经理；中国三峡集团移民局规划合同部移民前期工作主管、白鹤滩和乌东德工程移民项目部主任等职务。现任中国三峡集团移民工作局副局长。他是中国三峡集团选拔培养的首批青年骨干，曾荣获中国三峡集团第二届“十佳青年”荣誉称号。2007年以来，他积极投身金沙江下游水电开发，在乌蒙山的崇山峻岭、金沙江的深山峡谷，历经千辛万苦，走遍千山万水，说尽千言万语，竭力推动乌东德、白鹤滩“两站”移民工作，用实际行动和良好的工作业绩诠释了一名中央企业领导干部忠诚干净担当的光辉形象，是中国三峡集团在支持帮助云南省服务和融入国家发展战略并实现跨越式发展的事业中涌现出来的劳动模范。

扎根一线，不辞劳苦投身水电事业。刘祖雄怀着水电报国的梦想和情怀，来到环境条件极为艰苦的金沙江水电开发一线，相继参与溪洛渡、向家坝两座电站的前期工作，重点承担白鹤滩、乌东德两电站水电开发的前期准备工作。他常常与员工谈及他对水电移民工作的执着与热爱：“既然来到移民工作局，就要选择与移民主业密切相关的岗位。一线工作虽然很辛苦，但是能学到很多东西。”

处于界河之间的金沙江水电移民工作任务重、协调难、压力大，为了推进现场工作，他常年在两个电站库区15个区县之间日夜奔波。在乌东德、白鹤滩实物指标调查过程中，他总是在一线指挥协调，在现场来回奔忙；在移民规划审核过程中，他又不停地往来于库区，设计单位，省市县各级政府、各个部门，协调推进报告审定工作。据统计，2011年至2016年，刘祖雄同志平均每年出差和一线现场办公均在280天以上。长期高强度的工作，给他的身体埋下了隐患。2017年2月25日，刘祖雄在白鹤滩工地突发脑溢血入院救治，仍在康复中。

主动作为，协调各方推动现场工作。水电移民安置工作实行政府领导、分级负责、县为基础、项目法人参与的管理体制，利益相关方多，需要协调的事项多。作为项目业主，要实现早日蓄水发电的目标，协同各方推进工作的难度大。对此，刘祖雄不等不靠，带领项目部全体员工主动作为，充分依托金沙江下游协调办、主设单位和水电总院、移民综合监理，分别发挥各自作用，坚持依法依规，做好各个环节的投资控制；组织主设单位，协调地方政府和相关各方，采取“同步推进、交叉作业”的方法，以及“联合办公”“内审咨询”等形式，积极推动工作向前赶；探索并建立设计监理制度，完善“项目经理制”，加强对规划设计和现场实施的管理，掌握工作的主动权。为第一时间取得省移民局、库区各县对移民安置的规划大纲，移民安置规划的审核确认文件，他安排员工发扬“钉钉子”精神，在相关部门办公场所驻守，与具体办理人员同吃同住同办公，紧盯文件的办理，有时可能带着文件一天来回飞行几个城市。这一系列措施推动了白鹤滩、乌东德“两站”高效率地完成了实物指标调查、规划大纲和移民安置规划的编审及行政确认，为“两站”核准争取了时间。

善于学习，钻研业务，成为水电移民专家。刘祖雄从水电工程前期工作转战移民一线，非科班出身却能很快成为移民工作的专家，这与他善于学习、好钻研业务分不开。他常说：“政策和规范是我们制定规划的依据，而规划是指导我们今后实施的依据，对政策规范的学习要熟之又熟，对规划的审查要慎之又慎。”在他负责项目部工作的日子里，部门员工经常见到他抱着厚厚的政策资料、移民规范在办公室学习到深夜，他不仅将规范、政策吃透，还能灵活地运用到现实工作中。作为世界级的水电站，白鹤滩、乌东德淹没影响范围涉及面广、规划报告庞杂，刘祖雄对所有的规划报告都仔细阅读、认真研究，并善于抓住细节，找出问题的关键所在，以至于每到规划审查时，设计单位最怕他提问。在一次白鹤滩移民安置规划内审会上，设计单位10多个专家被他问得无言以对，他的专业素养之高得到移民工作各方的认可，也赢得了大家的尊重。

他的“钻”还体现在工作作风上。实物指标调查关系移民切身利益，也是移民工作中矛盾最尖锐、最突出的环节，关系到库区的和谐稳定。刘祖雄用大量时间牵头组织研究制订《实物指标调查细则》，先后召开十几次审查会，十几次修改稿子，多数都是他亲自动手修改。为做好零星树木的调查，他邀请专家到现场讲课，带领干部群众到田间地头清点抽查，确认每亩桑树的合理基数。他的扎实工作避免了移民抢栽抢种，取得了良好的效果。

白鹤滩、乌东德“两站”移民工作正按既定目标推进。我们深信，刘祖雄的敬业、坚韧、匠人精神必将感染每一位奋战在金沙江水电开发一线的建设者。

统计资料

三峡水利枢纽全貌（2009 年）

三峡工程固定资产投资

【概况】 2017 年，三峡工程运行情况良好，坝区规划项目正常有序推进，防洪、航运、发电、补水等综合效益显著发挥。

【梯级电站运行管理】 汛期累计拦蓄洪水 129 亿 m^3，有效降低长江中下游干流水位，发挥了显著的防洪效益。2017 年 10 月 21 日圆满完成 175m 蓄水目标；2017 年三峡电站发电量 976 亿 kW·h，完成年计划发电量的 109.9%。

【通航运行管理】 2017 年，过闸船舶货运量约 1.3 亿 t；两线船闸通航率 91.78%，主要设备完好率100%。三峡升船机自 2016 年9 月 18 日试通航以来，累计安全有载运行 2526 厢次，通过各类船舶 2547 艘次、旅客 5.7 万人次，过机船舶货运量 57.4 万 t，进一步拓展了三峡工程的通航效益。

【主要工程形象进度】 1. 长江珍稀鱼类保育中心：科研养殖车间建筑工程已具备自流水养殖条件；前水处理区工程已具备联合调试条件；试验工作区工程已完成主体结构分部工程验收。

2. 三峡工程博物馆：完成博物馆主体工程土建施工；观景平台具备参观条件。

三峡工程 2017 年投资计划 3.69 亿元，实际完成投资 2.28 亿元，占年度计划的 61.79%。其中，建安工程完成投资 0.82 亿元，比计划投资（1.47 亿元）减少 0.65 亿元；永久设备完成投资 0.23 亿元，比计划投资（0.46 亿元）减少 0.23 亿元。

截至 2017 年底，三峡工程累计完成固定资产投资 1707.22 亿元。其中，枢纽工程完成静态投资 498.5 亿元，占枢纽工程概算 500.9 亿元的 99.52%；库区移民完成静态投资 530.02 亿元，占库区移民静态投资 530.02 亿元的 100%；价差 527.37 亿元；贷款利息 151.33 亿元。静态、动态投资均控制在国家批准的概算及预测的投资范围内。

表 1　中国三峡集团主要固定资产投资完成情况汇总表

单位：万元

编号	项目	本年计划	本年完成	占年计划（%）	自开工累计完成
	总投资	2476640	1937346.03	78.22	40806500.33
1	三峡工程	36899	22804.31	61.80	17072167.45
2	溪洛渡水电站项目	201553	101320.71	50.27	8475538.13
3	向家坝水电站项目	217023	143968.12	66.34	7479651.86
4	乌东德水电站项目	1037548	888415.24	85.63	3921385.17
5	白鹤滩水电站项目	983618	780837.66	79.38	3857757.72

表2

三峡工程固定资产投资完成情况汇总表

单位：万元

编号	项目或费用名称	本年计划	本年完成	占年计划（%）	自开工累计完成
一	三峡工程投资	36899	22804.31	61.80	17072167.45
（一）	三峡枢纽工程投资	36899	22804.31	61.80	6993798.37
1	建安工程	14690	8226.81	56.00	3261466.59
	其中：建筑	14690	8009.94	54.53	3090299.60
	安装		216.87		171167.00
2	机电设备费	2973	1049.70	35.31	951052.02
3	金结设备费	1661	1216.92	73.27	229051.44
4	其他费用	836	106.83	12.78	456061.94
5	基本预备费	17	20.04	117.67	87371.29
6	价差预备费	16721	12184.01	72.87	2008795.09
（二）	水库淹没处理补偿费				8565094.48
（三）	贷款利息				1513274.61

（李　磊）

三峡水利枢纽全貌（2010年）

大事记

三峡水利枢纽全貌（2011 年）

2017 年大事记

一月

5 日　三峡升船机试通航阶段灭火疏散应急演练在三峡坝区举行。

10 日　中国三峡集团党组书记、董事长卢纯，中国三峡集团党组副书记、总经理王琳在北京会见哈尔滨电气集团公司党委书记、董事长斯泽夫一行。

12 日　中国三峡集团党组成员、副总经理张诚在北京会见通用电气（GE）公司可再生能源部水电总裁伊夫·兰诺一行，双方就战略合作具体事宜进行会谈。

16 日　中国三峡集团党组书记、董事长卢纯在北京会见中国驻葡萄牙大使蔡润。

19 日　中国三峡集团党组成员、副总经理张诚在北京会见国家电网副总经理栾军，双方就中国三峡集团长江干流三峡、葛洲坝、溪洛渡和向家坝水电站 2016 年运行情况及 2017 年继续深化合作事宜进行会谈。

21 日—22 日　中国三峡集团 2017 年工作会议暨二届三次职代会在北京召开。

23 日　中国三峡集团党组书记、董事长卢纯，党组副书记、总经理王琳在北京与国家电网公司党组书记、董事长舒印彪，党组副书记、总经理寇伟进行会谈。双方就白鹤滩水电站输电方案优化、抽水蓄能电站合作、新能源开发利用等共同关心的问题进行深入交流。

24 日　中国三峡集团党组书记、董事长卢纯，中国三峡集团党组副书记、总经理王琳在北京与水利部部长陈雷会谈。双方就中国三峡集团 2016 年水电建设管理运行情况及 2017 年改革发展战略布局进行深入交谈。

25 日　中国三峡集团党组书记、董事长卢纯，中国三峡集团党组副书记、总经理王琳在北京与国务院三峡工程建设委员会办公室党组书记、主任聂卫国进行会谈。双方就中国三峡集团 2016 年三峡工程建设运行情况及 2017 年改革发展战略布局进行交流。

二月

2 日　苏丹上阿特巴拉水利枢纽举行首台机组发电庆典。

10 日　中国三峡集团党组书记、董事长卢纯在北京会见天津大学校长钟登华一行。双方就做好全球大水电建设运行管理的技术支撑、解决清洁能源发展技术问题、开展新能源相关技术研究和高端人才培训等方面进行探讨。

10 日　中国三峡集团党组副书记、总经理王琳在北京会见国网新源公司党委书记、董事长林铭山一行。双方就落实抽水蓄能项目合作等事宜进行深入交流。

23 日　国务院三峡枢纽工程质量专家组副组长高安泽、郑守仁和专家组成员杨定原、刘颖、田泳源、王光纶、曹征齐、傅华等一行赴三峡工地开展第 31 次质量检查工作。

三月

1 日　12 时 28 分，三峡电站累计发电突破 1 万亿 kW·h。

7 日　三峡船闸累计通过货运量超过 10 亿 t。截至本日，三峡船闸累计通过货运量 10.01 亿 t，旅客 1181.2 万人次。三峡船闸累计运行12.87万闸次，通过船舶73.3万艘次。

10日 云南省副省长张祖林调研乌东德水电站移民工作。

13日 云南省副省长张祖林调研白鹤滩水电站移民工作。

14日 三峡双线五级船闸北线船闸圆满完成计划性检修，恢复通航。

16日 乌东德水电站大坝首仓混凝土开始浇筑。

23日 中国三峡集团党组书记、董事长卢纯在北京与福建省委书记尤权会谈，双方就深化战略合作、实现互利共赢等话题进行交流。

24日 中国三峡集团党组副书记、总经理王琳在北京会见福州市委常委、福清市委书记王进足一行，双方就福清兴化湾样机试验风场、福建三峡海上风电国际产业园、码头等项目建设推进情况进行交流。

24日 中国三峡集团党组副书记、总经理王琳在北京与水电水利规划设计总院院长郑声安、党委书记彭程一行举行座谈，双方就大水电、新能源、国际开发等业务领域相关工作进行深入交流。

27日 中国三峡集团在北京召开第二届董事会第二十三次会议。

30日 中国三峡集团辽宁大连庄河30万kW海上风电项目正式开工建设。

30日 福建省发展和改革委员会发布《关于福清兴化湾海上风电场一期项目核准的复函》，福清兴化湾样机实验风场获得核准。

四月

7日 中国三峡集团党组书记、董事长卢纯在北京会见中非产能合作基金董事长韩红梅一行，双方就如何发挥中非产能基金作用、积极跟进非洲投资业务、加强在非洲投资项目合作进行交流。

8日 由中国三峡集团和宜昌市政府共同组织的2017年长江三峡中华鲟放流活动在宜昌市胭脂园举行。

10日 中国三峡集团党组书记、董事长卢纯，中国三峡集团党组副书记、总经理王琳在天津与天津市委书记李鸿忠，天津市委副书记、市长王东峰举行会谈。双方就海上风电、清洁能源、海水淡化、水资源开发保护、电力市场化改革、科技研发、产业基金开发、推进国企改革等领域务实合作进行交流。

11日 辽宁省委书记李希考察三峡新能源朝阳水泉光伏项目。

12日 国家发展和改革委员会副主任连维良率队到中国三峡集团开展专题调研，中国三峡集团党组书记、董事长卢纯会见了连维良一行。

12日 中国三峡集团党组书记、董事长卢纯在北京会见来访的葡萄牙电力公司首席执行官梅西亚，听取了葡萄牙电力公司2016年经营业绩汇报，就葡萄牙电力公司与中国三峡集团在新能源开发、海外业务拓展配售电领域深化战略合作等事宜进行了交流和探讨。

13日 交通运输部部长李小鹏在中国三峡集团党组副书记、总经理王琳陪同下到三峡坝区码头、锚地，调研三峡工程通航情况。

14日 中央纪委驻国资委纪检组组长江金权调研中国三峡集团境外业务监管工作。

14日 云南省政协副主席王承才一行考察白鹤滩水电站工程。

18日 中国三峡集团党组副书记、副总经理林初学在北京会见了GE集团全球高级副总裁段小缨一行，双方就进一步深化在水电、新能源、国际业务、数字化应用、人才交流培训等领域的合作进行了交流。

24日 中国三峡集团和南方电网公司在北京签署“十三五”战略合作协议。双方将在三峡、溪洛渡、白鹤滩、乌东德电站电能消纳，配售电业务和综合能源开发建设，新能源，抽水蓄能电站，国际业务，金融资本等6个方面加强合作。

26 日—27 日 国务院派驻中国三峡集团监事会主席调研中国三峡集团响水风电项目。

28 日 中国三峡集团在北京召开第二届董事会第二十五次会议。

五月

5 日 中国三峡集团在北京召开第二届董事会第二十六次会议。

8 日 交通运输部党组书记杨传堂在中国三峡集团党组书记、董事长卢纯陪同下考察向家坝升船机工程。

9 日 2017 世界水电大会在非洲埃塞俄比亚首都亚的斯亚贝巴开幕。中国三峡集团党组副书记、总经理王琳出席大会并作了题为《大力发展非洲清洁能源开发与互联，推动清洁能源全球共享》的演讲。

10 日 中国离岸距离最远的中国三峡集团江苏大丰 30 万千瓦海上风电项目开工建设。

11 日 葛洲坝水利枢纽 2017 年首次泄洪。

11 日 湖北省副省长周先旺赴三峡坝区调研三峡综合交通运输体系建设工作。

11 日 中国三峡集团党组成员、总会计师杨亚在北京会见诺斯德集团董事长兼首席执行官杰高博一行，就双方未来的业务合作进行会谈。

12 日 中国三峡集团支持四川省凉山彝族区脱贫攻坚联席会议在成都召开。

13 日 向家坝水利枢纽首次启动生态调度试验，通过持续加大出库流量，利用调度手段创造适宜的水文、水力条件，促进漂流性卵鱼类繁殖。

17 日 中国三峡集团党组书记、董事长卢纯在福州会见福建省委书记、福建省人大常委会主任尤权，就深化双方战略合作加快海上风电产业发展等深入交换意见并达成共识。

17 日 中国三峡集团党组副书记、总经理王琳检查三峡工程防洪度汛工作准备情况。

18 日 中国三峡集团与福建省政府在福州召开海上风电项目建设座谈会。会议由福建省委常委、常务副省长张志南主持，中国三峡集团党组书记、董事长卢纯，党组副书记、总经理王琳，党组成员、副总经理毕亚雄，党组成员、总会计师杨亚等出席会议。

18 日 中国三峡集团党组书记、董事长卢纯，党组副书记、总经理王琳在福州与福建省省长于伟国举行会谈，双方就进一步加强合作，加快海上风电开发，实现共赢发展进行深入交谈。

18 日 中国三峡集团党组书记、董事长卢纯，党组副书记、总经理王琳与福建省委副书记、福州市委书记倪岳峰在福州举行会谈，双方就全面推进中国三峡集团在福建海上风电开发、加快建设福建三峡海上风电国际产业园、携手打造全球领先的海上风电全产业链等进行深入沟通和交流。

20 日 金沙江溪洛渡、向家坝水电站珍稀特有鱼类增殖放流站春季放流活动在四川宜宾市安边镇举行。本次放流达氏鲟、胭脂鱼 2 个品种规格鱼苗 2.4 万尾。

22 日 中国三峡集团在北京召开 2017 年度防洪度汛工作会议，中国三峡集团党组副书记、总经理王琳主持会议。

23 日 国务院派驻中国三峡集团监事会主席骆玉林调研曲阳光伏扶贫项目。

24 日—25 日 中国三峡集团党组书记、董事长卢纯调研淮南水面光伏项目建设。

六月

1 日 德国柏林当地时间 6 月 1 日，在中德两国总理李克强和默克尔共同见证下，中国三峡集团党组书记、董事长卢纯和德国福伊特集团公司总裁兼首席执行官赫伯特 · 林哈德签署《三峡集团与福伊特关于巴西圣保罗州巴拉那河流域伊利亚电站和朱比亚电站机组改造项目协议》。

1 日 德国当地时间 6 月 1 日，国务院总理李克强和德国总理默克尔共同出席中德经济界高层对话会，会见中德企业代表。中国三峡集团党组书记、董事长卢纯应邀参加会议，在中德经济顾问委员会暨CEO圆桌会上就深化与德国企业共同开发第三方市场、共同推进世界清洁能源发展等方面作引导发言。

2日 比利时当地时间6月2日，第十二届中欧工商峰会在比利时首都布鲁塞尔举行。中国三峡集团党组副书记、副总经理林初学出席会议并作发言。

6日 中国三峡集团党组成员、副总经理毕亚雄在山东东营市会见东营市委书记申长友，就加快推动海上风电合作深入交换意见并达成共识。

7日 第十二届中国企业社会责任报告国际论坛在北京召开。会上隆重发布“金蜜蜂企业社会责任·中国榜”，中国三峡集团等12家企业荣获“金蜜蜂企业社会责任·中国榜”“金蜜蜂·领袖型企业”称号。

7日 长江电力荣获“2016金蜜蜂企业社会责任·中国榜”“金蜜蜂·生态文明奖”称号。

7日 中国三峡集团党组副书记、副总经理林初学在北京会见亚洲基础设施投资银行副行长阿姆斯贝格。双方围绕在亚洲地区可持续能源基础设施投资领域开展合作进行交流。

8日 重约455t的世界最重水轮机组座环在乌东德水电站6号机窝成功吊装。

9日 中国三峡集团党组副书记、总经理王琳在北京会见武汉市副市长徐洪兰一行，双方就加强和深化合作进行交流。

10日 “中国－南亚东南亚新闻交流中心记者团”到三峡坝区开展采访活动。该团由中国公共外交协会组织，共有巴基斯坦、泰国、菲律宾、印度、尼泊尔等12个国家的15名媒体记者。

13日 中国三峡集团党组副书记、总经理王琳在拉萨与西藏自治区主席齐扎拉会谈，双方就深化清洁能源开发和生态环境保护等领域的战略合作进行深入交流。

13日 中国三峡集团与西藏自治区在拉萨签订战略合作协议。

14日 中国三峡集团党组成员、副总经理毕亚雄一行赴山东与山东省发展和改革委员会主任张新文、烟台市市长张永霞座谈。

15日 中国三峡集团党组成员、副总经理毕亚雄一行在重庆与重庆市发展和改革委员会主任沈晓钟座谈。

16日—17日 亚洲基础设施投资银行年会在韩国济州召开。中国三峡集团党组副书记、副总经理林初学应邀出席会议，并作为嘉宾在能源分论坛发言。

19日 中国三峡集团党组书记、董事长卢纯，党组副书记、总经理王琳在广州与广东省省长马兴瑞举行会谈，双方就深化企地战略合作，全面推进广东省海上风电集中连片规模开发等事宜深入交换意见，并达成广泛共识。

19日 中国三峡集团与招商局集团在深圳蛇口工业园区签订战略合作协议。

19日 中国三峡集团广东分[illegible]司、三峡珠江发电有限公司在广州举行揭牌[illegible]，中国三峡集团党组书记、董事长卢纯，[illegible]副书记、总经理王琳共同为两家公司揭牌。

21日 中国三峡集团党组书记、[illegible]卢纯在广东阳江与阳江市委书记陈小山、[illegible]市长温湛滨举行座谈，双方就加快三峡新[illegible]海上风电项目进行磋商，并达成广泛共识。

22日 中国三峡集团党组书记、董事[illegible]卢纯在北京会见中信证券董事长张佑君一[illegible]双方就深入推进中国三峡集团战略投资、[illegible]投资、效益投资等事项进行了交流。

22日—25日 由商务部、国务院三峡[illegible]委办公室、中国贸促会和重庆市政府联合主[illegible]的第十二届中国（重庆）国际投资暨全球[illegible]购会在重庆市国际博览中心举行。中国三峡[illegible]团党组副书记、总经理王琳出席开幕式。

26日 中国三峡集团中水电对外公司[illegible]几内亚能源水利部签署林桑—康康输变电线[illegible]

[illegible]PC 总承包合同。

[illegible]日 中国三峡集团与国新国同（浙江）投资基金、云南能源金融控股有限公司、中国长江电力股份有限公司在北京签署三峡资本控股有限责任公司增资协议。

七月

3 日 17 时 20 分，中国三峡集团累计发电量突破 2 万亿 kW·h。

4 日 中国三峡集团党组副书记、总经理王琳在北京会见云南省副省长张祖林一行，双方就中国三峡集团帮扶云南省精准扶贫、向家坝水电站和溪洛渡水电站移民收尾工作等事宜进行深入交流。

4 日—6 日 中国三峡集团党组书记、董事长卢纯在德国会见西门子等知名企业高管。

5 日 当地时间 5 日，中国三峡集团党组书记、董事长卢纯与德国福伊特总裁兼首席执行官赫伯特·林哈德在国家主席习近平和德国总理默克尔共同见证下，在柏林签署《中国三峡集团与德国福伊特关于浙江长龙山抽水蓄能电站机组及其辅助设备采购及深化非洲市场合作的协议》。

10 日 葡萄牙当地时间 10 日，中国三峡集团与葡萄牙电力公司签署《共同开发第三方市场战略合作框架协议》。

12 日 当地时间 12 日，中国三峡集团党组书记、董事长卢纯上午和下午分别拜会了葡萄牙总统马塞洛和总理科斯塔，双方进行了深入而友好的会谈，并就有关重要议题展开切实探讨。

14 日 中国三峡集团党组书记、董事长卢纯在北京会见波兰能源部副部长彼得罗夫斯基一行，双方就水电站投资、大型水电站建设新能源等进行交流。

14 日 马来西亚自然资源与环境部部长旺·朱乃迪考察三峡工程。

24 日—8 月 12 日 中国三峡集团巴西公司举行巴拉那河流域鱼类增殖放流活动，40 万尾鱼类放流伊利亚、朱比亚水库。

28 日 中国三峡集团 2017 年年中工作会在北京召开。

八月

3 日 中国三峡集团在白鹤滩水电站现场召开金沙江白鹤滩水电站建设动员大会。

14 日 中国三峡集团党组书记、董事长卢纯在银川与宁夏回族自治区党委书记石泰峰举行会谈，双方就深化合作、实现共赢等事宜深入交换意见。

16 日 中国三峡集团党组书记、董事长卢纯在西宁与青海省委书记、省人大常委会主任王国生，青海省委副书记、省长王建军举行会谈，双方就共同推动清洁能源开发，进一步加强央企与地方深入合作等事宜进行深入交流。

17 日 2017 海上风电领袖峰会在江苏南通举行，中国三峡集团党组成员、副总经理毕亚雄出席会议并发言。

21 日 中国三峡集团党组副书记、总经理王琳在北京会见中国人寿集团总裁袁长清一行，双方就深入开展保险、投资、深化改革等方面合作达成共识。

22 日 中国三峡集团党组成员、副总经理沙先华在北京会见来访的联合国助理秘书长兼环境规划署副执行主任易卜拉欣·赛奥一行，就加强双方在“一带一路”基础设施绿色投资、生态和物种保护等方面合作进行沟通交流。

25 日 中国三峡集团 2017 年保密工作会议在北京召开。

28 日 当地时间 28 日，中国三峡集团党组书记、董事长卢纯分别于中午和下午在葡萄牙里斯本会见葡萄牙总统马塞洛和总理科斯塔，双方就中国三峡集团与葡萄牙电力公司战略合作共同开发第三方市场，实现葡电长期可持续发展等内容进行了交流。

29 日 中国大坝工程学会理事长、水利部参事咨询委员会主任矫勇率队调研清江隔河岩、水布垭电站，中国大坝工程学会副理事长兼秘书长、国际大坝委员会荣誉主席贾金生，长江委副主任胡甲均等水利、坝工专家参加调研。

30 日 中国三峡集团扶贫工作座谈会在北京召开，党组副书记、总经理王琳主持会议并讲话。

31 日 中国三峡集团党组书记、董事长卢纯在北京会见巴西总统米歇尔·特梅尔，双方就进一步深化水电开发、加大清洁能源投资、参与巴西售配电业务、开展技术合作交流等交换意见，并就在巴西扩大投资机会和实现长远共赢发展达成共识。

31 日 尼泊尔议会水资源和农业委员会立法议会委员阿迪卡里一行考察三峡工程。

九月

2 日 在国务院副总理汪洋和巴西总统特梅尔共同出席的巴西投资机会研讨会上，中国三峡集团与伊泰普签署《关于加强技术合作的谅解备忘录》。

3 日—4 日 2017 年金砖国家工商论坛在厦门举行，中国三峡集团党组副书记、总经理王琳应邀出席。

4 日 中国三峡集团巡视全覆盖总结大会在北京召开。

8 日 中国三峡集团在北京召开第二届董事会第二十九次会议。

11 日 中国三峡集团和葡萄牙电力公司联合投标的 95 万 kW 英国 Moray 海上风电项目成功中标。

12 日 中国三峡集团与中国国际工程咨询公司在北京签署战略合作框架协议。中国三峡集团党组书记、董事长卢纯，党组副书记、总经理王琳，党组成员、副总经理毕亚雄，与中咨公司党组书记、总经理王安，党组副书记、副总经理杨东民，党组成员、副总经理苟护生举行会谈。毕亚雄和苟护生代表双方签署战略合作框架协议。

14 日 中央企业贯彻落实新发展理念、深入实施创新驱动发展战略、大力推动双创工作成就展在中国电子科学研究院拉开序幕，中国三峡集团参加央企创新成就展。上午，国务委员王勇，国资委党委书记郝鹏，国资委主任、党委副书记肖亚庆一行视察中国三峡集团展台。中国三峡集团党组副书记、总经理王琳，党组成员、副总经理沙先华陪同。

15 日 中国民用航空局副局长董志毅一行考察三峡工程。

18 日 中国三峡集团党组书记、董事长卢纯在北京会见中国气象局局长、党组书记刘雅鸣，双方就进一步深化和拓展部企合作进行深入交谈。

19 日 由中国能源研究会可再生能源专业委员会主办的可再生能源发展座谈会在中国三峡集团召开。会议由国家应对气候变化战略研究和国际合作中心原主任李俊峰主持，国家能源局新能源和可再生能源司副司长梁志鹏出席会议并讲话，中国三峡集团党组成员、副总经理毕亚雄出席会议并参与讨论。

20 日 中共中央政治局常委、国务院副总理、中俄能源合作委员会中方主席张高丽在北京与俄罗斯副总理、委员会俄方主席德沃尔科维奇举行中俄能源合作委员会第十四次会议。中国三峡集团党组副书记、总经理王琳出席会议。

20 日 中国三峡集团党组书记、董事长卢纯在福州会见福建省委常委、常务副省长张志南。双方就加快推进福建海上风电开发，打造全球领先的海上风电全产业链进行沟通和交流。

20 日 中国三峡集团党组副书记、总经理王琳在北京会见尼泊尔能源部部长马亨德拉·巴哈杜尔·沙希一行，双方就推进尼泊尔水电资源开发进行交流。

20 日 国际水电协会（IHA）在英国伦敦召开董事会，选举产生新一届主席和副主席，中国三峡集团副总经理林初学连续第三次当选副主席。

21 日 中国三峡集团党组书记、董事长卢纯在福州会见福建省委常委、福州市委书记王宁。双方就全面推进中国三峡集团在闽业务、加快推进福建三峡海上风电国际产业园建设、携手打造全球领先的海上风电全产业链等进行深入沟通和交流。

21 日 第二届金砖国家国企改革治理论坛在北京举行，国务委员王勇出席论坛开幕式并致辞。国务院国资委主任肖亚庆作为中方代表团团长主持论坛，并与来自巴西、俄罗斯、印度、南非的代表团团长发表了《金砖国家国企治理共识》。中国三峡集团党组副书记、总经理王琳应邀出席开幕式并参与讨论。

22 日 中国三峡集团党组书记、董事长卢纯，党组副书记、总经理王琳在北京会见国家发展改革委党组成员、副主任胡祖才。双方就落实中国三峡集团在长江经济带发展中发挥骨干主力作用深入交换了意见。

22 日 中国三峡集团党组书记、董事长卢纯，党组副书记、总经理王琳在京会见全球能源互联网发展合作组织主席、中国电力企业联合会理事长刘振亚。双方就加快推动全球能源互联网建设进行沟通和交流。

26 日 中国三峡集团与中国进出口银行战略合作协议签约仪式在京举行。中国三峡集团党组书记、董事长卢纯，党组成员、总会计师杨亚，中国进出口银行党委书记、董事长胡晓炼，党委委员、副行长袁兴永出席仪式并举行会谈。杨亚和袁兴永代表双方签署战略合作协议。

26 日 中国三峡集团党组书记、董事长卢纯在京会见英国外交大臣气候变化特别代表尼克·布里奇一行，双方就加强海上风电开发、积极开展电力市场交易和政策交流等深入交换了意见。

26 日—27 日 由国家发改委、国家能源局、国务院扶贫开发领导小组办公室指导，中国改革报社《能源发展》周刊、北京国发智慧能源技术研究院主办的首届中国能源产业扶贫高峰论坛在京召开。论坛以“产业扶贫，共奔小康”为主题，国家发改委地区经济司、国务院扶贫办开发指导司等政府部门与来自全国 100 多家能源企业和 50 多个贫困县代表共 500 余人参加此次盛会。中国三峡集团受邀参加此次论坛，并荣获“精准扶贫社会效应奖”。

28 日 中国三峡集团在北京召开第二届董事会第三十次会议。

十月

11 日—12 日 云南省政府副省长何金平一行赴金沙江白鹤滩水电站库区调研移民工作，中国三峡集团党组成员、副总经理毕亚雄陪同调研。

12 日 中国三峡集团党组书记、董事长卢纯在北京会见中信证券董事长张佑君一行，双方就中国三峡集团在长江经济带发展中发挥骨干主力作用相关话题进行了探讨。中国三峡集团党组成员、副总经理沙先华，党组成员、总会计师杨亚参加会见。

13 日—15 日 国务院三峡建委三峡枢纽工程质量检查专家组陈厚群、高安泽、郑守仁等专家一行 11 人到三峡工程对三峡升船机优化完善改造情况进行调研。专家组一行实地查勘了三峡工程升船机运行情况，听取了相关单位的汇报，并与三峡枢纽管理局枢纽运行部、机电工程局升船机部就三峡升船机完善改造情况等事项进行交流座谈。

15 日 三峡升船机优化完善工作顺利结束，恢复试通航。

17 日 中国三峡集团党组副书记、副总经理林初学在北京会见美国麻省理工学院能源战略中心主任罗伯特·阿姆斯特朗教授，双方就能源发展趋势及校企合作前景进行交流。

18 日 由中国三峡集团与英国国际贸易部联合举办的海上风电研讨会在北京举行，共同探讨中国三峡集团与英方在海上风电领域的合作事宜，中国三峡集团党组成员、副总经理毕亚雄出席会议。

21 日 三峡水库坝前水位已达 175m，三峡水库 2017 年 175m 试验性蓄水取得圆满成功。三峡水库自 2010 年以来连续 8 年实现蓄水目标。

23 日 中国三峡集团党组书记、董事长卢纯在北京会见来访的葡萄牙驻华大使佩雷拉，葡萄牙电力公司董事会主席卡特罗加、首席执行官梅西亚一行。欢迎会由中国三峡集团党组副书记、副总经理林初学主持。

十一月

9 日 中国三峡集团与云南省移民开发局在昆明签署金沙江白鹤滩水电站云南部分移民安置协议。

14 日 中国三峡集团党组书记、董事长卢纯在北京会见德国福伊特集团总裁兼首席执行官赫伯特·林哈德博士，双方就未来深化战略合作进行座谈。

14 日 中国三峡集团党组书记、董事长卢纯在北京会见来访的太重集团党委书记、董事长王创民一行，听取三峡海上风力发电机组进度情况汇报，并就大容量海上风机技术国产化问题进行探讨。

15 日 中国三峡集团党组成员、副总经理毕亚雄在北京会见奥地利安德里茨集团总裁一行，双方就高水头水电机组研发、国际项目合作等相关事宜进行交流。

16 日 中国三峡集团党组书记、董事长卢纯在北京会见清华大学党委书记陈旭一行，双方共商合作事宜，就人才培养、科技研发等话题进行交流。

17 日 乌干达伊辛巴水电站二期上游围堰戗堤成功合龙，胜利实现二期截流。

17 日 2017·中国企业海外形象高峰论坛在北京举行。中国三峡集团应邀参会做主旨报告，并荣获“中国企业海外形象联盟突出贡献奖”。

20 日 中国三峡集团党组成员、副总经理毕亚雄在京会见浙江省能源集团总经理、党委副书记柯吉欣一行。双方就全方位深入开展合作，实现互利共赢进行了交流。

22 日 中国三峡集团党组副书记、副总经理林初学在北京会见来访的麦格理集团基础设施全球主席戴维·罗斯曼一行。双方围绕全球市场情况和潜在合作机会交换了意见。

29 日 当地时间 11 月 29 日中午，中国三峡集团环球水电公司与国家开发银行关于秘鲁圣加旺Ⅲ水电站项目的融资提款协议签字仪式在利马举行，秘鲁总统库琴斯基出席见证并发表讲话。

29 日—30 日 国务院派驻中国三峡集团监事会主席骆玉林、国资委监事会第 07 办事处主任夏策明对中国三峡集团福建海上风电业务开展工作调研。中国三峡集团党组副书记、总经理王琳陪同调研。

30 日 中国三峡集团党组副书记、副总经理林初学在北京会见来访的欧洲复兴开发银行能源与自然资源部总经理兰迪塔·帕莎女士一行，双方围绕清洁能源业务和相关市场情况进行交流。

30 日 中国三峡集团党组成员、副总经理樊启祥在北京会见来访的贵州省贵安新区党工委副书记、管委会主任孙登峰一行，双方就积极推进中国三峡集团与贵安新区深入合作进行座谈交流。

30 日 第七届中国证券金紫荆评奖结果揭晓，长江电力荣获“最佳投资者关系管理上市公司”和“最佳上市公司董事会秘书”两项大奖。

十二月

1 日 中国三峡集团党组书记、董事长卢纯，党组副书记、总经理王琳在北京会见北京市海淀区委书记于军、区长戴彬彬一行。双方就进一步加强服务中国三峡集团发展、推进全国科技创新中心核心区建设等话题进行座谈。

4 日—5 日 缅甸民盟高层及媒体代表团参观访问三峡工程，并与三峡枢纽管理局、三峡国际、三峡出版传媒公司等中国三峡集团部门和单位就水库大坝建设和清洁能源开发等问题进行交流座谈。

6 日 中国三峡集团党组副书记、总经理王琳在北京会见中国电力建设集团董事长晏志勇一行。双方就深化战略合作，共同推进白鹤滩水电站工程建设、勘察设计等话题进行交流。

6 日 中国三峡集团三峡新能源宁夏同心 50MW 风电项目喜获核准，宁夏区域 2017 年内已完成共 150MW 风电项目的核准。

10 日 全球最大的水面漂浮光伏电站——中国三峡集团三峡新能源公司安徽淮南 150MW 水面漂浮光伏项目正式并网发电。

14 日 中国三峡集团党组书记、董事长卢纯，党组副书记、总经理王琳与山东省委书记刘家义在济南举行会谈。双方围绕加快山东新旧动能转换、开发新型海洋产业、带动清洁能源产业发展等话题进行交流。

14 日 中国三峡集团与山东省人民政府在济南签订支持山东省新旧动能转换重大工程战略合作协议。中国三峡集团党组书记、董事长卢纯，党组副书记、总经理王琳，山东省委副书记、省长龚正，省委常委、常务副省长李群出席签约仪式。根据协议，双方将充分发挥各自优势，在新能源开发利用、现代金融服务、战略性新兴产业发展等领域深化合作。

15 日 中国三峡集团与清华大学签署战略合作框架协议。

16 日 英国商业、能源与产业战略部内阁大臣格雷格·克拉克一行访问中国三峡集团。中国三峡集团党组书记、董事长卢纯在北京会见克拉克一行，双方就相关合作事宜进行会谈。

19 日 浙江安吉长龙山抽水蓄能电站成功截流。

20 日 中国三峡集团党组书记、董事长卢纯在北京会见来访的中国工商银行副行长张红力一行，双方就推进长江大保护、海上风电开发、“一带一路”国际业务发展等问题进行交流。中国三峡集团党组成员、总会计师杨亚参加会见。

21 日 世界著名评级机构穆迪授予三峡巴西公司下属巴拉那河能源公司巴西境内信用 Aaa 级、全球范围信用 Bb1 级评级，这是巴西境内企业最高信用评级。

21 日—22 日 2017 年度水利宣传教育工作座谈会在北京召开。会上，水利部副部长魏山忠为三峡水利枢纽工程等 12 家国家水情教育基地授牌。三峡水利枢纽工程正式授牌“国家水情教育基地”。

22 日 中国三峡集团党组书记、董事长卢纯在北京会见中国中信集团有限公司董事长常振明，双方就中国三峡集团在共抓长江大保护中发挥骨干主力作用、深化金融领域合作等话题进行交流。

22 日 中国三峡集团党组书记、董事长卢纯在北京会见中国出口信用保险公司董事长王毅一行，双方就海外项目合作事宜进行交流。

26 日 联合国副秘书长刘振民一行访问中国三峡集团。中国三峡集团党组书记、董事长卢纯在北京会见刘振民一行，双方就全球清洁能源创新发展等事宜进行会谈。

27 日 中国三峡集团党组书记、董事长卢纯，党组副书记、总经理王琳在福州会见福建省委常委、常务副省长张志南，双方就加快推进福建三峡海上风电国际产业园建设、打造中国首个百万千瓦级规模连片海上风电场等话题进行交流。

28 日 中国三峡集团与福建省政府在福州海上风电国际产业园召开福建海上风电产业推进会。中国三峡集团党组书记、董事长卢纯，中国三峡集团党组副书记、总经理王琳，福建省委常委、常务副省长张志南，福州市委副书记、市长尤猛军出席会议。推进会由中国三峡集团党组成员、副总经理王良友主持。

29 日 中国三峡集团与中国电建集团在北京签署共抓长江大保护战略合作框架协议。

（乔仁贵）

三峡水利枢纽全貌（2012 年）

金沙江开发

三峡水利枢纽全貌（2013 年）

向家坝工程

工程概况

【基本情况】 向家坝水电站是金沙江下游河段规划的最末一个梯级，坝址位于四川省宜宾市和云南省水富县交界处，是中国“西电东送”工程的骨干电源点，主要供电华东地区，在枯水期兼顾四川省用电需要。电站的开发任务以发电为主，同时改善航运条件，兼顾防洪、灌溉，并具有拦沙和对溪洛渡水电站进行反调节等作用。

电站上距溪洛渡河道里程为156.6km，下距宜宾市33km，距水富县城1.5km。电站正常蓄水位380m，死水位370m，总库容51.63亿m^3，调节库容9.03亿m^3，为不完全季调节水库。电站共8台机组，单机最大容量80万kW，总装机640万kW，多年平均发电量308.8亿kW·h。电站建成后与溪洛渡水电站联合运行，可将下游沿岸的宜宾、泸州、重庆等城市的防洪标准从目前5～20年一遇提高到50～100年一遇的水平；电站的修建将极大地改善金沙江宜宾段以上105km航道条件，使坝址以上航道由Ⅴ级提高到Ⅳ级；向家坝灌区可覆盖四川、云南所属的宜宾、泸州、自贡、内江、昭通等近20个县市，灌溉面积达530万余亩。

工程枢纽主要由挡水建筑物、泄洪消能建筑物、冲排沙建筑物、左岸坝后引水发电系统、右岸地下引水发电系统、通航建筑物及灌溉取水口等组成。其中拦河大坝为混凝土重力坝，最大坝高162m，坝顶长度896.26m。右岸地下厂房最大跨度达33.4m（岩锚梁以上）、最大高度达85.5m，位居世界前列。一级垂直升船机最大提升高度114.2m，设计货运量为112万t/年，设计客运量为40万人次/年。向家坝水电站设计洪水（P＝0.2%）入库流量41200m^3/s，校核洪水（P＝0.02%）入库流量49800m^3/s。

【工程进度】 截至2017年底，累计完成土石方明挖5854万m^3，洞挖415万m^3，土石方填筑1386万m^3，混凝土浇筑1719万m^3，钢筋38万t，金结设备安装8.06万t，机电设备安装4.91万t，帷幕灌浆78.9万延米，固结灌浆33.05万延米。

工程于2004年7月开始筹建；2006年11月正式开工；2012年10月10日电站下闸蓄水；2012年11月首批机组投产发电；2014年7月7日，最后一台机组投产发电。

工程建设

【概况】 2017年，向家坝水电站收尾和验收工作推进有序。枢纽建筑物安全稳定运行，紧紧围绕“工程建设完美收官、竣工验收取得突破、巡视审计配合有序”的目标，积极稳妥推进各项工作；完成升船机试通航前专项安全鉴定；升船机一线工程项目、通航辅助设施及下游口门区通航水流条件通过交通航务部门现场检查，并完成下游近坝航道实船试航，全面具备试通航前验收条件；尾工项目稳步推进，南干渠主洞衬砌完成，翻坝转运横江大桥主桥具备通车条件。

【工程形象进度】 1. 升船机上闸首航槽防渗处理工程：完成升船机上闸首航槽内环氧胶泥刮涂施工、结构缝聚脲刮涂施工及结构缝化学灌浆施工；完成航槽两侧新增排水孔引排水处理项目，完成航槽系船柱及爬梯除锈处理施工，完成航槽水位线恢复施工等；完成升船机上闸首下游立面及翼立面表面环氧胶泥刮涂施工。

2. 升船机一线：完成上闸首活动交通桥液压驱动装置安装调试及桥体联合调试；完成辅助闸首工作门启闭机、防撞装置和下闸首防撞装置调试工作。

3. 金沙江向家坝水电站升船机下游引航道口门区及连接段治理工程：8 月，完成左岸切咀开挖及贴坡混凝土浇筑；对于主河槽水下开挖，汛前按要求进行了重点开挖，剩余口门区治理施工区域不在航道范围内，汛后继续施工不影响航运。受汛后下泄流量较大的影响，同时海事局也明确开出了较为严格的安全施工条件，导致 11 月中旬该部位才得以恢复施工。口门区水下开挖基本恢复正常，全年完成水下开挖量约 48 万 m^3。

4. 大坝廊道清理与移交：大坝及消力池廊道内剩余的尾工项目点多、面广，涉及的单位也较多，协调工作量较大。按照年底移交的目标，积极推进廊道内相关项目。一是完成有毒有害气体监控系统安装的招标工作，并组织施工单位完成了监控系统的安装、调试工作；二是组织完成风机、密封门等通风设施安装，并启动临时通风与永久通风转换工作，于年底完成；三是完成廊道通风、监理、排水设施局部改造项目的招标，并克服安全风险大、施工难度大等困难，组织施工单位按期完成了施工；四是完成灯具、电缆等采购，并组织施工单位启动廊道内照明设施的恢复施工；五是协调设计明确消力池尾坎封堵门施工方案，并组织施工单位启动现场施工；六是加强廊道安全管理，确保廊道安全运行。

5. 大型施工设备布置安拆：2017 年 9 月底完成 3# 缆机拆除，至此三台缆机已全部拆除完成；完成右岸工程 300m 混凝土生产系统拆除及场地清理；完成右岸工程 380m 混凝土生产系统场地清理。

6. 左右岸灌溉取水口金结安装：右岸灌溉取水口金结设备（快速事故门和液压启闭机）安装已完成；左岸灌溉取水口门机安装已完成，剩余的快速事故门及液压启闭机受北干渠钢衬安装影响，暂未施工。

7. 扫床验收：按照设计要求完成了下游引航道的扫床验收，验收成果经昭通、宜宾两市交通、海事部门签字确认。

8. 南北干渠：北总干渠地质条件差，围岩以泥岩为主，Ⅳ、Ⅴ类围岩占全长的 96%。面对围岩渗水、岩爆洞段持续变形等不利地质条件，通过提前研究细化处理方案，针对性地采取包括预埋土工布及盲管集中引排渗水、应力测试反馈分析、变形监测实时报告等一系列措施，确保了施工过程中围岩及衬砌结构的安全稳定；为进一步提升衬砌质量，建设部组织参建各方开展了以提高混凝土外观质量为目标的 QC 小组活动，确定了浇筑过程监理旁站、重点仓位联合值班、作业班组横向评比、隐蔽工程重点抽查的工作机制，确保衬砌质量外光内实、稳中有升。北总干渠全年完成主洞衬砌 3500m（占年计划 3000m 的 116.7m），累计完成约 5500m，占全长 10128m 的 53.8%，并启动了进口段钢衬安装。南总干渠进展顺利，在完成剩余主洞衬砌（200m）后，已全面转入灌浆、支洞封堵等尾工项目施工。

9. 翻坝转运横江大桥：翻坝转运横江大桥位于川、滇两省界河上，面临跨两省、跨越铁路、跨天然气管道、跨地方简易公路等难题，周边环境条件复杂，协调工作量大，经多方采取措施，积极与天然气公司、云南省水富县、四川省宜宾市进行协调，确保了翻坝转运横江大桥建设顺利推进。2017 年完成了全桥桩基、桥墩（台）、主拱、箱梁（T 梁）吊装（或现浇）、接缝、桥面铺装、路灯、人行道、栏杆和桥面沥青混凝土施工；完成宜宾岸和水富岸岸坡防护护脚墙浇筑施工，确保安全度汛；基本完成水富岸引道基础施工；主桥已具备通车条件。

10. 翻坝转运：截至 2017 年 12 月 31 日，向家坝工程货物翻坝转运安全生产 320 天，累计安全生产 2711 天，全年转运总量 247.54 万 t，历年累计转运量 1592.45 万 t。其中磷矿 234.52 万 t，煤 13.02 万 t，日均转运量 7735.63t，最高日转运量 17422.87t。2017 年共有 39 艘货船参与了翻坝转运工作；船舶翻坝累计 863 艘次，其中磷矿 794 艘次、煤 69 艘次。

11. 坝区永久规划类项目：左岸水厂及永久供电改造项目主要受制于设计供图滞后，进展有所滞后，但目前施工进展顺利。其中左岸水厂改造，完成自流取水管（两根）安装及通水调试；完成厂内新建清水池、V 型滤池和反冲洗泵房基础开挖及构筑物浇筑，转入设备安装（更换）调试阶段。永久供电改造，2017 年 10 月底完成厂用电布置方案确认及设计交底，现场施工全面启动。其他，300 米高程马道及左坝头一线综合整治全面启动；坝区防雷接地完善改造和公共区域防汛项目完成；左右岸武警岗楼、备勤室项目于 8 月初完成；右岸上坝交通洞镀锌方管大门安装完成。

【质量管理】 2017 年，按照“收尾有力不留隐患”的要求，继续建立健全质量管理体系，加强现场质量管理成效，各参建单位质量管理意识、质量管理水平进一步提高。根据向家坝尾工阶段工程项目特点，进一步加强了工程质量监督检查体系的不断完善和有效运行，确保业主监管责任落实到位。开展专题质量培训、质量月活动，促使质量意识、管理水平进一步提高。开展质量管理特色活动，积极营造质量氛围。2017 年，向家坝水电站相关重点项目共评定单元工程 528 个，一次合格单元 528 个，一次合格率 100%；优良单元数 504 个，优良率 95%，工程质量总体优良。工程质量管理体系运行正常，主要项目施工质量受控。

【安全管理】 2017 年，向家坝水电站各项重大安全风险总体受控。一是安全管理体系正常有序运转。二是完善安全风险分级管控和隐患排查治理的双重预防机制。组织开展向家坝工程 2017 年度危险源辨识和风险评价工作，督促参建单位按月开展动态危险源辨识评价及控制措施确定工作；利用微信平台健全隐患排查治理长效机制。三是采取针对性措施，加大重点部位和高风险作业管控力度。重点监控升船机下游引航道口门区及连接段治理工程、右岸坝后电站围堰爆破拆除和压力钢管内支撑拆除、缆机拆除、翻坝转运横江桥天然气管道防护、大坝廊道、升船机高处交叉作业等，根据不同部位施工特点督促施工。三峡发展监理严格执行《重点危险源过程监控程序文件》，狠抓施工方案审批和高风险作业过程管控，加大巡查频次，督促施工单位严格落实各项安全保障措施。四是开展安全培训教育活动。五是开展安全生产大检查和电力建设工程施工安全年活动。六是开展“安全生产月”活动。

【枢纽工程专项验收】 2017 年 2 月，按程序向川、滇两省报送枢纽工程专项验收申请；3 月上旬启动验收报告编制工作，3 月下旬向国家能源局报备向家坝、溪洛渡两电站项目法人变更事宜；4 月以后，中国三峡集团启动了右岸预留扩机土建工程重大设计变更审查工作；10 月向国家发改委报送部分重大设计变更的请示；12 月国家能源局组织召开关于金沙江向家坝等水电站验收有关工作协调会，明确验收牵头单位，验收工作取得重大突破。

右岸坝后厂房下游基坑进水前专项验收，5 月 5 日—11 日，完成专项安全鉴定；5 月 22 日—26 日，中国三峡集团开展了右岸坝后厂房质量专项检查工作；5 月 26 日—27 日，中国三峡集团主持召开验收委员会验收会议。

【升船机试通航前验收】 经数十次协调与沟通，国家能源局和川、滇两省能源局最终明确了升船机验收的牵头单位，两电站枢纽专项验收取得关键性突破，验收前的各项工作有序推进。相关进展如下：

2017 年 4 月，编制完成向家坝水电站升船机验收工作大纲，并通过中国三峡集团审查；7 月上旬，建设部以项目法人川云公司名义按程序向川、滇两省能源主管部门报送升船机试通航前验收申请，同时抄报了两省航务管理部门；8 月下旬，建设部印发升船机试通航前验收报告编制清单及编制大纲，启动验收报告编制工作，验收报告已基本编制完成；9 月 12 日，升船机采用集控方式按自动流程完成了不间断往返三次过船试验；9 月中旬，水电咨询公司完成升船机试通航前专项安全鉴定工作；9 月底，建设部基本完成通航助导航设施建设、甚高频系统的安装和调试，满足升船机试通航的相关要求，向家坝升船机试通航前验收条件基本具备；10 月 11 日—12 日，长江航务管理局和川、滇两省交通航务部门完成对向家坝升船机通航配套设施建设情况、下游引航道口门区水流条件等的现场检查；10 月 27 日，顺利完成从小岸坝华龙码头至向家坝升船机下游引航道水域实船试航试验。

【环境保护】 启动竣工环保、水保验收参建单位报告编制工作。在已有材料的基础上，下发参建单位竣工验收报告编制格式要求和目录。开展 2017 年向家坝水库珍稀特有鱼类增殖放流工作。全年开展 2 次珍稀特有鱼苗放流活动，放流达氏鲟、胭脂鱼、岩原鲤、厚颌鲂、长薄鳅等 7 种鱼苗共计 15 万余尾；开展翻坝转运码头环保、水保设施建设工作；开展施工区水气声监测、水保监测、疾病控制监测等各项监测工作。监测数据表明，坝区环保工程、水保设施总体运行正常，各项环境指标均达到国家相关标准的要求。

【移民工作】 2017 年年内完成移民变更清理和单项编审工作，完成移民安置实施规划报告编制并启动审查，基本完成移民概算调整报告编审。

枢纽运行

【大坝安全监测】 汛期和汛后蓄水期间，对重点部位进行了加密观测，并按期提交监测简报；蓄水完成后，提交蓄水期监测成果总结报告；监测结果显示，枢纽建筑物的变形监测、渗流渗压监测、应力应变监测、泄洪消能建筑物水力学专项监测等各项监测和观测数据未出现异常情况，枢纽建筑物运行正常。

【防洪度汛】 早启动，早部署，全面落实防汛责任；编制度汛方案和应急预案，确保防洪度汛工作有章可循；排查治理度汛隐患，确保各项度汛措施落到实处；完善预警信息报送机制，确保水情雨情有效传递；开展应急演练和应急救护培训，提高应急处置能力；强化过程控制，积极应对暴雨、洪峰。2017 年，向家坝水电站最大入库流量 12500m^3/s，最大出库流量 11700m^3/s，泄洪过程中未发生人身伤亡和其他突发事件。6 月 22 日和 8 月 8 日，向家坝坝区出现强降雨，向家坝气象中心提前发布预警信息，各单位严格执行“三查”，降雨过程中，各边坡、渣场、营地等总体稳定，对外公路和部分道路发生小型滑坡和零星落石，建设部及时对相关路段进行封闭处置，无人员伤亡。

【近坝库岸巡查】 加大安全监测和专业巡查频次，保障枢纽建筑物和近坝库岸安全稳定。2017 年汛期，向家坝水库再次经历了汛前水位消落、汛末再蓄水抬升等较大水位波动，但近坝库岸未发生大规模滑坡、崩塌、泥石流等大型地质灾害，枢纽工程各监测物理量变化规律基本正常，大坝及其建筑物工作性态总体正常。

【汛末蓄水】 向家坝水库本次蓄水的起蓄水位为374.81m，最终蓄水位379.58m，累计水位升幅4.77m。日平均水位升幅0.30m，日最大变幅2.31m，出现在9月5日。累计蓄水量4.42亿m^3，最大日蓄水量2.11亿m^3。起蓄时间为9月5日，蓄水结束时间为9月20日。

（高　峰）

溪洛渡工程

工程概况

【基本情况】 溪洛渡水电站是金沙江下游梯级水电开发的第三级，位于四川省雷波县和云南省永善县交界的金沙江峡谷段，是中国继三峡工程之后在建的第二大水电站，是国家“西电东送”的骨干电源之一。溪洛渡水电站是一座以发电为主，兼有防洪、拦沙和改善下游航运条件等综合利用效益的巨型水电站。溪洛渡水电站建成后，可将下游沿江城市的防洪标准大大提高，增强下游地区的自然减灾能力，在长江防洪体系中发挥重要作用。同时，通过水库合理调度，可使三峡水库入库含沙量比天然状态减少34%以上，下游航运条件得到充分改善，水库区亦可实现部分通航。

溪洛渡水电站正常蓄水位600m，死水位540m，水库总库容126.7亿m^3，调节库容64.6亿m^3，防洪库容46.5亿m^3，具有不完全年调节能力。溪洛渡水电站左右岸地下电站各安装9台77万kW的水轮发电机组，最大装机容量1386万kW，多年平均发电量571.2亿~640亿kW·h。

溪洛渡水电站工程具有窄河谷、高拱坝、大泄量、多机组、大地下洞室群等特点。其285.5m的坝高，在目前世界高拱坝中排名第三；高地震烈度区大坝设防标准为Ⅷ度；泄洪总功率1亿kW，居世界拱坝泄洪功率之冠；大尺寸的地下电站洞室群为世界之最。

【工程进度】 溪洛渡工程2003年开始筹建。2005年12月26日，工程正式开工建设。2007年11月8日，成功实现大江截流。2009年3月27日，大坝混凝土开始浇筑。2013年5月下闸蓄水，7月首批机组投产发电。2014年3月6日，大坝坝体全线浇筑到顶；6月30日，最后一台机组投产发电。2015年10月，主体工程建设全部完工。溪洛渡水电站挡水建筑物采用混凝土抛物线双曲拱坝，坝顶高程610m，建基面最低高程324.5m，最大坝高285.5m，坝顶拱冠厚度14m，坝底拱冠厚度60m，顶拱中心线弧长681.51m。

【智能大坝】 溪洛渡大坝被誉为世界上最聪明的大坝——溪洛渡智能大坝。2015年，溪洛渡水电站首创的300m级拱坝智能化建设关键技术荣获国家科学技术进步奖二等奖。2016年，溪洛渡水电站工程获得有国际工程咨询领域“诺贝尔奖”之称的“菲迪克2016年工程项目杰出奖”。溪洛渡水电站建成后，源源不断地提供大量的清洁能源，相当于每年减少标准煤消耗2000万t，减少二氧化碳排放量约5000万t。

工程建设

【概况】 2017 年，溪洛渡工程完成投资 1.69 亿元，其中建安工程完成投资 0.823 亿元。

2017 年工作重点是溪洛渡工程竣工验收，经过多次沟通协调，国家能源主管部门最终明确了云南省能源局作为溪洛渡水电站竣工验收牵头单位，枢纽专项验收取得关键性突破，验收前的各项工作正有序推进。2017 年 7 月，通过了水电总院组织的谷幅变形专项评审，评审结论满足枢纽工程专项验收要求。2017 年 8 月，完成了枢纽工程专项验收申请报送。

2017 年 9 月，完成竣工安全鉴定。2017 年 12 月，完成取消非常泄洪洞重大设计变更技术审查（全部 15 项重大变更均已完成技术审查）。

生态环境保护

【生态环保投资】 2017 年，各项环境保护和水土保持措施发挥了良好的生态环境保护效益，溪洛渡水电站共完成环境保护投资 1199.07 万元，其中水土保持措施投资 710 万元，生活污水处理运行费用 86.41 万元，施工区生活垃圾处理费用 39.7 万元，水土保持监测和干流水质监测投资 63 万元，环境监理和环保设计费用 101.32 万元，缴纳排污费 198.64 万元。

【环境监测成果】 2017 年，溪洛渡水电站干流断面水质良好，施工活动没有给金沙江干流水质带来明显波动和影响。蓄水阶段库区水质加密监测结果表明，工程蓄水后，库区干流水质状况良好，未发现异常。

2017 年，施工区的水环境、大气环境、噪声环境质量总体良好，生活污水处理率 100%，处理达标率 100%，BOD5 和 COD 指标全部达标。环境空气监测显示，施工区和对外交通环境空气质量均满足《环境空气监测质量标准》（GB 3095—1996）二级标准。施工生活营区环境噪声监测结果基本满足《城市区域环境噪声标准》（GB 3096—93）II 类标准的要求。

2017 年，水土保持工程的数量和质量均满足主体工程对于水土保持的要求，水土保持植物措施的实施和管护基本能够满足涵养水源与持水固土的要求。

水土保持动态监测结果表明，施工区和对外交通区六项指标全部满足蓄水阶段水土保持防治目标要求，其中扰动土地整治率大于 95%，水土流失总治理度大于 90%，林草植被恢复率大于 95%，林草覆盖率大于 35%，土壤流失控制比 0.87，拦渣率 96.30% 以上。现阶段溪洛渡水电站正在实施施工场地恢复工作，进一步落实项目水土流失防治目标。

【节能措施及综合利用实施情况】 坚持节约资源和保护环境是我国的基本国策，关系人民群众切身利益和中华民族的生存与发展。溪洛渡水电站坚持降低能源消耗强度、减少主要污染物排放总量、合理控制能源消费总量相结合，大幅度提高能源利用效率，显著减少污染物排放。

【环境保护的监督与执法检查】 2017 年，溪洛渡水电站积极配合地方环保行政主管部门开展环保现场监察 6 次，监察组肯定了溪洛渡水电站环境保护措施的落实及成效，同时也提出完善意见，指导溪洛渡水电站环境保护的深入落实。建设部高度重视监察组提出的意见，积极协调各参建单位按照意见要求组织落实完善。

科技创新

【工程技术总结】 在前阶段已形成工程技术总结的基础上，进一步分项目、分专业开展审核修订工作。其中泄洪洞工程技术总结、缆索起重机管理总结已完成出版，特高拱坝智能化建设管理与实践、金属结构工程技术总结等已具备出版条件。

根据国家能源局要求，水电水利规划设计总院牵头组织溪洛渡、二滩等6个典型高拱坝的工程建设和安全运行管理研究总结工作。按照分工，中国三峡集团负责编制溪洛渡拱坝施工建设、安全监测、安全运行管理总结等3个总结报告，已编制完成并经审定具备出版条件。

【重大科技奖励申报】 继续积极参与重大科技奖励申报工作，科技创新取得丰硕成果。其中《特大型水电站施工用缆索起重机关键技术及工程应用》通过中国电机工程学会组织的项目成果鉴定，并荣获2017年度中国电力科学技术二等奖。至此，溪洛渡水电站导截流工程、大坝工程、引水发电工程、泄洪洞工程、缆机工程等全部重点项目均已荣获国家或行业相关重要奖项。

质量管理

【概况】 2017年，现场质量管控重点围绕2号排水洞、水垫塘检修、下游取水泵站等重点工程施工项目，通过现场技术交底、质量三检制、质量检查及整改等，各部位施工质量受控。完成单元工程质量评定185个，其中合格单元工程185个，合格率100%；优良单元工程160个，优良率86 %。

结合工程进入收尾阶段的现状，持续监督完善各参建单位质量体系建设工作，开展质量体系专项检查；督促施工单位加大对带班职工和三检人员的技术培训与考核，考核合格后建立三检人员个人信息责任追溯档案并在建设单位和监理单位备案；督促施工单位组织所有业务分包单位签订《施工分包单位工程质量终身责任承诺书》，进一步落实质量管理责任，强化质量责任意识。

【“质量月”活动】 认真开展“质量月”活动。紧紧围绕“创新、协调、绿色、开放、共享”五大发展理念，让“追求卓越，崇尚质量”成为全体员工的价值导向，大力推进质量强企建设工作，组织开展溪洛渡水电站“质量月”活动，并组织、指导、协调各参建单位开展“质量月”活动。

安全管理

【重点危险源和高危作业监控】 主要围绕水垫塘检修、溪洛渡沟新增2号排水洞施工、雾化区边坡治理、下游新增取水泵站施工等现场重点工程项目开展工作，抓住现场排架搭设使用及拆除，钢筋钢模台车运行，大件吊装等重点危险源监控和高处、临边、临江、涉水等高危作业管控，严格执行相关管理规定和程序文件，加强现场监督检查，按计划顺利完成现场重点工程项目施工。

【防洪度汛】 清醒认识，高度重视，立足于“防大汛、抗大洪、抢大险、救大灾”，围绕电站主体、坝区、近坝水域、近坝库岸地质灾害、对外交通公路开展防洪度汛工作，重点预防大洪水、局部暴雨、地质灾害等，组织参建各方对2017年防汛工作进行周密部署和详细安排。

汛前按计划完成水垫塘检修、11号路雾化边坡治理等备汛项目实施，确保工程度汛安全。

完善防汛体系，编制防汛方案和预案，细化落实“三责”，严格执行“三查”，组织开展防汛防灾检查，配合做好中国三峡集团内外部各项防汛安全督查，督促落实防汛防灾隐患整改；加强防汛值班，有效利用防汛微信群，各类信息传递及时、准确、有效；组织开展各类防汛应急演练，6 月 24 日启动防汛Ⅲ级应急响应。成功应对洪峰（7 月 12 日洪峰流量 12500m^3/s）和多次强降雨（“6.22—6.24”暴雨、“8.7—8.8”暴雨）过程，顺利实现正常蓄水位 600m 蓄水目标。

【安全大检查】 2017 年 7 月至 10 月，在施工区深入开展安全生产大检查，深化“电力建设施工安全年”活动，制订并印发了《关于开展溪洛渡水电站安全生产大检查的通知》，从安全生产责任制落实、安全生产管理制度建立和执行、安全风险管控、隐患排查治理、应急管理、施工作业程序落实、设备设施安全、民爆器材及危险化学品、防洪度汛、防火安全、交通安全等 11 个方面进行全面检查，共组织开展综合、专项检查 23 次，发现各类隐患 33 项，督促责任单位及时进行整改闭合。

（刘小兵）

乌东德工程

工程概况

【基本情况】 2017 年，在中国三峡集团、建设管理公司的正确领导和各部门的大力支持下，乌东德工程建设部（以下简称“建设部”）认真贯彻党的十九大精神，紧紧围绕 2020 年首批机组发电目标，全力推进乌东德水电站“十三五”创新型示范工程建设，攻坚克难，艰苦奋斗，较好地完成了工程建设目标，并在大坝施工、大型机组埋件安装、大坝智能建造、重大关键技术问题研究与应用、质量安全管理、施工区“大党建”等工作过程中取得突出成绩。

【大坝施工】 大坝混凝土全面应用低热水泥，全坝采用无盖重固结灌浆及全生命周期的智能建造，顺利实现混凝土浇筑平稳转序，大坝混凝土浇筑在 10 个月内最大坝高上升 90m，平均浇筑至 790m 高程，混凝土温度、层间间歇期时间、相邻高差均控制在设计要求内。

【大型机组埋件安装】 地下电站采用新技术、新材料、新工艺，克服地质条件复杂、施工难度大的难题，顺利实现由开挖支护向混凝土浇筑、大型机组埋件安装的全面转序。

【智能建造】 积极开展大坝智能建造 2.0 版研究与应用，继续提升中国三峡集团水电工程核心竞争力，实现混凝土一条龙的有效衔接的管控体系，研发和应用智能灌浆系统、智能振捣、智能喷雾、智能温控等，为大坝施工、运行安全及质量控制提供技术支撑与可靠保障，大力提升施工管理精细化水平。

【关键技术研究应用】 做好低热水泥应用、坝身不设导流底孔、导流洞封堵及下闸方式等 8 个重大关键技术问题的研究与应用，解决施工、运行有关问题，方便施工和运行维护，有利于质量、安全并节约成本，预计减少投资约 3.72 亿元。

【质量安全管理】 坚持质量安全“双零”目标，深化和完善“工点制”、应用施工管理 APP 系统，大力开展质量 QC 小组活动，始终坚持“源头控制，过程管理，问题反查”工作思路，树立“隐患就是事故”的理念并按照“分小组、列清单、说清楚”的组织形式深化大检查工作机制，努力向本质质量、本质安全迈进。

【施工区“大党建”】 全面推进施工区“大党建”工作，坚持一条主线、促进两个融合、依靠三大抓手、搭建四大平台，按照“组织共建，资源共享，事务共商，活动共办”的要求，推进施工区大党建工作格局，形成了一整套抓好大党建的工作方式，并有力促进工程，得到中国三峡集团等上级领导好评。

工程建设

【主要工程量完成情况】 2017 年，乌东德工程完成主要工程量：土石方开挖 194.17 万 m^3、混凝土浇筑 121.97 万 m^3、钢筋 4.16 万 t、锚杆 9.12 万根、固结灌浆 10.26 万 m、金结安装 3.43 万 t。

【主要工程形象进度】 1. 大坝工程。坝体：计划平均浇筑至高程 790m，约 45 万 m^3。实际 4# ~11# 坝段浇筑至高程 781 ~808m（累计浇筑 165 仓），平均至高程 794.5m，约 52 万 m^3，最大上升高度 90m（8# 坝段）；按照计划完成接缝灌浆至高程 736m。灌浆：6# ~9# 坝段及 10# 坝段高程 730m 以下引管固结灌浆全部完成；5# ~11# 坝段无盖重灌浆全部完工。水垫塘：计划三季度完成边坡开挖，启动贴坡混凝土施工，年底浇筑至高程 765m。实际 11 月完成开挖，年底完成右岸水垫塘第 3# ~4# 块齿槽混凝土浇筑。二道坝：计划三季度完成边坡开挖，启动二道坝碾压混凝土浇筑，年底平均浇筑至高程 740m。实际 11 月完成开挖，年底完成试验仓浇筑。

2. 地下电站工程。进水塔：左岸 1# ~6# 塔计划浇筑至高程 935.5 ~957.5m，实际浇筑至高程 939.5 ~969m；右岸 7# ~12# 塔计划浇筑至高程 925 ~931m，实际浇筑至高程 919.5 ~924.5m。引水隧洞：左岸 5#、6# 洞按照计划完成上下平段混凝土浇筑与压力钢管安装；右岸 7# 洞按照计划完成混凝土浇筑与压力钢管安装，8# 洞按照计划完成除下平段外的其余部位浇筑。主厂房：左岸 1# ~6# 机组按照计划完成锥管混凝土浇筑，5#、6# 机组计划蜗壳浇筑至高程 803m，实际 5# 机组蜗壳安装完成 85%，6# 机组蜗壳完成安装，未启动蜗壳混凝土；右岸 7# ~12# 机组按照计划完成锥管混凝土浇筑，7#、8# 机组计划蜗壳浇筑至高程 803m 与 800m，实际 7# 机组完成蜗壳安装，8# 机组完成蜗壳安装 80%，未启动蜗壳混凝土。尾调室：左岸 1# ~3# 室计划浇筑至高程 802 ~811.4m，实际浇筑至高程 784 ~799m；右岸 4# ~6# 室计划浇筑至高程 802 ~825m，实际浇筑至高程 787 ~811m。

【泄洪洞工程】 进水塔：1# ~3# 塔计划浇筑至高程 932.42 ~959m，实际浇筑至高程 950 ~965m。洞身有压段：1# ~3# 洞计划完成底拱浇筑 40%，边顶拱浇筑 30%，实际完成底拱浇筑 33%，边顶拱浇筑 13%。工作闸室：1# ~3# 室计划浇筑至高程 941 ~961.5m，实际浇筑至高程 941 ~959m。洞身无压段：按照计划完成 3# 洞边顶拱浇筑与 2# 洞边顶拱浇筑 50%。出口：水垫塘按照计划基本完成开挖。

【交通工程】 右岸半新公路：按照计划全线通车，正在进行消防、照明等机电设备安装。河门口大桥：计划桥梁浇筑至 14# 块，实际浇筑至 7# 块。

【资金使用情况】 2017 年，乌东德综合计划累计完成投资 25.60 亿元（不含征地移民、贷款利息与所有分摊费的固定资产部分），占年度计划 28.29 亿元的 90.49%，其中枢纽工程

19.74 亿元，其他费用 5.86 亿元（含独立费用与差价）。

质量管理

【质量目标完成情况】 2017 年，乌东德工程实现了“不发生一般及以上质量事故，不出现年度绩效考核扣分项”的总体目标。混凝土工程、开挖工程、支护工程、围堰工程及金结制安等分项工程均达到年度质量目标，质量体系建设基本实现了制度化、程序化、规范化的管理目标。根据乌东德工程 2017 年质量安全管理工作计划，在全面实行工点化管理的基础上，通过开展原材料季度质量检测统计分析与通报、质量月度综合大检查、质量培训与考核、样板工程创建、开展 QC 小组活动、劳动竞赛等举措，逐步提高各级管理人员的质量意识，强化责任落实与追究，使乌东德工程呈现高标准建好工程的质量氛围。

全年评定场内主要项目单元工程 8495 个，合格 8495 个，单元工程合格率 100%；优良 8193 个，优良率 96.4%；共评定场外主要项目子分项工程 677 个，合格 677 个，子分项工程一次验收合格率 100%。对水电工程质量监督总站检查提出的问题已在规定期限内完成整改，整改完成率为 100%。

【质量管理体系】 2017 年，根据工程建设进展，对乌东德工程质量管理委员会成员单位及组成人员进行调整，明确质量管理委员会工作职责，强化质量管理的领导责任。聘请混凝土施工专业、桥梁专业质量总监各一名，加强了场内外混凝土与桥梁施工的质量管理。全年印发了《关于明确金沙江乌东德水电站 2017 年项目工点划分的通知》《金沙江乌东德水电站大坝混凝土试验检测管理办法（试行）》《关于加强乌东德粉煤灰供应质量管理的通知》《金沙江乌东德水电站大坝工程混凝土施工旁站监理管理规定》《乌东德水电站大坝工程混凝土暂停浇筑和停仓管理规定（试行）》《金沙江乌东德水电站大坝工程廊道施工管理办法（试行）》《金沙江乌东德水电站大坝工坝面保温板施工管理办法（试行）》等 7 项质量管理制度，质量管理制度满足当前工程建设需要。

安全管理

【安全目标完成情况】 2017 年，建设部始终坚持“安全第一，预防为主，综合治理”安全生产工作方针，牢固树立安全发展理念，弘扬生命至上、安全第一的思想，按照“源头控制、过程管理、问题倒逼”的思路，通过“分小组，列清单，说清楚”的方式深化开展月度安全生产综合大检查；应用安全管理隐患排查微信系统，营造“人人关注安全，人人都是安全员”的良好安全文化氛围；签订全员安全生产责任书，推行安全承诺；编制《乌东德水电站工程安全生产标准化图册》，持续推进标准化建设等举措，使得工程建设朝着“安全乌东德”的工作目标不断迈进。

【安全管理体系】 2017 年，建设部根据实际，调整乌东德工程安全生产委员会和应急管理委员会成员，保障安全组织体系有效运行。

建设部与 19 个参建单位签订《2017 年安全生产目标管理责任书》，建设部主任与领导班子其他成员、各二级部门负责人签订安全生产目标管理责任书，明确安全管理目标和职责，强化安全责任落实，并对全工区责任管理情况进行再排查、再梳理，界定施工区内所有区域的责任单位和责任人，形成空间、时间、职责和措施的全覆盖，严格按照“一岗双责、党政同责、失职追责”的要求落实各自主体责任，消除责任盲区。为进一步夯实安全生产责任体系，2017 年 7 月建设部各部门与部门员工签订了安全生产目标责任书。

设备物资供应管理

【物资供应总体情况】 2017年，乌东德工程业主统供物资供应正常，顺利完成了保障供应的目标，未发生因物资供应质量、进度问题而影响工程施工的情况。部门全年执行物资采购合同26个、运输合同2个，结算总金额约6.24亿元，累计向9家施工单位、18个施工项目调拨钢材76938.167t、止水铜213.042t、水泥315496.100t、粉煤灰108822.72t、外加剂2863.878t、柴油7966.636t、火工品1053.840t。

【设备供应总体情况】 2017年，乌东德工程业主自购设备供应正常，设备制造质量、进度满足现场安装需求，未出现质量事故、重大质量缺陷或影响现场安装的事件。部门全年执行设备采购合同18个、设备制造监理服务合同2个、技术服务合同1个，合同总金额约5.76亿元。累计到货49批次、7058件、2453箱，合计2143.48t。其中，金结、启闭机到货8批次，337.48t；引水压力钢管用高强钢板全部到货（22批次、108张、1806t），到货钢板总值约1083.60万元。

坝区管理

【概况】 2017年，建设部以打造和谐工区、保证工程建设顺利进行为目的，以维护施工区安全稳定为宗旨，认真开展建筑市场管理、交通管理、消防管理、对外协调等各项工作，完成2016年乌东德水电站社会责任3个项目验收、7个项目审批、6个项目立项工作，为乌东德工程建设顺利进行创造了良好的内外部环境，实现无重大群体性事件、无重大刑事治安案件、无重特大交通事故、无重特大火灾事故和无重大公共卫生事件的“五无”管理目标。

设计、监理工作

【设计技术管理】 积极主动做好设计与技术管理工作。主动做好动态设计、优化设计工作，根据现场实际，及时进行设计方案调整，如二道坝建基面抬高等；督促协调设计院加强现场人员配置，现场设代力量能够满足工程建设需要；有效执行设计月例会制度，按月召开设计例会，组织项目部，设计、监理单位就现场需要协调的问题进行沟通，以解决现场实际问题；督促设计院加强前后方与各专业间的沟通协调，强调并充分发挥设总总协调作用；重视并严格要求设计成果的质量，必要时，开展“白图送审”，确保从设计源头上把关，实现成本控制；加强设计管理与考核，根据已发布的乌东德水电站枢纽工程勘察设计工作考核办法，组织建设部各相关部门对设计工作进行考核打分。加强技术管理，为工程建设顺利推进提供强有力的技术保障，有效地解决了现场面临的技术难题，重大关键技术问题取得突破性进展。

【关键技术研究】 积极组织开展重大关键技术问题研究。随着工程建设进程，施工区重大工程技术问题已逐步得到解决，如全坝使用低热水泥、导流洞封堵、坝后水垫塘防护结构型式、坝身不设导流底孔、二道坝优化等专题已研究完成，并分别通过中国三峡集团和水电水利规划设计总院组织的审查，正在根据审查意见进一步深化落实。

【监理工作】 2017年，建设部组织长江三峡技术经济发展有限公司、中国水利水电建设工程咨询西北公司、长委工程建设监理（宜昌）有限公司及武汉大通公路桥梁工程咨询监理有限责任公司4家单位开展监理工作。组织4家单位新编或修订监理实施细则等管理制度，开展业务培训活动，并从设计技术与施工管理、统供材料管理、进度管理、成本管理、质量管理、安全管理、环保水保管理等7个方面开展监理工作。

科研工作

【概况】 建设部按照中国三峡集团、建设管理公司下发的科研管理制度开展相关工作，以技术管理部作为科研项目归口管理部门，从科研项目的大纲审查、立项、合同签订以及成果总结与申报进行规范化管理。

【国家科研项目研究进展】 “深孔泄水建筑物疏堵与闸门修复技术及装备”为国家重点研发计划“水资源高效开发利用”重点专项中“重大水利工程大坝深水检测及突发事件监测预警与应急处置”项目的一个课题。由中国三峡集团承担，南科院、杭州华能工程安全科技股份有限公司、长江勘测规划设计研究有限责任公司、南京瑞迪建设科技有限公司、黄河水利水电开发总公司等参与。已多次组织实地调研和项目碰头会，并已完成各专题的科研合同签订工作，形成深水自推进疏堵装置的概念设计，2017年11月下旬组织专家进行评审，目前各项工作正在顺利推进中。

【外委科研项目执行情况】 对于中国三峡集团下达的《关于2017年度科技创新计划》，建设部进行了认真学习研讨，要求各科研项目实施部门以科学的态度积极组织已签科研项目的实施，跟踪完善新增科研项目审批程序，抓紧闭合已实施完成的科研项目的验收工作。

认真组织落实精细爆破试验、智能水泥灌浆系统研发和主体工程混凝土性能试验等5项已签科研项目的研究实施，积极组织10项拱坝智能建造项目和泄洪消能、NPR锚杆/索支护原理及应用等9项新下达科研项目的招标工作，以及实施阶段工作大纲审查与实施，抓紧落实年初下达且未完成的2项科研项目的采购工作。

2017年，建设部组织完成地下厂房微震监测、Ⅳ类围岩透水衬砌、厂房围岩稳定性反馈分析等4项科研项目的合同验收。

【安全生产科研项目申报】 为响应中国三峡集团关于开展安全生产科技创新活动的相关精神，建设部号召全体员工开动脑筋，积极参与到安全生产科技创新活动中，组织申报了两项员工安全生产科技创新项目，分别为《灌浆抬动变形激光监测系统》和《水电工程典型安全生产事故案例培训教材（含动画视频）》。

重点工程项目建设

【全坝采用无盖重固结灌浆】 为有效解决和避免以往工程中有盖重灌浆施工打断混凝土冷却水管、坝体混凝土上升间歇期控制的难题，根据乌东德水电站坝基岩体特点，建设部与参建单位研究提出“裂隙封闭＋全坝裸岩无盖重固结灌浆”方案，并研发一种封闭效果好、现场操作方便的封闭材料以及与之相匹配的封闭工艺和操作技术；提出基于不同区域、不同坝段、不同岩体条件制定裸岩无盖重固灌方案的新思想，形成分区、分坝段、分层的创新型无盖重固灌设计方案；构建了一套严格的无盖重固灌施工工艺控制体系，以特殊情况处理措施和数字抬动监测方案保证无盖重固灌施工质量。“裂隙封闭＋全坝裸岩无盖重固结灌浆”方案的应用，避免了有混凝土盖重固结灌浆对混凝土浇筑及温控防裂的不良影响，有效缩短了大坝浇筑直线工期约3个月，为2019年10月大坝顺利蓄水创造有利条件，节省混凝土钻孔工程量约3.8万m，降低工程投资约250万元。已完成的 3# ~12#坝段 4.5 万 m 无盖重固结灌浆灌后质量检查表明，声波值检查全部满足设计要求，岩体整体性和抗变形能力大幅度提升，成为国内首个全坝无盖重固结灌浆基础处理技术成功应用的工程。

【智能灌浆系统】 在中国三峡集团、建设管理公司的精心指导下，建设部积极落实智能水泥灌浆系统研究工作，保证“地下大坝”建设质量。经过反复研发和现场试验，与参建单位联合攻关，在 2017 年 10 月形成了集智能灌浆单元机 V1.2 版、iGM－12 型智能制浆站、iGP－1.0 型智能输浆系统于一体的智能灌浆系统，实现了制浆、输浆、配浆、灌浆、数据记录与处理的全过程智能化施工及管理。通过智能灌浆单元机已完成 1.7 万 m 固结灌浆和 1300m 帷幕灌浆，能够较好地适应水泥灌浆的使用要求，压力控制稳定，配浆精度较高，攻克了取代人工控制模式的关键技术难题。智能灌浆系统是智能技术在水泥灌浆领域的一次创造性应用，显著提高了水泥灌浆行业的智能化水平。

【全坝应用低热水泥】 针对乌东德干热河谷地带季节性高温多雨、大风干燥的不利气候环境，大坝全坝采用低热水泥在国内尚属首次。为确保大坝混凝土施工质量和切实做好温控防裂，建设部组织参建各方以最高的标准、最优的工艺、最严的管控、最负责的精神，真正做到大坝混凝土从原材料生产、拌和运输、仓面浇筑和温控养护等“一条龙”工艺全过程的质量监督与管控，努力将乌东德大坝工程建设成高质量标准、高技术含量的世界精品工程。组织参建各方系统开展了现场摸索低热水泥混凝土的温升、强度发展规律试验研究，全面总结低热水泥混凝土施工特性，特别是总结形成 4.5m 高升层液压爬模施工工艺要求，确保低热水泥混凝土施工安全；细化和制定混凝土生产、运输、浇筑、仓面降温保湿、通水冷却等各环节的温控标准和控温措施要求，全面应用智能通水冷却系统，实现混凝土内部最高温度精准控制；保证实施接缝灌浆的连续、可靠性，保证大坝最大悬臂高差控制设计允许范围内，确保精准控制各灌区温度梯度和满足接缝灌浆施工需要。

累计完成浇筑的 165 仓大坝混凝土浇筑，内部最高温度、间歇期、日降温速率均控制在设计允许范围内。混凝土取芯检查结果表明，大坝混凝土浇筑质量良好，并得到各位行业专家和国家能源局质量监督总站的认可。大坝底部三层灌区已达到合理精准的后冷目标温度和垂直梯度控制要求，横缝张开度满足要求，并完成两个灌区的接缝灌浆，接缝灌浆效果良好。

【4.5m 升层液压爬升模板】 针对乌东德七级及以上大风频发的不利气象条件，为确保大坝模板安拆施工安全和进度目标受控，委托专业厂家研制了抗大风能力强、安全可靠度高、便于施工、可实现 4.5m 升层浇筑的液压自爬升模板。该爬模在大坝上下游面首次采用“以曲代曲”方式来进一步保证双曲拱坝的复杂体型控制精度，并能实现大风环境下 1.5m、3.0m、4.5m 浇筑需要，既有利于大坝施工安全，又可兼顾施工进度与质量控制需要。并通过现场不断摸索，基本形成低热水泥 4.5m 升层液压爬模施工工法。

【大坝智能建造 2.0 版】 大坝工程智能建造是工程建设技术、项目管理技术与现代信息技术深度融合的创新成果，可实现工程全生命周期、全资源要素、全工艺流程、全建设过程智能化管控，将水电工程建设由传统模式向智能建设模式推进。为构建中国坝工智能建造标准，引领世界坝工建设核心竞争力，基于“全面感知，真实分析，实时控制”的模型理论，建设部通过搭建协同管理平台 iDam，全面组织参建各方、科研院所研发和应用“智能灌浆、智能振捣、智能喷雾、智能温控、仿真分析、视频监控与识别”等功能模块，实现施工全过程“在线采集、动态分析、智能操作、预警预控”，进而达到施工期、蓄水阶段、永久运行期等各阶段大坝坝体温度、应力、变形、质量的全面感知与控制，为大坝施工、运行安全及质量控制提供技术支撑与可靠保障。

初步研发适应混凝土施工工艺、智能视频监控等成套感知设备、分析和评价准则以及软件控制系统并开展生产性试验，全面精准掌握低热水泥混凝土现场施工，提升混凝土工艺控制水平；已研发智能通水 2.0 集成化、小型化装备并全面应用，掌控低热水泥混凝土温控规律，将坝体最高温度控制由“中热水泥个性化控温”提升至“低热水泥精准控温”，最高温度、降温速率全面受控；以问题为导向开展多次进度耦合工作性态分析，解决制约工程高效、均衡、有序施工的一系列制约因素；专门研究设计参数化曲面建模工具，实现参数化、自动化大坝 DIM 模型构建，上线混凝土浇筑、温度控制、固结灌浆、帷幕灌浆、试验检测等模块，实现桌面系统、移动采集 APP、微信查询、WEB 综合查询相多端应用，集成混凝土生产、缆机运输、混凝土浇筑、温度控制、安全监测等 130 余万条数据，促进现场精细化施工管理。

【地下洞室群施工】 乌东德地下电站规模巨大，地质条件复杂，存在 B 类角砾岩、薄层小夹角、层面附碳质薄膜区、小夹角长大结构面、不稳定块体等 7 类工程地质缺陷，对洞室群施工及运行稳定造成不利影响，通过强化动态设计、安全监测、科研跟踪与反馈分析的机制，根据开挖揭露的地质条件变化情况，及时调整开挖层高、控制爆破、调整支护设计，严格遵守薄层开挖、随层支护、先洞后墙、先锚后挖的施工程序，确保地下洞室开挖稳定与安全。地下电站巨型洞室群于 2017 年 5 月完成开挖支护，三大洞室围岩整体稳定，已处于收敛状态。

【机电埋件安装】 牢牢抓住首批机组发电节点目标，提前规划，精心组织施工人员、技术准备、新设备（主厂房梭式布料机、压力钢管组圆台车）应用，以及 1300t 桥机、大型机组埋件（尾水肘管锥管、座环、蜗壳）的设备供货、安装等。乌东德水轮发电机组单机容量 85 万 kW，机组埋件尺寸巨大，安装难度大，工艺要求高，特别是座环、蜗壳等关键部件采用许多新技术、新材料、新工艺，对现场施工带来极大挑战。始终坚持质量安全“双零”目标，深入研究和审核技术方案，制定和发布了座环、蜗壳安装质量标准以及相应的安装焊接质量管理办法，精心组织，精细管理，先后完成座环整体拼装、整体吊装，800MPa 级蜗壳焊接全方位、全过程质量监控，工艺先进、合理，质量措施到位，完成项目工程质量优良，为最终实现“精品机组”奠定了坚实基础。左右岸主厂房均已完成尾水锥管混凝土浇筑，各完成 4 台座环吊装，6#、7#机组蜗壳安装工作即将完成，已全面顺利实现地下电站由开挖支护向混凝土浇筑、大型机电埋件安装的转序。

生态环境保护

【概况】 2017 年，建设部按照《金沙江乌东德水电站环境影响报告书》《金沙江乌东德水电站水土保持方案报告书》及其批复意见的要求，开展环保、水保相关工作，各项环保、水保设施正常运行，运行效果整体满足要求。2017 年，乌东德水电站未发生环保责任事件，未受到行政或刑事处罚。

【环境保护工程】 施工区生活污水处理厂与砂石骨料加工、混凝土拌和废水处理设施正常运行，各项指标基本达标。硫磺矿渣填埋场运行正常，未发生渗滤液泄漏。进一步完善鱼类增殖站运行设施，开展后备亲鱼培育、鱼苗繁育试验，循环水养殖车间逐步投入试验养殖。完成2017年度增殖放流活动（12月15日，放流鱼苗5.7万余尾）。委托长江设计公司对分层取水、生态流量在线监测系统建设及集鱼设施开展专项规划设计。

【环境监测】 监测工作基本按照主体工程环评报告与水土保持方案要求开展。各项监测数据表明，乌东德工程环境保护、水土保持效果较好。施工区水气声环境监测受国家政策调整影响，相关监测单位提出提前终止合同，建设部已对施工区后续两岸水气声环境监测工作进行重新招标，计划2018年一季度恢复监测。每月开展施工区人群健康保护与监测工作，重点对生活区的环境进行消杀，饮用水进行检测，并开展疫苗接种、健康教育培训等活动，有效改善了施工作业人员的生活环境，为工程建设提供了健康保障。

【环境保护监察】 2017年，共接受长江委水土保持局，四川、云南两省水行政执法部门与环境保护行政执法部门10次的外部监督检查，针对检查发现的问题及时整改。

【环境保护宣传教育】 为提高乌东德水电站施工区各参建单位环境保护法律意识以及专业知识水平，进一步提升乌东德水电站环境保护工作管理质量，结合《中华人民共和国水污染防治法》《建设项目环境保护管理条例》等国家环境法律法规的修订，对《乌东德水电站工程环境保护工作手册》重新进行修编。同时结合“6.5世界环境日”开展法律法规宣贯，悬挂环境保护宣传标语，不断提高工程参建人员的环境保护意识。

乌东德工程大事记

二月

7日 凉山州州长苏嘎尔布考察乌东德工程。

28日 中国三峡集团党组成员、副总经理樊启祥调研乌东德工程。

三月

15日 乌东德水电站大坝工程建基面通过专项验收。

16日 乌东德水电站大坝首仓混凝土正式开始浇筑，标志着大坝工程由基础开挖全面转入主体混凝土浇筑施工阶段。

17日 中国三峡集团党组成员、副总经理樊启祥在乌东德水电站与中国大坝工程学会理事长矫勇等专家座谈交流。

18日 乌东德水电站右岸4号导流洞顺利完成首次下闸抽水检修工作，这也是乌东德水电站导流洞工程首次下闸检修。

四月

26日 云南省政协副主席王承才调研乌东德工程。

五月

3日 凉山州西昌市党政代表团参观乌东德水电站工程。

六月

8日 乌东德水电站第一台座环吊装到位。

13日—14日 中国三峡集团党组成员、

副总经理樊启祥调研乌东德工程。

八月

16 日 中国三峡集团党组成员、副总经理樊启祥调研乌东德工程。

20 日 四川省政协原主席冯元蔚调研乌东德工程。

九月

24 日 三峡工程史料选编委员会考察乌东德工程。

十月

10 日 中国三峡集团外部董事调研乌东德工程。

24 日 左岸地下电站主厂房 2 号机组座环支墩顺利浇筑完毕，标志着左岸地厂蜗壳以下混凝土浇筑全面结束，并全面转入金结机电安装阶段。

十一月

7 日—9 日 中国三峡集团党组书记、董事长卢纯调研乌东德工程，学习宣贯党的十九大精神。

24 日—29 日 水电工程质量监督总站专家组赴乌东德工程开展地下电站开挖支护阶段质量监督检查。

28 日 云南省委、省政府第四环境保护督察组调研乌东德工程环保工作。

十二月

15 日 乌东德工程大坝首层灌区启动接缝灌浆；金沙江白鹤滩乌东德珍稀特有鱼类增殖放流站举行第三次放流活动，5.7 万余尾珍稀鱼苗回归金沙江。

（李　华）

白鹤滩工程

工程概况

【基本情况】 2017 年，白鹤滩工程建设部贯彻落实中国三峡集团和建设管理公司年度工作会议部署，按照世界一流精品工程建设要求，精心组织白鹤滩工程建设。7 月 31 日，白鹤滩水电站建设获得国家核准，主体工程全面开工建设，取得重大阶段性成果。全年完成工程投资 33.2 亿元，导流洞及上下游围堰运行正常，大坝工程、引水发电工程、泄洪洞工程施工平稳转序，工程形象满足节点目标要求，工程质量持续稳定提升、总体优良，首次实现“双零”目标。文明施工打造成为特大型水电工程标准化建设样板，科技创新成效卓著，攻克五大关键技术难题并广泛应用，智能建造作用初显，施工区管理实现“五无”目标，党建工作不断加强，“大党建”成效凸显，按照“五大工程”基本要求，创建“世界一流精品工程”全面启动。

工程建设

【概况】 精心组织工程施工，督促资源配置到位，加强参建各方沟通协调，形成工作合力，保障了工程建设稳步推进。大坝工程顺利转序，全年最高上升53m；地下厂房工程开挖施工接近尾声，安全风险基本释放，部分混凝土转序顺利完成，压力钢管开始安装；泄洪洞工程主体洞室开挖顺利完工，混凝土浇筑转序基本完成；旱谷地砂石加工系统稳定生产，成品骨料品质和供应满足大坝混凝土浇筑要求。年度建设任务按计划推进，节点目标按要求实现。

【工程进度】 全年建安工程投资33.2亿元；土石方明挖408.1万m^3，洞挖234.9万m^3，混凝土浇筑217.8万m^3，喷混凝土8.0万m^3，支护锚杆30.94万根，使用钢筋9.55万t，支护锚索7165束，固结灌浆39.1万m，帷幕灌浆17.6万m，回填灌浆2.1万m^2，金结设备安装0.84万t。

【资金监管】 关注税收政策变化，化解税务风险；利用银行资金监管平台，对施工单位大额资金支出进行审核监控，规范解决施工单位资金困难，既保障工程建设资金，又保证资金安全；严格成本费用控制，建设部公务活动严格落实中央八项规定精神，坚决抵制“四风”，领导干部个人履职待遇及业务支出同比下降，建设部“六公”经费预算控制较好。

全面实施营改增政策，预期效益显著，税收红利巨大，预计可获得抵扣建安工程营业税、甲供工程模式少缴税收、无偿领用材料供应方式及砂石系统材料进项税等预计税收红利约14亿元；利用国网与南网电价差异，及时改善供电网络，扩大巧家电源供电范围（20%提高至50%）、参与电价市场化交易及调整生活用电比例（居民生活用电从11%调至30%）等措施，全年节约电费2400万元。

（谭云影）

质量管理

【概况】 始终坚持进度服从质量安全，明确建设“世界一流精品工程”目标，丰富创建“五大工程”内涵。坚持对弄虚作假“零容忍”，违约惩处力度加强；隐蔽工程实行第三方抽查全覆盖，影像留存制度全面实施；关键项目实行专业、联合管控。

大坝工程全面实行智能建造，推行“标准化施工工艺”建设，大坝混凝土浇筑整体、均衡、连续上升，质量优良，廊道和小洞室混凝土创新工艺，利用台车衬砌，加湿器喷雾养护，精细施工，内实外光；地下工程大跨度高边墙洞室开挖坚持“弱爆破，强支护，勤监测”，围岩变形可控、总体稳定，地下洞室混凝土提前策划，开展免装修工艺试验，电站进水口及尾水洞衬砌混凝土浇筑质量优良；泄洪洞采用台车浇筑常态混凝土，智能养护，衬砌混凝土体型精准、平整光滑、耐磨防裂；灌浆工程积极推广智能灌浆技术应用，形成“隐蔽工程、阳光作业、打击造假、严肃追责”良好态势。

质量管理成果丰硕，累计获得国家行业级QC奖励40项，质量创新大赛、电建工法奖32项，专利48项。全年单元工程验收全部合格，优良率95.5%，质量体系运行有效，获得政府质量监督专家组高度认可。

（阴 彬）

安全管理

【概况】 始终坚持“双零”目标和“五零”管理要求，全面落实安全生产主体责任，努力构建双重预防机制，初步形成“以人为本、本质安全”的安全文化氛围。安全管理体系运行良好，隐患排查治理形成长效机制，管理制度措施不断推陈出新。

全年微信平台上报安全隐患3万余条，整改闭合率99%；强化大坝浇筑、缆机运行、洞室开挖、骨料运输等重点危险源管控；民技工安全培训形式多样化，采用多媒体培训箱及安全体验馆等科技手段开展安全培训，民技工安全意识增强，安全技能提升；运用科技技术保安全，深大竖井采用大口径反井钻、竖井提升系统和互联网+视频监控系统等手段，施工安全风险显著降低；经受了汛期6次强降雨（最大洪水11900m^3/s）的考验。实现了安全生产“双零”管理目标。

现场文明施工按照《安全文明施工标准化图册》实施“工厂化”标准化建设，文明施工成为新常态。道路畅通明亮、干净整洁；洞室通风引进瑞典科技，空气质量对标欧盟标准；仓面作业整理整顿成为新常态，材料堆放、设备布置有序整齐，管线布置规范有序，工器具上架入箱；标识标牌布局合理、规范整齐；施工垃圾及时清运，生产废水达标排放，粉尘降噪符合环保要求，工地“厕所革命”取得新成效。白鹤滩电站施工区基本达到特大型水电工程标准化建设样板。

（谭云影）

设备物资供应管理

【概况】 适应营改增模式调整，优化资源配置，超前储存备料，应用物资流向与调度管理微信系统平台，实现全过程实时信息传递，积极开展粉煤灰生产氨残留和控制研究，优化物资核销信息管理系统，加强四级台账管理，确保物资设备供应保障满足主体工程高峰施工需求。全年供应水泥52万t、粉煤灰25万t、外加剂约3687t、钢材12万t、炸药2007t、柴油6000t；施工设备管理和金属结构设备招标采购及制造有序进行，7台缆机安全运行2万台时，浇筑混凝土81万方，缆机、布料机、胎带机安全有效运行，金结设备强化了驻厂建造等过程质量控制工作。

（谭云影）

坝区管理

【概况】 全面完成施工区和旱谷地征地及避让搬迁工作，企地关系良性互动，地方支持工程建设力度明显加强，征地移民遗留问题逐步得到解决，全年处理村民阻工事件16起，同比大幅下降81%；建筑市场管理信息系统应用全覆盖，实现队伍精确准入、人员动态管理，全年处理拖欠农民工工资、经济纠纷21起，比2016年下降43%；施工区核心部位、重点区域实现封闭管理，施工区实现“五无”目标；企业专职消防队火灾扑救和应急救援能力满足现阶段工程建设需要，成为大型水电建设首个民政部防灾减灾教育共建基地。全年无重大群体性事件、无重大刑事治安案件、无重特大交通事故、无重特大火灾事故和无重大公共卫生事件发生，为施工区总体安全稳定创造了良好的外部环境。

（谭云影）

设计、监理工作

【设计工作】 持续加强设计创新管理，完善设计产品审签系统，实现设计供图精细集约化管理，充分发挥设计龙头作用；加强主体工程勘测设计管理，坚持实时监测、过程分析、动态设计，为现场施工提供指导依据；有效处理坝基柱状节理玄武岩松弛问题，实现大坝工程建基面按期验收，运用反馈分析研究，化解地下厂房洞室群围岩稳定风险，为主体工程结构安全提供设计保障；动态优化设计方案，有效平衡工程建设“五控制”；研究重点项目设计专项方案及规划，保证后续施工总布置合理。全年提交施工详图473套、设计通知519份、专题报告37份、工作联系单59份、地质预报及简报4期、其他设计文件6份，设计产品质量满足现场施工要求。

【监理工作】 健全监理单位组织机构，完善监理工作制度，通过审查、巡检、旁站、抽检、考核、验收等活动督促施工单位管理体系建立和运行有效，强化对施工质量、安全、进度、投资的监督与控制，持续加强关键部位混凝土浇筑和关键工序监管，建立工序质量影像留存制度。各监理单位上岗人员持证率及监理资源满足合同要求，进一步提升监理人员质量意识、责任意识、履约意识，有效落实建设单位管理要求，保障了白鹤滩水电站工程由开挖阶段向混凝土阶段平稳转序。

（徐　剑　龚子桢）

科研工作

【概况】 贯彻创新驱动发展战略，围绕工程技术难题组织科研攻关，有序组织科研项目实施，引导员工主动参与科研工作，积极组织开展技术总结与科技报奖，全年开展科研项目32项，科研创新成效显著，为工程建设发挥了支撑与引领作用。

【五大关键技术】 五大关键技术问题全面攻克，积极落实中国三峡集团党组的决策意见，组织开展五大技术问题研究，形成了成套处理方案和工程措施并取得初步成效。坝基柱状节理玄武岩卸荷松弛、错动带剪切变形有效控制，角砾熔岩完整保护；低热水泥混凝土性能优良，温升和强度发展规律基本掌握；拱坝防震抗震安全已设计复核，相应措施有序实施；谷幅变形监测有序开展，已采集初始数据并开展跟踪分析；地下洞室群整体稳定，大规模开挖产生的风险逐步化解。

【智能化建设】 智能化建设取得积极进展，智能建造全过程、全方位、全专业建设的构架体系初具雏形，涵盖信息管理平台、施工过程管理、智能技术应用、科研仿真的智能化、信息化建设成效初显，信息管理平台已在大坝工程混凝土浇筑、温度控制、固结灌浆、试验检测等全面推广应用，实现手机终端实施录入、查询等功能，成为现场管理的专家知识库和数据交互中心，智能通水、智能浇筑等技术广泛应用，仿真分析为主体工程施工预控预判提供技术支撑，施工管理APP系统全面推广，实现验收评定无纸化办公。

【技术创新】 坝基开挖研发了复合散能爆破、预留保护层岩石盖重固结灌浆等颠覆性创新技术，优质高效完成复杂坝基开挖处理；创新岩壁梁钢模台车、液压变形钢模台车、常态混凝土浇筑钢模台车及上料系统、液压自爬升抗风悬臂模板、止水专用定制模板、自动养护系统等科技创新技术，混凝土浇筑体型精准、内实外光。2篇论文获第二届全国质量创新大赛一、二等奖；1篇论文获中国岩石力学与工程学会科学技术进步奖一等奖；边坡开挖全过程数字化管理平台已申请计算机软件著作权。

（谭云影）

重点工程项目建设

【大坝工程】 大坝混凝土浇筑最高浇至598m，上升53m；最低浇筑至高程583m，上升38m，基本完成年度考核形象；水垫塘、二道坝开挖完成，基础回填混凝土浇筑4.43万m^3，完成年度考核形象。

顺利实现基础开挖向混凝土浇筑的全面转序。全面攻克白鹤滩拱坝柱状节理玄武岩和角砾熔岩坝基开挖处理技术难题，开挖体形精准、变形控制良好、坝基保护完整，顺利通过验收。大坝混凝土2017年4月12日开浇，基本掌握低热水泥混凝土性能和温控措施，开展混凝土浇筑“一条龙”效率提升攻关，有效控制大风对大坝混凝土施工影响，推行仓面标准化建设，固化浇筑工艺质量和安全文明施工措施，实现无缝转仓、连续浇筑，月浇筑强度提高至15万m^3/月。智能建造项目全面启动，实现大坝混凝土施工过程信息化管理；不断开展技术创新，研发应用可变径坝身拔管、自升式旋转爬梯、全封闭保温自卸车、仓面可伸缩式交通梯和廊道超声加湿器养护等新技术，不断推进建设水平提升。

【**地下厂房工程**】 左右岸主厂房分别完成第Ⅵ～Ⅷ层、Ⅳ～Ⅶ层开挖支护，完成年度考核目标；左右岸尾水管检修闸门室分别完成全断面井挖支护502m、240m，基本完成年度考核目标；左右岸进水塔混凝土分别浇筑至784～808m、751～776m，超额完成考核目标；左右岸尾水调压室分别完成井挖167.6m、138.5m，完成年度考核目标；左右岸尾水隧洞分别完成底板混凝土浇筑2600m、2570m，超额完成考核目标；左右岸边顶拱衬砌混凝土浇筑各完成450m，基本完成考核目标。

通过有效的动态反馈分析机制，合理的爆破开挖方案，及时跟进支护措施，以“先洞后墙”缓解洞室群效应，精细处理机窝贯通区施工，确保高地应力区巨型洞室群的围岩安全稳定总体可控。稳步提升安全质量管理，进水塔塔体混凝土浇筑温控防裂措施有效，800MPa级压力钢管焊接一次探伤合格率在99%以上，帷幕灌浆施工质量可控，平稳地实现了地厂项目由开挖支护向金结安装、帷幕灌浆转序，尾水项目由开挖支护向混凝土浇筑转序。积极应用“四新技术”，利用进水塔混凝土自爬升模板减少大风条件下作业风险，万向运输自动化对装台车实现压力钢管安装机械化，液压伸缩万向移动衬砌台车提高平行洞室衬砌施工效率，应用施工质量管理APP实现工程建设及运行全生命周期的信息化管理，全面提升地厂建设技术与管理水平。

【**泄洪洞工程**】 进水塔混凝土平均浇筑至814m，完成年度考核形象；洞身段开挖支护全部完成，上平段边墙衬砌完成36%，顶拱衬砌启动，龙落尾段启动底板灌浆及垫层混凝土浇筑，完成年度考核形象；出口边坡治理开挖支护至730m。

实现洞身从开挖阶段到混凝土浇筑阶段的全面转变。加强技术方案的优化研究，使工艺标准化、管理精细化，泄洪洞上平段隧洞边墙在国内首次实现洞室衬砌浇筑低坍落度常态混凝土，提高过流面混凝土的抗冲耐磨性能；研究改进模板定型、脱模工艺，提升混凝土表面平整度和体型精准度；实现混凝土自动化保湿养护；重点控制龙落尾台车运行、出口高边坡施工安全，确保泄洪洞安全稳定。

【**辅助工程**】 旱谷地料场总体已开挖至1480～1495m平台，总开挖量约398万m^3，有用料开采约116万m^3；大坝砂石加工系统3月份已投运，砂石骨料生产量约270万t，供应量约216万t。

采用地质三维平台实现料场精细化开挖管理，稳定砂石加工系统工艺改造，实行骨料品质一条龙管理，保障高品质大坝混凝土骨料供应。

【**机电工作**】 进度满足工程整体规划，设备招标工作全面铺开，机电安装相关工作准备就绪，埋件生产有条不紊，转轮加工厂建设初具条件。

（梁　霄）

生态环境保护

【概况】 积极融入长江经济带发展，保护河流生态环境，认真贯彻“生态优先，绿色发展”理念，始终将生态理念和环保措施贯穿白鹤滩工程建设全过程。2017 年是国家环境保护督查年，组织完善了内部联动检查制度，强化了外部联动联合监察，全力配合长江委、川滇两省各级环保行政主管部门的外部监督，确保施工区环境监管无死角。

【资源集约利用】 按照土地节约集约利用要求，优化施工区总布置，协调做好料源平衡和料场管理，根据蓄水节点目标，规划了剩余土石方工程量调运和场地使用安排；对施工区砂石加工、混凝土生产废水处理系统梳理、升级改造；严管石碴下江，强化降尘、降噪管理，改善洞室群通风，水土保持截排水措施完善；原生古树名木有效保护，表土资源有效收集利用，生态绿化面积 292 万 m^2；全年环保水保投资 1.7 亿元。

【废弃物管理】 深入开展罐车冲洗废水规划、处置专题研究，创新引进砂石分离机、DH 高效污水净化器等设备设施进行罐车冲洗废水处理，施工区罐车冲洗废水处理进入施工图设计阶段，系统建成后施工区罐车冲洗废水处理后全部回用，实现零排放，有效保护水环境。加大考核办法的执行力度，有针对性地对施工区废机油管理调增分值权重，对厂区废机油贮存不规范的单位进行严肃处罚，施工区废机油管理逐步规范。

（陈　洋）

党建工作

【党建工作责任制】 建设部党委将恪守忠诚、把准方向摆在首要位置，切实增强“四个意识”，不折不扣执行中国三峡集团党组和建设管理公司各项决策部署；将紧扣中心、聚力发展落到实处，围绕工程建设中心，服务和谐稳定大局，谋划党建工作，目标明、思路清、举措实。党委班子和班子成员认真履行“主体责任”和“一岗双责”，纪委班子和班子成员认真履行“监督责任”；党委中心组理论学习按计划完成，党员干部政治思想教育定期开展；各党支部深入推进“两学一做”常态化制度化，党员干部的“四个合格”意识明显增强；开展党员先锋号、党员攻关小组、党员示范岗等特色品牌活动，促进了围堰工程土工膜施工、厂房岩锚梁和泄洪洞混凝土浇筑；将从严治党、锤炼队伍作为重大责任，强化推进自身建设的使命担当，认真落实民主集中制和作风建设各项要求，带好班子、管严队伍、抓实作风，营造风清气正的工程建设氛围。

【施工区“大党建”】 深入贯彻党的十九大精神和五大发展理念，着力构建区域化党建工作格局，施工区“大党建”形成了完整的机制和制度安排，突破不同单位的行政隶属和经济合同关系，夯实党建工作基础，加强党组织对工程建设的领导，为工程建设顺利推进提供重要的政治保障。扎实开展号、岗、组等丰富多彩的主题实践活动，促进党建工作与工程建设深度融合；正式实施“工程优质，干部优秀”的企检共建活动，“大监督”加大力度、增加广度；全面启动以“三先一优”和创建“工人先锋号”、争创施工区“十大工匠”“十大创新人才”为主要内容的社会主义劳动竞赛和职业技能大赛活动，激发建设者建设好世界一流精品工程的积极性和创造性。

（谭云影）

白鹤滩工程大事记

一月

4日—5日 中国三峡集团组织验收专家组在白鹤滩工地开展大坝垫座混凝土建基面预技术验收活动。专家组一致认为白鹤滩水电站大坝混凝土垫座建基面岩体质量、开挖与支护质量满足规范和设计要求，已完成的固结灌浆质量总体满足设计要求，验收资料齐备，具备验收条件。

三月

8日—13日 水电工程质量监督总站副站长黎扬佳带领专家组对白鹤滩水电站开展坝基开挖及灌浆专项质量监督检查。

15日 中国大坝工程学会理事长、水利部原副部长、水利部参事咨询委员会主任委员矫勇，中央纪委委员、中国水利经济研究会理事长、原中纪委驻水利部纪检组组长董力，水利部总规划师张志彤，中国大坝工程学会副理事长兼秘书长、中国水利水电科学研究院教高、国际大坝委员会荣誉主席贾金生等调研白鹤滩水电站工程。

18日 白鹤滩工程大坝砂石加工系统骨料品质及供应保障评审会在白鹤滩工程建设中心召开。中国工程院院士张超然，中国三峡集团科学技术委员会专家薛砺生、蒋养成等应邀出席会议。

26日 白鹤滩水电站大坝工程建基面通过专项验收。中国三峡集团副总经理樊启祥、总工程师陈文斌，中国工程院院士张超然、郑守仁，水电水利规划设计总院、水电工程质量监督总站、中国电力建设集团有限公司、中国三峡建设管理有限公司、三峡金沙江云川水电开发有限公司以及部分参建单位的主要负责人和专家参加验收。

四月

14日 云南省政协副主席王承才率省政协、昭通市政协和巧家县政府，考察白鹤滩工程生态环境保护工作。

19日—21日 国家发改委价格司到白鹤滩工地调研。

26日—27日 长江水利委员会水土保持局联合云南省水利厅、四川省水利厅、昭通市水利局、凉山州水务局、巧家县水务局、宁南县水务局等两省各级水行政主管部门组成联合检查组，对白鹤滩水电站开展全面水土保持监督检查。

五月

6日—10日 云南省人民政府研究室调研组来白鹤滩水电站施工区考察调研巧家库区移民城镇化安置政策研究工作。

16日—17日 中国岩石力学与工程学会组织相关院士和专家，针对白鹤滩水电站岩石力学问题进行现场技术咨询。

16日—17日 芬兰国家研究中心来白鹤滩水电站工程调研。

六月

15日—16日 由水电工程质量监督总站、中国水力发电工程学会、中国水利水电科学研究院、清华大学等单位的专家联合组成的大坝砂石骨料及混凝土温控专家组一行来白鹤滩水电站对大坝砂石与混凝土生产系统运行、大坝混凝土性能检测成果以及浇筑等情况进行现场调研。

七月

21日 白鹤滩大坝工程智能建造科研项

目招标工作于2016年3月启动，经公开招标，中国水科院、长江科学院、清华大学、武汉大学、三峡大学、成都院、武汉英思等国内一流科研院所和知名高校中标，于7月21日上午，双方法人（或代理人）在合同协议书上正式签字。

22日 22点整，白鹤滩水电站右岸尾水隧洞首仓边顶拱衬砌混凝土开仓浇筑，标志着右岸尾水隧洞工程由开挖支护向混凝土浇筑全面转序。

31日 11点20分，白鹤滩水电站右岸进水塔首仓流道封拱混凝土开仓浇筑，标志着右岸进水塔塔身混凝土浇筑全面进入高峰期。

31日 历经10多年科研、勘察、设计和6年多精心筹备，经国务院审批同意，7月31日，白鹤滩水电站正式通过国家核准，全面进入主体工程大规模建设阶段。

八月

3日 白鹤滩水电站工程建设动员大会在大坝基坑召开，中国三峡集团党组书记、董事长卢纯，党组副书记、总经理王琳等领导一行出席并致辞。白鹤滩工程参建各方负责人，哈尔滨电气集团、东方电气集团等设备制造单位负责人，建设者代表，《人民日报》、新华社、中央电视台、中央人民广播电台、中国新闻社等数十家媒体参加动员大会。

3日 中国三峡集团在白鹤滩工地召开工程建设专题会议，贯彻落实国家核准批复文件精神，对白鹤滩工程建设部进行再动员、再部署。中国三峡集团党组书记、董事长卢纯，党组副书记、总经理王琳出席会议并讲话，哈尔滨电气集团党委副书记、总经理吴伟章，东方电气集团党组成员、副总经理朱元巢，中国电建集团党委常委、副总经理姚强，中国能建集团党委常委、副总经理周厚贵等领导参加专题会议。

15日 历时550天，白鹤滩水电站左岸地下电站电缆出线竖井已全部开挖完成。

21日—26日 水电工程质量监督总站专家组一行11人对白鹤滩水电站工程开展2017年度质量监督巡检。

24日—26日 中国质量协会在山西太原举办第二届全国质量创新大赛，来自建筑、烟草、通信、电力等行业的近200个项目进入现场评审阶段。凭借创新开挖技术和实物质量，“白鹤滩水电站大坝工程建基面保护层开挖”项目喜获大赛一等奖，“钢筋、钢模台车浇筑地下厂房岩壁梁工艺研究和应用”获得二等奖。

24日 中国三峡集团邀请多位地质学专家赴白鹤滩工地召开大型水电工程地质灾害防治工作总结交流会。

九月

3日—10日 中央电视台《我和我的祖国》录制组在白鹤滩现场进行国庆特别节目《我和我的祖国》排练、录制，建设部以及参建单位约1200余人参与节目排练和录制。

十月

11日 白鹤滩水电站左岸6#引水竖井完成最后一层开挖，标志着左岸地厂引水竖井全面贯通。白鹤滩水电站左岸引水竖井于2016年3月21日启动开挖，2017年10月11日完成最后贯通，开挖支护工作共历时19个月。

13日—16日 国家发改委综合运输研究所主任贾进一行到白鹤滩工地调研。

20日 金沙江白鹤滩工程劳动竞赛启动大会在白鹤滩工程施工区召开，标志着以“践行新理念，建功‘十三五’”为主题的劳动竞赛于党的十九大顺利召开之际拉开帷幕。

20日 白鹤滩工程施工区隆重举行2017年金沙江流域水电工程劳动竞赛表彰大会，表彰2016年度在金沙江流域水电工程建设“践行新理念，建功‘十三五’”主题劳动竞赛中勇于创新、拼搏奉献、成绩显著的先进单位、集体和个人。

十一月

15 日 泄洪洞龙落尾段开挖已全部完成，标志着泄洪洞洞身开挖结束，将全面进入混凝土浇筑阶段。白鹤滩水电站泄洪洞于 2014 年 6 月启动开挖，2017 年 11 月 15 日完成，开挖支护工作共历时 41 个月。

30 日 世界首台百万机组首节压力钢管安装开工仪式在白鹤滩水电站左岸引水隧洞下平段 $2^{\#}$施工支洞举行。经过近 2 个月精心准备，首节压力钢管已安全运转到位，厂房引水隧洞将由土建开挖转入金属结构安装阶段。

十二月

27 日 白鹤滩工程右岸引水发电系统首节压力钢管吊装工作顺利完成。

（梁　霄）

移民工作

基本情况

【概况】 2017 年，移民工作局围绕白鹤滩、乌东德电站移民工作全面实施，溪洛渡、向家坝电站移民工作收尾，移民后续帮扶及精准扶贫工作三条主线全面展开。

金沙江下游水电移民工作总体按年度计划有序推进，移民总体稳定，综合计划执行情况良好。白鹤滩水电站四川、云南移民安置协议已签订，正全面开展移民实施工作。乌东德水电站移民居民点及专业项目迁复建工作已全面铺开。溪洛渡、向家坝水电站移民安置实施规划总报告已完成第四次评审，正积极推进移民变更报告及实施规划总报告编审完善工作、做好蓄水新增滑坡塌岸影响区处理工作以及移民后续发展帮扶工作。云南、四川两省专项脱贫攻坚帮扶工作按计划积极推进。

截至 2017 年 12 月底，金沙江下游四电站累计完成移民投资 691 亿元。

乌东德电站移民工作

【年度计划】 计划 2017 年内完成枢纽区新村一期、官田、姜州等移民居民点房建及相关配套设施建设，基本完成枢纽区、围堰淹没影响区移民搬迁安置；开展库区西和等 15 个居民点基础设施建设，启动江边集镇基础设施建设，基本完成皎西集镇基础设施建设；完成皎平渡大桥桥梁下部结构施工，启动龙街大桥、东山大沟等专项工程建设；上半年完成枢纽区征地审批，年内完成库区林地报批并启动土地报批。

【建设区移民居民点建设】 1. 云南省新村居民点征地工作已全部完成，共征建设用地 468 亩和生产用地 3480.61 亩；191 个抗滑桩已全部开挖及浇筑完成，新村一期基础设施及场平工程已全部完成。

2. 四川省姜州居民点完成一栋钢结构样板房建设，完成村委会公建房和砖混结构三、

四、五人户样板房建设。完成149户697人移民安置协议签订和宅基地分配，完成59户261人自行安置协议签订工作。完成50户钢架结构建房施工协议，正在开展钢结构建房基础开挖工作。官田居民点计划2018年4月初启动移民安置协议签订，6月初启动移民进点建房工作；马口居民点计划2018年2月底完成建设征地工作，同时启动基础设施工程建设；新马（陶家山）居民点建设征地已完成，正在开展招投标工作；金家坪安置点因会东县扩大自行安置提出暂缓实施。

【库区移民居民点建设】 1. 云南省禄劝县皎西集镇：建设用地红线界桩埋设完成，正在准备招标工作。

元谋县甘塘居民点：征地工作全部完成，共征建设用地320亩和生产用地3256亩；基本完成安置点土方开挖、回填及地基强夯施工，现正在开展安置点挡土墙砌筑、给排水设施施工作业。完成总工程量的90%。

元谋县瓦渣箐居民点：征地工作全部完成，共征建设用地452亩和生产用地4727亩；完成建设用地ABCDE组团的表土清理和瓦渣箐大道实物指标调查等工作、B地块土方开挖、土方回填、浆砌石挡墙砌筑，基本完成ABCD组团土方开挖、土方回填、浆砌石挡墙砌筑工作，正在开展E地块土方开挖、土方回填、浆砌石挡墙砌筑及安置点内给排水设施施工作业。完成总工程量的75%。

元谋县江边集镇（启宪居民点）：征地工作已全部完成，共征建设用地796.35亩和生产用地3577亩；已完成启宪、大树、那旧组团清表工作和村委会1号楼施工，正在开展各组团场平工程挖填方、挡墙砌筑、道路挖填方及给排水设施施工作业等工作。目前已完成总工程量的50%。

武定县西和居民点：548亩建设征地及地面附着物清理工作完成，正在开展土方开挖、回填、挡土墙砌筑和巷一路南段坍塌处理方案设计等工作。完成总工程量的90%。

武定县花果山居民点：189亩建设征地及地面附着物清理、截洪沟施工等工作完成，正在开展场平出渣、挡土墙、抗滑桩开挖及浇筑的施工工作。完成总工程量的35%。

2. 四川省会东县于2017年11月28日召开乌东德电站移民安置工作推进会，明确原则上按审定的规划报告推进移民安置工作，但提出治理民权安置点周边环境污染、增加马口安置点土地开发整理项目，以及根据进点安置和自行安置人数暂缓启动金家坪和新马（大神树）安置点的意见。会东县正在全力推进姜州居民点建房和自行安置工作。坪山居民点：场平及基础设施工程已启动建设，施工单位于11月7日进场，完成表土清理工作，正在开展土石方开挖工作。1466.48亩生产用地流转工作已完成，土地开发整理项目和对外连接道路工程正在开展招标工作。完成总工程量的20%。

会理县移民单项工程（除三电工程和樟木树水库加高工程外）招标工作完成，总承包单位，施工、监理单位进场开展工作。会理县8个居民点的建设用地、马鞍坪和富乐九组居民点对外道路以及大沙坝大桥及接线工程的土地、林地勘界工作完成，正在履行土地林地报批手续和土地筹措工作。完成富乐九组安置点拌和站的征地工作，正在开展富乐九组居民点拌和站施工以及富乐九组和马鞍坪安置点点外道路的征地工作。

攀枝花正在开展仁和区棉花地、命卡生产与建设用地征地协调工作，经长江院与各区县国土、林业部门对接征地红线，已启动居民点建设用地手续办理；盐边县鲊石安置点因原规划建设用地已被划为基本农田，目前县政府正在组织各方研究重新选址工作；金沙阳光居民点与那拉莫城市居民小区因地方政府提出结合城市规划统筹安置移民，不再建设，目前正按照设计变更程序上报审批。其中钒钛高新区移民93人已由区政府提前安置；攀枝花移民单项工程 EPC 单位委托工作基本完成，除东区外，合同均已签订，具备进场条件，工程监理招标代理机构已委托。

【专业项目建设】 1. 交通工程。皎平渡大桥：已完成3#主墩桩基、承台及墩身第1~7节段施工；已完成4#主墩桩基、承台及墩身第1~11节段施工。引桥5#墩、7#桥台桩基挖孔分别累计进尺9m、49m。

龙街大桥：现施工单位正进行左右岸桩基冲孔、浇筑工作。

大沙坝大桥：正在组织施工图审查；临时租地协议已签订，已经完成拌和站、施工营地的施工以及中武山隧道口附近老S213道路改造，正在开展炸药库建设、隧道洞眼支护施工以及大桥桩基作业前期准备工作。

2. 水利水电工程。东山大沟：完成设计变更审查，元谋县正开展开工建设前的准备工作，2017年12月28日东山大沟举行开工仪式。

禄劝县大河边水库输水线路：通过公开招标确定15个标段施工及监理单位，并完成输水管线沿线征地工作。2个隧洞标段已开工，施工单位正开展剩余13个标段施工进场道路沿线征地及路面平整工作。采取临时供水措施满足枢纽区移民搬迁后生活用水需要。

白鹤滩电站移民工作

【年度计划】 计划2017年上半年完成两省移民搬迁安置协议签订；年内全面启动移民居民点施工图设计，开展上、下王家湾居民点与白鹤滩集镇及其配套基础设施建设，力争年内具备搬迁安置条件；启动竹寿水库扩容及调水工程建设，配合做好两岔河水库、红乐水库建设前期工作；上半年S212省道具备施工条件，7月启动项目建设；年内完成巧大公路、昭巧路、甘葫路建设准备并启动施工招标工作；年内完成S303省道、S310省道、金中路、硫磺洞至炉房路施工图设计，具备启动建设条件；年内完成枢纽区林地审批，获得国土资源部正式用地审批，并启动库区林地报批。

【招标情况】 四川、云南两省移民安置工作协议已签订。白鹤滩电站云南部分综合监理、独立评估招标文件已审定，招标文件审批流程已履行完成；综合监理已发布招标公告，预计1月中旬完成评标，力争春节前确定中标单位并进场工作。四川部分综合监理、独立评估招标文件已审定，正履行招标文件审批流程。四川、云南综合设代单位已经进场开展工作。

【建设区移民居民点建设】 云南省巧家县上、下王家湾居民点施工图设计已完成。

四川省完成白鹤滩迁建集镇施工图设计，凉山州发改委已明确白鹤滩迁建集镇建设模式为EPC总承包，宁南县已于10月17日确定招标代理机构，并同步开展招标准备。

【库区移民居民点建设】 云南省巧家县北门防护、莲塘垫高造地工程施工图设计已完成，东川区象鼻岭居民点施工图设计正在开展。

四川省会东县大崇、鲁吉、溜姑、野牛坪4个集镇的总规设计已完成，华东院全面启动4个集镇施工图设计，凉山州发改委批复同意4个集镇采用EPC总承包模式建设，相关招标代理机构比选准备工作正在开展。宁南县松新镇南片区一期场平工程完成，正在推进二期场平和样板房建设工作。

【专业项目建设】 1. 交通项目。云南省S303公路建设正在有序推进，四级道路建设工作尚未启动。四川省S212省道初步设计方案已经四川省公路局批复；建设管理公司与宁南县已就代建事项初步达成共识，正在就代建协议细节问题对接；甘葫路（三级）初步设计已完成并报送凉山州交通局待审批，华东院已经同步开展施工图设计，凉山州发改委已明确批复同意甘葫路采用EPC总承包建设模式，会东县同意中国三峡集团移民工作局参与比选招标代理机构、招标文件的审查等工作，目前会东县已经成立甘葫路建设指挥部。

2. 水利水电工程。竹寿水库完成除移民部分外可研报告编制并上报四川省水利厅，《实调细则及工作方案》已经得到四川省移民局批复，“封库令”的请示已经上报四川省人民政府，待省政府批复之后即可开展实物指标调查。目前，施工图设计已经并行开展，正组织华东院梳理可以用“专项勘探”名义提前实施项目。

2017年12月15日，中国水利水电建设工程咨询有限公司组织召开专题协调会，并于12月29日召开了“白鹤滩水电站淹没影响以礼河四级电站复建工程施工总布置方案变更与引水系统修复设计”专题评审会，形成了评审意见并要求华东院尽快对报告修改完善。下一步将积极协调云南省移民局、华电云南公司、华东院，按照变更的施工布置方案尽快开展招标设计，尽早启动招标工作。

向家坝、溪洛渡电站移民收尾工作

【向家坝电站】 2017年内完成移民变更清理和单项编审工作，完成移民安置实施规划报告编制并启动审查，基本完成移民概算调整报告编审；做好库区滑坡塌岸处理。

【溪洛渡电站】 2017年内完成移民变更清理和单项编审工作，完成移民安置实施规划报告编制并启动审查，基本完成移民概算调整报告编审；做好库区滑坡塌岸处理。

移民帮扶及扶贫工作

【支持川滇两省少数民族脱贫攻坚工作】 帮扶云南怒族、普米族、景颇族脱贫攻坚工作。2016年和2017年两年拨付云南脱贫攻坚资金10亿元，帮扶地区累计整合资金投入19.06亿元，其中中国三峡集团帮扶资金已使用6.34亿元，实现怒族、普米族、景颇族聚居区1.77万贫困户5.7万贫困人口受益。建设农村学校9所，技能培训4300余人次，劳动力培训转移2000余人次，资助贫困学生600人，建设安居房9600余户，扶持农村专业合作社32个，培育特色经济作物、林果3.9万亩，硬化通村组道路720km，实施小型农田水利45个，建设村级社区服务站16个。

2017年按“1＋5”（一条主线＋五项活动）开展工作。本年度支持云南省脱贫攻坚资金已拨付到位，全部帮扶资金已拨付到11个县（市）。开展怒江州电力扶贫工作，先后转移怒江州劳动力近百名到达白鹤滩、乌东德工地上岗，主要从事保洁、道路维护等工作，目前稳定在岗的贫困劳动力有近30人。组织了云南省怒族、普米族、景颇族基层党员干部赴宜昌参加培训。组织了云南省怒族、普米族、景颇族建档立卡贫困户学生参加“童心圆——云南省少数民族娃娃三峡行之宜昌行”主题实践活动。资助怒族、普米族、景颇族建档立卡贫困大学生就学；支持怒江州、丽江市、德宏州共300万元教育扶贫资金，用于怒族、普米族、景颇族3个人口较少民族聚居区域学校（幼儿园、小学等）校舍改善。派出挂职干部和联络员赴云南帮扶地区了解情况，发现问题，督促项目实施和资金落实。

为进一步做好扶贫工作，移民工作局已多次先后赴怒江州、德宏州、丽江市等帮扶地区调研了解扶贫工作开展情况：重点赴泸水市洛本卓乡金满村看望重病记付介老人；参加盈江县易地搬迁居民点入住仪式；陪同中国三峡集团外部董事赴丽江市、怒江州和德宏州一线调研脱贫攻坚工作；与怒江州签署脱贫攻坚合作协议；与计划发展部组成调研组赴怒江州调研水利水电资源开发相关情况；与发展研究院、上海院、昆明院组成调研组多次赴怒江州调研农村电网升级改造规划研究工作，深度对接怒江州电力生态扶贫规划编制工作，并已就支持怒江州编制电力生态扶贫行动计划一事专题向中国三峡集团报告，推进怒江州电力生态扶贫规划编制工作早日落地；会同三峡新能源、公益基金会积极推动金沙江下游风光水电互补清洁能源＋扶贫工作，将根据华东院的初步方案设计，抓紧开展库区各居民点调研，提出可先行试点光伏发电系统的居民点，力争纳入2018年金沙江水电基金支持项目。

配合央视摄制组赴怒江州、丽江市拍摄《迎难而上——国企党建的故事》专题纪录片，会同出版传媒公司拍摄云南省脱贫攻坚专题片。

中国三峡集团帮扶云南怒族、普米族、景颇族脱贫攻坚工作获得云南省委的充分肯定，中国三峡集团荣获云南省“扶贫明星企业”荣誉称号。移民工作局社会责任与政策研究部主任张友斌、员工李昂获云南省“扶贫先进工作者”荣誉称号。

支持四川凉山彝区脱贫攻坚。2016年和2017年两年中国三峡集团已拨付四川脱贫攻坚资金8亿元。中国三峡集团帮扶资金重点用于建设“三峡新村”、住房功能改造、危房改造、扶贫小额信贷风险补偿金、定向劳务输出5类项目。凉山州、宜宾市、攀枝花市各项帮扶工作全面推进，建设三峡新村91个，建成安全住房4935户，进行住房功能改造6964户，进行危房改造5752户，落实扶贫小额信贷3821户，完成道路建设22km，公共服务设施项目完成76个，累计使用中国三峡集团帮扶资金5.29亿元。

2017年帮扶工作按“1＋4”（一条主线＋四项活动）开展工作。中国三峡集团支持四川凉山彝区脱贫攻坚捐赠资金使用，年度帮扶资金已拨付到位。四川省局会同中国三峡集团移民工作局对帮扶凉山彝区开展督查；组织凉山州、攀枝花市7个县的30名彝族贫困家庭儿童参加少数民族娃娃三峡行之北京行活动；开展凉山州贫困家庭劳动力技能培训；组织四川省彝族基层党员干部赴宜昌参加培训；开展针对凉山彝区少数民族建档立卡贫困大学生的助学活动；派出挂职干部和联络员赴四川彝区帮扶地区了解情况，发现问题，督促项目实施和资金落实。

中国三峡集团帮扶四川彝区少数民族脱贫攻坚工作获得充分肯定，移民工作局溪洛渡项目部主任张燕萍获四川省脱贫攻坚“贡献奖”。

【移民后续发展帮扶】 2017年全面启动实施“五大工程”（爱心帮扶、产业扶持、民生保障、技能提升、和谐库区），积极开展库区移民后续发展帮扶工作。

爱心帮扶方面。开展四电站库区困难移民春节慰问，体现中国三峡集团爱心；组织开展四电站库区娃娃行活动。

产业扶持方面。增资捐赠成立宜宾市“三峡种子基金”；与三华牧业公司、云南农垦集团座谈支持巧家县产业发展事宜；全力支持向家坝库区绥江县猕猴桃产业示范园和屏山县“不知火”柑橘产业示范园建设；探索企地合作模式，积极支持金阳县构树产业发展。

能力提升方面。首期凉山州扶贫和移民技能培训圆满结束，首期共培训移民147人，其中培训挖掘机驾驶与维护专业85人，压路机驾驶与维护专业31人，电子商务31人，结业情况良好，95%的学员拿到结业证书和职业资格证书。多次赴宜宾市扶贫和移民工作局、屏山县扶贫和移民工作局等单位座谈移民技能培训工作，考察培训学校，就2018年移民技能培训工作达成初步合作意向。

2017年金沙江水电基金项目方面。根据《关于下达集团公司2017年度履行社会责任项目计划的通知》（三峡办〔2017〕107号），按照中国三峡集团履行社会责任办公室及公益基金会要求，移民工作局积极开展补充项目申报、项目实施方案编制、项目协议书签订及资金拨付等相关事宜。

完成2018年金沙江水电基金项目申报工作。移民工作局向中国三峡集团履责办申报项目67个（含地方政府申报项目52个、局统筹项目15个），涉及资金合计10335.44万元，其中拟在金沙江水电基金列支10025.44万元（涉及64个项目），拟在中国三峡集团本部常规捐赠中列支310万元（涉及支持云南省脱贫攻坚的3个项目）。

【精准扶贫和定点扶贫】 按照"1+1+10"的帮扶工作方案，对雷波县大杉坪村、屏山县万涡村和绥江县鲢鱼村开展精准扶贫工作。雷波县大杉坪村正式脱贫出列，中国三峡集团结对帮扶的10个贫困户全部脱贫；屏山县万涡村和绥江县鲢鱼村已具备脱贫出列的基本条件，结对帮扶的万涡村10个贫困户已达到脱贫标准，帮扶的鲢鱼村15个贫困户14户已具备脱贫各项条件。

2017年，走访慰问3个精准扶贫村30户结对帮扶贫困户，送去慰问金和米面粮油等生活物资；10月开展针对精准扶贫村结对帮扶贫困户的困难救助活动，救助4名大病患者；设立种子基金，鼓励村民积极创业；按照四川省国资委党委的要求，计划使用下拨的补交党费对雷波县马湖乡唐家山村和屏山县书楼镇碾米村的村集体经济进行扶持；与雷波县马湖乡党委开展企地共建系列活动；捐赠鲢鱼村的300万元扶贫资金按期拨付，专项用于李子产业扶贫种植项目、村组道路硬化、示范点幼儿园建设与贫困户房屋改造，紧紧围绕"两不愁、三保障"和村集体经济建设，致力于帮助鲢鱼村开辟一条内生性致富道路。

金沙江移民大事记

一月

13日 中国三峡集团帮扶怒江州脱贫攻坚合作协议签约仪式在昆明举行。中国三峡集团副总经理毕亚雄，怒江州委书记童志云，州委副书记、州长纳云德出席签约仪式。怒江州委副书记卢文祥主持签约仪式。在签约仪式上，中国三峡集团移民工作局局长姚元军和怒江州委副书记、州长纳云德分别代表双方共同签订《中国长江三峡集团公司帮扶怒江傈僳族自治州脱贫攻坚合作协议》。根据协议，中国三峡集团将在精准帮扶怒江州怒族、普米族贫困群众脱贫的基础上，拓展帮扶内容，提升合作层次，进一步助推怒江脱贫攻坚。

三月

7日 云南省政府副省长、省移民开发领导小组组长张祖林一行调研溪洛渡、向家坝水电站移民工作，中国三峡集团党组成员、副总经理毕亚雄陪同调研。

10日 云南省政府副省长、省移民开发领导小组组长张祖林一行调研乌东德水电站移民工作，省政府副秘书长普建辉、省移民开发局局长韩梅，中国三峡集团移民工作局党委书记姚英平，长江设计院党委书记石伯勋陪同调研。

13日 中国三峡集团金沙江区域的三个精准扶贫帮扶村之一——雷波县大杉坪村，经县级脱贫攻坚领导小组初审、公示，州（市）级脱贫攻坚领导小组评估核查后，各项指标达到贫困村退出标准，凉山州政府正式批复同意大杉坪村作为2016年度退出的454个贫困村之一脱贫出列。

五月

27日 第七届“庆六一·库区娃娃向家坝行”成功举办，川滇220名“库区娃娃”走进向家坝庆祝“六一”。

七月

6日 第二届“童心圆·库区娃娃溪洛渡行”主题实践活动在溪洛渡工地举行。

17日 由中国三峡集团团委、公益基金会和移民工作局党委共同主办的“童心圆·云南省少数民族娃娃三峡行”公益夏令营活动在宜昌举行。这是中国三峡集团积极履行社会责任、支持云南省坚决打赢脱贫攻坚战的又一创新性举措。

20日 由中国三峡集团团委、移民工作局党委联合四川省直机关工委组织的“童心圆·走出大山，走进三峡”公益夏令营活动拉开序幕。来自四川省凉山州雷波县、会东县等地40余名山区儿童来到成都三峡大厦参观学习。

31日 白鹤滩水电站正式获得国家核准。

九月

25日 中国三峡集团与四川省扶贫和移民工作局在成都正式签署金沙江白鹤滩水电站四川部分移民安置协议，这是继2016年11月金沙江白鹤滩水电站移民安置规划报告通过川滇两省批复，2017年7月金沙江白鹤滩水电站项目通过国家核准后，又一具有里程碑意义的重大事件，标志着地方人民政府作为白鹤滩水电站建设征地移民安置的实施主体，进入全面组织开展移民安置实施工作的新阶段。

十月

11日—12日 云南省政府副省长何金平，中国三峡集团党组成员、副总经理毕亚雄一行赴金沙江白鹤滩水电站库区调研移民工作。

10日、16日 川、滇两省分别召开会议，表彰了一批在脱贫攻坚战中无私奉献、事迹突出和群众公认的先进典型。中国三峡集团荣获云南省“扶贫明星企业”荣誉称号。移民工作局社会责任与政策研究部2人获云南省“扶贫先进工作者”荣誉称号。移民工作局溪洛渡项目部1人获四川省脱贫攻坚“贡献奖”。

25日 四川省宜宾市举行“三峡种子基金”冠名暨2017年度捐赠仪式。中国三峡集团基金会有关负责人与宜宾市有关负责人签订了捐赠协议。

十一月

8日 中国水利水电建设工程咨询有限公司在成都主持召开了金沙江溪洛渡水电站四川部分建设征地移民安置实施规划报告编制工作协调会议。

9日 中国三峡集团与云南省移民局在昆明签署金沙江白鹤滩水电站云南部分移民安置协议。中国三峡集团副总经理毕亚雄出席签字仪式，中国三峡集团移民工作局局长姚元军和云南省移民局局长韩梅代表双方签署移民安置工作协议。

21日 中国水利水电建设工程咨询有限公司在成都主持召开了金沙江向家坝水电站四川部分建设征地移民安置实施规划报告编制工作协调会议。

十二月

26日—27日 水电总院会同四川省扶贫

和移民工作局、云南省移民开发局在成都主持召开金沙江向家坝水电站建设征地移民安置实施规划设计2017年度工作报告评审会议。

28日—29日 水电总院会同云南省移民开发局、四川省扶贫和移民工作局在昆明主持召开金沙江溪洛渡水电站建设征地移民安置实施规划设计2017年度工作报告评审会议。

（彭业华 杨 勇）

机电工作

向家坝升船机建设

【施工管理】 2017年，向家坝升船机紧紧围绕年度目标开展工作，以“质量、安全”为抓手，以“责任、使命”为己任，通过细化施工计划、层层分解任务，同时加强与参建各方的沟通协调，顺利完成了船厢全行程运行试验、船厢与闸首对接试验、有水无船联合调试、带船试验、试通航前安全鉴定等重大节点和年度工作目标，升船机部负责的升船机工程建设项目全部具备试通航条件。

向家坝升船机始终坚持“安全第一，预防为主，综合治理”的方针，继续以行动践行“卓越质量，本质安全”的要求。落实安全生产主体责任制，与三峡发展向家坝监理部、葛洲坝集团向家坝施工局、武汉船舶工业公司等参建单位签订安全生产责任书；梳理全年各施工项目，完成2017年危险源辨识清单及风险控制清单编制；重点检查屋顶网架及屋面工程、船厢室顶部水喷淋系统等重大风险项目，开展施工项目安全检查，每周两次联合检查，发布通报40余次，发现隐患100余项，并全部完成整改；积极组织安全月、安全年活动；坚持交叉作业审批制度及安全文明施工考核制度。全年向家坝升船机现场安全形势整体受控，未发生安全责任事故。

【标准制定】 发布《向家坝升船机船厢电气设备调试检验质量标准（试行）》。

【合同管理】 1. 招标及合同签订。全年完成新签合同388.91万元，具体如下：通过单一来源（直接委托）方式完成向家坝塔柱结构适应船厢运行综合分析采购并签订合同(45.81万元)。通过单一来源（直接委托）方式完成向家坝升船机接地系统防雷接地电阻测量技术服务采购并签订合同（4.22万元）。通过公开招标方式完成向家坝升船机通航调度管理系统（EPC总承包）采购并签订合同(338.88万元)。

2. 合同执行。2017年，完成投资11691.52万元，各主要合同执行情况如下：

向家坝升船机齿条及其二期埋件设备采购合同完成564万元；向家坝升船机平衡重系统钢丝绳组件设备采购合同完成631万元；向家坝升船机船厢室段土建及部分设备安装工程合同完成854万元；向家坝升船机主体设备采购合同完成投资2004.99万元；向家坝升船机主体设备安装、调试合同完成投资4420.6万元；向家坝升船机船厢室段电梯设备采购、安装、调试合同完成396万元。

3. 合同变更及价差调整。向家坝升船机共处理变更5项，申报金额4225.44万元，变更目前监理已审核，除升船机测量合同完成审定金额为93.67万元外，其他均在进行后续审核工作，审定金额93.67万元。完成向家坝升船机价差调整2项，合计141.13万元。具体如下：

向家坝升船机船厢室高程382.50m预埋供水管制安变更费用（施工单位申报金额：4.62万元）。

升船机船厢室段剩余电气照明埋管变更费用（施工单位申报金额：11.63万元）。

向家坝升船机顶部机房上游侧钢梯制安变更费用（施工单位申报金额：11.29万元）。

向家坝升船机顶部屋顶网架及屋面工程费用（施工单位申报金额：4104.14万元）。

向家坝升船机施工测量技术服务合同（施工单位申报金额：93.76万元，审定金额93.76万元）。

向家坝升船机船厢室段土建及部分设备安装工程监理合同2015年度价差调整（审定金额：53.36万元）。

向家坝升船机主体设备安装、调试工程监理合同2015年度价差调整（审定金额：87.77万元）。

4. 合同项目完工验收。完成向家坝升船机齿条及其二期埋件设备采购合同资料归档和完工验收。

完成向家坝升船机平衡重系统钢丝绳组件设备采购合同资料归档和完工验收。

【工程进度】 1. 土建工程。2017年5月，完成网架屋面安装，工程量约6550m^2；完成顶部机房屋顶网架防火涂料施工；完成土建装修工程施工。

2. 上下闸首设备。完成上下闸首工作闸门对接充泄水系统安装、调试，工程量约65t；完成上、下闸首工作闸门对接密封装置安装、调试，工程量约49t；完成上下闸首金属结构及机械设备涂装工作；完成船厢与上下闸首对接试验。

3. 船厢设备安装及调试。完成小齿轮润滑装置安装、调试；完成安全制动器紧急制动试验；完成船厢消防泵房改造；完成船厢结构及设备防腐。

4. 联合调试。完成船厢全行程运行试验；完成有水无船联合调试；完成过船联合调试；完成升船机运行流程优化。

5. 平衡重系统。完成平衡重系统钢丝绳润滑及平衡重系统润滑装置安装。

6. 供电系统。完成滑触线电缆、船厢驱动区电缆、活动桥动力电缆、上闸首检修台车及浮堤趸船动力电缆、闸首检修台车动力电缆、下闸首及辅助闸首动力电缆调试；完成上闸首工作大门电气室、通讯电源蓄电池室电池箱的定位安装以及电池组安装、调试；完成上闸首现地站、上闸首集水井现地站、下闸首现地站、辅助闸首现地站、下闸首集水井现地站、中控室配电柜等供电、调试；完成船厢驱动机构电气传动系统设备安装，单机、分系统调试。

7. 照明系统。完成船厢照明电缆敷设及照明系统安装、调试；完成塔柱照明系统设备安装、调试。

8. 升船机计算机监控系统及信号检测设备。完成集中控制设备安装与调试；完成安全控制系统（站）设备安装与调试；完成流程控制站设备安装与调试；完成变电所控制站设备安装与调试；完成上闸首控制站设备安装与调试；完成下闸首控制站设备安装与调试；完成传动协调控制站设备安装与调试；完成上、下厢头控制站设备安装与调试；完成计算机监控与火灾报警系统的联动调试。

9. 升船机图像监视系统设备、通信、通航信号及广播指挥系统设备。完成升船机图像监视系统的安装、调试；完成通信、通航信号及广播指挥系统设备安装、联合调试；完成广播系统与火灾报警的联动调试。

10. 升船机通风、空调系统设备安装。完成楼梯间正压送风设备的安装、调试；完成高程393.0m层各功能房间及电梯机房通风，空调设备安装、调试；完成泵房内通风设备安装、调试；完成船厢通风，空调系统设备（空调、轴流风机、除湿机、控制箱等）的安装、调试。

11. 升船机消防系统、火灾报警系统。完成393m雨淋阀灭火系统安装、调试；完成筒体内消防水管及消火栓的安装、调试；完成船厢消防系统、火灾报警系统设备的安装、调试；完成火灾报警系统与广播系统、计算机监控系统的联合调试；完成升船机2部电梯的安装、调试及取证。

12. 升船机通航调度管理系统。完成调度系统的方案设计、系统软件开发及调试；完成调度系统设备采购、安装及软件上线调试。

【工程质量】 首先，现场根据设备安装、调试进展情况，及时组织制定相关质量检测及评定标准并发布实施，以满足施工质量验收、评定的需要，同时总结形成升船机建设质量成果。其次，针对2017年金结设备调试及电气设备安装、调试工作量大，协调难度大，升船机部根据现场施工进度的实际情况，制定出详细的施工计划，细化到周，项目部对现场实际进度跟进，以便按计划进行施工。再次，坚持技术先行，通过做好船厢对接调试、联合调试、过船试验等关键技术方案的研究，为施工质量及安全提供技术保障。

2017年向家坝升船机各项设备安装、调试符合质量要求及验收规范，工程质量总体受控，未发生质量事故。

【技术管理】 共完成1项调试表格的审查与发布，4个重点方案审定，2个采购文件的编制与审查，分别是：向家坝升船机船厢电气设备调试检验质量标准（试行）的审查与发布；向家坝升船机控制流程优化方案审定；向家坝升船机船厢消防泵设计审定；向家坝升船机过船试验方案审定；向家坝升船机通航调度管理系统（EPC总承包）设计方案审定；向家坝升船机通航调度管理系统二级等保设计方案审定。

（王　鹏）

机电设备采购及技术管理

【溪洛渡、向家坝电站】 2017年，溪洛渡、向家坝电站机电工作继续处于尾工清理阶段。机电技术管理主要为配合现场完成设备安装调试、尾工消缺等工作，对电站设备运行维护中出现的问题处理方案进行审查，对问题设备进行改造和更换。重点工作是配合电厂进行了溪洛渡、向家坝PT谐振问题处理及溪洛渡电站上海福伊特机组（7#～9#机）线棒电晕及定子铁心端部散片问题。

【乌东德电站】 2017年，乌东德水电站机电设备招标采购、合同执行和设计协调工作全面展开，基本完成了年度计划，部分采购项目略有滞后，项目实施满足工程进度需要。

完成乌东德水电站主变压器、GIS及GIL第一次设计联络会、第二次设计联络会，完成IPB第一次设计联络会。

完成乌东德水电站调速系统及其附属设备、励磁系统及其附属设备的招标采购工作，签订了采购合同，并完成第一次设计联络会。

完成乌东德水电站厂用电系统设计报告审查及暖通空调招标设计报告审查。

完成乌东德水电站发电机断路器（GCB）及其附属设备招标采购工作，完成了合同谈判并小签。

完成乌东德水电站厂用干式变压器、0.4kV开关柜及10kV开关柜招标文件审查。

完成乌东德水电站滤水器设备采购的评标工作。

完成乌东德水电站空压机、油系统设备招标文件审查并发售招标文件。

完成乌东德水电站故障录波系统招标文件审查。

由于设计工作尚未完成，乌东德计算机监控系统、发变组保护－GIS保护、排水系统等的采购工作调整到2018年进行。

【白鹤滩电站】 密切配合白鹤滩水电站工程建设，机电设备招标采购、合同执行和设计协调工作全面展开，项目实施进展满足工程进度需求。

完成白鹤滩水电站哈电、东电机组第三次设计联络会。

完成白鹤滩水电站主变压器，GIS、GIL、IPB设备的招标采购工作，并完成主变压器、GIS、IPB合同签订及第一次设计联络会。GIL由于在公示期间接到三次投诉，尚未完成合同谈判。

完成白鹤滩水电站调速系统设备的招标采购工作，已完成合同签订。

完成白鹤滩水电站小型起重设备、厂内排水系统的招标采购工作，已签订合同，并完成小型起重设备第一次设计联络会。

完成白鹤滩电站电气二次设备招标设计报告审查。

完成白鹤滩电站励磁系统及其附属设备招标文件审查并发售。

完成白鹤滩水电站故障录波系统招标文件审查。

【设备采购及机电技术管理】 2017年度完成的设备采购及技术管理主要工作汇总如下：

表1 2017年金沙江项目机电设备采购项目实施情况

序号	项目	完成时间
一	乌东德水电站	
1	乌东德GCB、GEBS招标文件内部咨询	1月20日
2	乌东德GIL竖井/GIS室桥机清、评标	2月23日
3	乌东德主变压器第一次设计联络会	3月9日
4	乌东德IPB第一次设计联络会	3月16日
5	乌东德GIS第一次设计联络会	3月23日
6	乌东德电站GIL桥机合同谈判	3月24日
7	GCB、GEBS招标文件内部审查	3月25日
8	乌东德GIL第一次设计联络会	3月31日
9	乌东德调速系统、励磁系统及其附属设备采购合同预谈判	4月15日
10	乌东德排水系统、油系统设备招标文件审查	4月21日
11	乌东德电站GIL竖井及GIS室桥机设计联络会	5月27日
12	乌东德水电站10kV和0.4kV成套开关设备、厂用干式变压器招标文件内部讨论会	6月8日
13	乌东德电站主变压器第二次设计联络会	7月4日—7日
14	乌东德电站主机自动化元件设计审查专题会	7月4日—7日
15	乌东德电站GCB、GEBS、干式变、10kV和0.4kV开关柜招标文件审查	8月8日—10日
16	乌东德电站通风设备招标文件审查	8月25日
17	乌东德电站励磁系统一联会	10月9日—11日
18	乌东德GIL二联会预备会	10月11日—13日
19	乌东德左、右岸电站调速系统一联会（南瑞、能事达）	10月16日—20日
20	乌东德、白鹤滩发变组保护及故障录波招标文件内部咨询	10月17日—18日
21	乌东德电站消防专题设计报告审查会	11月16日—17日
22	乌东德、白鹤滩发变组保护及故障录波招标文件审查	10月20日—21日
二	白鹤滩水电站	
1	白鹤滩调速系统招标文件咨询会议	1月5日
2	白鹤滩左右岸电站主厂房永久排水设备招标文件审查	1月6日
3	白鹤滩小型起重设备招标文件审查	2月8日
4	白鹤滩主变、GIS、GIL、IPB招标文件汇稿讨论	2月16日
5	白鹤滩哈电机组第三次设计联络会	3月24日
6	白鹤滩电站东电机组第三次设计联络会	4月21日

7	白鹤滩乌东德主变压器、IPB 招标工作（评标）	6月23日
8	小型起重设备采购及安装调试工程招标文件发售	6月2日
9	白鹤滩水电站调速系统及其附属设备招标文件	6月14日
10	白鹤滩电站 IPB 合同预谈判	7月18日—19日
11	白鹤滩电站主变合同谈判	8月2日—4日
12	白鹤滩小型起重设备合同谈判	8月16日—17日
13	白鹤滩左岸电站主变第一次设计联络会（沈变）	10月10日—12日
14	白鹤滩右岸电站主变第一次设计联络会（保变）	10月24日—26日
15	白鹤滩厂内排水系统设备合同谈判	10月25日—27日
16	白鹤滩电站 GIL 国产化方案内部讨论会	11月7日
17	白鹤滩电站小型起重设备第一次设计联络会	11月7日—8日
18	白鹤滩电站 IPB 第一次设计联络会	11月14日—16日
三	金沙江项目其他机电采购项目	
1	金沙江下游昆明梯级调度和通信系统设计招标文件审查	1月10日
2	昆明梯调中心设计单位招标文件发售	2月27日
3	昆明调控中心通信及自动化系统设计合同预谈判	6月1日

表2　2017年金沙江项目完成的机电设计审查、协调工作

序号	项目	时间
一	溪洛渡电站	
1	溪洛渡、向家坝抗谐振 PT 更换方案讨论会	1月16日
2	溪洛渡 VHS 线棒绝缘技术交流及制造进度讨论会	2月14日
3	溪洛渡 VHS 线棒更换讨论会	3月7日
4	溪洛渡电站 VHS 机组线棒更换方案讨论会	4月28日
5	溪洛渡电站 VHS 线棒安装方案讨论会	6月6日
6	溪洛渡 VHS 一次成型线棒评审及更换计划协调会	6月29日
二	乌东德、白鹤滩	
1	乌东德水电站左右岸线路互联技术讨论会	2月13日
2	乌东德福伊特蜗壳焊接探伤标准视频交流会议	2月22日
3	白鹤滩电站运行期供水方案审查会	2月20日
4	乌东德暖通系统招标设计审查	3月9日
5	白鹤滩电站水轮发电机组埋件协调会	3月24日
6	白鹤滩主变压器运输路线现场察勘和标前会预备会	4月25日
7	乌东德水电站厂用电系统设计专题报告审查	5月22日
8	白鹤滩电站电气二次设备招标设计报告审查	5月5日
9	白鹤滩主变压器运输路线现场察勘和标前会	5月9日
10	乌东德、白鹤滩电站及昆明调控中心通信系统设计专题会	7月17日
11	乌东德暖通系统设计报告审查会	7月11日
12	乌东德消防专题设计报告咨询会	11月13日
13	乌东德电站机组及辅助设备接口会议	12月7日—8日
三	技术交流	
1	金沙江下游昆明调控中心及乌东德电站接入系统技术交流	1月3日
2	备自投技术交流	1月4日
3	接力器设计制造技术交流	2月20日
4	机组技术供水和水垫塘排水设备技术交流	2月28日
5	安靠摩擦焊 GIL 技术评审	2月26日
6	宝钢 650 ~ 750MPa 级别热轧磁轭钢成果评价会	2月28日
7	GE 公司 GIL 技术交流	3月16日
8	ABB 公司 GCB 技术交流	3月23日
9	乌东德、白鹤滩水电站计算机监控系统技术交流	4月13日
10	GE 公司 GCB 技术交流	4月13日

11	能事达 PAC 现场调研	5 月 19 日
12	500kV 高压电缆技术交流	6 月 30 日
13	中国三峡集团 2017 年机电技术总结交流会	7 月 11 日
14	水电站消防技术交流	7 月 17 日
15	自动抄表系统技术交流会	9 月 6 日
16	中低压开关柜技术交流	9 月 25 日—29 日
17	ABB 公司交流	10 月 25 日
18	福伊特数字化水电厂技术交流	11 月 11 日

表 3　2017 年金沙江项目机电设备验收工作执行情况

序号	项目	时间
一	溪洛渡、向家坝电站	
1	溪洛渡 VHS 新线棒试验见证	2 月 6 日
2	溪洛渡、向家坝 GIS 设备 PT 样品型式试验	4 月 12 日
3	溪洛渡、向家坝 GIS 设备 PT 出厂试验	5 月 7 日
4	溪洛渡 VHS 机组线棒冷热循环试验后见证	5 月 27 日
5	溪洛渡 VHS 改造线棒出厂验收	10 月 18 日—20 日
6	向家坝电站哈电机组新转轮模型试验见证	11 月 5 日—12 日
二	乌东德、白鹤滩	
1	乌东德 ALSTOM 机组定子线棒型式试验见证	5 月 12 日
2	乌东德电站 GE 首台定子线棒试验见证	8 月 28 日—29 日
3	白鹤滩吊笼出厂验收	8 月 23 日
4	乌东德电站 GE 座环、转子中心体出厂验收	10 月 10 日—13 日
5	乌东德电站 VHS 线棒冷热循环试验见证	10 月 18 日—20 日
6	白鹤滩电站 HEC 首台座环出厂验收	10 月 14 日—17 日

表 4　2017 年金沙江项目机电科技工作执行情况

序号	科研项目	时间
	一、技术标准工作	
1	《水电站油系统及其设备设计、选用、试验规程》标准审查	3 月 27 日
2	《蒸发冷却水轮发电机（发电电动机）基本技术条件》行业标准研讨会	3 月 30 日—31 日
3	IEC 国际会议	4 月 7 日
4	中电联输变电材料标委会标准审查	5 月 12 日
5	《大型发电机定子线棒和绕组离线局部放电测量导则》《隐极同步发电机转子重复脉冲 RSO 试验导则》《大型水轮发电机组高强度热轧磁轭钢板技术条件》《大型调相机产品监造及出厂试验导则》4 项团体标准审查	5 月 19 日
6	GIL 安装导则内部审定会	5 月 19 日
7	IEC TC2 WG33 工作组会议	5 月 25 日
8	监控系统企业标准审查	5 月 27 日
9	IEC TC4 WG33 和 WG36 两个工作组会议	6 月 16 日
10	《水电厂自动化元件基本技术条件》等 4 项电力行业标准送审稿审查会	9 月 8 日—10 日
11	《智能水电厂一体化管控平台技术规范》国标送审稿内部评审会	9 月 18 日—20 日
12	全国水轮机标委会会议	10 月 11 日—13 日
13	全国变压器标委会年会	11 月 16 日—18 日
14	电机工程学会标准审查会	11 月 22 日—23 日
15	电机工程学会年会	11 月 24 日—25 日
	二、科研报奖	
1	三峡、溪洛渡、向家坝机组报奖	2 月
2	铸锻件科技报奖材料审查讨论	4 月 12 日

（侯敬军）

向家坝电站现场机电工作

【概况】 2017 年，向家坝机电安装继续进行收尾工作，完成向家坝机电设备安装与调试工程全部剩余尾工，进行合同完工结算，配合建设部不断推进向家坝电站整体竣工验收工作进展。

【机电设备安装与调试工程】 2017年6月，完成机电设备安装与调试工程物资核销工作。12月，左岸电站及大坝火灾报警系统尾工处理及系统优化完成，补充完善了竣工资料，正式移交向家坝电厂。12月，完成剩余的大坝照明供电电缆敷设及送电工作。至此，机电安装合同内遗留尾工全部完成。12月，进行了金沙江向家坝水电站机电设备安装与调试工程合同完工结算。

【工程验收】 配合建设部完成右岸坝后厂房下游基坑进水前验收机电相关工作。配合建设部推进向家坝工程竣工验收相关工作：组织完成了枢纽工程专项验收报告机电部分编制工作，配合完成消防总体验收相关工作，配合推进档案验收工作等。

（王亚平）

溪洛渡电站现场机电工作

【概况】 2017年，溪洛渡水电站机电安装继续进行收尾工作，主要包括左岸电站8#机组定子线棒更换工作、电站消防系统消缺工作以及完善材料核销工作等。

【主要完成工作】 1. 电站消防工程。2017年，机电安装项目部以及建设部其他部门根据消防行政机构提出的溪洛渡电站消防工程整改意见进行整改，并组织了图像探测系统、气体灭火系统、空气采样系统等消防设备设施的功能性检测；已完成消防验收资料，为消防验收工作奠定了扎实基础。

2. 材料核销。2017年，在2016年材料核销工作的基础上，对已有材料核销的数据进行了核实，并完善了材料核销资料。

3. 左岸电站8#机组定子线棒更换工作。2017年12月13日，溪洛渡左岸电站8#机组定子线棒更换工作开工。

【机电安装质量及安全】 2017年工作期间，各单位严格遵守质量与安全标准及制度，未发生任何质量与安全事故。自机电安装工程开工以来，累计完成单元工程质量评定1348个，经验收评定，单元工程合格率100%，优良率98%，单元、分项、分部工程质量评定为优良。

（魏韶韶）

乌东德电站现场机电工作

【概况】 2017年，乌东德水电站现场机电工作主要围绕桥机安装、尾水管制造及安装、蜗壳制造、转轮加工厂建设等工作展开。

【桥机安装与调试】 乌东德水电站左右岸主厂房1300/160t桥机分别于2017年6月7日和26日完成安装调试及负荷试验。

【机组埋件制造】 1. 机组尾水管：2月底前完成所有尾水肘管制造交货；6月完成所有尾水锥管制造交货。

2. 蜗壳制造：左岸蜗壳于2017年7月、9月、10月各完成1套制造交货；右岸蜗壳于2017年8月、10月各完成1套制造交货。

3. 机坑里衬制造：2017年8月完成2台套机坑里衬制造交货工作。

【机组埋件安装】 1. 机组尾水管：2017年完成左右岸共12台机组肘管、锥管安装工作。

2. 座环焊接安装：2017年，乌东德水电站左岸完成4台座环焊接吊装工作，其中首台座环于6月8日完成吊装；右岸完成4台座环焊接吊装工作，其中首台座环于7月18日完成吊装。

3. 蜗壳安装：左岸首节蜗壳挂装于2017年7月5日开始，截至12月底，完成首套蜗壳全部挂装工作；右岸首节蜗壳挂装于8月31日开始，截至12月底，首套蜗壳挂装工作完成97%。

【转轮加工厂建设及投产】 乌东德转轮加工厂属于国内首个位于地下的加工车间，于2017年6月完成建设，9月投入使用。

（刘　跃）

白鹤滩电站现场机电工作

【概况】 2017年是白鹤滩机电工程现场工作的开端之年，随着机电工程建设进入实施阶段，现场各项管理工作也逐步有序展开。现场重点工作是转轮加工厂建设、机组埋件制造、机电安装准备工作。

【转轮加工厂建设】 白鹤滩现场设置东电转轮加工厂和哈电转轮加工厂。转轮加工厂分为土建金结及机电系统两个部分，其中土建金结部分由白鹤滩工程建设部担任建设管理方，由水电四局施工；两个转轮加工厂机电系统由机电公司白鹤滩机电安装项目部统一组织，三峡发展担任监理，太原重工、东方机电有限公司（东电转轮加工厂）、哈尔滨电机厂有限公司（哈电转轮加工厂）为主要参与方，共同负责转轮加工厂机电系统的建设。

2016年11月6日，监理下达了两个转轮加工厂机电系统开工令。2017年上半年完成了两个加工厂桥机的取证并登记。

转轮加工厂机电专业包含九个工位基础，工位基础土建施工已于2017年6月全部完成，之后开始设备安装。计划2018年上半年完成全部工位的设备安装工作。

【机组埋件制造】 白鹤滩机组埋件自7月10日在水电施工单位金结厂开工生产，截至12月已完成2017年度6台套肘管生产任务。

【机电安装准备工作】 1. 白鹤滩蜗壳800MPa钢板的焊接工艺评定。为确定蜗壳800MPa钢板的焊接结构能满足预期的使用性能，验证蜗壳800MPa钢板所拟定的焊接工艺的正确性和保证蜗壳焊接的质量，2017年9月启动白鹤滩蜗壳800MPa钢板的焊接工艺评定工作。截至2017年底，焊接工艺评定工作尚未完成。

2. 机电安装科研。为研究白鹤滩工程建设各参建单位在干热河谷气候条件下交叉作业中存在的习惯性安全违章行为发生概率及危险性，对蜗壳、锥管、肘管的现场制造和安装主要危险源进行详细辨识、统计和分析，编制百万水轮发电机组埋件现场制造标准化安全规范，白鹤滩机电安装项目部于2017年7月向中国三峡集团提交关于《基于系统原理的百万机组埋件制造与安装安全研究》的立项申请，并于2017年10月获得批准。

（康永林）

工程审计

【溪洛渡工程审计情况】

2017 年 5 月至 10 月，组织实施了溪洛渡工程合同管理审计，审计合同 839 份（合同金额 114.24 亿元）。重点对合同立项、招投标、合同履行、工程价款结算、物资核销管理等情况进行审计。

【向家坝工程审计情况】

2017 年 5 月至 10 月，组织实施了向家坝工程合同管理审计，审计合同 778 份（合同金额 77.19 亿元）。重点对合同立项、招投标、合同履行、工程价款结算、物资核销管理等情况进行审计。

（李世英）

2017 年金沙江下游水电开发大事记

一月

1 日 金沙江区域“调控一体化”远程监控交接仪式在成都三峡大厦调度大厅顺利举行，溪洛渡水力发电厂正式接管成都调控中心溪洛渡值班点，金沙江区域“调控一体化”新模式正式实施。

4 日—5 日 中国三峡集团组织验收专家组在白鹤滩工地开展大坝垫座混凝土建基面预技术验收活动。专家组一致认为白鹤滩水电站大坝混凝土垫座建基面岩体质量、开挖与支护质量满足规范和设计要求，已完成的固结灌浆质量总体满足设计要求，验收资料齐备，具备验收条件。

13 日 中国三峡集团帮扶怒江州脱贫攻坚合作协议签约仪式在昆明举行。在签约仪式上，中国三峡集团移民工作局局长姚元军和怒江州委副书记、州长纳云德分别代表双方共同签订了《中国三峡集团公司帮扶怒江傈僳族自治州脱贫攻坚合作协议》。根据协议，中国三峡集团将在精准帮扶怒江州怒族、普米族贫困群众脱贫的基础上，拓展帮扶内容，提升合作层次，进一步助推怒江脱贫攻坚。

20 日 中国三峡集团授予长江三峡设备物资有限公司向家坝项目部退场设备物资综合利用与处置分部“2016 年度红旗班组”荣誉称号，授予白鹤滩项目部 1 名同志“2016 年度杰出员工”荣誉称号。

二月

3 日 溪洛渡电厂获得 2016 年度四川电力安全生产先进集体。

7 日 凉山州州长苏嘎尔布考察乌东德工程。

15 日—22 日 溪洛渡左岸电站 1# 及 5# 机组调速器控制模式转为孤网模式运行，溪洛渡水电站接机发电以来的首次进入机组孤网运行模式。

28 日 中国三峡集团党组成员、副经理樊启祥调研乌东德工程。

三月

7 日 云南省政府副省长、省移民开发领导小组组长张祖林一行调研溪洛渡、向家坝水电站移民工作，中国三峡集团党组成员、副总经理毕亚雄陪同调研。

9 日 长江三峡设备物资有限公司承运的乌东德电站福伊特机组大件运输项目首战告捷，1#机组座环及其配件按期运抵乌东德工地。

10 日 云南省政府副省长、省移民开发领导小组组长张祖林一行调研乌东德水电站移民工作，省政府副秘书长普建辉、省移民开发局局长韩梅，中国三峡集团移民工作局党委书记姚英平，长江设计院党委书记石伯勋陪同调研。

13 日 中国三峡集团金沙江区域的三个精准扶贫帮扶村之一——雷波县大杉坪村，经县级脱贫攻坚领导小组初审、公示，州（市）级脱贫攻坚领导小组评估核查后，各项指标达到贫困村退出标准，凉山州政府正式批复同意大杉坪村作为 2016 年度退出的 454 个贫困村之一脱贫出列。

15 日 乌东德水电站大坝工程建基面通过专项验收。

16 日 乌东德水电站大坝首仓混凝土正式开始浇筑，标志着大坝工程由基础开挖全面转入主体混凝土浇筑施工阶段。

17 日 中国三峡集团党组成员、副总经理樊启祥在乌东德水电站与中国大坝工程学会理事长矫勇等专家座谈交流。

18 日 乌东德水电站右岸 4 号导流洞顺利完成首次下闸抽水检修工作，这也是乌东德水电站导流洞工程首次下闸检修。

26 日 白鹤滩水电站大坝工程建基面通过专项验收。

29 日 长江三峡设备物资有限公司办理了出入境检验检疫报检企业备案，增设报检业务，进一步扩大长江三峡设备物资有限公司经营范围。

29 日 长江三峡设备物资有限公司正式获取中国三峡集团福清兴化湾海上风电场一期（样机试验风场）GE 公司风力发电机组进口代理业务。

四月

1 日 长江三峡设备物资有限公司承运乌东德电站福伊特机组大件运输项目 6 号机组座环按期运抵乌东德工地。

12 日 世界在建最大水电站白鹤滩水电站大坝首仓混凝土开始浇筑，标志着白鹤滩水电站大坝工程项目由开挖阶段全面进入混凝土浇筑阶段。

14 日 云南省政协副主席王承才率省政协、昭通市政协和巧家县政府，考察白鹤滩工程生态环境保护工作。

20 日 溪洛渡水电站生态调度试验正式启动，溪洛渡水库首次开展生态调度工作。溪洛渡生态调度主要是通过操作叠梁门分层取水的方式，调节出库水温，以促进产黏沉性卵鱼类产卵繁殖，保护生态多样性。

26 日 中国三峡建设管理有限公司以三峡建管环保函〔2017〕59 号文正式向四川省环保厅报审库尾专题报告。

26 日 云南省政协副主席王承才调研乌东德工程。

26 日 川云公司股东通过追加项目资本金的方式，注册资本和实收资本增加到 200 亿元。

26 日—27 日 长江水利委员会水土保持局联合云南省水利厅、四川省水利厅、昭通市水利局、凉山州水务局、巧家县水务局、宁南县水务局等两省各级水行政主管部门组成联合检查组，对白鹤滩水电站开展全面水土保持监督检查。

29 日 溪洛渡水电站 2016—2017 年度机组岁修圆满完成。本轮机组岁修自 2016 年 11 月 3 日开始，历时 178 天，圆满高效地完成 1FB—18FB 检修工作。

五月

3 日 凉山州西昌市党政代表团参观乌东德水电站工程。

3 日—7 日 中国三峡建设管理有限公司联合凉山州“三江办”及政府相关部门、上海院等单位相关人员赴澜沧江流域调研水电开发鱼类栖息地保护工作。调研过程中，各方就黑水河栖息地生态修复的下一步工作进行协商和沟通。

6 日—10 日 云南省人民政府研究室调研组来白鹤滩水电站施工区考察调研巧家库区移民城镇化安置政策研究工作。

9 日 溪洛渡水电站首次生态调度试验圆满成功。

11 日 川云公司拜访国家能源局四川监管办。川云公司作为四川电力安全委员会新成员，向四川能监办汇报了川云公司发电生产、溪向电站经营管理、工程尾工建设情况以及防汛度汛准备和电力生产安全活动等情况。

15 日 中国三峡建设管理有限公司组织开展芬兰国家技术中心技术交流活动。

16 日—17 日 芬兰国家研究中心赴白鹤滩水电站工程调研。

25 日 向家坝电厂荣获 2016 年度全国大型水电厂（站）“节能环保”专项劳动竞赛先进单位荣誉称号。

27 日 第七届“庆六一·库区娃娃向家坝行”成功举办，川滇 220 名“库区娃娃”走进向家坝庆祝“六一”。

六月

8 日 乌东德水电站第一台座环吊装到位。

13 日—14 日 中国三峡集团党组成员、副总经理樊启祥调研乌东德工程。

15 日—16 日 由水电工程质量监督总站、中国水力发电工程学会、中国水利水电科学研究院、清华大学等单位的专家联合组成的大坝砂石骨料及混凝土温控专家组一行来白鹤滩水电站对大坝砂石与混凝土生产系统运行、大坝混凝土性能检测成果以及浇筑等情况进行现场调研。

21 日 长江三峡设备物资有限公司正式接管乌东德左岸地下厂房 1300t 桥机的运行管理工作。

23 日 溪洛渡电厂发表题为《基于过程控制和创新驱动的设备年度检修（岁修）精益管理》的精益管理项目获第五届全国精益管理项目发表赛二等奖。

26 日 中国三峡建设管理有限公司与英国莫特·麦克唐纳公司进行会谈，双方就各自目前的主要业务和未来发展战略进行交流并表达了合作意向。

七月

6 日 溪洛渡水电站累计发电 2000 亿 kW·h，相当于节约标准煤 6400 万 t，减少碳排放 16000 万 t，种植阔叶林 45 万公顷。

6 日 第二届“童心圆·库区娃娃溪洛渡行”主题实践活动在溪洛渡工地举行。

13 日 溪洛渡水电站 2017 年首次满发，左右岸 18 台机组满负荷运行。

17 日 由中国三峡集团公司团委、公益基金会和移民工作局党委共同主办的“童心圆·云南省少数民族娃娃三峡行”公益夏令营活动在宜昌举行。这是中国三峡集团积极履行社会责任、支持云南省坚决打赢脱贫攻坚战的又一创新性举措。

20 日 由中国三峡集团团委、移民工作局党委联合四川省直机关工委组织的“童心圆·走出大山，走进三峡”公益夏令营活动拉开序幕。来自四川省凉山州雷波县、会东县等地 40 余名山区儿童来到成都三峡大厦参观学习。

22 日 白鹤滩水电站右岸尾水隧洞首仓边顶拱衬砌混凝土开仓浇筑，标志着右岸尾水隧洞工程由开挖支护向混凝土浇筑全面转序。

31 日 白鹤滩水电站正式通过国家核准，工程全面开工建设。

八月

3 日 白鹤滩水电站施工现场举行工程全面开工建设的动员大会，中国长江三峡集团党组书记、董事长卢纯，党组副书记、总经理王琳等在动员会现场发表重要讲话。华东勘测设计研究院、三峡发展公司、水电四局、水电八局、哈电集团、东方电气集团等 7 家单位进行发言，祝贺白鹤滩水电站工程全面开工建设，表达高标准、高质量、高水平建好白鹤滩工程的决心和信心。

15 日 白鹤滩水电站左岸地下电站电缆出线竖井已全部开挖完成。

16 日 中国三峡集团党组成员、副总经理樊启祥调研乌东德工程。

19 日 向家坝电厂创造了连续安全生产无事故 2000 天的新纪录，历年累计发电量 1321 亿 kW·h。

20 日 四川省政协原主席冯元蔚调研乌东德工程。

21 日—26 日 水电工程质量监督总站对白鹤滩水电站开展 2017 年度质量监督巡检。白鹤滩工程质量管理体系健全、运行有效，主要原材料和工程实体质量满足设计和规范要求，工程质量总体受控，得到专家组充分肯定。

22 日 以溪洛渡电厂作为秘书单位的继电保护专业委员会召开 2017 年学术会议，主题为“继电保护及安全自动装置、励磁和直流系统反事故措施”。

24 日—26 日 “白鹤滩水电站大坝工程建基面保护层开挖”项目获第二届全国质量创新大赛一等奖、“钢筋、钢模台车浇筑地下厂房岩壁梁工艺研究和应用”获得二等奖。

26 日 溪洛渡电厂在第二届全国质量创新大赛中斩获质量创新项目类一等奖、二等奖，创新型 QC 小组项目类三等奖。

九月

1 日 溪洛渡水电站 2017 年蓄水工作正式开始，起蓄水位 580.79m。

11 日 CCTV 音乐频道摄制组人员深入白鹤滩工地录制文艺节目《我和我的祖国》之白鹤滩篇。以最直接的角度展国之重器，扬民族精神，献礼祖国 68 周年华诞，喜迎党的十九大召开。

13 日—28 日 中国水电建设咨询有限公司在溪洛渡工地开展溪洛渡水电站竣工安全鉴定第三次现场活动，9 月 28 日形成竣工安全鉴定报告初稿，鉴定结论为“溪洛渡水电站枢纽工程具备正常安全运行的条件”，溪洛渡水电站竣工安全鉴定工作已完成。

25 日 中国三峡集团与四川省扶贫和移民工作局在成都正式签署金沙江白鹤滩水电站四川部分移民安置协议。这是继 2016 年 11 月金沙江白鹤滩水电站移民安置规划报告通过川滇两省批复，2017 年 7 月金沙江白鹤滩水电站项目通过国家核准后，又一具有里程碑意义的重大事件，标志着地方人民政府作为白鹤滩水电站建设征地移民安置的实施主体，进入全面组织开展移民安置实施工作的新阶段。

30 日 中国三峡集团党组成员、副总经理毕亚雄会同哈尔滨电气集团公司董事长斯泽夫一行对白鹤滩工程施工现场进行考察。

30 日、10 月 11 日、10 月 12 日 中国三峡建设管理有限公司董事长樊启祥分别拜访川滇省能源局和国家能源局，就向家坝升船机试通航前验收、向溪两电站重大设计变更、溪洛渡枢纽专项验收等与能源主管部门进行沟通。

十月

4 日 溪洛渡水电站 2017 年蓄水任务圆满完成，库水位 599.60m，历时 34.5 天，蓄水量达 23.53 亿 m^3。

10 日 中国三峡集团外部董事调研乌东德工程。

11 日 白鹤滩水电站左岸 6#引水竖井完成最后一层的开挖，标志着左岸地厂引水竖井全面贯通。白鹤滩水电站左岸引水竖井于 2016 年 3 月 21 日启动开挖，2017 年 10 月 11 日完成最后贯通，开挖支护工作共历时 19 个月。

11 日—12 日 云南省政府副省长何金平，中国三峡集团党组成员、副总经理毕亚雄一行赴金沙江白鹤滩水电站库区调研移民工作。

17 日 “扶贫日”当天，溪洛渡电厂与永善县人民政府签订中国三峡集团公益基金会捐资协议，捐资 100 万元援助永善县溪洛渡镇干河村蔬菜生产示范园建设项目。

18 日 溪洛渡电厂与雷波县扶贫和移民工作局签订中国三峡集团公益基金会捐资协议，捐资 50 万元援助 54 户单场村、50 户脚马山村彝家新寨建房卫生间、畜圈及庭院建设。

25 日 建设管理公司总经理洪文浩、三峡发展公司执行董事李文伟应邀参加四川省水力发电工程学会 2017 年学术交流会，并在会上分别作《300m 级溪洛渡特高拱坝智能化建设关键技术》《300m 级特高拱坝低热水泥混凝土新型材料研究与应用》特邀报告。

25 日 四川省宜宾市举行“三峡种子基金”冠名暨 2017 年度捐赠仪式。中国三峡集团基金会有关负责人与宜宾市有关负责人签订捐赠协议。

31 日 云南省水利厅、水政监察总队一行 5 人与川云公司在成都召开协调会，针对溪、向电站 2013—2014 年度水资源费征缴存在的部分争议问题进行商讨。

十一月

5 日 向家坝电厂迎来接机发电五周年，累计发出约 1410 亿 kW · h 清洁电能。

7 日—9 日 中国三峡集团党组书记、董事长卢纯调研乌东德工程。

7 日—11 日 中国三峡集团党组书记、董事长卢纯一行赴乌东德、白鹤滩水电站建设工地宣讲十九大精神。

8 日 中国水利水电建设工程咨询有限公司在成都主持召开金沙江溪洛渡水电站四川部分建设征地移民安置实施规划报告编制工作协调会议。

9 日 中国三峡集团与云南省移民局在昆明签署金沙江白鹤滩水电站云南部分移民安置协议。中国三峡集团副总经理毕亚雄出席签字仪式，中国三峡集团移民工作局局长姚元军和云南省移民局局长韩梅代表双方签署移民安置工作协议。

10 日 中国三峡集团党组成员、副总经理沙先华在北京办公楼主持召开设备物资公司改革转型专题会议，对课题研究报告进行审议，并提出修改指导意见和下一阶段工作要求。

15 日 白鹤滩水电站泄洪洞龙落尾段开挖已全部完成，标志着泄洪洞洞身开挖结束，将全面进入混凝土浇筑阶段。白鹤滩水电站泄洪洞于 2014 年 6 月启动开挖，2017 年 11 月 15 日完成，开挖支护工作共历时 41 个月。

21 日 中国水利水电建设工程咨询有限公司在成都主持召开金沙江向家坝水电站四川

部分建设征地移民安置实施规划报告编制工作协调会议。

24 日—29 日 水电工程质量监督总站专家组赴乌东德工程开展地下电站开挖支护阶段质量监督检查。

26 日 溪洛渡水电站 2017 年累计发电 572 亿 kW · h，提前 35 天完成 2017 年度发电计划，比 2016 年超前 5 天完成。

28 日 云南省委、省政府第四环境保护督察组调研乌东德工程环保工作。

30 日 世界首台百万机组首节压力钢管安装开工仪式在白鹤滩水电站左岸引水隧洞下平段 2[#]施工支洞举行。经过近两个月精心准备，首节压力钢管已安全运转到位，厂房引水隧洞将由土建开挖转入金属结构安装阶段。

十二月

5 日 中国三峡建设管理有限公司董事长樊启祥主持召开乌东德人员设备定位与轨迹跟踪系统全面应用专题会。

6 日 乌东德水电站工程枢纽区地质灾害综合监测预警系统顺利通过由国家能源局总工程师韩水、中国水力发电工程学会、四川省地质矿产开发局组成的专家组评审。

6 日 溪洛渡电厂运行部三值获得由中国质量协会颁发的 2017 年现场管理星级评价四星证书。

13 日 中国三峡建设管理有限公司董事长樊启祥主持召开绿色水电工程建设专题会，会议系统总结绿色水电建设成果，并对后续绿色水电工程建设提出有效措施和具体要求。

15 日 乌东德工程大坝首层灌区启动接缝灌浆。

15 日 金沙江白鹤滩乌东德珍稀特有鱼类增殖放流站举行第三次放流活动，5.7 万余尾珍稀鱼苗回归金沙江。

20 日 川云公司荣获 2017 年四川省电力行业统计工作考核评比先进集体。

12 月，三峡发展公司白鹤滩监理部在 2017 年度水利工程优秀质量管理成果发布会上取得骄人成绩，10 项 QC 成果获奖，其中 2 项荣获 Ⅰ 类成果，8 项荣获 Ⅱ 类成果。中国三峡建设管理有限公司乌东德工程建设部质量安全部、三峡发展公司白鹤滩监理部地厂部经过电力行业专家评委审核，获得“2017 年全国电力行业质量信得过班组”荣誉称号。《钢筋、钢模台车浇筑地下厂房岩壁吊车梁工艺工法研究与应用》《乌东德水电站灌浆工程抬动观测装置改进方案研究》分别获得 2017 年四川水力发电科学技术奖二等奖和三等奖。《巨型地下厂房岩壁梁混凝土新型浇筑工艺研究及应用》获得中国电力创新奖二等奖；《三峡升船机螺母柱齿条安装测量关键技术》获得中国电力创新奖三等奖。在“国资小新”国资委新闻中心官方微信和环球网发起的“2017 年度网友最关注的央企十大创新工程”网络互动活动中，“全球在建规模最大的水电站白鹤滩水电站主体开建”成功入围年度央企十大创新工程。

26 日—27 日 水电总院会同四川省扶贫和移民工作局、云南省移民开发局在成都主持召开金沙江向家坝水电站建设征地移民安置实施规划设计 2017 年度工作报告评审会议。

28 日—29 日 水电总院会同云南省移民开发局、四川省扶贫和移民工作局在昆明主持召开金沙江溪洛渡水电站建设征地移民安置实施规划设计 2017 年度工作报告评审会议。

31 日 24 时，溪洛渡水电站全年累计发电 613.91 亿 kW · h，完成 2017 年计划 572 亿 kW · h 的 107.33%，实现全年安全生产“双零”目标，累计安全生产 1880 天。

31 日 向家坝电厂 2017 年发电量达 328.45 亿 kW · h，超发电量 22.45 亿 kW · h。

（王 浩）

附　录

三峡水利枢纽全貌（2014 年）

中国三峡集团所属企业

中国三峡建设管理有限公司

【公司概况】 中国三峡建设管理有限公司（以下简称“建设管理公司”或“公司”）是中国三峡集团的二级子企业，定位为可以为客户提供项目规划、工程建设和咨询、专业技术服务等系统解决方案的工程建设管理和咨询公司。建设管理公司为国有独资公司，于2015年7月正式组建成立，注册资本金20亿元，注册地为北京市海淀区。

建设管理公司设立董事会和监事会，下设11个职能部门、4个技术中心、4个项目部门；拥有长江三峡技术经济发展有限公司（100%股权）（以下简称三峡发展公司）、中国华水水电开发有限公司（100%股权）和浙江长龙山抽水蓄能有限公司（85%股权）（以下简称长龙山公司）三家所属公司。

建设管理公司从业人数1415人，主岗员工1126人，辅助员工289人。具有中级以上职称708人（其中教授级高工32人），占职工总数的62%；本科以上学历951人（其中博士20人），占职工总数的73.3%。

建设管理公司是中国三峡集团大型水电工程开发建设的实施主体，承揽中国三峡集团国内、国际水电工程开发建设业务。建设管理乌东德、白鹤滩、溪洛渡、向家坝、长龙山等国内水电工程，积极跟进金沙江上游及国内大型水电开发项目；同时积极服务国家“一带一路”战略，承担巴基斯坦卡洛特、科哈拉等国外EPC水电项目，努力打造中国水电“走出去”升级版。

建设管理公司拥有质量、环境、职业健康安全管理体系认证证书，国家认监委、认可委的试验室计量认证和试验认可证书，国家测绘局工程测量甲级资质及摄影测量与遥感、地理信息系统工程和不动产测绘乙级测绘等资质。下属子公司拥有对外承包工程资格证书、水利水电工程总承包一级资质，工程咨询、工程监理和设备监理甲级证书等资质。

建设管理公司是“中国三峡”品牌的主要传承者，将按照专业化、市场化、现代化和国际化的要求，致力于为全球大中型水电工程、抽水蓄能电站、水利工程和公共基础设施等项目提供工程投资、建设、管理和咨询的全产业链服务，全力打造成为世界一流的项目投资、建设、管理和咨询公司。

【经营管理】 充分发挥建设管理核心能力。签订乌东德水电站建设委托管理合同，白鹤滩水电站具备合同签订条件，明晰管理责任边界；与长江电力建立多层次协调例会机制，及时研究解决溪洛渡、向家坝水电站收尾问题，明确工作职责范围。

持续推进股权投资。完成安吉县增资入股长龙山公司，实现企地协同发展；服务集团战略，以产权为纽带促进共同发展，增加三峡发展公司资本金3亿元，分别完成基地公司、三峡保险经纪公司增资入股1.8亿元和808万元。

公司决策科学规范。全面落实加强党的建设最新要求，将党建工作要求写入公司章程，完成公司及子公司章程修订；修订党委议事规则和“三重一大”实施办法，科学界定董事会、党委会、总经理办公会权责边界，决策程序科学规范。

制度体系逐步完善。以规范业务流程、理顺管理关系为出发点，健全公司制度体系，全年提交公司审议制度95次，发布实施63项。有序推进质量、环境和职业健康安全管理体系建设，获得“三标一体”独立认证证书，公司整合型管理体系取得阶段性成果。

战略规划基本成型。开展公司使命、愿景及核心价值观问卷调查，制定《建设管理公司改革发展方案》，编制建设管理公司“十三五”发展规划，基本明确“十三五”发展目标、重点任务及业务发展路径。

改革发展不断深化。坚持结果导向、总目标为主、年度目标为辅的原则，以皎平渡大桥、科哈拉项目为试点，积极探索项目建设全周期经营绩效考核模式。制定《工程检测中心改革发展方案》，明确公司化、市场化发展路径。制定《永善水电站扭亏增效方案》，为下阶段电站降本增效、扭亏为盈奠定基础。

资质获取取得突破。在中国三峡集团有关部门和单位的大力支持下，华水公司整体划转方案获集团党组批准，所具有的水利水电施工总承包一级资质为建设管理公司参与市场竞争奠定基础。

风险管理逐步到位。以“三道防线”齐抓共管为原则，编制《全面风险管理报告》和《风险分类管理事项库》，建设管理公司全面风险管理体制初步建立。健全内部控制管理体系，开展建设管理公司内部控制评价，针对内控缺陷立行立改。全面落实制度、招标、合同法律审查，有效规避业务、管理风险。妥善处理涉企法律诉讼案件，全年办理民事诉讼、执行、闹访9起，切实维护建设管理公司合法权益和中国三峡集团声誉，扎实做好十九大期间安保维稳工作，依法依规成功处置黄码公路经济纠纷人员闹访事件。

人才队伍趋于完善。以规范程序为主线、群众公认为准则，按照“注重实绩、倾斜一线”原则，选拔任用55名处级干部，配合选拔14名党组管理干部。探索建立“首席师”“项目经理”序列制度。总法律顾问、安全总监管理体系建设取得进展。

【工程建设情况】 2017年建设管理公司所管理的在建项目累计完成土石方开挖889.17万 m^3、混凝土350.37万 m^3、钢筋13.81万t、锚杆45.36万根。

乌东德水电站工程建设步入新阶段。顺利实现由大规模开挖向混凝土浇筑、机电埋件安装平稳转序。大坝平均浇筑至高程794.5m，最大上升高度90m；主厂房进入蜗壳安装阶段，6#、7#机完成蜗壳安装；有序组织泄洪洞衬砌混凝土施工，基本完成出口水垫塘开挖；右岸对外交通半新公路全线通车，河门口大桥完成桥梁5#~7#块浇筑。

积极组织开展重大关键技术研究，攻克全坝应用低热水泥混凝土、导流洞封堵等八大关键技术难题。本质质量建设持续推进，深化和完善“工点制”、大力开展劳动竞赛和质量QC小组活动，“提高大坝混凝土抗裂系数”等成果荣获2017年度电力建设QC成果一等奖。本质安全水平稳步提升，科学应用液压爬升模板、钢管组圆台车等研发设备，深度推广安全隐患、地灾监测预警等信息系统，应急管理体系科学有效，成功规避“7.6”泥石流灾害事故，无人员伤亡。

白鹤滩水电站工程全面开工建设。7月成功实现核准，主体工程全面开工建设。大坝工程全面向混凝土浇筑转序，最高上升至高程598m，最大上升高度53m，实现整体、均衡、连续上升；地下洞室群开挖基本完成，大规模开挖产生的主要风险逐步化解和消除；泄洪洞工程主体洞室开挖顺利完工。

低热水泥混凝土全坝应用、防震抗震研究等六大关键技术难题得到解决。创新应用岩石盖重固结灌浆、深层快速锚固、复合散能爆破等综合技术，有效避免大坝混凝土长间歇开裂风险，实现连续上升，成功解决利用柱状节理玄武岩作为特高拱坝建基岩体的世界难题。成功实现质量安全双零目标。质量管理和技术创新扎实开展，获得国家、行业级QC成果奖40项。构建安全双重预防机制，修订《安全风险分级管控管理办法》，推广安全培训工具箱、安全体验馆等新型培训教育设施，以人为本、本质安全的文化氛围正逐步形成。

向家坝和溪洛渡水电站收尾有序。两电站枢纽建筑物安全稳定运行，完成溪洛渡水电站枢纽工程竣工安全鉴定和向家坝升船机试通航前专项安全鉴定。向家坝升船机具备试通航前验收条件。经30余次协调沟通，溪洛渡、向家坝水电站竣工验收及向家坝升船机专项验收牵头单位终获明确。向家坝灌区南干渠主洞衬砌完成，横江大桥主桥具备通车条件。溪洛渡水电站下游河道整治项目汛前完成，下游新增取水泵站土建工程基本完工，安全监测自动化系统启动实施。

长龙山抽蓄电站开启建设新局面。全力推进上下库连接公路、供水供电系统等筹建工程建设，导流泄放洞通过验收；下水库成功截流，启动下水库大坝坝肩开挖；上水库库盆开挖完成20%；完成主副厂房Ⅰ~Ⅲ层开挖支护，具备岩锚梁混凝土浇筑条件。超前研究首次在超400m级国内最长斜井采用“定向钻机+反井钻机”关键技术。

卡洛特水电站建设全面实施。稳步推进导流洞、溢洪道及厂房等关键项目建设。导流洞洞身开挖支护工作基本完成；电站进水口开挖支护至高程434m，引水隧洞具备进洞条件；主厂房边坡开挖支护至高程406m；进厂交通洞完成180m。

科哈拉水电站前期筹建规范有序。筹建期各项工作稳步推进。设立EPC项目组织机构并完善人员配置，前期工程招标、文件报送、技术方案深化研究等各项准备工作全面展开。

专项工程建设稳步推进。皎平渡大桥全面开工建设，工程安全度汛。乌东德-白鹤滩昆明调控中心建设稳步推进。溪洛渡与向家坝库区“六路三桥”合同验收全面完成。

【工程信息化管控】 加速推进乌东德、白鹤滩工程智能建造科研项目，完成IDAM平台移植和升级改造，首次实现对混凝土生产、运输、浇筑、温控、养护全过程智能监控；整合建筑市场管理、人员轨迹定位等系统，全面提升大型水电工程建设全过程数字化动态管控水平；牵头研发中国三峡集团水电工程造价管理信息系统，完成系统一期开发，为工程投资决策提供数据支撑；P6进度管理系统在乌东德、白鹤滩工程试点应用，以计划为核心，进度、资源、成本等多项目管理体系正在构建；启动乌东德河门口大桥BIM试点。“企业管理信息化、项目管理智能化、专业集成协同化”的自主体系信息平台正在加速形成。

【环境保护】 一是全力推进乌东德、白鹤滩水电站重大环保专项工程。与攀枝花市政府签订乌东德库尾水环境保护合作协议，推动地方政府成立专项协调机构；黑水河栖息地生态修复总体设计通过中国三峡集团中间审查，积极落实以EPC总承包模式推进项目实施；组织开展集运鱼系统方案专题设计和关键技术研究，统筹上下游码头规划建设。二是结合国家政策调整，及时修订溪洛渡、向家坝水电站环保水保专项验收工作方案，完成两电站环保、水保验收招采工作。三是系统实施金沙江下游流域生态环境监测，为科学解决流域开发可能产生的环境影响积累数据。四是溪洛渡、向家坝水电站首次生态调度试验效果评价、鱼类人工繁殖技术研究等科技攻关取得新突破。五是各工程枢纽施工区环境保护、水土保持工作总体可控，按要求及时实施各类环保措施，积极配合行业主管部门检查。

【综合安全监测】 一是水文气象系统运行正常，水情预测准确率在90%以上，为工程建设、防汛减灾、电站运行、重大活动提供有效保障。二是水库地震监测系统运行稳定，系统运行率达97%。乌东德、白鹤滩水电站截流后测震台网和地壳形变监测网完成土建施工，启动设备安装、调试。三是组织大坝安全监测分析系统建设。四是精心开展水库泥沙监测，服务水库调度、电站发电运行成效明显。

【科技创新】 2017年，建设管理公司依托金沙江梯级巨型水电工程，积极申报并获得国家授权“灌浆现场过程监控方法及系统”等15项自主知识产权成果，“大型水电工程建设全过程数字化动态管控关键技术”等14项科技成果荣膺省部级、行业协会学会奖，牵头组织和参与编制《大坝安全监测自动化技术规范》等21项行业标准、23项企业标准规范，取得丰硕科技成果。

建设管理公司组织完成国家标准《混凝土坝安全监测技术规范》，并通过国家能源局审查。其中，《300米级特高拱坝安全控制关键技术及工程应用》荣获四川省科技进步一等奖，《白鹤滩特高拱坝复杂坝基开挖保护与处理关键技术》获岩石力学与工程学会科学技术进步一等奖和中国三峡集团首届科技进步特等奖。创新研发可适用于2.5MPa固结灌浆和6MPa帷幕灌浆的智能系统，开创“一键启动、智能灌浆”新模式，成果荣获中国三峡集团首届技术发明一等奖。

【履行社会责任】 2017年度18个社会责任项目执行情况正常。开展贫困中小学生微心愿活动1200人次，树立企业良好社会形象。

【党建工作】 党建工作格局初步形成。坚持党对国有企业的领导，认真落实全国国有企业党建工作会议精神，加强建设管理公司党的建设，始终把政治建设放在首位，狠抓班子和党员干部队伍建设。迅速掀起学习宣传贯彻十九大精神的热潮，制订党委中心组专题学习计划，要求全体党员干部读原文、学原著、悟原理。通过“十个学”工作模式，推动十九大精神进基层、进班组，确保党员学习全覆盖。

施工区大党建取得实质进展。乌东德、白鹤滩工程建设部围绕创建“五大工程”目标，坚持“紧贴工程抓党建，抓好党建促工程”，凝聚施工区地方政府和各参建单位党建、纪检、工会、团青等四种力量，搭建施工区大党建工作统筹协调委员会、党风廉政建设联席会、精神文明建设指导委员会、劳动竞赛委员会、社会治安综合治理委员会五大平台，基本实现“组织共建，资源共享，事务共商，活动共办”的党建工作格局，打造具有时代特点、富有三峡特色的大水电施工区党建工作品牌，为推动工程建设提供组织保障和精神动力。

【党风廉政建设】 坚持全面从严治党不动摇，认真落实党风廉政建设责任制。持续加强作风建设，巩固巡视审计整改成果。大力开展廉政宣传教育，筑牢廉洁防线。认真开展监督、执纪、问责，扎实构建不敢腐、不能腐、不想腐的有效机制。

【企业文化建设】 启动企业文化建设，拟订建设管理公司“十三五”企业文化建设规划，开展建功三峡、青春讲堂、金沙江女职工文艺汇演等丰富多彩的文化娱乐活动，提升企业凝聚力。管理维护公司官方网站和微信公众号，发布新闻消息200余篇。完成公司VI设计工作。配合集团开展国企党建专题片以及央视《我和我的祖国》走进白鹤滩工地拍摄活动。

（王　浩）

中国长江电力股份有限公司

【公司概况】 2017年，中国长江电力股份有限公司（以下简称“长江电力”）以习近平新时代中国特色社会主义思想为指导，坚决贯彻落实党中央和集团公司决策部署，全面完成了年度各项工作任务。全年实现利润总额266.5亿元，市值最高近3800亿元，发电量2109亿kW·h，均创历史新纪录。设备管理创历史最好水平，公司改革发展取得新进展。

【水库来水及水位】 2017年，溪洛渡坝址来水总量为1390.41亿m^3，平均入库流量为4410m^3/s，最大流量12500m^3/s，出现在7月12日；最小流量1500m^3/s，出现在4月24日和5月1日；与历史同期多年均值（1460亿m^3）相比偏枯4.8%；与2016年同期（1371.15亿m^3）相比偏丰1.4%。其中汛期（7—9月）来水655.22亿m^3，与多年均值（790.24亿m^3）相比偏枯17.09%；与2016年同期（630.32亿m^3）相比偏丰3.95%。

溪洛渡水库平均库水位581.17m，比2016年同期（577.53m）高3.64m，最高水库水位599.84m，出现在10月27日；最低水库水位542.90m，出现在6月17日。

三峡水库来水总量为4214亿m^3，平均流量13400m^3/s，最大流量38000m^3/s，出现在9月10日；最小流量3900m^3/s，出现在1月28日。来水与历史同期多年均值（4510亿m^3）相比偏枯6.6%；与2016年同期（4085.88亿m^3）相比偏多3.1%。其中汛期（6—9月）来水2144.82亿m^3，与多年均值（2737.82亿m^3）相比偏枯21.66%；与2016年同期（2144.2亿m^3）基本持平。

三峡水库平均库水位162.22m，比2016年同期（161.89m）高0.33m。最高水库水位175.00m，出现在10月21日；最低水库水位145.05m，出现在6月12日。

向家坝水库平均库水位376.34m，比2016年同期（376.28m）高0.06m。最高水库水位379.90m，出现在10月17日；最低水库水位370.75m，出现在6月20日。

葛洲坝水库主要对三峡下泄的非恒定流过程进行航运反调节，基本按照径流式运行，库水位主要依据三峡电站调峰、两坝间及葛洲坝下游航运要求进行控制。2017年，葛洲坝水库平均库水位为64.75m，与2016年同期（64.74m）基本持平。

【电力生产】 梯级电站全年发电量2108.93亿kW·h，较年度计划1934亿kW·h多发174.93亿kW·h，与2016年同期相比多发48.33亿kW·h。梯级电站全年未因设备原因产生弃水电量，发电量创历史新纪录。

三峡电站全年发电量976.05亿kW·h，比年度计划888亿kW·h多88.05亿kW·h，与2016年同期相比多40.73亿kW·h。

葛洲坝电站全年发电量190.52亿kW·h。比年度计划168亿kW·h多发22.52亿kW·h，与2016年同期相比多发7.53亿kW·h。葛洲坝电站机组平均运行达7142小时，单机运行最高达8342小时。

溪洛渡电站全年发电量613.91亿kW·h，比年度计划572亿kW·h多发41.91亿kW·h。与2016年同期相比多发3.88亿kW·h。其中，溪洛渡左岸电站全年发电量317.57亿kW·h，比年度计划269亿kW·h多发48.57亿kW·h；与2016年同期相比多发3.47亿kW·h；溪洛渡右岸电站全年发电量296.34亿kW·h，比年度计划303亿kW·h少发6.66亿kW·h，与2016年同期相比多发0.41亿kW·h。

向家坝电站全年发电328.45亿kW·h，比年度计划306亿kW·h多发22.45亿kW·h，与2016年同期相比少发3.8亿kW·h。

【设备管理】 2017年，长江电力坚持落实安全生产责任制，以重大人身伤亡、水淹厂房、大面积停电、重大设备设施损坏事故和重大网络信息安全事件五大安全风险管控为抓手，开展4轮巡查和整改，以点带面推进“双重预防机制”建设，实现安全生产“零人身伤亡事故、零设备事故”的“双零”目标，梯级电站全年未因设备原因产生弃水电量，三峡电厂、向家坝电厂实现“零非停”，葛洲坝电厂机组平均运行小时数达7142小时。

【年度岁修】 梯级电站2016—2017年度岁修工作自2016年9月1日开始，至2017年5月19日完工，总工期261天，较原计划提前16天完成。本轮岁修共完成A级检修3台次、专项检修2台次、C/D级检修69台次、输变电设备检修76项。

三峡电站2016—2017年度岁修工作10月9日开始，至5月8日全部完工，完成机组29F和30F推力头镜板专项处理2台次、C/D级检修24台次、输变电设备检修12项。

葛洲坝电站2016—2017年度岁修工作9月1日开始，至5月19日全部完工，完成机组A级检修及更新改造2台次、C/D级检修19台次、输变电设备检修19项。

溪洛渡电站2016—2017年度岁修工作11月3日开始，至5月9日全部完工，完成机组C/D级检修18台次、输变电设备检修29项。

向家坝电站2016—2017年度岁修工作11月28日开始，至4月21日全部完工，完成机组C/D级检修8台次、输变电设备检修16项。

【配售电业务】 2017年，长江电力全力以赴开展配售电业务，全年市场化售电量约150亿kW·h，配售电业务遍及全国十余个省市。获得3个国家级电改示范项目开发权，储备十余个天然气分布式能源项目和超过600WMp分布式光伏项目，初步形成一支约300人的配售电人才队伍。联合地方国企和民营资本设立重庆长电联合能源公司，被列入国家第二批混改试点企业。完成对乌江实业和聚龙电力两个地方电网的整合，成为涪陵能源最大股东，重庆区域电网融合工作取得重大突破，配售电业务布局实现新跨越。

【企业管理】 2017年，长江电力全面加强市值管理，在沪市大盘总体平稳的情况下，公司市值屡创新高，最高达3799.4亿元，进一步巩固提升了长江电力在A股市场大盘蓝筹地位。长江电力长期投资价值日益受到海内外投资者认可，市值管理成效明显。

在本部和3个生产单位顺利完成“三项制度”改革试点，初步构建了“收入能增能减、管理人员能上能下、员工能进能出”的新机制，逐渐形成“能者上、庸者下、劣者汰”的选人用人导向，初步建立工效挂钩机制，深化实施闲慵懒散者退出机制，大大激发长江电力发展内生动力，“三项制度”改革试点成效初显。

持续优化经营管理，采购效率和质量全面提升，采购集中度及完成率同比大幅提高。基本实现定额管理、合同示范文本、通用物资框架协议的全覆盖。坚持依法治企，重大决策法律审核率100%。

将信息化管理向纵深推进，坚持“互联网+”和“两化融合”的基本思路，全面推进公司云计算大数据中心平台、移动办公平台、智能检索系统、数字化档案管理系统、水电厂供应商信息共享平台等一批基于新一代信息技术的项目建设，以信息化推动公司管理科学化、智能化取得显著成效。

获得中国上市公司协会“最受投资者尊重的上市公司百强奖”、中国电力企业联合会“全国电力行业企业文化示范单位”、金融界“公司治理实践奖和杰出投资者关系团队奖”等多项荣誉。长江电力全年承担国家标准和行业标准编制任务18项，新获专利84项，软件著作权24项，30余项创新成果获得省部级及以上科技和管理成果奖。

大中型水电厂生产运行情况表（长江电力）

水电厂名称	发电运行情况				水库运行情况			
	总装机容量（万 kW）	年发电量（亿 kW·h）	平均耗水率（m^3/kW·h）	等效可用系数（%）	年入库总水量（亿 m^3）	发电用水量（亿 m^3）	年末水位（m）	年末库容（亿 m^3）
三峡水力发电厂	2250	976.05	4.26	98.42	4214.00	4161.2	172.23	380.12
葛洲坝水力发电厂	273.5	190.52	21.1	95.90	4354.48	4011.34	65.42	6.93
溪洛渡水力发电厂	1386	613.91	1.98	95.59	1390.41	1218.37	587.43	99.64
向家坝水力发电厂	640	328.45	3.62	95.64	1412.53	1189.13	375.08	45.19

（李栋梁）

三峡国际能源投资集团有限公司

【公司概况】 三峡国际能源投资集团有限公司（以下简称“三峡国际”）成立于2011年，是中国三峡集团全资子公司，注册资本金296亿元人民币。截至2017年底，公司资产总额过千亿元，营业收入过百亿元，发电装机过1600万kW，控股装机年发电量过370亿kW·h。

三峡国际承载着中国三峡集团实施“走出去”战略、打造国际一流清洁能源集团的重要使命，通过绿地投资、股权并购等形式，广泛参与境外清洁能源合作，服务和践行“一带一路”倡议取得丰硕成果。

三峡国际现有38家海外子企业，市场覆盖欧洲、南美和亚非，拥有可控发电装机823万kW，权益发电装机777万kW，在建投资项目装机283.5万kW，落实和跟踪项目资源约6000万kW。其中，全资拥有的三峡巴西公司以巴西为核心市场，是巴西第二大私营发电商和最大私营水电公司；全资拥有的三峡欧洲公司以欧洲为核心市场，负责欧洲和北美地区投资业务，是葡萄牙电力公司（EDP）最大股东；控股的三峡南亚公司以巴基斯坦为核心市场，负责南亚地区投资业务，投资开发的多个项目列入“中巴经济走廊”建设框架；与葡萄牙电力公司合资设立的环球水电公司以秘鲁为核心市场，负责全球中小水电投资业务。

在开展国际业务进程中，三峡国际深入贯彻创新、协调、绿色、开放、共享五大发展理念，坚持共商、共建、共享原则，以和平合作、开放包容、互学互鉴、互利共赢的丝绸之路精神为指引，积极履行企业社会责任，倡导可持续发展，与项目所在国家和地区结成紧密的利益共同体、命运共同体、责任共同体；同时，与世界银行旗下国际金融公司（IFC）、丝路基金、中拉基金等国内外知名机构及业界同行开展广泛深入的交流合作，致力打造清洁能源开发的最佳实践。

深化全球能源合作，共同构建绿色低碳的全球能源治理格局，事关人类美好可持续的未来。三峡国际将在党的十九大精神指引下，紧跟国家战略，发挥三峡优势，依法合规经营，履行社会责任，促进当地发展，与广大同行一道共建清洁能源，共享碧水蓝天，为构建人类命运共同体而努力奋斗。

【经营业绩】 2017年，三峡国际按中国三峡集团提出的“控增量、严管理、防风险、多分红”的年度工作方针认真开展各项工作，全年实现利润总额 40.15 亿元，实现经济增加值（EVA）16.48 亿元，全面超额完成集团下达的年度绩效考核主要责任目标。截至 2017 年底，公司总资产 1028 亿元，净资产 453 亿元；拥有可控发电装机容量 823 万 kW，权益发电装机 777 万 kW，全年实现发电量 370.7 亿 kW·h；拥有在建投资项目装机 283.5 万 kW，落实和跟踪项目资源约 6000 万 kW。

【公司业务】 2017 年，三峡国际国别市场研究取得新成果，持续开展传统市场研究，广泛开展非洲市场研究，重点开展新项目市场研究，形成了质量较高的研究报告，为项目并购或开发奠定了基础。项目前期工作取得新进展，公司拥有 8 个处于前期工作阶段的绿地项目，总装机 1761 万 kW。秘鲁圣加旺 III 和巴基斯坦科哈拉项目胜利完成前期阶段工作，当年开工建设；缅甸孟东水电项目启动梯级开发方案的可研工作；基本锁定刚果（金）英加 3 水电项目特许经营权，项目列入“十三五”国际产能合作重点项目清单、获 1000 万元前期开发基金；巴基斯坦玛尔项目和光伏项目、尼泊尔西塞提项目和缅甸羌达风电项目前期工作进展有序。开展了加拿大北国电力项目、瑞典北极陆上风电项目、尼日利亚 Mainstream 项目 3 个项目的并购尽调工作，总装机 446.8 万 kW。在建工程建设取得新业绩，公司在建工程项目 6 个，总装机 283.5 万 kW。巴基斯坦卡洛特项目实现融资关闭并签署补充购电协议，主体工程全面施工；巴西圣马诺埃尔项目成功应对中途更换 EPC 承包商事件，并实现首台机组提前 5 个月并网发电；巴风二期、三期项目实现融资关闭，完成 77% 共 51 台风机吊装；巴基斯坦科哈拉项目完成各项前期工作，基本解决阻碍项目开工建设的销售税问题，启动进场道路施工；秘鲁圣加旺Ⅲ项目正式开工，实现融资关闭。发电项目运营取得新成就，公司拥有控股发电项目 19 个，总装机 823 万 kW。成功接管巴西帕河能源项目，初步完成管理整合；按期完成巴西伊利亚、朱比亚电站技改计划，成本控制业绩显著；不断完善管理体系，确保电站安全运行，全年发电量 370.7 亿 kW·h，电站设备综合可利用系数实现值超过中国三峡集团下达的指标。葡电股权管理再创新佳绩，2017 年投资收益 2.37 亿欧元，妥善应对葡电合并投票权、葡电高管遭遇司法调查、西方公司企图重组葡电以及 CMEC 机制争议等多项重大突发事件，成功接待葡电在中国召开董事会会议。

【经营策略】 三峡国际以经营效益为中心，精心谋划经营策略，当年取得良好经营效益。加强预算管理，着力控制成本，节约六项经费开支 1900 万元，占总预算的 39%。加强资源整合、提高综合效益，巴西公司创新建立共享服务中心，南亚公司建立财务共享中心，欧洲公司将业务开发部与葡萄牙公司合署办公，节约管理成本，提高管理效率。加强电力营销，增加电费收入，全年电费回收率达到 99.74%，超过中国三峡集团下达的 95% 指标。加强资金管理、创造直接效益，全年合并口径理财利息收入约 3.98 亿元。加强汇率管理、落实“多分红”原则，充分利用汇率有利时期，科学筹划分红，全年分红累计折合人民币 25 亿元。巴西成功发债，增强发展后劲，巴西公司于 2017 年 8 月首次在巴西为帕河能源公司发债，一举获得 4.8 倍超额认购，累计节省约 3000 万雷亚尔利息成本。

【公司建设】 2017 年，三峡国际完善制度建设，加强制度宣贯执行，修订制度 51 个，使公司颁布施行制度达 140 个，完成了 19 类 78 项管理事项授权边界的界定，对 50 个重点制度进行了宣贯。完善部门职能设置，提高部门履职能力，研究制定部门内各处室职能分配，使部门内部管理更加有序。完善员工岗位职责，提高员工队伍素质，制订员工岗位职责手册，全年员工人均参加培训 32 学时，不断建立健全属地员工管理体系，公司外籍员工983人，占境外员工总数的89%，全面实现境外员工属地化目标。完善实体公司建设，实现集团管控目标，三大区域公司和环球水电全面完成办公场所落实、内部机构完善、员工聘任到位、母子公司管理边界明晰、内部管理体系健全、主要管理制度颁布施行等实体化建设的六大任务，初步完成信息化建设工作，境外区域公司真正具备了独立开展经营管理工作的能力，三峡国际已真正建设成为集团化管理的跨国公司。完善公司层级设置，有效缩短管理链条，落实中国三峡集团“瘦身健体、提质增效”要求，研究并完成子企业压减方案，决定关闭6家子企业、合并2家子企业。完善信息体系建设，提高管理工作效率，成立网络安全与信息化领导小组，编制完成《2018—2020年信息化规划》，完成公司中文、英文和内部网站平台建设。

【内部管理】 2017年，三峡国际精心完成整改，以集团巡视整改工作为契机，认真梳理、整改管理工作短板和薄弱环节，并积极落实国资委监事会监督检查问题整改。加强财务资金管理，实现境内外财务管理接轨，统筹调度、合理筹措资金，确保资金及账户安全。优化人力资源管理，建立健全境外薪酬体系，完善属地员工管理体系，科学改革员工考核制度，按需补充人力资源。做好投资业务管理，全年完成10个项目前期立项或投资决策专题评审和报批工作，严格按制度规定完成30余项招标及采购项目立项审批工作。强化法律合同风险管理，将法律审核嵌入管理流程，合同审查覆盖率达100%，编制完成建设管理公司全面风险管理报告，认真开展内部审计。严抓质量安全管理，强化安全责任落实和监督检查，严处安全事故，完善质量管理体系，研究“三标一体”建设方案，形成建设及认证工作方案。推进技术环保管理，开展项目科技管理保障体系建设，利用公司内外部技术力量及时解决项目技术难题，不断提升环境管理水平。做好综合事务管理，加强重要决策事项跟踪督办，开展总部档案整理归档，启动境外项目档案收集，外事管理成果丰硕，新闻宣传策划质量和影响力明显提升。

【党建工作】 2017年是三峡国际党建和党风廉政建设工作锐意进取、力求实效的落实之年。党委的领导作用充分发挥，以“把方向、管大局、保落实”为工作重点，进一步厘清董事会、党委会和总经理办公会等各个决策主体之间的权责关系。思想政治建设取得新成效，以推进“两学一做”学习教育常态化制度为抓手，组织公司上下深入学习贯彻党的十八大历届全会、习总书记系列重要讲话和党的十九大精神，特别是习近平新时代中国特色社会主义思想。基层党建工作迈上新台阶，实现了境内外基层党组织机构健全、党务工作人员到位、党务经费充裕、党组织活动经常、党建工作有效。公司境外党建工作开拓新局面，以落实《境外党建指导意见》为切入点实现境外组织全覆盖，以落实境外单位“三重一大”制度为抓手探索实现党组织参与决策全覆盖，以建立境外单位诚信体系为重点探索实现监督检查全覆盖。公司党风廉政建设展现新作为，全面落实“两个责任”，认真履行“一岗双责”，建立起党委统一领导、党委全面监督、纪委专责监督、党群工作部和纪检监察部职能监督、基层党支部日常监督、党员民主监督的公司立体交叉监督体系，不断推动全面从严治党向基层延伸，向纵深发展，公司全面从严治党的氛围已经形成。

（刘玉佩）

中国三峡新能源有限公司

【公司概况】 2017年，中国三峡新能源有限公司（以下简称“新能源公司”或“公司”）在中国三峡集团党组的坚强领导和直接关心下，紧紧围绕“风光三峡”“海上风电引领者”战略目标，开拓进取，攻坚克难，全面超额完成各项目标任务。发电量、利润等主要经营指标再创新高，综合实力持续提升，三年内实现了“六个翻番”，即装机规模、发电量、资产总额、营业收入、利润总额、经济增加值实现翻番。海上风电年内核准在建规模突破百万千瓦，全球最大的水面光伏项目在安徽淮南顺利并网发电，公司引战工作基本完成，安全生产全年实现“双零”目标。

【经营业绩】 1. 新增装机 70.2 万 kW，累计投产装机规模超过 780 万 kW，为中国三峡集团可控装机突破 7000 万 kW 做出贡献。

2. 年发电量 131 亿 kW·h，同比增长 31%。

3. 利润总额 27.08 亿元，同比增长 49%，成为中国三峡集团利润贡献第三增长极。公司净资产收益率超过 12%，盈利能力稳居国内同行业前列。

4. 经济增加值 15.32 亿元，同比增长 99%，实现翻番。

5. 在中国三峡集团 2017 年度综合考评中名列第二，连续两年获评 A 级。

【经营情况】 1. 新能源公司坚定不移贯彻落实中国三峡集团党组确定的“海上风电引领者”战略，积极抢抓发展机遇期，瞄准“六个引领”，落实“四个一批”，开辟“绿色通道”，全面打响“蓝海会战”。公司克服重重困难，全年新增核准 60 万 kW，累计核准（含建成投产、核准在建）141 万 kW，约占中国三峡集团总核准的 72%，约占全国总核准的 12%。加强与电力设计院、设备制造商等合作，响应地方政府新旧动能转换综合实验区建设，先后在广东、江苏、山东等地获取优质资源 290 万 kW，累计储备海上风电资源 773 万 kW，占中国三峡集团总储备资源的 60%，江苏、广东百万千瓦级海上风电开发格局已现雏形。其中，以点带面布局粤东、粤西，在广东海上风电开发中，倾力打造阳江产业基地，6 个月时间阳江项目实现核准，创造了国内海上风电核准最快的“三峡速度”。江苏响水近海项目投产机组运行良好，两台复合筒型基础成功安装，掌握了海上风电一步式安装等一系列关键技术。辽宁庄河项目顺利完成两台 3MW 风机吊装，攻克海上风电世界级抗冰锥难题。江苏大丰项目主体工程全面开工，海上风电在建规模达 90 万 kW，“四个一批”（投产并网一批、在建项目一批、开展前期一批、储备资源一批）格局初步显现，为中国三峡集团引领海上风电开发做出重要贡献。

2. 面对新能源开发政策调整频繁、土地环保要求逐年提高、电价退坡机制加速等形势，新能源公司坚持自主开发与合作并购双轮驱动，加强与各级地方政府、能源主管部门、电网企业等主动沟通，加强对市场政策和形势的分析研判，聚焦中、东、南部和光伏“领跑者”基地等电力负荷集中区域，加大资源获取力度，稳步加快并购步伐，全年核准（备案）35 个项目共计 229.6 万 kW，其中非“三北”地区 130.2 万 kW，占比 57%，同比提高 10 个百分点，业务布局持续优化。

3. 在巩固传统业务的同时，紧跟行业政策导向，培育发展新业态，积极拓展低风速分散式风电、分布式光伏业务，在河南开展首批分散式风电试点，在山东乐陵投产首个分布式光伏，河北康保 10 万 kW 项目成功列入国家首批风电平价上网试点。深入开展增量配网、燃气分布式能源、光热、光电等专题研究，积极参与湖南株洲高新区增量配电业务，努力推动传统业务与新型业务“同频共振”“两翼齐飞”。

4. 坚持高标准、高质量推进工程建设，全年新增投产 70.2 万 kW。坚持企地共赢，积极参与安徽淮南、山西阳泉等采煤沉陷区综合治理，全球最大的水面光伏安徽淮南 15 万 kW 项目并网发电。四川冕宁、陕西绥德风电项目并网发电，川、陕风电开发实现“零”突破。对东北、华北等区域项目开展竣工验收“回头看”，全面系统推进项目消缺整改。组织跨区域质量管理交流，总结工程建设经验，进一步提升建设管理水平。云南公养河四级水电站主体工程全面开工，顺利完成大坝截流。

5. 面对电力需求增长放缓、限电未有明显改善、电力交易量扩大等不利因素，新能源公司重点在机组稳定运行、电力营销、设备安全等方面强化责任、狠抓管理，抓住一切有利时机抢发电，投产容量全面释放产能，全年发电量 131 亿 kW · h，同比提高 31%。研究推广“集中式区域统一运维”管理新模式，率先在云南、内蒙古等地开展自主检修试点，提升运维专业能力。加强技术规范建设，出台电站安全防护、移交生产技术导则、设备评级等规范标准，提高电站管理水平。组建内部专家团队，采用“诊断式”电力生产检查，全面“体检”电站设备管理存在的问题并组织集中整改，确保设备健康稳定运行。加快区域集中监控和电力生产管理系统建设，完成内蒙古集控中心建设试点，实现北京总部监视中心对全国 80 个电站数据接入，为推进“无人值班，少人值守”创造了条件。精益运行江苏响水近海项目，运行稳定性居国内前列，荣获 2017 全国风电产业“十佳优秀风电场”。在江苏成立中国三峡集团首家海上风电运维公司，探索积累海上风电运维模式和经验。公司多个电站在全国电力生产对标中名列前茅，其中新疆博乐风电场荣获中电联全国风电场生产运行对标一等奖。

6. 面对激烈的市场竞争环境，公司积极应对电力市场改革，在“三北”、南方等参与市场化区域设立市场营销机构，建立健全营销体系，同时邀请电力公司等单位的行业专家对重大交易政策、难点问题等进行解读和分析，开展交易理论和实操培训，提升营销能力。加强交易精细化管理，在市场化程度较高的新疆、甘肃、云南等区域因地制宜制定交易策略。注重交易时效，采取区域交易分级授权，提高市场反应速度和交易决策效率。在保障全电价基数电量最大化的同时，深挖消纳空间，积极参与甘肃、新疆等 11 个省区 163 次市场交易。全年市场交易电量累计交易结算 37.86 亿 kW · h，占总上网电量的 29.71%；市场交易收入 20.84 亿元，占总售电收入的 32.48%。甘肃、吉林等多个项目扭亏为盈。借助政策推动和市场化交易，公司电力消纳形势整体优于 2016 年，全年风电、光伏发电设备利用小时数分别高于全国平均水平 100 小时、175 小时，其中内蒙古四子王风电场在弃风限电率为 21% 的情况下，年等效满负荷达到 3013 小时，超过地区平均水平 950 小时。公司高度重视标杆和补贴电费回收工作，标杆电费回收率达 90.66%，补贴电费回收率达 34.7%。申报的第七批补贴项目 201 万 kW 通过初审，纳入补贴目录的规模达 595 万 kW，占总装机 80%。稳步推进 CCER 项目开发，在市场遇冷情况下，收入超 400 万元。密切跟踪绿证政策，申领绿证 44 万本，迈出了“绿电消费”市场第一步。

7. 根据中国三峡集团工作部署，上半年会同选聘的财务、法律等中介机构，先后完成尽职调查、引战改制总体方案制定。2017 年 9 月，引战增资事项在北交所成功挂牌，通过竞争性谈判对符合条件的 16 家意向投资者进行遴选，完成现场谈判及评审等工作，选定投资者，预计引入资金约 117 亿元，比计划多引资近 10 亿元。土地及房屋产权证是改制上市的重要基础和前提条件，公司整合力量成立确权办证工作组，加大工作督导和推动力度。目前公司已使用土地（海域）面积 3306 公顷，已取证面积 2682 公顷，取证面积比例约 81%，其中 2016 年末投产发电项目土地取证面积比例达 93%，同比提高 13 个百分点。已使用房屋面积 26.1 万 m^2，已取证面积 17.7 万 m^2，取证面积比例约 68%，其中 2016 年末投产发电项目房屋已取证面积比例达 80%，同比提高25个百分点，为股改上市创造了条件。

【企业管理】 1. 完善体制机制。做好顶层设计，健全法人治理结构，明确党委会研究作为重大问题决策的前置程序，同步修订与新体制机制相匹配衔接的《党委议事规则》《“三重一大”实施办法》《总经理工作规则》等制度。全面梳理考核奖惩体系，突出对经营业绩考核结果的应用，制（修）订薪酬指导意见、专项奖励等制度，为充分发挥考核奖惩的导向作用奠定坚实基础。

2. 优化公司三级管理体系和“区域+要素”管理模式，制定公司总部“三定”方案，设立海上风电总公司和珠江公司、江浙公司、山东分公司、西南分公司等4家区域管理机构，初步形成总部“抓总”、区域管理机构“管实”、项目场站“强基”的三级管控格局。全面推行项目经理和场站经理负责制，为提升项目建设和运营管理水平奠定基础。稳步推进“三项制度”改革，加大薪酬分配向一线及艰苦岗位倾斜力度，员工获得感和幸福感得到提升。成立信息中心，基本编制完成公司信息化规划（2018—2020年），为推进大数据分析和统一平台建设提供方向指引。

3. 做好企业层级压缩及法人户数压减工作，完成长江新能源等4家企业注销工作，亏损面和亏损额实现“双降”。亏损企业同比减少5户，下降50%，亏损额减少4400万元，同比减少64%。加强资金集中管理，重建银行资金池，创新融资方式，降低融资成本，平均融资成本较同期基准利率下浮9.27%。严控“三公”经费，在业务保持较快发展的同时，“三公”经费支出与2016年基本持平。紧跟市场变化，充分挖掘降价空间，确定5个风电项目主机降价规则，预计节约投资超1亿元。加强股权管理，全年各类投资收益超9亿元。

【风险防控】 持续开展风险内控评价，基本健全内控机制，加大2016年风险管控措施闭环整改力度，调研提出2017年海上风电投资等或有风险并制定管控措施。加大审计监督和专项检查，及时发现管理存在的薄弱环节并进行完善优化。编制项目法律工作指引和操作指南，完善法律工作机制，全力维护公司合法权益。扎实开展网络安全检查和评估工作，持续完善网络安全基础架构和防护体系。

【安全生产】 始终坚持“生命至上，安全第一”的发展理念，认真落实中国三峡集团安全工作部署，以防范发生安全事故为目标，狠抓安全隐患排查治理，扎实推进本质安全型企业建设，全年安全生产形势总体平稳，实现“双零”目标。大力营造安全生产氛围，从“系好安全带”等细节抓起，持之以恒开展“安全五分钟”教育，以“润物细无声”的方式提升安全管理水平。通过危险源辨识、安全生产、防汛等常规安全检查和安全生产标准化、应急能力建设等相结合，查找存在的问题，对排查的789项安全隐患积极整改，有效预防和降低安全事故发生。召开海上风电建设、基层安全管理等专题座谈会，深入开展安全生产标准化、“三标一体”培训，推进电力企业应急能力建设，完善质量安全管理体系，全年完成71家安全生产标准化建设、92家“三标一体”管理体系贯标及认证、16家应急能力建设评估。做好安全技术标准规范编写，参与完成国家、行业标准7项，发布三峡标准9项。其中《风电场应急预案编制及范例》获得2017年度中国电力创新奖管理类三等奖。扎实开展QC小组活动，不断激发员工创新活力，新增专利8项，15项员工技术创新成果获电力行业和中国三峡集团表彰。

【媒体合作】 拓展对外交流渠道，加强与央视及行业等主流媒体合作，拓宽媒体“朋友圈”。《中国能源报》《中国改革报》等主流媒体全年聚焦报道公司改革发展成果超300次，央视《新闻联播》等多次报道了公司海上风电、水面光伏等项目，为公司发展营造了良好的舆论氛围。围绕影响公司改革发展的突出问题、事关行业发展的前瞻性问题，报送一批专题材料，被国资委等上级机关全部采纳，为服务领导决策、推动行业发展发挥了重要作用。

【党建工作】 按照“学懂、弄通、做实”的总要求，以习近平新时代中国特色社会主义思想为指引，下大力气抓好党的十九大精神学习贯彻，层层动员安排，不折不扣抓好落实，公司领导带头深入工地、场站、班组宣讲十九大精神。下大力气落实全国国企党建会议精神，推动各项重点任务落实落地，与公司相关的25项党建工作任务已全部完成并将长期坚持。下大力气推进“两学一做”学习教育常态化制度化，创新学习方式，开展了“学诗词，温党史”“党务微课堂”等形式多样的党建活动。修订了《党支部工作内容清单》，明确支部工作内容和流程，促进基层党建工作规范化。坚持定期召开党建工作例会，落实党建工作责任制，开展基层党组织书记述职评议，推动重点工作落地见效。开展以“勇于担当，主动作为”为主题的讨论活动，查找出担当不足等制约企业改革发展的100余条突出问题，积极推进整改，强化了员工勇于担当的责任感和主动作为的执行力。2017年1月12日，国资委对集团公司党建工作延伸考核中，对公司各项工作给予高度评价。坚持运用监督执纪“四种形态”，落实中国三峡集团党组纪检组各项要求部署，进一步压实责任，深化监督执纪问责工作。坚持高标准、严要求，开展巡视整改再检查，巩固巡视整改成果。

【党风廉政建设】 通过观看警示教育片、开展“关键岗位廉洁承诺”等方法，强化对各级领导干部员工廉洁从业教育，树立廉洁守纪意识。对工程建设、审计披露的突出问题以及招标采购开展专题调查，查找存在的廉洁风险，提出风险防控措施。坚持打造“廉洁是第一品牌”，加强对信访举报问题线索的分析研判，严肃执纪问责，做到对违纪违法行为“零容忍”。建立容错纠错机制，最大限度调动广大员工干事创业的积极性、主动性和创造性。

【企业文化建设】 工会、共青团等群团组织开展了检修技能竞赛、女职工风采大赛、“如果我是项目场站经理”演讲比赛、“我身边的共产党员”微视频大赛等一系列丰富多彩的活动，丰富了员工文化，增强了企业凝聚力。

【履行社会责任】 紧密结合项目发展，扎实做好定点扶贫、对口支援、公益捐赠等工作，全年累计对外捐赠近1000万元。

（雒德宏）

湖北能源集团股份有限公司

【公司概况】 湖北能源集团股份有限公司（以下简称“公司”）业务涵盖电力、天然气、煤炭、新能源、金融等领域，是中国能源业务品种最全的整体上市公司。2015年12月，通过实施定向增发，中国三峡集团成为公司的控股股东和实际控制人。2017年，面对市场竞争激烈、安全监管趋严、建设任务繁重等严峻挑战，面对全面融入三峡、提升发展质量、强化内部管控等艰巨任务，全体干部职工以党的十九大精神和习近平新时代中国特色社会主义思想为指导，按照“立足‘两个平台’，推进全面提升”的工作思路，团结协作、扎实苦干、开拓奋进、担当有为，在装机容量没有较大增长的情况下，发电量、利润总额、营业收入等多项经营指标再创历史新高，各项工作取得了优异成绩，为实现公司“十三五”奋斗目标奠定了坚实的基础。

【经营业绩】 截至2017年12月31日，公司资产总额463.57亿元，负债总额181.62亿元，资产负债率39.18%。已投产可控装机容量为707.35万kW，占湖北省发电总装机容量7124.48万kW（含三峡2240万kW）的9.93%，建成天然气管网820km。全年完成发电量218.5亿kW·h，同比增长6.8%；销售天然气14.92亿m^3，同比增长13.2%；完成煤炭经销量465.7万t，同比增长75.4%；营业收入115.68亿元，同比增长23.46%；实现利润总额25.36亿元，同比增长5.88%，是五大发电集团在鄂发电企业的利润总和，其中归属于母公司所有者的净利润21.73亿元，同比增长13.84%；发电量、天然气销售量、煤炭经销量、营业收入创历史新高，利润总额连续五年创历史新高，连续十三年获评经营业绩考核A级企业。

【安全生产】 公司坚守安全红线意识，健全安全责任体系，排查安全事故隐患，落实安全防范措施，安全形势企稳向好。绝大部分单位实现零事故，清江流域电厂22台机组及所有中小水电首次全部实现“零非停，零障碍”，清江公司安全管理连续三年创历史最好水平。2017年，公司没有发生负主要责任的人身伤亡事故，没有发生重大设备设施损坏事故。一是健全了安全防控体系，成立质量安全部，设立安全总监，完善安全管理制度；深入推进安全生产标准化建设，积极构建风险分级管控和隐患排查治理的双重机制。二是加大安全追责力度，增加安全考核权重，设立安全风险责任金，以不安全事故调查为切入点，加强事故通报，强化问责考核，确保安全责任制有效落实。三是成功应对特大秋雨秋汛。四是不断加强质量管理，坚持“零容忍”，追求“零缺陷”，鄂州三期、江坪河、峡口塘工程质量验收合格率达到100%。

【项目建设及投资】 加大燃机资源抢占力度，分别在辽宁营口、山东滨州、浙江舟山、武汉东西湖、湖北鄂州等地开展燃机项目前期工作，储备燃机规模约500万kW；营口燃机项目获得核准，东湖燃机2#号机组顺利投产。大力发展清洁低碳能源业务，清洁低碳能源装机规模达到481.35万kW，比重达到68.05%。新能源项目共计47.6万kW取得核准（备案），储备项目约20万kW。全力推进秘鲁查格亚项目收购工作，具备股权交割条件。积极探寻国外中小水电、天然气等方面发展机遇，对约旦电力资产、老挝中小水电等项目进行初步可行性论证。积极融入中国三峡集团“共抓长江大保护”战略，开展“气化长江”“绿化长江”相关研究论证工作。密切跟踪省内页岩气项目进展，稳步推进探矿权出让投标准备工作。积极参与电力及油气市场化改革，投资设立湖北能源售电公司，参股湖北电力交易中心和重庆石油天然气交易中心。鄂州发电公司2#码头获得交通部岸线使用准许批复，是2017年湖北省发改委唯一审核通过的港口码头。

【信息化建设】 制定并发布《网络安全与信息化管理制度》等5个管理办法，完成视频监控集成平台建设，新建和改造视频室34个，进一步提升信息网络整体性能，实现综合计划与统计管理、合同综合管理、党建管理、招标采购管理等信息系统的上线运行。

【内部管理】 发挥预算管理在生产经营、年度利润预测与目标管理等的决策支持作用。强化预算成本控制，实现六项公用经费五连降；主动调整融资策略，积极争取借款优惠，融资成本逆势再创新低。

优化组织机构，完善人力资源管理制度，拓宽选人用人渠道，加大人才培养力度，强化考核结果运用，不断健全人才培养与激励机制，打造高素质专业化干部人才队伍。

参照中国三峡集团相关制度，结合湖北能

源实际，修订了工程建设、招标采购、合同管理等制度，进一步提高公司建设管理和招标采购工作的管理水平。

【企业文化建设】 按照中国三峡集团企业文化建设的统一部署和要求，进一步加强对接和融合，探索公司责任文化在集团企业文化下的再重塑，对企业文化理念体系、员工行为规范进行梳理和完善，进一步规范企业视觉识别系统，高质量建成企业文化展厅，增强传播力和美誉度，努力打造以“立责于心，履责于行”企业精神为核心的文化价值体系升级版。

（郭心玥）

中国水利电力对外有限公司

【公司概况】 中国水利电力对外有限公司（以下简称“中水电公司”或“公司”）为中国三峡集团的全资子公司，是中国水电行业最早参与国际经济合作的国有企业。1983 年 9 月 14 日注册成立中国水利电力对外公司，前身可追溯到半个多世纪前的水利电力部援外机构，2017 年 10 月 26 日完成公司制改制，更名为中国水利电力对外有限公司。

“三峡中水电”已成为国际工程承包和中小型能源电力投资领域的知名品牌，公司承建、开发的多个项目载入世界水利水电建设史册，其中有象征国家友谊的大坝，有被誉为所在国“三峡工程”的水电站，也有被视为国际合作标杆的一个又一个大型综合水利枢纽和基础设施工程。

公司水利水电主营业务优势突出，输变电、路桥、港口疏浚等基础设施建设经验丰富，足迹遍及亚、非、欧、美的 80 多个国家和地区，在 32 个国家和地区常设驻外机构。近 10 年来，公司成功建设了苏丹麦洛维大坝、几内亚凯乐塔水电站、老挝南立 1 - 2 水电站、老挝南椰 2 水电站、马其顿科佳水电站、哈萨克斯坦玛依纳水电站、苏丹上阿特巴拉水利枢纽、厄瓜多尔可尼尔和纳兰哈防洪工程、阿尔及利亚德拉迪斯水坝和玛乌阿纳水坝、摩洛哥拜 - 本高速公路、埃塞俄比亚瓦佳 - 马吉公路、加纳农村电气化工程等一系列水电和基础设施项目。正在建设中的几内亚苏阿皮蒂水电站、乌干达伊辛巴水电站、老挝南公 1 水电站等大型项目亮点纷呈，均属所在国优先发展的重点能源项目。

公司拥有国家水利水电工程施工总承包一级资质、对外工程承包经营权、进出口贸易权、AAA 级信用等级，已通过质量管理、环境管理、职业健康安全管理三标体系认证，在中国香港地区拥有所有工程类别的最高等级承建商牌照；连续 28 年荣登 ENR 全球最大 250 家国际工程承包公司榜单，连续 17 年荣登 ENR 全球最大 225 家国际工程设计公司榜单。

面向未来，中水电公司将秉持健康可持续发展理念，全力打造“投资—建设—运营—管理”一体化的国际清洁能源建设和投资公司，积极履行社会责任，致力于属地化经营，促进所在国经济发展，造福当地百姓，以质量一流、本质安全、技术先进、环境友好的优质项目推动全球清洁能源事业蓬勃发展。

【经营业绩】 全年新签国际工程合同额 9.75 亿美元；实现营业收入 60.31 亿元；利润总额 5.93 亿元，EVA 2.45 亿元。

【市场开发】 中水电公司国际工程承包业务在项目选择上进一步抓大放小，有选择地跟踪在当地具有重大战略意义、影响力深远的大型 EPC 项目。

几内亚凯乐塔水电站的建成和苏阿皮蒂水电站的开工建设，极大助推了西非地区的电网建设和各国之间的互联互通。世行、非行等国际金融机构出资的 OMVG 和 CLSG（西非共同体四国）电网建设的融资全部到位并相继开工，极大改善了区域电能消纳预期，形成区域良性互动局面。2017 年 5 月，公司成功签署几内亚林桑—弗米段 225kV 输变电工程项目 EPC 合同，此项目是几内亚境内连接 OMVG 和 CLSG 两大电网的骨干输电线路。

2017 年 8 月 10 日，公司与秘鲁环球水电有限公司签订秘鲁圣加旺水电站 EPC 总承包合同。此项目是中国三峡集团与葡萄牙电力公司共同成立的环球水电投资公司开发的绿地项目。项目开局顺利，已完成大部分现场临建并选定土建承包商。

2017 年 10 月 16 日，公司签约成为老挝南公 1 水电站项目的 EPC 总承包商，延续公司绿地项目成功经营模式——BOOT + EPC。

正在跟踪的安哥拉曾佐水电站项目 2017 年基本完成合同谈判工作，成功开启公司与行业龙头德国福伊特公司的第三方合作模式；玻利维亚洛西塔水电站项目已签署 EPC 框架合同，正在落实地质补勘和报价。

公司积极践行以承包带动投资并购的经营思路，努力开拓新的业务增长点。肯尼亚穆迪风电项目可行性研究报告已经完成，正在为大选后进行几大协议的对外谈判做准备工作；几内亚凯乐塔股权并购项目已签署股东协议，凯乐塔电站管理公司已完成注册；几内亚苏阿皮蒂参股投资项目已签署股东协议；厄瓜多尔保特 - 索普拉多拉水电站项目、智利阿蒂亚能源公司收购项目已通过集团相关审批，正在稳步推进。

【工程建设】 几内亚苏阿皮蒂水利枢纽项目临建设施全部完成并投入使用，厂坝一期围堰填筑完成，项目一期混凝土大坝基坑开挖完成。2018 年 1 月 10 日，项目提前实现二期截流。

塞内加尔 AMT 高速公路项目完成机场至捷斯 5km 路段的施工任务，提前实现 2017 年节点目标。此项目的顺利实施奠定了公司在后续西非公路互联互通项目的竞争优势。

喀麦隆隆潘卡尔水电站项目年中顺利通过临时验收，公司履约能力和施工质量获得喀麦隆政府高度赞扬，业主喀麦隆电力公司向项目部颁发荣誉证书，并以此项目环境保护和履行社会责任成果作为经典案例，在喀麦隆可持续基础建设研讨会上宣讲，“三峡中水电”品牌再添光彩。

乌干达伊辛巴水电站项目全力建设“尼罗河上的绿色水电站”，顺利实现二期上游围堰戗堤合龙，为下一步右岸土石坝施工及项目整体发电目标奠定了坚实基础。

苏丹上阿特巴拉水利枢纽工程项目 C1 - A、C1 - B 两标段土石坝已全线移交，混凝土坝段的移交工作正在积极推进。公司克服南北苏丹分裂、业主资金短缺等重重困难，最终实现了上阿项目的如期建成，成为中苏友好新的见证，展现了中国企业的诚信与担当。

厄瓜多尔可尼尔防洪工程项目可尼尔标段和纳兰哈标段均已获得最终竣工验收证书，项目正式移交业主运行。此项目成为公司海外 HSE 管理的新标杆，实现 42 天完成一座桥梁桥面铺装的惊人之举，创造“百天产值亿美元，全年产值过两亿”的施工奇迹，项目社会效益、经济效益双丰收。

厄瓜多尔圣埃伦娜水利工程项目是继可尼尔项目之后，公司在厄获得的又一个大型水利工程项目。项目融资工作已关闭，工程实施进入高峰阶段，全年完成近 7000 万美元的营业额，续写了公司在厄工程建设领域的辉煌。

哈萨克斯坦图尔古松水电站项目作为习近平总书记提出“丝绸之路经济带”倡议以来，中哈产能合作水电领域的第一个落地并持续推进的项目，2017 年正式开工，已进入施工高峰阶段。

公司在投资开发清洁能源项目的同时，积极参与当地电网建设，促进电网与电源建设同步发展。年内，与投资项目配套的老挝 500kV 输变电项目（川圹—纳塞通段）获批贷并达成放款条件；肯尼亚输变电项目前期筹备工作正在加紧进行，贷款协议已于 2017 年 5 月“一带一路”峰会期间签署，成为峰会的成果之一。

在建绿地投资项目老挝南公1水电站主体工程正式开工，施工、监理、设计等参建单位主要人员已进场，项目现场施工进展顺利。

【电站运营】 2017年，公司投入商业运营的老挝南立1－2水电站、老挝南椰2水电站和尼泊尔上马蒂水电站累计实现发电量9.54亿kW·h。

老挝南立1－2水电站作为公司第一个投资项目，经过7年多的运行实践，已形成具有中水电特色的投资电站运营管理模式，成为公司电站运营管理体系的奠基石。

老挝南椰2水电站发生厂房进水自然灾害事件后，得到中国三峡集团的关怀和技术支持，公司应急处置得当，日夜奋战，组织抢修，同时全力做好事故鉴定、保险索赔以及与老挝政府沟通协商等后续工作，认真总结经验教训，为提升投资项目运营管理提供借鉴。2017年12月20日，老挝南椰2水电站首台机组顺利通过72小时试运行，提前实现首台机组年内恢复发电目标。

【公司治理】 2017年7月，公司贯彻中国三峡集团工作部署，全面启动改制工作。10月26日，完成公司制改制的工商变更登记，由全民所有制企业改制为一人有限责任公司，开启公司治理现代化发展的新阶段。

加快境外分公司建设，实现管理前移，逐步推动属地化经营。老挝分公司、几内亚分公司筹建完成，主要负责人、内设机构、基本制度已确定并开始试运行；积极探索中水电（香港）有限公司作为公司投融资平台的管理机制和管理体系建设。

积极开展合规建设，全面提升公司规范经营水平。公司以全面规范经营为准绳，化风险为机遇，变压力为动力，结合诚信经营原则和党的廉洁从业规定，确保把合规工作落到实处，将合规理念宣传贯彻落实到公司境内外的每个工作点、每名员工，已形成具有中水电特色的规范经营管理体系。

持续优化完善制度体系。2017年，公司完成制度修编95个，进一步增强了制度的规范性、有效性、适应性，为公司经营管理和改革发展提供了制度保障。

健全法治体系。公司紧紧围绕“全面推进依法治国”战略、围绕建设“法治央企”目标，不断加强法治体系、法治能力、法治文化建设和法律风险管理。2017年，公司进一步落实制度合法性把关，加强法律工作队伍建设，推进法治体系建设向境外地区延伸，将法律风险防范工作深化到一线。

三标体系持续改进。公司顺利通过外部审核，获得新版质量、环境体系认证证书，同时按照新版体系要求，将各项控制程序转换为制度，促进三标体系管理水平不断提升；强化落实安全生产标准化，认真梳理安全生产管理薄弱的境外项目并予以重点关注。

科技创新体系良性发展。公司持续加大科技创新宣传力度，努力提高公司整体创新能力。2017年获得国家发明专利2项，国家实用新型专利2项。截至2017年底，公司累计申请实用新型专利37项、授权31项，申请发明22项、授权11项。

全面风险管理和内控体系不断完善。公司成立全面风险管理委员会，加强风险管理顶层设计，明确全面风险管理体系“三道防线”；规范公司风险识别、风险评估、风险监控预警、风险事件应急处置管理，编制公司《职业健康安全环境社会风险管理指引手册》，提高境外项目部风险管控能力。2017年编制完成覆盖公司所有层级的《分类风险事项库》。

【经营管理】 公司海外承包业务毛利率等经营指标，持续保持行业较高水平；“瘦身健体”工作目标完成，泰国分公司于2017年12月28日完成注销程序。

继续保持出口退（免）税一类企业资格。

出口退（免）税风险防范信息系统上线运行，极大地提高了公司出口退税工作的风险管理和信息化水平。

稳定充沛的融资现金流，为公司的业务开拓和改革发展提供有力支持。2017 年，公司完成融资提款逾 2 亿美元。老挝 500kV 输变电线路（川圹—纳塞通段）实现融资关闭，顺利完成融资和提款目标。年内公司取得人民币授信总额近 200 亿元，外币授信额度近 5 亿美元。

设备物资管理规范工作流程、创新服务模式，为项目顺利实施保驾护航。2017 年，公司完善招标采购制度，整合内部资源，实现招标采购工作规范化、标准化；采用海陆全程多式联运“门到门”模式为几内亚、尼泊尔、秘鲁项目提供设备物资发运服务，提高效率，降低成本。

信息化工作取得可喜进步。2017 年，公司在中国三峡集团信息化考核中继续保持 A 级，荣获集团“信息化工作先进单位”等多项荣誉；加强境外项目信息化建设，为中国香港、老挝、几内亚、苏丹、乌干达、塞内加尔、厄瓜多尔等地区的 13 个境外单位提供不间断信息化帮助和技术支持，确保境内外沟通交流无障碍。

【党建工作】 公司党委把学习宣传贯彻党的十九大精神作为当前和今后一个时期公司的首要政治任务，第一时间召开专题会议对公司学习宣传贯彻党的十九大精神进行动员部署，要求境外单位与国内同部署、同学习。针对境外单位项目相距较远、党员干部分散等实际情况，采取就近组织、网络联线、电话微信等方式组织传达学习，确保学习贯彻全覆盖、高标准。公司党委班子成员利用到境外检查工作之际，采取集中授课、深入工地宣讲、境内境外视频互动等形式，分别在几内亚、老挝、肯尼亚、塞内加尔等 11 个国家的驻外单位宣讲十九大精神，与干部职工畅谈交流、互动答疑，同时邀请驻在国大使宣讲十九大精神，推动党的十九大精神在境外地区贯彻落实。

境外党建工作成果丰硕。加强工作指导，认真落实党委成员联系点制度。公司每名党委委员都明确了 2 到 3 个境外单位联系点，公司领导到境外项目检查都要听取党建工作汇报、讲党课，检查督促党建工作落实。2017 年以来，公司党委成员共在境外单位讲课 12 次，听取境外党建工作汇报 16 次；开展党建工作专项检查。2017 年对境外 5 个重点地区党支部党建工作进行了检查，现场督促、指导，规范党建工作；加大境外党建培训力度。2017 年，62 名境外党支部书记和党务人员参加国内组织的境外党务干部培训，境外党务人员党建意识和能力水平整体提升；改进教育方式，因地制宜开展教育活动。加强境外党建教育阵地建设，在具备条件的境外单位建立党员活动室、学习室、阅览室，营造学习教育氛围；坚持“把海外业务骨干发展成党员，把党员培养成海外业务骨干”，发展党员重点向境外地区一线员工倾斜。

党风廉政建设和巡视整改工作成效显著。深入贯彻反腐倡廉工作部署。公司党委委员认真落实党风廉政建设责任制，按照联系点分工，定期检查指导分管单位党风廉政建设，听取专题汇报，约谈党组织负责人；持续开展反腐倡廉宣传教育。注重抓好党规党纪经常性教育，强化廉政自律意识。

【社会责任】 中水电公司切实履行社会责任，2017 年完成巴林左旗扶贫项目 4 个，境外社会责任项目 11 个，投入金额约 310 万元。

聚焦精准扶贫，坚持“立足当地实际、资金投向精准、扎实科学论证、扶贫成效最佳”的原则开展对口帮扶工作。2017 年，公司投入 100 万元建设四方城寄宿制学校；在内蒙古巴林左旗三峡中水电小学积极开展“筑梦行动”，公司员工资助 122 名贫困学生 15.3 万元；投入扶贫资金 100 万元，实施巴林左旗结核病防治所易址新建项目，确保结核病患者就医条件的改善，实现帮扶资金效益最大化。

公司切实融入当地，各境外单位积极帮助项目所在地区抢险救灾、免费维护道路、修缮学校设施，其中包括参与乌干达纳卡坎瓦小学校舍修缮工作，为塞内加尔青少年学科竞赛等项目捐款，为老挝帕贡学校修建室外篮球场和羽毛球场等。公司在海外积极履行社会责任，得到当地人民的拥护和好评，树立了中国国有企业的良好形象。

（谭学韬）

三峡机电工程技术有限公司

【公司概况】 三峡建设初期，机电工程建设由两个部门实施分段式管理，其中三峡工程永久机电设备的技术、设计、招标等工作由作为总公司机关职能部门的机电工程部归口管理，机电设备现场安装管理工作由三峡工程建设部机电安装项目部负责。2005 年，为满足中国三峡集团从单一项目开发到多项目并行建设的管理需求，由原机电工程部和三峡机电安装项目部合并组成新的机电工程部。机电工程部承担电站机电技术、设计、设备采购、现场安装调试的专业化、全覆盖、全生命周期管理任务。2011 年，机电工程部更名为机电工程局。

根据中国三峡集团业务板块整合、管控体系优化要求，中国三峡集团党组决策以机电工程局独立建制成立三峡机电工程技术有限公司（以下简称“机电公司”），以培育机电板块市场竞争力，成为机电技术专利、标准等知识产权的有效载体，保持中国三峡集团在水电行业建设与运行领域的引领地位。归口管理中国三峡集团范围内机电工程建设，对机电工程实行专业化、全覆盖管理。同时成立中国三峡集团机电技术中心，承担中国三峡集团机电技术管理职能，对中国三峡集团清洁能源项目进行机电技术把关审查和评价，与机电公司实行“一套机构，两块牌子”。

【主营业务】 机电公司主要经营水力发电工程、风力发电工程、新能源发电工程及其他机电工程总承包、设计及施工、技术研发、技术咨询、技术服务（凭资质证书经营）；货物及技术进出口；机电技术研发、技术服务、技术咨询；项目投资、投资咨询、资产管理业务。

为充分发挥专业技术资源优势，机电公司加挂“中国三峡集团机电技术中心”牌子，作为中国三峡集团机电技术创新平台。主要开展中国三峡集团内部业务，包括：承担中国三峡集团投资的国内外水电项目、抽水蓄能项目的机电工程建设管理工作，根据授权承担中国三峡集团范围内新能源项目机电工程建设管理工作，根据授权承担中国三峡集团已投产电站机电设备重大技术改造工作等。

公司成立至今，各项经营任务有序开展，整体呈良好发展态势。

【人才队伍】 机电公司下设二级部门 14 个（实际运行 11 个），在册员工 110 余人，具有本科及以上学历员工超过九成，硕士及以上学历及拥有副高级以上职称人数均超过五成，35 岁以下青年员工占比达 45%，公司员工专业知识背景覆盖电力系统及其自动化、流体机械及流体工程、电气工程、水利水电动力工程、高电压及绝缘技术、机械工程、材料工程、水工建筑等多个专业学科领域，是一支年轻化、高素质的队伍。

【党建工作】 机电公司把学习贯彻习近平新时代中国特色社会主义思想和党的十九大精神作为首要政治任务，持续深入学习习近平总书记视察三峡工程重要讲话精神，坚决维护习近平总书记党中央的核心、全党的核心地位，坚决维护党中央权威和集中统一领导，坚持用习近平新时代中国特色社会主义思想武装头脑、指导实践、推动工作，牢固树立“四个意识”，不断强化“四个自信”，在思想上、政治上、行动上同以习近平总书记为核心的党中央保持高度一致。以党建工作任务清单化、工作标准化为依据，认真开展“党建质量提升年”活动，创新主题党日活动形式，扎实开展党委巡察工作，加大党建信息系统管理力度，进一步夯实党建基础工作，促进基层党建“三基建设”质量、党风廉政建设质量不断提升。

（史润泽）

三峡基地发展有限公司

【公司概况】 2017 年，是三峡基地发展有限公司（以下简称“基地发展公司”）组建以来第一个完整运行年度。公司深入学习贯彻习近平新时代中国特色社会主义思想和党的十九大精神，紧紧围绕中国三峡集团发展战略，认真履行中国三峡集团赋予的职责使命，全面推进公司组建、改革、发展、党建等各项工作，认真完成中国三峡集团交办的各项任务，扎实做好综合后勤，辅助生产服务保障，有力推进文化旅游服务，积极参与中国三峡集团共抓长江大保护、加快培育水务环保等新业务，全面超额完成年度生产经营目标任务，实现良好开局。

【经营业绩】 基地发展公司 2017 年实现营业收入 12.5 亿元，实现利润 1.15 亿元，成本费用率 91.5%，全员劳动生产率 16.47 万元，均好于 2016 年同期。服务质量总体满意，安全生产总体受控。三峡大坝景区接待中外游客 245 万人，同比增长 21%，创历史最好水平。

【公司治理】 2017 年，基地发展公司股权设置完成，总股本为 15.8 亿元，股东为中国三峡集团、长江电力、建设管理公司，股比分别为 60%、30%、10%。经专业化整合实现区域化管理，公司业务板块更加清晰，组织架构更加合理，管理更加顺畅。基地发展公司下设 7 个职能部门、5 家子公司、3 家分公司、1 个代管的直属机构。公司本部及下属单位全部完成三定方案。按照三定方案，部分单位已完成人员上岗，公司人员规模得到有效控制，员工队伍整体稳定。公司在中国三峡集团党组的决策部署下顺利组建。

【内部管理】 基地发展公司编制管理制度框架体系和制度目录清单，制定并发布有关党的建设、公司治理、经营管理、质量安全等方面主要的管理制度 90 余项，基本实现靠制度管理、依规则办事、按流程执行、凭标准奖惩的管理机制。着力推进“三标一体”管理体系建设，积极探索建立安全风险分级管控机制，广泛排查并积极防范应对各类风险。推行全面预算管理，规范招标采购行为，加强计划、采购、合同等关键环节的管控，运用 OA、NC、eHR 及计划合同、招采等管理系统，实施统一外聘法律顾问，对公司合同、投融资、制度实施法律审核把关，不断强化管控体系。

【内部服务项目】 基地发展公司紧跟中国三峡集团发展步伐，积极参与中国三峡集团西藏基地、西藏 28 县供水项目、昆明基地、福建三峡海上风电产业园建设；正式接管西藏基地和中水电北京办公楼、长电成都公寓后勤保障业务；全面接管长龙山电站、三峡升船机后勤保障服务；为中水电几内亚项目提供物业管理咨询服务；以 EPC 方式建成并运行管理巴基斯坦第一座采用中国标准的水厂；推动三峡大坝景区基础设施提档升级，开展对客服务智能化建设；积极参与云南巧家旅游资源开发研究。

基地发展公司认真研究落实中国三峡集团服务需求，制定中国三峡集团后勤类房产“统一管理，有偿使用”方案，获中国三峡集团党组批准；与长江电力签订长周期的资产委托管理合同；积极推进中国三峡集团办公用品“统一标识，集中配送”服务，建立“三峡内部商城”办公用品电子集中采购平台，并在中国三峡集团全面推行；在金沙江区域开通通勤班车和租车业务，为中国三峡集团员工提供便利的市场化交通服务；在宜昌、成都、乌东德、白鹤滩和北京区域，实现中国三峡集团门禁、食堂支付“一卡通”功能。

【新业务培育】 基地发展公司积极培育发展水务环保业务，编制水务业务专项发展规划；加强与宜昌市政府合作，积极参与宜昌农业集团及下属水务集团组建研究，为整合大宜昌水务资产奠定基础；通过参与宜昌市点军区地下城市管廊 PPP 项目投标，熟悉了 PPP 项目运作流程，锻炼了队伍；加强和周边中央企业联系，积极谋求利用“三供一业”分离移交机会获取央企水务资产。

基地发展公司认真落实中国三峡集团共抓长江大保护工作部署，一是基本摸清宜昌城区及周边县市水务资产现状；二是研究提出与相关县（市）共建水务环保公司的合作模式，得到地方政府认同；三是参与神农架南河流域生态示范 PPP 项目投标，通过资格预审；四是与宜昌建投集团就整合宜昌城区及周边县市水务环保资源，做强做大三峡水务（宜昌）公司达成共识。

【重点工作】 基地发展公司完成并向中国三峡集团报送《企业专职消防队建设调研情况报告》和《企业专职消防队组建方案》；完成企业关联交易价格标准调整的测算工作；接管三峡培训中心，承接中国三峡集团党校服务，并完成中国三峡集团各类会议、培训接待等活动 94 批次 6200 余人次；如期完成三峡工程大酒店消防改造；按期完成大三峡国旅等 4 家单位公司制改制和平湖游船公司退出主导经营的瘦身健体计划；全面推进三峡工程博物馆展陈工作，完成博物馆总体功能规划、展陈大纲编制和展陈方案设计立项招标等关键节点工作；助力中国三峡集团精准扶贫，为云南 3 个少数民族贫困群体转移就业提供工作岗位 100 个，完成首批 73 人业务培训和就业安排。

【发展规划】 基地发展公司组织专班编制“十三五”中后期发展规划，明确了公司总体发展思路，即围绕“集团发展战略”一条主线，坚持“服务与发展”双轮驱动，强化“问题、需求、市场”三种导向，打造中国三峡集团“综合后勤服务、辅助生产保障、水电开发成果展示、水务环保产业发展”四大平台，落实“深化改革、队伍建设、基础管理、标准化体系和全面从严治党”五大保障措施。到“十三五”期末，实现综合后勤、辅助生产、文化旅游、水务环保等四大核心业务齐头并进，年营业收入突破 20 亿元，利润超 2 亿元目标。

【关爱员工】 基地发展公司积极稳妥处理部分员工养老保险等历史问题诉求；妥善处理三峡工程大酒店消防整改停业期间的员工分流安置；积极回应业务整合过程中的员工诉求；督促溪洛渡安保分包单位稳妥处理安保人员薪酬纠纷。按照中国三峡集团“限高扩中提低”原则，公司绩效分配向生产一线和低收入群体倾斜，公司年收入低于 4 万元的员工从 2016 年的 950 多人再次减少到 267 人。调整员工薪酬发放进度，提高月度发放比例，制定派遣员工转合同工的方案，增强员工幸福感和获得感。拿出机关福利费 30 万元补贴基层单位食堂，协调长江电力出资，改善公司各区域员工食堂就餐环境。为宜昌区域无房困难职工家庭提供廉价周转房，首批 7 户困难家庭入住。

【党建工作】 基地发展公司党委在公司迅速掀起学习宣传贯彻习近平新时代中国特色社会主义思想和党的十九大精神新高潮。认真贯彻落实全国国有企业党的建设工作会议精神，完成党建工作纳入章程、完善公司“三重一大”决策实施办法等 28 项对照改进工作。公司扎实推进“两学一做”学习教育常态化制度化。结合机构调整完成全公司党组织全覆盖，并推进基层党组织建设规范化、标准化。公司品牌宣传工作不断加强。公司团委如期组建，工会组建有序推进，“金秋助学”、职工慰问、志愿者服务、职工技术创新和群众文体活动积极开展，职工文化建设有效推进。

【党风廉政建设】 按照全面从严治党的要求，基地发展公司严格落实“两个责任”，认真履行“一岗双责”，将党风廉政建设责任层层传递，落实落地。公司党委、纪委落实“两为主、两报告”要求，强化全面监督与专责监督。对标中央八项规定及其细则精神，驰而不息反对“四风”，廉政教育成效初见。持续加强对党员干部遵规守纪、履职尽责的监督，促使党员干部转变作风。反腐败工作坚持无禁区、全覆盖、零容忍，坚持重遏制、强高压、长震慑，依规依纪查办违纪违规问题，妥善运用“四种形态”，一年来给予诫勉谈话、批评教育、提醒谈话、自我批评 83 人次，党纪政纪处分 3 人次，形成有效的纪律震慑，增强监督执纪的效果。

（黄 钒）

三峡资本控股有限责任公司

【公司概况】 三峡资本控股有限责任公司（以下简称“三峡资本”或“公司”）是中国三峡集团落实党中央关于深化国有企业改革精神，优化整合资本运营业务，以向清洁能源领域国有资本投资公司转变为战略目标而设立的资本投资公司。2017 年，公司积极落实“三个平台”战略定位，全力以赴抓好各项重点工作任务的落实，为中国三峡集团战略转型、业绩增长做出贡献。

【经营业绩】 2017 年面对复杂的宏观环境，公司提高政策研究与应对能力，适度放缓投资节奏，突出重点、精准发力，超额完成经营预算和绩效考核年度目标，投资收益和利润总额同比大幅度提升，保持稳中向好的发展态势。

2017 年，三峡资本共计完成股权投资 35.89 亿元。其中，上市股权投资 6.3 亿元，非上市股权投资 9.44 亿元，基金 LP 投资 20.15 亿元。

2017 年，三峡资本实现投资收益 19.71 亿元，实现利润总额 15.14 亿元。

截至 2017 年末，三峡资本资产总额 404.49 亿元，所有者权益 279.71 亿元，资产负债率 30.85%。

【引战改制】 2017 年，公司按照深化国企改革方向和现代企业制度要求，引入战略投资者，募集资金 81 亿元，修订《公司章程》《贯彻落实“三重一大”决策制度实施办法》等制度，建立以股东会、董事会、监事会为主体的治理结构，形成决策科学、执行有力、监督有效的公司运行机制；公司以市场化为导向，以增强企业活力和竞争力为目标，扎实推进三项制度改革，基本实现“员工能进能出、岗位能上能下、收入能增能减”，在公司上下营造了良好的干事创业氛围。

【投资业务】 2017 年，公司积极应对内外部环境变化，主动调整经营方针，紧紧围绕平台定位，把握局势、主动作为，为实现“十三五”规划目标奠定更加坚实的基础。

审慎有序开展金融股权投资，大比例参股北京某银行，积极参与长江证券可转债公开发行，深化存量金融股权投资，挖掘投资价值。

服务集团战略，进一步深化与中国三峡集团业务协同，围绕中国三峡集团业务拓展，寻找合作机会；落实十九大精神，积极参与共抓长江大保护，服务集团生态环保业务；发起设立两只总规模为 120 亿元的围绕集团主业布局的基金，布局与清洁能源主业协同的 PE、Pre-IPO 等非上市股权项目。

着力打造新业务培育的投研团队，主要围绕能源领域新技术、新材料、新商业模式及其他战略性新兴产业寻找投资标的，在氢燃料电池、电解水制氢、储能、新能源大数据及运维服务、节能及效能提高技术等方面储备了一批项目。

积极推动基金开展实质性运作，公司成立以来发起设立新业务培育类、财务性投资类、地方政府合作类基金 9 只，基金总规模 300 亿元，基金平台搭建工作基本完成。

【党建工作】 公司党委认真贯彻落实党的十九大精神和全国国有企业党的建设工作会议精神，以习近平新时代中国特色社会主义思想为指导，坚持党要管党、从严治党，把方向、管大局、保落实，充分发挥领导作用，将党建工作要求纳入公司章程，修订了《贯彻落实“三重一大”决策制度的实施办法》《公司党委议事规则》，落实党组织研究讨论是董事会、经理层决策重大问题前置程序的要求，围绕公司经营管理开展工作，依照规定讨论和决定公司重大事项，为公司改革发展提供政治引领和方向保证。

（路　强）

三峡财务有限责任公司

【公司概况】 2017 年，三峡财务有限责任公司（以下简称“公司”）各项业务运行规范稳健，规模效益再创新高，公司注册资本金增至 50 亿元，管理的各类金融资产 1800 亿元，全年实现利润总额 15.20 亿元，全面超额完成年度经营业绩考核指标，以多方位、深层次的金融服务为中国三峡集团的改革发展提供强大的金融支撑。

【信贷业务】 2017 年，公司累计发放自营贷款 290 亿元，信贷资产日均规模 223 亿元。重点关注白鹤滩、乌东德等在建大水电项目资金计划，优先确保融资需求和提款进度；担任牵头行和代理行，为长龙山抽水蓄能项目组织 85 亿元银团贷款，并争取到基准利率下浮 5% 的优惠贷款利率；紧紧围绕中国三峡集团打造“风光三峡”和“海上风电引领者”战略目标，重点做好江苏大丰、广东阳江、福建兴化湾等海上风电项目的内源融资以及银团融资等金融服务。

【资金业务】 2017 年，公司抢抓利率阶段性高点契机，适当延长配置期限，加大 1 至 3 个月期限资金配置，实现中国三峡集团整体资金效益最大化。同时，采用双向询价方式，灵活调拨资金头寸，运用市场化公开“询价”和“竞价”机制，提升同业存款收益。全年短期资金日均规模 170 亿元，短期资金利息收入超过 6 亿元，同比增长 42%。

【投资业务】 2017 年，公司固定收益类投资以资金池类项目为主，权益类投资以调查研究、投资分析和防范风险为主，密切跟踪证券市场走势及消息披露，适时提出投资建议。2017 年，公司自营投资收益 1.9 亿元，完成预算的 103.3%。

【受托理财】 2017 年，公司发挥专业优势，精细管理中国三峡集团受托资产，取得高于银行理财的平均收益水平。受托理财日均投资规模 160 亿元，实现收益 7.60 亿元，收益率 4.77%，实现中国三峡集团受托资产的安全、保值和增值。

【票据业务】 提前高效完成上海票交所一期纸票电子化及二期央行 ECDS 电票切换入网工作，为公司未来电票业务的进一步发展和推广奠定了公开市场基础。2017 年，中国三峡集团成员单位申请加入公司电子商业汇票系统增至 75 家，较 2016 年增长 34%；全年办理商业汇票交易量较 2016 年增长 106%。电子票据结算正在成为集团成员单位资金结算模式的新选择。

【资金集中】 2017 年，中国三峡集团及成员单位日均存款余额近 380 亿元，可归集口径资金集中度近 98%；全年办理人民币资金结算笔数同比增长 7.46%，支付结算电子化率高达 99.68%。资金结算业务安全、稳定、高效，保持了 20 年“零延误，零差错”的优良业绩。

【保险经纪业务】 2017 年，保险经纪公司各项工作稳步推进，顺利完成增资扩股目标，注册资本金由 5000 万元增至 1 亿元，综合实力进一步增强，保险集中管理和风险管控能力进一步提升。全年为中国三峡集团 46 个项目提供保险集中安排和保险咨询服务，以市场费率测算为中国三峡集团节省保费约 5000 万元。

【整合湖北能源财务公司】 截至 2017 年末，湖北能源集团股份有限公司入股三峡财务有限责任公司已获北京银监局批复，增资资金已到位；湖北能源财务公司各项业务、人员已经全部转移至公司，其解散工作已获湖北银监局受理，仅待银监会正式批复。整合工作已实质完成，为中国三峡集团深化改革、瘦身健体、提质增效做出了贡献。

【风险管理和内部控制】 以良好的公司治理结构为基础，开展全面风险评估，落实重大风险管控措施，完成公司内控手册修编和 7 项风险管理制度修编：按照监管要求新制订《合规管理制度》《公司董事、监事和高级管理人员内部问责制度（试行）》2 项制度；按照公司业务模式变化情况，及时修订《全面风险管理规则》《风险控制委员会议事规则》《业务风险审查与监控管理办法》《客户信用评级管理办法》《客户授信管理办法》5 项制度。进一步完善以风险为导向、以制度为基础、以流程为核心的具有“三道防线”的内部风险防控体系。

【人力资源管理】 2017 年，公司科学建立内部任职资格体系，提高组织效率，减少运行成本，优化薪酬结构，已初步完成“三定方案”的技术设计和实施路径。积极提升员工综合素质，全年全员参加培训 500 人次，同比增长 55.8%；全员培训共计 4394 学时，人均 37 学时，同比提高 42.3%。组织公司内训 17 班次，外派培训 76 人次，重点项目培训落实率 90% 以上，员工综合素质进一步提升。

【信息化建设】 电子服务系统功能继续拓展完善，新增反洗钱业务模块，实现由人工监测到系统实时监测并流程化管理的提升；完成保险经纪业务管理系统 54 个功能节点的开发，实现保险业务全流程数据的采集、分析和共享；积极探索业财融合的信息化工作，利用互联网、大数据等 IT 技术，加大系统集成融合力度，积极打造集统一管控平台、辅助决策平台、资金支付平台为一体的资金债务系统“2.0 版”，努力实现本、外币结算一体化和资金、票据结算一体化。加快推进决策信息化研究，贯彻“数据即资产”的理念，使财务公司的信息化能够完成从业务、监管信息化向决策信息化的转型。

【企业文化建设】 高度重视职代会的提案办理工作，2017 年工会共收到提案 14 件，合并予以立案 7 件，其中督办落实 5 件，持续督办 2 件。积极参与中国三峡集团和行业协会组织的文体活动，不断增强员工的团队凝聚力和向心力。团委制作迎新手册、组织座谈交流，帮助新员工解决实际困难、尽快适应新环境，合力营造温暖和谐的工作氛围。

【党建工作】 党委统筹、班子带头，深入基层、集中学习，实现十九大精神学习培训和宣传贯彻的整体推进、全面覆盖。修订公司章程，将党建工作要求纳入章程，实现加强党的领导与完善公司治理结构有机融合。构建“系统教育+专题研讨”的学习模式、“媒体宣传+特色活动”的教育模式、“逐级分解+层层落实”的防控模式，查找岗位廉洁风险点，扎实开展廉洁从业申报和廉洁从业承诺活动，努力构筑齐抓共管的良好局面。

（刘　源）

上海勘测设计研究院有限公司

【公司概况】 上海勘测设计研究院有限公司（以下简称“三峡上海院”）成立于1954年，隶属于中国三峡集团。从规划设计新中国第一座大型水电站——新安江水电站起步，三峡上海院现已成为以水利、水电、新能源、环境工程为主业，具备工程全过程服务能力的大型甲级综合设计院，在行业内创造了一个个第一，为中国水利水电建设做出了不可磨灭的贡献。

【公司业务】 三峡上海院业务范围遍及国内大部分省区，承担40余座大中型水电站的规划勘测设计；承担长江口、黄浦江、太湖等流域性的综合整治规划，以及多省市的水源地、水利枢纽工程；承担了25个省、自治区、直辖市的风电场、光伏项目规划勘测设计；承担大量水源地保护、水生态修复、水环境治理的规划设计与工程建设。三峡上海院积极开拓国际市场，紧跟中国三峡集团践行“一带一路”倡议、积极围绕“走出去”的发展战略，在多个国家、地区设有分公司或办事处，承担了东南亚、南亚、中亚、西亚和南美、非洲等20多个国家的水电、水利、新能源、输变电等领域的咨询、设计、工程监理与总承包等业务，为客户提供国际一流的全过程工程技术服务。三峡上海院拥有院士专家工作站、博士后工作站、上海海上风能资源开发利用工程技术研究中心、工程造价中心等科研机构，创建了上海海上风电设计创新联盟，引进了造价、岩土、地质等多领域的行业内高级专家，协同开展技术创新与研发。

【科技创新】 三峡上海院主持参与国家自然科学基金等省部级以上科研项目30余项，荣获省部级及以上科技进步奖近70项、优秀工程奖300余项，拥有有效专利200余件，主持参与编制规程规范40余项，获得“上海市高新技术企业”“上海市创新型企业”“上海市专利示范企业”等称号。

【社会责任】 以十九大报告提出的“坚持人与自然和谐共生”为指导，三峡上海院切实履行社会责任，致力于“共抓长江大保护”、海上风电集中连片开发等领域的研发与实践，在工程设计中充分考虑低碳环保、节能节地节材、水资源保护等要素，为社会提供优质安全的产品和服务，促进经济发展方式转变；积极参加抢险救援、扶贫助教、慈善捐助、结对帮扶等社会公益活动，为经济社会发展做出了积极贡献。多年来，三峡上海院荣获“全国创建文明行业工作先进单位”“全国优秀勘察设计院”“全国优秀水利企业”“AAA+级信用等级企业”等诸多荣誉，连续十次被评为“上海市文明单位”。

（杨欣荣）

长江三峡集团福建能源投资有限公司

【公司概况】 2017年，长江三峡集团福建能源投资有限公司（以下简称“福建能投公司”或“公司”）坚持以习近平新时代中国特色社会主义思想为指导，在中国三峡集团党组的坚强领导下，在各部门、各单位的大力支持下，在福建省各级政府部门的全力配合下，紧紧围绕海上风电引领者战略目标，聚焦资源获取、项目建设、并网运行、质量安全、规范管理、党的建设等关键环节，公司管理体制完成重大调整、项目开发获得有效突破、工程建设取得积极进展、国际产业园已具备雏形、管控体系实现全面覆盖、党的建设得到全面加强，公司上下同心、团结协作、克难奋进，全面完成各项目标任务，取得连续 2 年绩效考核结果为“A”的佳绩，开创海上风电的新局面、新格局、新方向，为实现海上风电重大装备国产化、大型化、高端化、福建造、“走出去”奠定了坚实的基础。福建区域海上风电集中连片规模开发态势初步形成，海上风电全产业链发展初具雏形。

【资源获取】 按期核准兴化湾一、二期项目，莆田 F 区（参股）项目；全面启动漳浦、长乐两个百万千瓦级项目，完成海洋水文要素观测等前期工作，创造性地开展预可行性研究、可行性研究和勘察设计一揽子招标工作。在资源储备方面，基本实现在福建由南到北沿海地市的全线布局，在福建海上风电开发中占据主导地位，在八闽大地竖起中国三峡集团的大旗。

【海上风场建设】 启动国内首个百万千瓦级海上风电场建设。发扬“钉钉子”精神，加强与海洋、渔业、林业、海事等部门沟通协调，克服重重困难，推进深海测风测流工作。长乐外海区、漳浦六鳌区、平潭外海、连江外海等 10 个项目获得立塔测风许可。历时 10 个月完成 2 台海上漂浮式雷达测风装置采购，为抢占先机、率先在福建开发百万千瓦海上风电场奠定了坚实基础。

建设全球首个国际化大功率海上风电试验场。作为全球首个国际化大功率试验风场，完成 4 种机型 6 台大容量风机安装，4 台风机并网发电，实现当年核准、当年建设、当年并网目标，在国内外海上风电建设史上尚无先例。项目最有挑战性的基础嵌岩施工基本完成。完成 35kV 海缆敷设、110kV 临时升压站及送出线路建设并投运。

【产业园建设】 打造国内首个海上风电国际产业园。作为中国首个国际海上风电产业园，在招商中与金风科技、江苏中车签订入园协议，并完成入园公司工商注册；与 GE、LM 公司签订入园意向协议。在规划设计招标中，完成总平面规划图设计，取得建设工程规划许可证并正式备案；完成五个主体标段（办公生活区、金风科技工厂、江苏中车工厂、配套厂及综合站房、生产区建安工程）的招评标。建设方面，全面完成地基处理，全面开工产业园大厦、金风科技工厂、江苏中车工厂、结构件厂，全面实现节点进度目标。

【产业链发展】 海上风电全产业链初步形成。样机风场建设带动了海上风电产业链的发展。西门子和 GE 风机（均 6MW）为亚洲首台，太重、海装、东气 5MW 风机均为自主研发，首次商业化运营；徐工集团生产的旋挖钻机首次使用于海上嵌岩钻孔施工；中铁大桥局自主研发的旋转钻机实现效率最高、可靠性最好的嵌岩施工效果，成功从桥梁施工的世界冠军跨入海上风电施工领域；公司参股福船一帆公司生产的钢管桩、过渡段和塔筒陆续用于样机试验风场，保障项目的顺利进行。在“纳沙”和“海棠”双台风 24 小时内相继登陆期间，首台风机、“福船三峡号”和防台组织体系均经受住考验。

【属地合作】 与福能集团合资成立的海峡发电公司和三川公司，创造了福建海上风电项目建设的新速度；与福船集团、中铁大桥局共同打造的“福船三峡号”，在兴化湾样机风场中成功“首秀”；与福船集团、一帆新能源公司合作成立的福船一帆公司完成增资扩股，技改扩建项目加速推进；与上海院福建分院、福建水电院、福建永福等设计单位合作，推进福建海上风电规划设计水平快速提升；与福州国投合作，有力推进了国际一流的海上风电产业园建设；即将完成与福建交通集团合作，建设海上风电专用码头。

【安全生产】 建立健全生产体系，保证安全生产。面对海域施工环境复杂、窗口期短、安全压力大等挑战，坚持“质量第一，安全至上”理念，加强施工技术管理，充分发挥设计、监理单位作用，实现质量、安全、进度三统一；严守安全红线，落实中国三峡集团、福建省关于防汛、防台等要求，各单位完成防台防汛应急预案编制。推进24小时防汛值班制度，加强对样机试验风场、测风塔施工现场等的安全检查，强化隐患治理，落实限期整改，保持全年安全平稳态势，实现安全零事故。

【内部管理】 制定涉及公司治理、党建、工程、招投标、财务等82项管理制度，基本实现了业务领域和管理环节全覆盖；完善投资、财务、采购、合同、费用、产权等流程管理，调整职责，强化内控，确保了管理规范有序；加强综合计划管理，保证重要节点目标和考核指标落实完成，强化预算刚性约束，成本费用均控制在预算范围内；加强招标采购管理，严格制度执行，确保规范高效；开展海峡发电公司法定代表人离任审计，充分发挥审计监督职能；建立选人用人、薪酬福利、专项奖励等人才成长激励机制，完成公司党委管理干部调整36人次，人才保障作用不断加强，为海上风电事业发展厚植人才优势；以深化应用为基础，加强信息系统建设，完成5套视频会议系统、综合信息门户、TGPMS系统等建设，信息化建设管理体系基本搭建完成；严格履行保密工作责任制；坚持依法治企，加强法律风险防控。

【党建工作】 修订完成党建进公司章程，制定《党委议事规则》《“三重一大”决策实施办法》等制度，将加强党的建设与完善公司治理结构有机融合。加强党组织建设，完成公司5个党支部组建工作。深入开展党的十九大精神学习宣贯，继续推进“两学一做”学习教育常态化制度化，开展党委委员讲党课。建立党建工作例会制度，启动福建区域“大党建”工作，抓好“三会一课”落实，党建工作水平不断提高。充分发挥群团组织桥梁纽带作用，开展岗位建功立业活动，涌现一批先进典型。有3人分别获得中国三峡集团“最美三峡人”“青年骨干”“杰出员工”等荣誉；2个班组获得福建省“工人先锋号”，2人获得“金牌工人”。

【党风廉政建设】 签订党风廉政建设责任书，落实“两个责任”，建立党委委员、纪委委员联系点制度。从工程建设和财务管理入手开展廉洁风险排查，制定防控风险措施。深入落实中央八项规定精神，严控“六公”经费支出，强化监督执纪问责，准确运用“四种形态”，对人员招聘、招标采购、干部选任等关键环节全过程监督，全面从严治党不断向纵深发展。

（张　蓉）

三峡资产管理有限公司

【公司概况】 三峡资产管理有限公司（以下简称“三峡资产”）组建于2015年10月14日，是中国三峡集团所属全资二级企业，注册资本为12亿元人民币。2017年10月，三峡资产完成公司制改制，由全民所有制企业转变为有限责任公司。

三峡资产的经营宗旨是服务国家和中国三峡集团战略，建立健全产权清晰、权责明确、管理科学的现代企业制度；健全各司其职、各负其责、协调运转、有效制衡的法人治理结构。以资产管理为主，发展产权经纪服务和投资业务，依法经营，努力成为具有市场竞争力的现代企业，实现国有资产保值增值。

三峡资产业务涉及土地房产经营管理、产权经纪、保险经纪、财务顾问、电子商务、国际贸易、中小水电、水资源、绿色农业生产等。业务范围覆盖北京、上海、天津、重庆等直辖市，以及黑龙江、四川、海南、湖北宜昌、江苏南京、广东珠海等省地。

【经营业绩】 2017 年，三峡资产实现营业收入 22636.01 万元，实现利润总额 6113.33 万元。国有资产保值增值率 105.78%。在 2017 年中国三峡集团年度绩效考核中获得 101.53 分，连续两年获得满分。

【能力建设】 三峡资产秉承不忘初心、砥砺前行的工作作风，自成立以来，全面贯彻落实中国三峡集团关于三峡资产改革发展的各项决策部署，以服务中国三峡集团改革发展为己任，充分适应市场，苦练内功，不断提升核心竞争力，已形成六大专业能力，即土地房产经营能力、资产处置能力、盘活资产能力、产权经纪服务能力、企业重组整合能力、电子商务能力。几年来，三峡资产历练专业能力结出累累硕果，通过资源整合、优化配置，土地房产经营收入实现连年递增；通过处置股权和闲置资产等多项资产处置工作，盘活经营房产约 1 万多平米，盘活资金 7.7 亿元；通过不断提升产权经纪业务，已拥有北京、上海、天津、重庆国有四大产权交易机构会员资格，并数次获得最佳组织奖和优质服务奖等荣誉，三年累计实现交易规模 203 亿元；通过延展上海自贸区资源优势，努力做大电商业务规模，为中国三峡集团国际化发展提供服务。

三峡资产总部机构健全、职能清晰、人员精干、管理高效，已经具备承担中国三峡集团更加艰巨任务的能力。

【主要工作】 1. 瘦身健体，提质增效。全面完成公司制改制。2017 年 6 月，中国三峡集团部署公司制改制工作，三峡资产克服时间紧、困难多、任务重等难题，全力推进公司制改制工作。三峡资产共有 7 户全民所有制企业纳入改制范围，涉及在岗职工 189 人，涉及离退休人员 636 人，涵盖公司全部企业户数、资产总量和员工人数的 2/3 以上，是中国三峡集团范围内改制任务最重、牵涉单位最多的企业。在广大干部职工的理解和支持下，10 月 27 日，三峡资产及所属 4 户子企业全面完成公司制改制；同时，将汇能置业、南美公司 2 户压减企业工作与公司制改制任务同步推进。11 月初，完成 2 户法人企业压减工作，实现公司制改制攻坚任务整体收官，为中国三峡集团深化改革做出突出贡献。

组建北京地区业务管理平台。三峡资产认真落实中国三峡集团瘦身健体、提质增效的决策部署，优化整合北京地区资产、人员和业务，积极推进无效资产向有效资产转化、低效资产向高效资产转化。将原中水中心、印刷厂、东郊大厦项目部、东港鑫座项目部进行重组，成为土地房产集约化、专业化管理团队。通过公司制改制，将北京地区业务管理平台整合为北京置能科技发展有限公司，实现当年扭亏，体现三峡资产企业重组整合的能力。

2. 各项经营工作取得丰硕成果。资产处置取得新进展。2017 年，公司努力盘活存量资产，持续推进无效、低效资产的处置工作，作为资产处置专业平台发挥着越来越重要的作用。顺利完成阿荣旗电站闲置资产挂牌转让、中国三峡集团武汉办事处挂牌转让、中水广场预挂牌等工作。理顺珠海三灶房地产项目产权关系。华都肉鸡联营问题取得进展，明确在小汤山土地的权益和 440 万债权；制定形成营盘山土地开发利用方案；完成荆州宾馆股权变更相关清算审计工作；“两金”资产回收已见成效，全年清收 287 万元，确认债权 2800 多万元。

房产土地经营业绩稳中有升。2017 年，通过加强市场公开招租，进行土地房产资源整合，挖掘资源潜力，土地房产经营业绩实现增长，年度经营收入8933万元，较2016年增长28%。

投资业务取得新成绩。三峡资产将持有资金进行多元化投资，通过委托三峡财务公司理财、投资长江电力股票、从事国债逆回购交易等多渠道方式，取得稳定收益。

产权经纪服务能力不断加强。产权经纪业务业绩取得新突破，服务中国三峡集团改革发展的能力不断加强。2017年，三峡资产全年代理中国三峡集团内外产权经纪业务88宗，累计交易金额168亿元。深度参与中国三峡集团所属企业增资引战项目，成功进行三峡资本、三峡新能源引战，完成重庆长电联合能源公司混改等项目。已为三峡新能源及三峡资本节省交易服务费近700万元。在服务中国三峡集团改革发展的同时，积极拓展外部市场，成功代理延安电业增资、厦门航空受让房地产开发股权、福建福能公司受让配电售电公司股权等项目10余宗，交易金额80多亿元。

【内部管理】 三峡资产不断提高风险管控能力，针对2017年度识别的四个重大风险，明确风险责任主体和风险预警指标的界定及应对措施，狠抓防控措施落实，成立内部控制评价工作组，对内部控制和全面风险管理工作进行有效监督评价；进一步加强制度建设，制定发布新编制度23项，修订制度8项，已累计发布实施各类管理制度90项，内容涵盖企业管理各个环节；同时，选聘三峡资产常年法律顾问，从法律层面进一步增强防控能力。初步形成了以制度约束权力、以制度规范程序、以制度管人管事的防控体系。

高度重视网络信息安全工作，认真落实中国三峡集团关于网络安全的各项部署，制定发布《三峡资产信息安全管理办法》；实行网络专人管理、计算机安全管理、网站安全管理、信息安全管理等多项措施；完成网络基础设施升级改造，增强网络安全技术防范；积极开展网络安全自查，定期开展非涉密计算机安全检查，全年保证网络运行安全。

确保安全及维稳工作可控在控。积极开展安全生产、国家安全、保密和网络安全宣传教育，健全了安全管理制度体系，强化安全责任落实，有效防控各类不稳定因素。积极响应北京市总体部署，开展地下空间清理整治。加强在岗职工的思想政治工作，关心离退休职工、困难职工和特殊群体，认真研究解决集中反映的迫切问题。几年来，在全体干部职工的共同努力下，未发生安全生产责任事故和维稳事件。

【党建工作】 三峡资产党委深入学习贯彻习近平新时代中国特色社会主义思想和党的十九大精神，及时召开会议进行动员部署。公司党委多次组织中心组集中学习，深入学习十九大报告、《党章》和《习近平谈治国理政》，并围绕主题开展学习研讨；积极参加中国三峡集团组织的学习贯彻十九大精神轮训班；组织广大党员参加十九大精神网络教育；党委书记、党委委员深入基层讲党课，宣讲十九大精神，分享学习体会；通过公众号、网站等线上媒体平台及海报等平面媒体平台，开展多种形式的宣传活动。

三峡资产党委始终坚持和加强党的全面领导。全面完成党建工作进《章程》工作。重新修订了“三重一大”决策制度、党委议事规则，党委班子成员认真履行“一岗双责”。坚持将全面从严治党引向基层，深入推进“两学一做”学习教育，引领广大党员坚定理想信念，增强“四个意识”和“四个自信”。按照“四同步，四对接”要求，切实加强党的基层组织建设，常态化开展“三会一课”和主题党日活动。实行党建工作季度例会，及时听取、发现和解决基层党建工作存在的难点和问题。落实党建工作责任制，将党建工作纳入考核目标，组织开展基层党组织党建工作现场考评工作，基本形成责任清晰、落实有效的党建工作格局。

【党风廉政建设】 三峡资产党委坚持把党风廉政建设和反腐败工作与企业建设和业务工作同布置、同落实、同检查、同考核。组织召开三峡资产反腐倡廉建设工作会议，与本部各部门和所属单位签订《党风廉政建设责任书》，将党风廉政建设和反腐败工作任务细化分解为44项具体任务，逐项落实责任单位，层层压实工作责任；党风廉政建设工作嵌入年度绩效考核，以责任考核有效促进责任落实；及时传达党中央及国资委、中国三峡集团有关会议精神，认真贯彻落实上级党组、纪检组工作部署，召开党风廉政建设和反腐败工作专题会议，研究党风廉政建设议题22条；纪委严格履行监督职责，召开纪委会，研究重大问题16项，扎实做好企业党风廉政建设顶层设计。坚持实行党风廉政建设“一票否决”制。

2017年公用经费使用较2016年大幅度减少，没有违反中央八项规定和发生“四风”问题，巡视和内部巡察指出的问题均已得到了整改。

（焦子玲）

三峡金沙江云川水电开发有限公司

【公司概况】 三峡金沙江云川水电开发有限公司（以下简称“云川公司”或“公司”）是由中国长江三峡集团有限公司（以下简称“中国三峡集团”）、四川省能源投资集团有限责任公司、云南省能源投资集团有限公司等三家企业，根据国家发改委核准文件及《关于联合组建金沙江下游水电开发公司的框架协议》，共同发起设立的有限公司，于2013年1月29日在云南省昆明市注册成立，三方股权比例分别为70%、15%、15%，由中国三峡集团控股。

公司负责金沙江乌东德、白鹤滩水电站的开发建设和运营管理。按照股东意见及安排，为充分发挥中国三峡集团在水电工程建设与电力生产运营方面的优势，公司将乌东德、白鹤滩水电站的项目前期工作、建设征地和移民安置管理、工程建设和枢纽管理、流域综合服务等业务按照“全过程，全覆盖”原则委托中国三峡集团所属中国三峡建设管理有限公司进行项目管理。待乌东德、白鹤滩水电站机组投产发电时，公司还将委托中国三峡集团所属中国长江电力股份有限公司进行电力生产运营管理。乌东德水电站设计装机容量1020万kW，年设计发电量389.30亿kW·h，工程已于2015年12月通过国家核准并全面进入主体工程施工阶段；白鹤滩水电站设计装机容量1600万kW，年设计发电量624.43亿kW·h，工程已于2017年7月底通过国家核准并全面进入主体工程施工阶段。

【机构设置】 公司设立股东会、董事会和监事会，公司本部设立综合管理部（董事会办公室）、经营管理部、资产财务部和质量安全部4个职能部门，下设禄劝乌东德电厂和宁南白鹤滩电厂两家分公司。公司设立党支部，总经理兼任党支部书记。

【职工队伍】 截至2017年12月31日，公司本部在职员工36人，其中主岗员工26人，辅岗员工10人。具有高级职称9人，中级职称11人，本科文化以上26人，约占职工人数的74.29%。

【资产状况】 2017年末，公司资产总额820.22亿元，负债总额620.22亿元，所有者权益总额200亿元。2017年4月，各股东追加云川公司资本金45亿元，云川公司注册资本和实收资本增加到200亿元。

【工程建设】 乌东德水电站各项工作进展顺利。枢纽工程建设方面，大坝、地下厂房、泄洪洞等工程进展顺利有序，工程质量、进度、投资管理整体受控；移民工作方面，枢纽区土地已通过国土资源部审批，移民安置点和关键迁复建项目全面启动建设。全年累计完成土石方开挖 259 万 m^3，混凝土浇筑 164 万 m^3，钢筋制作与安装 5.7 万 t。大坝于 2017 年 3 月 16 日启动坝基混凝土浇筑，实现向大规模混凝土浇筑转序，最高浇筑至高程 781m，最低至高程 808m（坝顶高程 988m）。

白鹤滩水电站于 2017 年 7 月 31 日正式通过国家核准，主体工程全面开工建设，各项工作进展顺利。枢纽工程建设方面，大坝、地下厂房、泄洪洞进展顺利有序，工程质量、进度、投资管理整体受控，首次实现“双零”目标。移民工作方面，四川部分、云南部分移民安置协议分别于 9 月 25 日、11 月 9 日完成签订。全年累计完成土石方开挖 431 万 m^3，混凝土浇筑 213 万 m^3，钢筋制作与安装 7.5 万 t。大坝于 4 月 10 日启动混凝土浇筑，实现向大规模混凝土浇筑转序，最高浇筑至高程 598m，最低至高程 583m（坝顶高程 834m）。

【安全管理】 公司认真贯彻落实上级安全生产工作部署，严格履行安全生产主体责任，完善安全管理体系。公司于 2017 年 8 月组建云川公司，乌东德、白鹤滩水电站项目安全生产委员会，形成两电站施工承包单位、建设管理公司工程建设部、云川公司的三级安全生产委员会格局，分别承担安全生产实施主体职责、日常监督管理职责与监督职责。按照“谁主管，谁负责”“管生产必须管安全”的原则，落实安全生产责任层层传递、压紧压实的要求，开展安全目标责任传递与压实的研究，初步拟订公司安全生产目标责任书。

【质量管理】 公司以创建“精品工程、创新工程、绿色工程、民生工程、廉洁工程”的“五大工程”为目标，持续推进完善质量管理业务工作。完善信息沟通联络工作机制，保证沟通渠道畅通，信息传达准确。乌东德、白鹤滩水电站工程现场质量管理严格按照国家和行业规程规范、中国三峡集团管理制度、经批准的设计文件和相关合同文件规定的质量标准执行，在工程建设中，合理优化工程施工设计、创新施工方法、严把工程质量关。通过开展质量专题研讨会议、质量专项督查、“回头看”和质量宣传教育等系列工作，使各级管理人员的质量管理责任意识得到显著增强，进一步提高现场质量管理成效，两电站全年质量工作整体受控。

【财务工作】 公司在工程建设委托管理模式下，以全面预算管理和资金全过程控制为抓手，在服务和支持工程建设过程中，牢牢把控财务风险。2017 年制定《三峡金沙江云川水电开发有限公司财务管理制度》和《三峡金沙江云川水电开发有限公司工程价款和本部费用结算办法》，并严格执行；公司全年发生 100 万元以上大额资金支付 1200 余笔，支付资金 192.65 亿元，支付程序规范，差错率为零。财务管控总体有效。

公司通过逐步增加资本金投入，有效控制企业杠杆率。自公司设立以来，即根据乌东德、白鹤滩工程项目进展，按照 20% 的资本充足率，逐年增加公司注册资本和实收资本。截至 2017 年末，乌东德和白鹤滩工程项目累计完成投资 785.65 亿元，公司实收资本 200 亿元，资产负债率 75.6%。

【党建工作】 公司认真学习贯彻十八届六中全会精神、十九大精神特别是习近平新时代中国特色社会主义思想，认真落实党建工作新要求，夯实党建工作基础，扎实推进党建各项工作。推进“两学一做”学习教育常态化制度化，落实从严治党要求。在全体党员中开展“人人上讲台”活动，注重对党员的管理、教育和提高。切实贯彻国有企业党的建设工作会议精神，落实国企党建工作会议重点任务要求，完成了公司章程、“三重一大”决策制度实施办法以及党支部议事规则的修订，年内出台6项新制度、2项修订制度，进一步完善各项工作和议事制度。

【重要事项】 2017年3月16日，乌东德水电站启动大坝首仓混凝土浇筑；4月10日，白鹤滩水电站启动首仓大坝混凝土浇筑；4月26日，股东通过追加项目资本金，公司注册资本和实收资本增加到200亿元。

7月31日，白鹤滩水电站获得国家核准建设。

8月3日，中国三峡集团在工地现场召开动员大会。

8月21日—26日，水电工程质量监督总站对白鹤滩水电站开展2017年年度质量监督巡检。

10月11日，乌东德水电站库尾攀枝花河段水环境保护措施实施协议签订。

10月11日—12日，云南省政府副省长何金平一行赴电站库区调研，并组织召开白鹤滩水电站移民工作会。

11月30日，白鹤滩水电站世界首台百万机组首节压力钢管开始安装，厂房引水隧洞由开挖转入金属结构安装阶段。

12月6日—7日，国家能源局总工程师韩水、中国水力发电工程学会原常务副理事长李菊根一行赴乌东德和白鹤滩工程开展调研。

12月27日，乌东德水电站集运鱼系统建设方案报告审查会在北京召开，确定了集运鱼系统建设设计大纲。

（樊吉宏）

三峡集团西藏能源投资有限公司

【公司概况】 三峡集团西藏能源投资有限公司（以下简称“西藏公司”或“公司”）是中国三峡集团全资子公司，全面负责在藏各项工作的协调和能源投资与开发。西藏公司设置综合管理部、党群工作部、工程管理部、计划经营部、科技环保部、资产财务部等6个职能部门；设立基地建设管理部、公路建设项目部等两个项目管理机构；组建西藏28县供排水工程等项目组；专设水电资源工作专班和新能源资源工作专班两个工作团队；下设三峡桑珠孜区能源产业有限公司（全资子公司）、西藏墨脱白马西路河水电开发有限公司（控股）、林芝雅江实业投资有限公司（大比例参股）等三家单位。截至2017年底，西藏公司共有员工60人，其中中共党员39人。

2017年，西藏公司在中国三峡集团党组的坚强领导下，在西藏自治区各级党委政府的关心支持下，在全体干部职工的共同努力下，积极参与西藏自治区“央企助力，富民兴藏”系列活动，资源获取工作取得突破性进展，基地建设全面展开，各项援藏工作稳步实施，完成企业法人户数压减工作，内部管理更加规范，各项工作均取得了较好成绩；坚持从严管党治党，党建工作、党风廉政建设工作科学化、规范化水平持续提高，全面从严治党不断推向深入。

【扶贫援藏】 1. 西藏28县供排水项目全部开工。截至2017年底，28县全部开工，中国三峡集团陆续投入管理人员11人，投入资金约4000万元。开展了《高寒高海拔地区给水技术规范》三峡集团企业标准的编制和内审工作，初步形成了相应的给水设计企业标准。

2. 教育援藏成效显著。根据与自治区有关协议精神，由中国三峡集团出资，每年在藏招收30名左右应届高中毕业生送到三峡大学进行培养，截至2017年底已发生费用750.68万元。2017年通过三峡大学教育资助20名学生，支付资助资金56.8万元。

3. 安居工程援藏资金全部支付到位。截至2017年底，8000万元援助资金已全部支付到位，主要工程建设基本完工。

4. 其他精准扶贫工作情况。完成墨脱县“十三五”结对帮扶项目立项，2018年预计拨付援助资金7.5万元。

5. 电力援藏情况。“十三五”期间，中国三峡集团预计支付1.5亿元用于电力援建工作。

6. 完成林芝市5个地震监测台站建设，累计投入755万元。

【项目开发】 1. 参与易贡湖项目，前期工作可研已经报审。（1）勘察设计工作。截至2017年底，已完成易贡湖项目工程可行性研究阶段和初步设计阶段勘察设计合同的招标及合同签订工作；完成《易贡湖生态修复与综合治理工程可行性研究阶段工程任务和规模专题报告》《易贡湖生态修复与综合治理工程可行性研究工程技术方案专题》《易贡湖水库影响区范围界定工程地质专题报告》技术咨询；完成项目工程占地区和水库淹没影响区内的土地、人口、房屋、专项设施等实物调查，可研报告基本编制完成。（2）专题研究工作。完成项目工程可行性研究阶段环境影响评价等15个专题研究任务委托及合同签订工作，取得了自治区文物局关于文物调查与勘探评估报告的批复和林芝市关于社会稳定风险评估报告的批复，其他部分专题已经编制完成并陆续报审。2018年1月5日取得停建令，可行性研究报告已于2018年2月7日—8日由水利部水规总院组织了技术讨论会议。

2. 白马西路河流域相关工作。完成白马西路河流域规划及环评报告编写，流域规划已报西藏自治区发改委审查，流域环评已报西藏自治区环保厅审查，并多次与西藏自治区发改委、环保厅、国家环保部沟通，累计投入420万元。完成白马西路河流域10个水文气象站点建设及运行一年，累计投入853.5万元。

3. 其他小水电资源开发工作。与昌都市政府就霞曲流域水电资源开发协商一致，并签订《西藏自治区昌都市清洁能源扶贫开发投资合作协议书》。

4. 桑珠孜区50MW光伏+项目。截至年底，桑珠孜50MW光伏+项目完成前期工作立项，完成可研报告编制并通过水规总院审查、电网接入方案编制及报送；完成了岩土工程勘察和环评专题招标及水保、节能评估、社稳、林评、地灾、压矿、勘测定界、地形测绘等9项专题的招标文件编制。同时，为响应政府“农业先行”要求，框架性引入当地农业公司实施了农业试点。

【交通基础设施建设】 1. 通村公路项目建设情况。截至2017年12月31日，累计投入8679.5万元。

完成荷扎村至阿尼桥通村公路设计29km、建设26km及排金通村公路设计53km、建设8km，累计投入7909万元。

完成阿尼桥至拉格通村公路42km设计工作及6个前期专题工作，累计投入446.5万元。

完成解放桥至阿尼桥通村公路25km设计工作及6个前期专题工作，累计投入324万元。

2. 永久公路项目建设情况。截至2017年12月31日，累计投入3973万元。

完成扎木镇至墨脱公路117km整治与改造设计及5个前期专题工作，累计投入550万元。

完成墨脱至背崩公路28km整治与改造设计工作，累计投入400万元。

完成派镇至墨脱公路80km工程可行性研究工作，累计投入1300万元。完成派墨公路地质长探洞施工185m，累计投入923万元。

完成林芝至派镇公路75km工程可行性研究工作，累计投入450万元。

完成排龙至金珠曲公路145km工程可行性研究工作，累计投入350万元。

【基地建设】 1. 林芝科研基地按计划推进。2017 年 7 月 1 日，林芝科研基地一期建筑安装工程项目正式开工。11 月，林芝科研基地 1#公寓楼和 1#科研办公楼主体结构封顶，截至 2017 年底正在进行二次结构施工。项目计划投资 1 亿元，2017 年完成投资 2236 万元。

2. 墨脱基地按计划开工。2017 年 12 月，完成墨脱生产基地一期工程设计、施工及监理合同签订。2017 年 12 月 15 日，取得墨脱生产基地一期工程施工许可证并于 2017 年 12 月 18 日正式开工建设。

3. 林芝宾馆改扩建工程已开工建设。林芝宾馆改扩建工程于 2017 年 3 月 6 日开标，施工单位进场开展临建设施施工；2017 年 6 月，项目临建设施及场平施工完成；2017 年 9 月，项目主体工程开始施工，截至 2017 年底客房部分施工至正负零，地下室部分完成 80%。项目总投资 2.8 亿元，截至 2017 年底累计投入 4216 万元。

【质量安全工作】 2017 年，公司质量、安全管理工作有序推进，质量、安全管理体系进一步健全，全年没有发生较大以上安全事故和质量事故。

积极组织开展质量、安全培训教育活动，组织各类安全培训 11 期、质量培训 5 期，完成了质量、安全管理的 7 项专项检查和 5 项专题活动。开展各项应急预案编制和应急物品采购，组织开展 4 项应急演练。

大力推进工程项目质量、安全管理能力提升，加强对各在建项目管理责任体系建设、管理制度建设、人员投入和资质条件、培训教育活动、隐患排查治理、应急管理等方面的监督、检查力度，工程管理的系统化、规范化程度得到进一步提升。

【党建工作】 2017 年，公司党委全面贯彻党的十八大，十八届三中、四中、五中、六中全会精神和十九大精神，深入贯彻学习习近平总书记系列重要讲话精神和全国国有企业党建工作会议精神，深入落实西藏自治区党委、中国三峡集团党组的各项决策部署和会议及文件精神；坚持从严管党治党，认真落实党建工作责任制，扎实推进“两学一做”学习教育常态化、制度化，持续深入开展巡视问题和党委民主生活会反馈问题整改，以问题为导向进一步加强和完善党建系列制度建设；全面夯实基层支部工作，党建基础工作和规范化、制度化水平持续提高；围绕党风廉政建设和反腐败工作的总体要求，公司党委认真履行党委抓党风廉政建设主体责任，强化监督执纪问责，守“八规”、反“四风”，保持班子成员、干部队伍、党员队伍的清正廉洁。按照“把方向、管大局、保落实”的原则，公司党建始终以围绕中心抓党建，抓好党建促发展，充分发挥党建的政治和思想工作优势，以党建促生产，以党建保发展。

2017 年，西藏公司发展吸收党员 1 名，相关情况已在自治区国资委备案。按照规定要求，上缴 2017 年党费至区国资委。

在做好党建工作的同时，西藏公司高度重视群团建设，以党建带工建、促团建，加强党对群团工作的领导。一是组织听取工会和共青团工作汇报；二是审议和指导公司一届二次职代会相关事项，通过职代会征集的意见和建议整改做到件件有着落，事事有回应；三是开展困难职工建档工作；四是工会和各协会利用各种节日开展丰富多彩的户外活动；五是树立先进典型，倡导大家向标杆看齐，西藏公司团总支荣获西藏自治区“五四”优秀团支部荣誉称号，1 名同志荣获西藏自治区“高原先锋铸党魂——两学一做”主题演讲比赛第 1 名；六是完成中国三峡集团对口支援西藏工会干部培训班（第一期）全部培训工作，相关工作得到自治区领导和工会干部高度肯定；七是按照自治区总工会要求完成 2017 年上缴工会经费 17.4 万元；八是支持鼓励团总支继续组织社会志愿服务和关爱行动，如捡垃圾环保活动、福利院志愿服务活动、爱心书包捐赠活动、暖冬行动等。

（姚绪姣）

三峡国际招标有限责任公司

【经营业绩】 截至 2017 年年底，三峡国际招标有限责任公司（以下简称“公司”）完成中国三峡集团内招标项目 577 个（标段数 714），节约资金 35.80 亿元，节资率 13.02%；实现利润总额 1588.54 万元，完成考核目标值的 158.85%；成本费用占营业收入比重为 77.47%；劳动生产率 65.52 万元/人。

高质量完成白鹤滩、乌东德智能大坝，江苏大丰，福建产业园等中国三峡集团重点项目；重点攻关水面光伏、燃机、保安、配餐等新技术和新业务项目；首次完成巴西伊利亚、朱比亚水电站第二批技术改造的国外招评标工作，获得中国三峡集团党组的高度评价。

首次与三峡巴基斯坦第一风电场有限公司签订风机备件出口合同代理业务；继续承接黄金峡水电站输配水干线工程勘察设计、水泵及其附属设备、电动机及其附属设备、变频系统及其附属设备等约 9.34 亿元的招标项目。

【招标业务管理】 整体修订 121 个标准招标文件，编写 6 个海上风电电缆标准招标文件；编制评标专家规范、监督规范和招标代理行为规范；组织总结大水电招标代理经验。

及时完善招投标管理系统和电子采购平台费用管理、发票管理、专家后评价、招标项目大事记等模块开发和供应商评价等功能，全年电子化招标率和电子归档率达到 100%。

发挥中国三峡集团规模采购优势，降低采购成本，努力为中国三峡集团改革发展提供新技术支持；妥善处理异议维护集团形象，全年处理异议 20 项。

【内部管理】 形成公司和部门两级“考核数据化、结果导向化”的考核体系。坚持对招标文件、企业规范运作的法律审核，坚持将保密意识贯穿招标代理和企业管理全过程。

公司领导带头授课，邀请外部专家集中培训，开设内部大讲堂等形式开展人才培训。

【党建工作】 公司班子深入学习贯彻落实党的十九大精神，全面落实“一岗双责”，坚持将党建工作纳入办公例会同部署同落实，坚持深入支部指导党建工作，坚持集体决策制度，坚持每季度开展一次廉政教育；认真落实中央“八项规定”精神，带头执行中央、集团及招标采购管理单位党委、纪委的各项规定，带头践行群众路线，严格控制“三公”经费，严格杜绝奢侈浪费。

组织开展摄影比赛、健步走等系列文化活动和“建功立业创一流，提质增效争先锋”劳动竞赛；为职工解决公租房 8 套，并全部配置了家具和生活设施；看望病困职工 5 人，发放慰问金 1.2 万元。

（吉乾忠）

长江三峡设备物资有限公司

【公司概况】 2017 年，长江三峡设备物资有限公司（以下简称“公司”）在中国三峡集团党组的高度重视和正确指导下，在公司党委的坚强领导下，全体干部职工坚决贯彻党中央和中国三峡集团党组各项决策部署，努力激发公司创新发展新动能，全面实现质量安全“双零”目标，胜利完成年度生产经营目标任务。

2017 年，公司各项工作呈现六大亮点：一是公司改革转型方案研究取得实质性成果，中国三峡集团对公司的转型发展思路和战略定位基本明确。二是企业内部体制机制改革不断深化，改革红利持续释放，市场化业务开拓成效初显。三是安全高效保障乌东德、白鹤滩、长龙山、卡洛特等重点工程建设和三峡、葛洲坝、向家坝、溪洛渡梯级电站生产运行。四是实现主营业务向大水电以外板块的初步延伸，在服务中国三峡集团抽水蓄能、海上风电和国际项目方面实现业务突破。五是经过不懈努力，公司已具备乌东德工程粉煤灰应急供应条件，2018 年可实现水电工程主材供应零的突破。六是管党治党责任有效落实，全面从严治党向纵深推进，党风廉政建设和反腐败工作持续深化。

【改革发展】 1. 公司转型发展思路基本明确。2017 年是公司发展史上极为重要的一年，公司与中国三峡发展研究院、招标采购管理中心等共同组成专项工作组，积极开展“三峡集团物资管理体制机制和公司战略转型发展课题”研究工作。经过深入调研论证、多次修改完善、广泛征求意见，课题研究工作已形成实质性成果上报中国三峡集团领导，基本明确公司转型发展思路。

2. 内部体制改革稳步推进。贯彻落实中国三峡集团安排部署，设立编码管理部，负责集团物资编码统一运行维护，助力招标采购管理水平提升。2017 年底，编码体系建设已进入主数据系统平台搭建阶段，源数据清洗工作即将开展。试点业务部门公司化运作，撤销起重运输部，设立物流分公司，满足公司市场化业务发展需求。撤销长龙山项目工作组，设立抽水蓄能项目部，进一步明确职责，为承接中国三峡集团后续抽水蓄能项目业务打下良好基础。白鹤滩项目部增设物资检查站，规范施工区进出场物资管理，进一步巩固公司专业化品牌。

3. 考核激励机制成效显著。修订发布《公司员工绩效考核办法》，树立业绩为主的考核导向。出台《公司市场化经营业绩奖励实施办法（试行）》，充分调动员工开拓市场的积极性，2017 年兑现奖金近 20 万元。修订发布《公司特别贡献奖实施办法》，完善奖励评审程序，提高奖励基金额度至 20 万元。积极开拓市场业务，新获取项目规模约 2400 万元，归属 2017 年度合同收入约 1300 万元。福伊特乌东德 6 台机组座环、基础环设备场外运输任务安全完成，承揽福伊特转轮叶片运输、乌东德地下厂房 1300t 桥机安装起吊、乌东德和白鹤滩 500t 桥机安装起吊等项目，白鹤滩撬装加油站项目行政许可申办稳步推进，向家坝重大件码头及各施工区设备租赁、运输对外经营项目成效初显，对公司营业收入形成增量补充。

【经营情况】 1. 重点工程设备物资供应保障有力。2017 年，执行乌东德、白鹤滩、向家坝、溪洛渡等工程物资采购合同共计 79 个，供应水泥、钢材、粉煤灰等工程主材 152 万 t；执行施工设备采购合同 40 个，设备到货合计 140 批次/1. 33 万 t；安全供应炸药 0. 33 万 t、雷管 102. 4 万发、导爆索 113 万 m。严把物资交验关、报检关和核销关，报验各类物资 7913 批次，检验出不合格粉煤灰、水泥 24 批次并予以退货处理，保证工程主材质量。优质完成乌东德和白鹤滩机组、向家坝升船机、三峡船闸检修等机电设备商务代理工作。受托管理的两座工程油库全年实现油料出入库 2. 85 万 t；自主经营的两座加油站销售成品油 469 万升，直销柴油 1856t，实现销售额 4308 万元。

2. 仓储业务稳中有进。乌东德、白鹤滩、向家坝、溪洛渡永久机电设备及三峡、向家坝升船机设备出入库总量达 1135 批次/11. 6 万箱件。工程建设和枢纽运行仓储完成物资出入库 6. 51 万 t；电力生产仓储完成物资出入库 5. 48 万项，出入库金额 2. 76 亿元。顺利完成葛洲坝区域西坝仓库整体搬迁，接管并进驻三峡枢纽运行管理保障中心，取得三峡船闸载人升降车托管业务，主动接管向家坝新建岩芯库。乌东德和白鹤滩机电设备堆场正式投入使用，乌东德机电仓库将于 2018 年二季度投入使用，白鹤滩机电仓库和综合办公楼将于2018年底投入使用，相关接管筹备工作正在有序推进。

3. 设备托管业务安全运行。向家坝重大件码头560t桅杆吊作业20船次/278吊次，吊装设备总重1.17万t。负责监管的白鹤滩9台布料机和3台胎带机安全运行3.74万台时，累计浇筑混凝土30万m^3。正式接管乌东德电站左右岸地下厂房1300t桥机运行管理，累计完成0.6万t的座环等埋件吊装任务。物流分公司重大件设备吊装运输安全无事故，完成吊装总量2.75万t，运输总量1.09万t，受托管理的起重运输设备全年安全运行1.1万台时。退场设备物资综合利用与处置工作助力中国三峡集团降本增效。完成对中国三峡集团设备物资信息共享平台升级改造，实现工程建设期内的库存设备物资信息的直观、动态展示。优化退库设备物资调拨流程，编制工作指导手册，整理退库设备物资清单，向建设管理公司、三峡新能源和三峡国际等广泛征集再利用方案，并分别将向家坝和溪洛渡缆机备品备件、溪洛渡起升电机及35kV变压器等调拨至白鹤滩、乌东德再利用，将溪洛渡灌浆自动记录仪租借至长龙山再利用。完成1#、3#胎带机检修和现场安装、罗泰克（ROTEC）塔带机及供料线维护检修方案编制等工作。规范完成三峡区域1330项废旧物资处置出库、川云公司9万t水厂船资产评估出售，为中国三峡集团取得处置收益441万元，实现了国有资产保值增值。

4. 电力生产物资精准配送业务全面推广。在认真总结三峡电站岁修物资精准配送试运行工作的基础上，推动召开全流域电力生产物资精准配送业务全面推广启动会，正式实施长江电力梯级电站群生产物资精准配送，全年配送物资8784件，合计金额3438万元。深入分析长江电力需求，推动实现各区域物资共享，帮助业主优化库存、降本增效。通过精准高效、及时可靠的仓储配送服务，为大水电发挥集团稳增长主力军和压舱石作用做出积极贡献。

5. 抽水蓄能业务稳步拓展。公司承担长龙山抽蓄工程业务模式方案基本获得业主同意。发布工程甲供物资供应管理办法、核销管理办法等多个制度和业务流程，实现CLSPMS物资管理系统上线运行。完成水泥、钢筋、粉煤灰、外加剂、止水铜等工程甲供主材招标采购、民爆器材单一来源采购和高强钢板、金结设备招标准备工作。全年累计供应钢筋、水泥、粉煤灰等工程主材近3万t、炸药426t、雷管23万发、索类86万t。

6. 海上风电业务首战告捷。公司紧跟中国三峡集团海上风电战略，成功获取福清兴化湾海上风电场一期GE风机进口代理业务，积极争取上海、宜昌、福州、福清四地海关支持，实现异地一体化报关，确保重要工作节点目标如期完成。累计完成代理进口风机设备免税担保19批/392箱件，免税担保金额3612万元；完成代理进口风机设备报关、清关21批/399箱件，价值1850万欧元；完成临时进口设备报关、清关1批/25箱件，价值226万欧元，公司进口代理业务优势得到巩固。

7. 国际业务实现破冰。经中国三峡集团董事会批准，公司增加进出口、清关报检等主营业务，为公司进军国际业务奠定了基础。继续做好巴基斯坦卡洛特电站工程现场设备物资管理的同时，选派专业骨干正式参与巴基斯坦科哈拉电站工程筹备工作，负责设备物资供应规划方案研究，并积极研究出口设备物流通关以及国内粉煤灰出口至巴基斯坦的可行性，为公司开拓国际业务谋篇布局。公司选派参加中国三峡集团第五批海外轮岗的4名青年员工圆满完成轮岗任务归来；2016年又选派1名业务骨干参加第6批海外轮岗，国际业务人才储备不断增加。

【内部管理】 1. 企业管理基础和管控能力实现新提升。规范公司经营管理，全年召开党委会19次、总经理办公会26次、办公例会32次、招标采购管理领导小组会议15次。坚持管理制度和业务流程同步修编，修订《公司章程》《公司贯彻“三重一大”决策制度实施办法》《公司党委议事规则》等法人治理和一级管理制度，修编新增 18 个二级、三级管理制度。严格执行 138 个在用制度，制度的适用性、执行力和约束力进一步提升。严格落实保密工作责任制，全年未发生失泄密事件。

2. 干部人才队伍建设力度加大。坚持党管干部、党管人才原则，按照成熟一个、提拔一个的原则选拔干部，2017 年提拔的 4 名经理层级干部中，2 名年龄在 45 岁以下，其中 1 名为“80 后”；提拔和引进的 9 名主管层级干部中，7 名为 35 岁以下，其中 30 岁以下的有 6 名。目前，公司已有 3 名“80 后”经理层级干部，3 名集团公司青年骨干，35 岁以下主管层级干部 23 名，公司年轻干部成长梯队正在初步形成。及时引进紧缺人才，出台《公司培养选拔优秀年轻干部实施方案》，通过青年员工快速成长通道，提拔 6 名入司 2～3 年的中国三峡集团统招大学生担任主管层级干部。选拔产生 15 名后备干部，为干部梯队建设夯实基础。

3. 质量安全管理计划全面落实。坚决贯彻习近平总书记、李克强总理关于加强安全生产工作的重要指示精神，印发《公司岗位质量环境安全职责》，完善公司质量安全责任制。全年投入质量安全经费 407 万元，组织各类质量安全培训 246 次，参训共计 2563 人次。开展质量安全检查 153 次，各类应急预案演练 24 次，发现并消除质量安全隐患 226 项，隐患整改率 100%，设备完好率 99.8%。编制《水电工程油库运行规程》《水电工程民用爆炸物品仓储运行规程》2 项“三峡标准”，共有 11 项 QC 小组活动成果正在申报国家发明和实用新型专利。顺利通过“三标”管理体系外部复审并取证，公司专业服务质量稳步提升，四大重点危险源和两大重要环境因素总体受控。

4. 全面风险管理持续深化。运用信息化手段固化业务流程和标准，在公司范围内初步建立起一套覆盖范围完整、重点业务突出、控制标准明确、管理职责清晰，以防范风险和控制舞弊为中心的、完整有效的内部控制体系。公司重点管控的八大风险可控、在控，有力加强子公司内控工作，未发生重大风险事件。认真配合中国三峡集团对公司总经理任期经济责任审计，审计组认为公司较好地完成了主要经营业绩考核指标，实现国有资产保值增值，审计报告反映公司无严重违纪违规问题。发挥内部审计监督与服务价值，开展公司办公用品采购、向家坝项目部和溪洛渡项目部仓储物资盘点专项审计。

5. 提质增效多措并举。合理调配资金，努力提高投资回报，全年实现委托理财收益 158 万元。整合公司内部分散的采购资源，试点推行办公用品内部集中采购，通过国电电商平台完成办公用品集中采购 376 项，在提高工作效率、确保采购质量、节约采购资金、降低廉洁风险方面成效显著。六项公用经费控制在预算范围内。集中处置一批低效无效资产，全面完成公务用车改革，公开拍卖车改封存车辆，处置车辆溢价效应明显，成都员工公寓资产效益得到充分发挥。

6. 信息化建设和网络安全工作扎实推进。严格按照中国三峡集团部署，实施信息系统建设、业务培训、网络安全检查、软件正版化和信息类设备集采工作，顺利完成新 OA 和新邮箱系统切换上线，在用各类信息管理系统安全稳定运行，成功抵御席卷全球的勒索病毒，未发生网络安全事件。巩固向家坝工程管理系统磅秤数据采集模块开发成果，实现在乌东德、白鹤滩的推广应用，切实防范物资交验风险。联合机电公司、信息中心开发的“三峡机电管理”APP 正式上线运行，有效提升乌东德、白鹤滩机电设备到货管理水平。优化了“白鹤滩工程物资流向与调度管理微信系统平台”，启用散装胶凝材料、金属材料和油料调度管理模块。联合信息中心、三峡高科完成的

“应用互联网＋技术，加强危化品数字化管理”项目被评为集团优秀信息化建设项目二等奖。公司连续9年被评为中国三峡集团信息化先进单位。

【党建工作】 公司党委坚决贯彻执行党的各项路线、方针、政策，自觉在思想上政治上行动上同以习近平同志为核心的党中央保持高度一致，认真落实中央和中国三峡集团党组各项重大决策部署。通过多种方式学习宣传十九大精神，把学习活动不断引向深入。开展思想政治研究工作，公司荣获2017年度中国电力行业思想政治工作优秀单位。以“五不忘，五提升”活动为抓手，深入推进“两学一做”学习教育常态化制度化。推动全面从严治党向基层延伸，试点推行党支部书记年度述职评议考核。

【党风廉政建设】 公司党委、纪委认真落实党风廉政建设的“两个责任”，领导班子成员落实“一岗双责”。贯彻民主集中制，严格执行“三重一大”决策制度。制订党风廉政建设年度工作计划，向各党支部、各部门（单位）发放党风廉政建设责任书，坚持开展反腐倡廉宣教日、宣教月活动。公司纪委聚焦监督执纪问责主业，运用“四种形态”，坚持抓早抓小，切实把纪律和规矩挺在前面。建立常态化全覆盖监督机制，加强重点事项和关键环节的监督。认真组织开展党风廉政建设检查考核，严肃纪律审查工作，保持纪律审查的高压态势。全年给予一般性惩戒措施15人次。

【企业文化建设】 职工权益得到有效保障。职工提案办结率为100%。召开职工代表大会联席会，审议员工绩效考核等制度。完善职工工资正常增长机制，公司同口径职工平均工资连续稳步增长。关心职工身心健康，持续做好职工体检和医疗等后勤服务保障，修订《公司劳保用品管理规定》。关心生活困难职工和退休职工，开展“五必访”“夏送清凉”“金秋助学”“冬送温暖”传统节日慰问及关爱女职工等工作，让职工切实感受到党的关怀和组织的温暖，增强了企业凝聚力和向心力。

（黄　靖）

中国三峡出版传媒有限公司

【公司概况】 2017年，中国三峡出版传媒有限公司（以下简称“出版传媒公司”）高举习近平新时代中国特色社会主义思想伟大旗帜，深入贯彻落实党的十九大精神，切实履行意识形态工作责任制，立足为中国三峡集团做好“五个服务”的根本使命，以供给侧结构性改革推进内容生产与传播平台不断创新，以技术升级与流程优化推进全媒体生产流程不断完善，以岗位练兵与人才引进推进新闻宣传的专业能力不断提升，切实发挥中国三峡集团自办媒体的应有作用，同时全力为中央主流媒体、社会媒体宣传报道中国三峡集团提供大量详实的基础素材，全方位、多角度为中国三峡集团改革发展营造良好的舆论氛围。公司在履行好职责使命的基础上，不断加强党的建设和领导班子自身建设，持续改进工作作风，不断提升经营管理水平，全面完成中国三峡集团下达的经营指标和各项工作任务，新闻宣传与改革发展都迈上新的台阶。

出版传媒公司全年实现营业收入7620.46万元，集团外收入317.1万元，利润总额1027.06万元，成本费用总额占营业收入比重88.84%，全员劳动生产率41.35万元/人·年。在剔除不可比因素后，出版传媒公司主要生产经营指标均创历史新高，其中，营业收入较成立之初实现了翻番。

【新闻宣传】 2017年，出版传媒公司不断深化全媒体生产，以“策划先行、素材共享、联合作战、产品多元”为原则，进一步做好重大选题的前期策划和素材储备，进一步理顺新闻宣传的策采编发生产机制，进一步统筹媒体资源，精准采访、精准生产、协同发声、精准传播，充分发挥传统媒体的内容优势与新媒体的传播优势，提高了新闻宣传工作的时度效，保证了新闻宣传工作的整体性与连续性，传统媒体和新媒体根据自身要求完成新闻主体内容改造，实现多元化产品的生产。公司全年完成党的十九大精神进三峡、集团公司2017年度工作会暨反腐倡廉建设会议、三峡电站累计发电1万亿千瓦时、白鹤滩水电站主体工程全面开工建设、海上风电看三峡等近30个重大主题宣传。

【提高内容生产质量】 1.《中国三峡工程报》继续加强深度报道，突出报道的权威性与全面性。同时，适应媒体融合发展趋势，通过嵌入二维码、资料链接等形式，实现与新媒体平台实时交互，使得报纸能突破版面的限制，在传播形式、信息容量、交互体验上都得到极大的提高。2017年，报纸共出版发行101期、640版，刊发文字约500万字，出版频率稳定，版面大气美观，新闻质量稳中有升，多次受到国家、省、市新闻主管部门的表扬，10多篇原创稿件获得各级新闻奖。

2.《中国三峡》杂志深挖水文化内涵，传播三峡情怀。2017年，杂志共出版发行12期、策划专题28个，约230万字，推出《中国三峡》杂志微信88期，内容包含中国三峡集团重大工程、防洪效益、精准扶贫、金沙江流域非物质文化遗产、大坝科普等方面。杂志还继续走进了全国“两会”代表驻地。

3.《中国三峡建设年鉴》编纂工作稳步推进，《水电与新能源》合作办刊迈出实质性步伐。

4. 新媒体以受众需求为导向，突出了新闻宣传的速度、热度和温度。中国三峡集团中文门户网站全年共计更新新闻2000余条，新的集团中英文门户网站版面设计已完成，正在推进后台技术开发并完善运维制度建设。其中，英文网站已基本具备上线条件。中国三峡集团官方微信三峡小微全年共计推送消息2700余条，并不断推陈出新，开发表情包、小程序等，增强和受众的互动性，提高用户黏度，传播力与影响力快速提升，获得“新媒体最具潜力奖”“央企卡通形象优秀奖”等荣誉；中国三峡集团官方微博积极创新，尝试设置话题、视频直播等传播形式，使重大热点新闻都达到了现象级传播效果；通过进驻今日头条、澎湃、一点资讯等社会媒体加强二次传播效果，通过海外社交媒体积极为中国三峡集团清洁能源事业与海外市场拓展发声。新媒体矩阵形成了相互呼应、全面开花的喜人局面。

全媒体生产系统建成后，出版传媒公司于2017年11月开始承担国务院三峡办的舆情监测专业服务。通过大数据挖掘、关键字搜索等方式，同步做好舆情监测，以便于发现对三峡工程的不实报道与言论，及时进行疏导与纠偏。

5.《中国三峡播报》实现常态化播出，全年完成常规报道、特别报道、专题片报道共计80期。同时，圆满完成中国三峡集团形象宣传片、2017年度工作会专题片、三峡升船机整体竣工验收片、白鹤滩水电站工程系列宣传片、海上风电宣传片、水电清洁能源系列科普视频等中国三峡集团及成员单位委托的影视作品50余部。各类影视作品的主题突出、画质清晰、制作精良，得到了相关部门和单位的肯定，影视制作业务能力进一步提升。

6. 出版传媒公司承揽了“砥砺奋进的五年”大型成就展、中央企业创新成就展、“一带一路”中葡合作成果展等多个展览展示项目。中央企业创新成就展、“砥砺奋进的五年”大型成就展，为喜迎党的十九大召开，集中展示了党的十八大以来中国三峡集团改革创新的重大成果；“一带一路”中葡合作成果展是中国三峡集团首次在海外举办的“一带一路”主题展览，彰显了其积极响应国家“一带一路”建设倡议的央企担当。

7. 出版传媒公司的印务业务日趋成熟，印刷质量过硬、交付产品及时、服务态度良好、保密意识到位，为合作单位的会议筹备与材料印刷提供了有力保障，也大大降低了重要文件的泄密风险。

【图书出版业务】 2017 年，图书出版逐步焕发出新的活力，数量、质量、选题和内容都有不同程度的提升，全年完成图书出版及编辑审稿书目共计 114 种。其中，《砥砺奋进的五年》《三峡电站全面卓越管理》《强根固魂》等图书记录了中国三峡集团宝贵的智慧成果，增强了软实力；《新能源科技译丛》《回望故乡》《清王朝的侧影》等图书拓展了外部市场，在更大范围内提升了公司的文化影响力，实现了社会效益和经济效益的双丰收。

【专项工作】 1. 2017 年，完成中国三峡集团 2016 年年度报告（中英文）、环保年报（中英文）、可持续发展报告（中英文）、信息化年报等中英文 7 本年报编制工作，并首次实现报告的全媒体发布。

2. 完成中国三峡集团海上风电画册及三峡资本公司 2016 年年度报告编制。报告与画册的内容丰富、设计精美、印刷清晰，获得了中国三峡集团相关部门的充分肯定。

3. 2017 年，出版传媒公司专项拍摄记录了乌东德、白鹤滩工程建设图片约 80700 张，视频约 7400 分钟。在做好西南区域专项拍摄和常规宣传的同时，突出中国三峡集团移民、扶贫工作的宣传，并积极与移民工作局、云川公司、三峡机电公司等单位接洽，拓展业务，创造营收。

【基础管理】 2017 年，出版传媒公司继续坚持问题导向，推进制度的“废改立”，完善制度体系建设，加强制度的宣贯与实施。截至 12 月底，公司共发布制度 57 项，并多次组织制度的宣贯。通过流程与制度的固化，将规矩意识和程序意识嵌入公司生产经营的全过程。

根据部门业务特点科学设置考核指标与目标值，实施精准化、差异化的分类考核。建立覆盖全员的常态化岗位绩效考核，将部门考核与员工考核有机结合，层层传导压力。将绩效考核结果应用于绩效薪酬分配，逐步拉开收入差距，充分调动了员工的积极性。

建立薪酬管理体系，完成全员薪酬套改与薪酬一体化，以绩效考核为导向做好职工收入分配；完善岗位管理体系，规范选人用人工作，引进急缺岗位人才，完成配套的组织机构调整；开展干部人事档案专项清理和 EHR 信息稽核，做好因私出国（境）证照管理；深化公司培训工作，推进公司、部门两级培训体系运行；构建覆盖全员的福利一体化体系，不断提高员工福利保障水平。

不断夯实财务基础，完善财务管理制度；强化预算刚性约束，严控成本费用支出；细化项目成本归集，提升成本管理水平；合理确定备付资金规模，提高现金资产管理收益；消化废旧纸张与以前年度图书库存，落实瘦身健体、提质增效目标任务。

在不断研究总结公司业务特点与规律的基础上，修订完善招标采购制度，增强招标采购工作的计划性与前瞻性，基本做到“一次招标、长期合作、据实结算”；修订完善合同管理制度，定制新的合同综合管理系统，尽量简化合同审批流程，加强合同履行的过程管理。

完成了公司《内部控制建设工作方案》，以制度建设为基础，健全内部控制体系；根据公司风险点，优化管控流程，改进工作方法，保证新闻宣传导向正确、知识产权归属清晰、采购经营透明阳光、资产管理真实完整，提高公司的整体风险防范能力。

发挥职能部门的作用，做好综合协调、保障服务、督促检查等工作。理顺公司多地办公格局，完成北京新办公区租赁与搬迁事宜，做好接待与会议保障，加强工作督办，理清固定资产，重视安全、保密、外事、信息化、信息公示等工作，切实提高综合服务保障能力。

【党建工作】 1. 2017 年，按照中国三峡集团党组的统一部署，出版传媒公司党委在第一时间制定学习宣传贯彻十九大精神工作方案，通过中心组学习、专题党课、开展培训等多种方式，在公司内掀起了认真学习习近平新时代中国特色社会主义思想、深入宣传贯彻党的十九大精神的热潮。

2. 贯彻全国国企党建会议精神，认真落实中国三峡集团党组的各项重大决策部署，修订了出版传媒公司《章程》等基本制度，实现执行董事、党委书记“一肩挑”，专题研究落实中国三峡集团党组工作安排 20 余项，切实把政治建设放在首位。建立党建工作例会制度，调整党委委员联系点，建立党建考核奖励机制，完善党建制度建设，优化党支部设置，推动业务与党建工作深度融合，抓牢做实“三会一课”制度、“两学一做”学习教育。

3. 严格按要求开好 2016 年度民主生活会，指导各党支部完成专题组织生活会和党员民主评议，班子成员全部以普通党员身份参加了双重组织生活。深入贯彻民主集中制，开展“三重一大”决策，全年召开党委会 20 次，审议议题 102 项；召开总经理办公会 21 次，审议议题 99 项。认真落实联系点制度，围绕中心工作开展职工思想政治工作，进一步凝聚广大职工的智慧和力量。

4. 坚持党管干部、党管人才。2017 年共选拔任用党委管理干部 4 人，聘用三级部门正副职和同岗级技术岗位人员 8 人。干部选拔坚持充分酝酿、集体研究、集中决策的工作程序，严格履行任前考察、档案核查、廉洁从业情况调查、任前公示等程序。加强公司年轻干部培养，研究制定了公司《培养选拔优秀年轻干部实施方案》，在急难险重的任务中锻炼队伍、提升才干、砥砺品质，一大批年轻干部逐步成长为业务骨干。

5. 切实监督执纪问责，严明政治纪律与政治规矩，层层压实从严治党“两个责任”。2017 年，公司专题研究党风廉政工作 10 次，研究议题 17 项，制定了《廉洁风险辨识与防控手册》，加强对选人用人、招标采购等重点领域和关键环节的监督检查与风险防控，严格信访处理程序和手续办理，持续推进作风建设。

6. 加强党对群团工作的领导。工会通过围绕中心工作组织劳动竞赛和文体活动，建立困难职工帮扶机制，开展职工慰问和老干部座谈会，职工凝聚力进一步提升。团总支完成组建，激发青年活力，引导青年员工把个人发展与公司发展紧密联系起来。落实维护稳定工作责任制，做好十九大召开期间的各项维稳工作。

7. 中国三峡集团党组巡视工作组进驻前，出版传媒公司党委积极开展自查自纠工作，共查摆问题 18 项，其中立行立改 17 项，长期整改 1 项，为接受中国三峡集团巡视创造了良好的内部环境，也受到了巡视工作组的充分肯定。巡视过程中，主动配合巡视组开展工作，并对巡视组反馈的问题照单全收。成立巡视整改工作领导小组，结合实际制定了巡视整改方案和措施，在规定时限内完成了 40 项整改措施的具体落实，并按照中国三峡集团批复意见召开专题民主生活会，对相关责任人进行追责。

（刘云飞）

内蒙古呼和浩特抽水蓄能发电有限责任公司

【公司概况】 2017 年，内蒙古呼和浩特抽水蓄能发电有限责任公司（以下简称“公司”）全面贯彻落实党的十八大和十八届三中、四中、五中、六中全会，习近平总书记系列重要讲话精神，深入学习宣传贯彻党的十九大精神及习近平新时代中国特色社会主义思想，认真落实中国三峡集团党组和中国三峡集团 2017

年工作会和各项重要决策部署要求。确保电力生产安全稳定运行，始终坚持全面从严治党，着力推动管理体制改革，扎实开展工程决算、验收等各项工作。实现公司各项工作迈上新台阶，较好地完成了中国三峡集团下达的年度考核任务。

【生产经营】 1. 2017 年全年上网电量 4.29 亿 kW·h，用网电量 5.65 亿 kW·h，综合循环效率 76%，机组等效可用系数为 92.33%，完成中国三峡集团下达的任务。

2. 工程尾工、合同验收全部完成，完工结算、竣工决算工作有序进行。

3. 电费回收率为 72%，利润总额 -0.43 亿元，经济增加值 -1.1 亿元（考虑应收款）。

4. 全年完成投资 3637 万元，占年度计划的 91%。截至 2017 年底，累计完成投资 65.85 亿元，占执行概算总投资的 97.32%，占收口概算的 99.47%。

5. 安全生产态势持续稳定，圆满完成安全生产目标。

（王超慧）

【电力生产】 1. 呼蓄电站 2017 年上网电量 4.29 亿 kW·h，用网电量 5.65 亿 kW·h，综合循环效率 76%，完成 2017 年发电/抽水计划（5.4 亿 kW·h/7 亿 kW·h）的 80%；机组等效可用系数 92.33%，优于国网公司抽水蓄能电站购售电合同范本要求的 86%。

2. 2017 年，呼蓄电站机组发电方向并网 457 次，发电方向开机成功率 99.78%；抽水并网 449 次，抽水方向开机成功率 99.33%，优于国网公司抽水蓄能电站购售电合同范本要求的 95%、90%。

【年度检修计划】 2017 年顺利完成上水库及流道排水检查处理工作，2#、3#、4#机组年度 C 修及磁极线圈更换工作，辅助系统年度检修、维护工作。

【设备运行】 2017 年缺陷发生 390 条，当年处理 355 条，剩余 35 条未处理，消缺率 91.03%，未发生影响机组运行的重大缺陷。

（杨　俊）

三峡水利枢纽全貌（2015 年）

三峡水利枢纽全貌（2016 年）

三峡水利枢纽全貌（2017 年）